9급공무원
사회

www.goseowon.co.kr

Preface

'운도 실력이다.'는 말이 있다. 선택형 문항으로 이루어진 공무원시험에서는 운 역시 합격에 영향을 미치는 것처럼 보이기도 한다. 하지만 운은 저절로 실력이 되지는 않는다. 운이 실력이 되기 위해서는 반드시 단단하게 다져진 바탕이 필수적이다. 따라서 수험생은 무엇보다 단단한 바탕을 다지는 것에 힘써야 한다.

그렇다면 단단한 바탕을 다지기 위해 필요한 것은 무엇일까. 물론 각 과목의 이론을 정리하고 암기하는 것도 어느 정도 필요하다. 하지만 모든 과목이 그러하듯 관련 이론의 양은 매우 방대하며 그것을 다 암기하는 것은 거의 불가능하다.

운을 실력으로 만드는 단단한 바탕은 바로 충분한 문제풀이로 다질 수 있다. 그동안 쌓아온 실력을 실전에서 최대한으로 발휘하기 위해 반드시 요구되는 것은 바로 충분한 문제 풀이이다. 다양한 유형의 문제를 미리 접해보고 출제유형을 파악하는 것은 실제 시험에서 당황하지 않고 자신의 실력을 최대한으로 발휘할 수 있게 만든다.

사회는 학습할 양이 매우 많아 만족할 만한 성과를 내기 위해서는 인내와 노력이 필요한 과목이다. 9급 공무원 사회 예상문제 빅데이터는 기출문제와 출제가능성이 높은 다양한 유형의 예상문제를 수록하여 공무원시험 완벽대비를 책임진다.

1%의 행운을 잡기 위한 99%의 노력! 본서가 수험생 여러분의 행운이 되어 합격을 향한 노력에 힘을 보탤 수 있기를 바란다.

Structure

▌ **공무원시험 유형 완벽 분석**

다양한 유형의 문제를 체계적으로 분석하여 내용에 대한 흐름을 파악할 수 있도록 구성
하였습니다.

▌ **단원별 기출문제 수록**

최신 기출문제를 비롯하여 그동안 시행된 기출문제를 수록하여 출제유형 파악에 도움이
되도록 만전을 기하였습니다.

▌ **해설의 상세화**

기출문제 및 출제예상문제에 대한 해설을 이해하기 쉽도록 상세하게 기술하여 실전에
충분히 대비할 수 있도록 하였습니다.

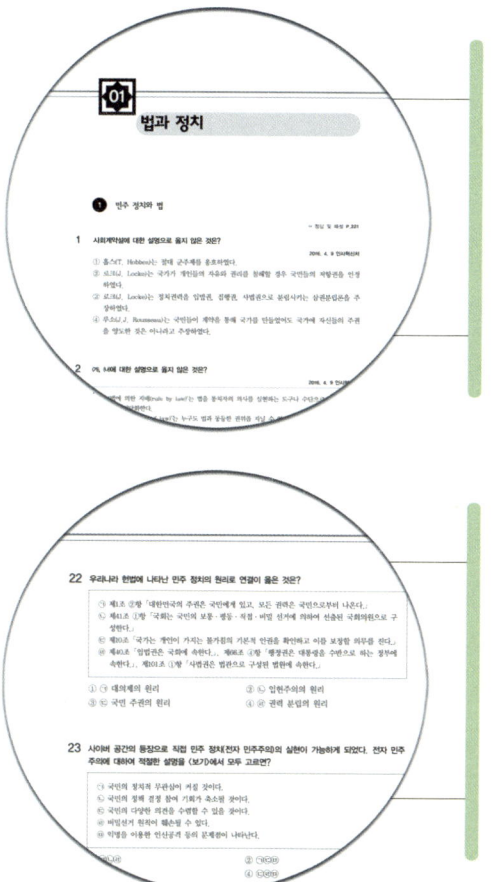

기출문제분석

최신 기출문제를 비롯 그동안 시행된 공무원 기출문제를 수록하여 단원별로 실어 공무원시험 출제유형 파악에 도움을 주고자 노력하였습니다.

핵심예상문제

그동안 실시되어 온 기출문제의 유형을 파악하고 출제가 예상되는 핵심영역에 대하여 다양한 유형의 문제로 재구성하였습니다.

해설 및 보충설명

핵심을 콕! 짚는 해설과 참고가 되는 보충설명을 통해 기본이론에 대한 지식이 부족해도 문제풀이가 가능하도록 내용을 심도 있게 정리하였습니다.

Contents

PART 01

9급 공무원
사회

법과 정치

① 민주 정치와 법

☞ 정답 및 해설 P.221

1 사회계약설에 대한 설명으로 옳지 않은 것은?

2016. 4. 9 인사혁신처

① 홉스(T. Hobbes)는 절대 군주제를 옹호하였다.
② 로크(J. Locke)는 국가가 개인들의 자유와 권리를 침해할 경우 국민들의 저항권을 인정하였다.
③ 로크(J. Locke)는 정치권력을 입법권, 집행권, 사법권으로 분립시키는 삼권분립론을 주장하였다.
④ 루소(J.J. Rousseau)는 국민들이 계약을 통해 국가를 만들었어도 국가에 자신들의 주권을 양도한 것은 아니라고 주장하였다.

2 (가), (나)에 대한 설명으로 옳지 않은 것은?

2016. 4. 9 인사혁신처

> (가) '법에 의한 지배(rule by law)'는 법을 통치자의 의사를 실현하는 도구나 수단으로 사용하는 것을 정당화한다.
> (나) '법의 지배(rule of law)'는 누구도 법과 동등한 권위를 지닐 수 없고, 통치자를 비롯한 모든 사람이 법에 종속된다는 것이다.

① (가)는 법치주의를 형식적인 의미로 이해하고 있다.
② (나)는 법의 내용과 목적을 중시하여 통치의 정당성을 강조한다.
③ (나)에 따르면 법치주의와 민주주의는 상호 보완적 관계이다.
④ 전체주의 국가는 (가)보다 (나)로 법치주의를 받아들이고 있다.

3 그림은 전형적인 두 가지 정부 형태를 단순화하여 나타낸 것이다. 이에 대한 설명으로 옳은 것은?

2016. 4. 9 인사혁신처

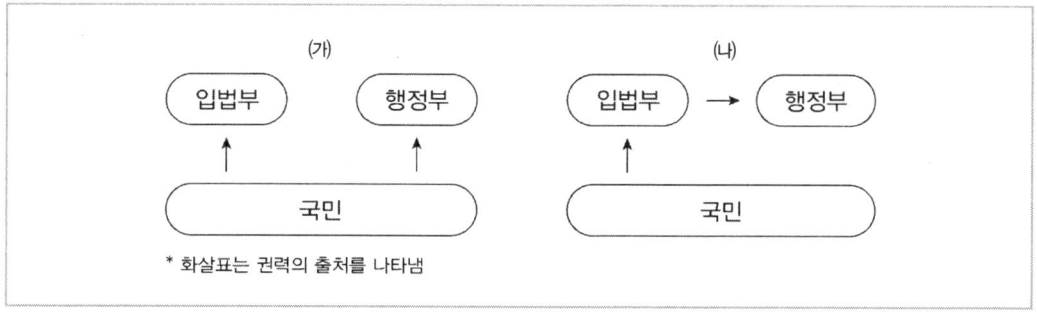

* 화살표는 권력의 출처를 나타냄

① (가)는 (나)에 비해 권력분립이 엄격하지 않다.
② (가)는 입법부가 행정부에 대해 불신임권을 행사한다.
③ (나)는 입법부와 행정부가 유기적 관계에 있다.
④ 우리나라의 정부 형태는 (나)에 해당한다.

4 다음과 같이 주장한 근대 사상가의 사회계약론에 대한 설명으로 옳은 것은?

2016. 6. 18 제1회 지방직

> 자연상태에서 인간은 자유롭고 평화롭다. 그러나 옳고 그름을 구별하는 법이 없고, 다툼을 해결해주는 재판관도 없으며, 법을 집행할 수 있는 합법적인 권력도 없다. 그래서 모두가 스스로 옳다고 판단하는 자연상태는 불안정하다. 이러한 불안정한 상태를 예방하고 자유와 평등을 안전하게 보장하기 위해 사회 구성원이 계약을 통해 정부를 만든다.

① 개인들은 통치자에게 자신의 자연권을 모두 양도하는 사회계약을 체결한다.
② 계약으로 탄생한 정부는 개인의 이익이 아니라 공동선과 공공 이익을 추구해야 한다.
③ 사유재산제도가 사회경제적 불평등을 심화시키므로 정부가 불평등 해소를 위해 노력해야 한다.
④ 정부가 위임 목적을 위배하여 부당한 권력을 행사하면 국민들은 정당하게 저항권을 행사할 수 있다.

5 다음은 1933년 독일에서 나치 주도로 제정된 수권법의 일부이다. 이 법에 대한 설명으로 옳지 않은 것은?

2016. 6. 18 제1회 지방직

> [제1조] 라이히(독일 제국)의 법률은 라이히의 헌법(바이마르 헌법)에서 규정하고 있는 절차에 의하는 것 외에, 라이히 정부에 의해서도 의결될 수 있다.
> [제2조] 라이히 정부가 의결하는 법률에는 라이히 헌법과 다른 규정을 둘 수 있다.

① 다수결 원칙에 위배하여 채택되었다.
② 입헌주의를 준수하지 않았다.
③ 실질적 법치주의를 지키지 않았다.
④ 권력자의 자의적 지배를 형식적으로 정당화하였다.

6 다음 글과 관계 깊은 사상을 〈보기〉에서 모두 고르면?

2016. 6. 25 서울특별시

> 국가가 결성되기 이전의 자연 상태에서 개인은 아무런 제약이나 차별 없이 자유롭고 평등하다. 이러한 자유와 평등을 제도적으로 보장하기 위하여 사람들이 계약을 맺어 국가를 구성한다. 이 국가는 국민들이 일반의지를 실현하려는 기구이다.

〈보기〉
㉠ 사회 계약설   ㉡ 실정권 사상
㉢ 자연권 사상   ㉣ 국민 주권 사상

① ㉠, ㉡   ② ㉠, ㉣
③ ㉠, ㉢, ㉣   ④ ㉡, ㉢, ㉣

7 심의민주주의(deliberative democracy)에 대한 설명으로 옳지 않은 것은?

2015. 3. 14 사회복지직

① 대의민주주의의 한계를 극복하기 위해 제시되었다.
② 정책결정과정에서 다수결의 원리를 지키기 위해 고안된 것이다.
③ 시민이 참여하는 토론과 협의를 통한 정책결정과정이 중요하다고 본다.
④ 이 제도를 실현하는 데는 시간과 비용 측면에서 어려움이 있다.

8 다음 글에 나타난 아테네 민주정치에 대한 설명으로 옳은 것은?

2015. 4. 18 인사혁신처

> 민주정치의 기원은 고대 그리스의 아테네에서 찾아볼 수 있다. 아테네 민주정치의 중심이었던 민회는 법을 제정하고, 국가의 주요 정책을 심의하고 의결했다. 또한 아테네에서는 공직자 선출을 위해 추첨제, 윤번제 등의 제도를 시행하였다.

① 민회는 추첨제로 선출된 시민들의 대표로 구성하였다.
② 민회는 정당정치와 의회정치를 매개로 의사결정기능을 수행하였다.
③ 추첨제는 전문성보다 공직 담당 기회의 평등을 중시하는 방식이다.
④ 추첨제는 전쟁 관련 직책이나 재판정의 배심원 선출에는 활용되지 않았다.

9 (가)와 (나)는 국가 성립 과정에 대한 이론의 일부이다. 이에 대한 설명으로 옳은 것은?

2015. 4. 18 인사혁신처

> (가) 인간의 자연상태는 '만인의 만인에 대한 투쟁' 상태였다. 따라서 개인은 안전과 질서를 보장받기 위해 모든 권리를 국가에 양도하였다.
> (나) 인간은 자연상태에서 질서 있고 평화로운 상태였다. 그러나 생명과 자유, 그리고 재산에 관한 권리를 더욱 확고하게 보장받기 위해 국가를 구성하였다.

① (가)의 관점은 인간의 본성에 관한 성선설에 기초하고 있다.
② (가)는 (나)보다 민주주의 국가에 부합하는 이론이다.
③ (가)는 로크가, (나)는 홉스가 주장한 사회계약설이다.
④ (나)는 시민혁명의 정당성을 부여한 이론이다.

10 다음 중 우리나라에서 시행하고 있는 직접 민주 정치 제도는?

2014. 4. 19 안전행정부

① 주민 발안제
② 국민 발안제
③ 국회의원에 대한 국민 소환제
④ 대통령에 대한 국민 소환제

11 우리나라의 헌법 개정에 따른 정부 형태의 변화에 대한 설명으로 옳은 것은?

2014. 4. 19 안전행정부

① 1952년 1차 개헌에 의하여 대통령 직선제에서 대통령 간선제로 전환되었다.
② 1962년 5차 개헌에 의하여 대통령 직선제가 채택되었다.
③ 1972년 7차 개헌에 의하여 대통령 3선이 처음으로 허용되었다.
④ 1987년 9차 개헌에 의하여 대통령 단임제로 개정되었고, 선거인단에 의한 간선제가 채택되었다.

12 우리나라는 17대 국회의원 선거에서부터 비례 대표 선출 방식을 1인 1표제에서 1인 2표제로 바꾸었다. 그 취지로 가장 적절한 것은?

2014. 4. 19 안전행정부

① 군소 정당의 난립을 방지한다.
② 정당의 민주적 운영을 제고한다.
③ 직접선거 원칙에 더욱 충실할 수 있다.
④ 유권자가 비례 대표 명부에서 후보자를 직접 선택할 수 있다.

13 매키버(R. M. MacIver)가 제시한 '참된 민주주의'의 평가 기준에 해당하지 않는 것은?

2014. 6. 21 제1회 지방직

① 정부의 정책에 반대하더라도 신체의 안전을 보장 받는가?
② 정부 정책에 반대하는 조직을 자유롭게 결성할 수 있는가?
③ 선거를 통해 집권당을 교체할 수 있는가?
④ 대통령을 국민의 손으로 직접 뽑을 수 있는 제도적 장치가 마련되어 있는가?

14 (가)와 (나)의 주장에 대하여 옳은 설명은?

> (가) 국가가 시장에 개입하지 말고 자유로운 흐름을 보장해야 개인과 사회 발전을 이룰 수 있다.
> (나) 국가가 자유방임적 정책을 지양하고 시장질서에 적극적으로 개입하여, 구성원 간의 경제적 갈등을 완화하는 역할을 해야 한다.

① (가)는 정부의 역할을 국방과 치안 등에 국한시켜야 한다고 본다.
② (가)에서는 국가에 의한 인간다운 삶의 보장을 강조한다.
③ (나)보다 (가)를 따를 때 행정국가화 현상이 나타날 가능성이 높다.
④ (가)는 큰정부를 지향하고, (나)는 작은 정부를 지향한다.

15 다음의 입장과 같은 〈보기〉의 사례를 고르면?

> 상대적 · 비례적 평등을 중시하는 입장

> ㉠ 월드컵 16강에 진출한 선수에게 국위를 선양한 공로를 인정해 병역을 면제해준다.
> ㉡ 국가 유공자 자녀에게 공무원 시험 가산점을 준다.
> ㉢ 모든 사람에게 예외없이 병역의 의무가 부과되어야 한다.
> ㉣ 교육 평가 우수 대학에 보조금을 추가로 지원하였다.
> ㉤ 노동의 성과와 관계없이 동일한 노동에 동일한 임금을 지급한다.
> ㉥ 선거구간 인구편차 해소를 위한 조치를 취했다(개개인의 참정권의 가치를 동일한 것으로 봄).

① ㉠㉡㉣   ② ㉠㉢㉤
③ ㉡㉢㉥   ④ ㉡㉣㉥

16 다음의 자유에 대한 설명으로 가장 적절한 것은?

> (가) 국가에의 자유
> (나) 국가로부터의 자유
> (다) 국가에 의한 자유

① (나)와 달리 (가), (다)는 적극적 의미의 자유로 분류된다.
② (가), (나)와 달리 (다)는 천부적인 것으로 인식된다.
③ 복지국가에서 강조된 것은 (다)보다 (나)이다.
④ 신자유주의 이념은 (나)보다 (다)를 옹호한다.

17 권력 분립의 원리에 대한 설명으로 틀린 것을 〈보기〉에서 모두 고르면?

> ㉠ 권력분립은 국민의 자유와 권리를 보장하려는 조직 원리이다.
> ㉡ 로크에 의하여 입법권과 집행권의 2권 분립론이 주창되었다.
> ㉢ 중앙정부와 지방자치단체간의 권력분산은 수평적 권력분립에 해당된다.
> ㉣ 현대국가에서 행정부보다 입법부가 상대적으로 우월한 지위를 갖게 되는 현상이 나타났다.
> ㉤ 국가권력을 여러 기관에 분산시켜 정책의 효율성은 높일 수 있다.

① ㉠㉡㉣
② ㉠㉢㉣
③ ㉡㉢㉤
④ ㉢㉣㉤

18 다음에서 설명하고 있는 개념은?

> • 근대 민주국가성립의 기초가 되었다.
> • 시민 혁명 과정에서 시민 계급이 정치권력을 확보하기 위해 주장하였다.

① 국민 주권론
② 군주 주권론
③ 국가 주권론
④ 절대 군주론

19 지방 자치제에 대한 설명으로 거리가 먼 것을 〈보기〉에서 모두 고르면?

> ㉠ 대의 정치의 한계를 극복 ㉡ 국가 의사 결정의 효율성 증대
> ㉢ 권력 남용을 억제 ㉣ 자치의 원리 실현
> ㉤ 풀뿌리 민주주의 실현 ㉥ 정치적 다원주의를 실현
> ㉦ 횡적인 권력 분립

① ㉠㉡㉢ ② ㉡㉣㉤
③ ㉡㉦ ④ ㉠㉢㉥

20 다음 글에 나타난 민주정치의 원리에 대한 설명으로 옳은 것은?

> 이것에만 집착할 경우 대중영합주의나 국민의 의사가 왜곡된 정책이 등장할 우려가 있다. 그러나 복잡하고 전문적인 정치 기능이 요구되는 현대 민주정치에서 국민주권의 원리를 실현하는 데 기여하고 있다.

① 치자와 피치자가 분리된다.
② 국민 자치의 원리를 실현하기 위한 원리의 하나이다.
③ 입법부에는 적용이 되나 행정부에는 적용되지 않는다.
④ 루소가 주장한 원리이다.

21 현대 민주 국가들이 원칙적으로 간접민주정치를 채택하면서 다음과 같은 제도를 가미하는 이유를 〈보기〉에서 모두 고르면?

> • 국민 투표 • 국민 발안
> • 국민 소환 • 지방 자치제

> (가) 대의 정치의 실현을 위하여
> (나) 국가 권력의 남용을 막기 위하여
> (다) 국민의 의사를 정확히 전달하기 위하여
> (라) 국민의 정치적 무관심을 해소하기 위하여
> (마) 정책 결정에 효율성을 기하기 위하여

① (가)(나) ② (나)(다)
③ (다)(라) ④ (라)(마)

22 우리나라 헌법에 나타난 민주 정치의 원리로 연결이 옳은 것은?

> ㉠ 제1조 ②항 「대한민국의 주권은 국민에게 있고, 모든 권력은 국민으로부터 나온다.」
> ㉡ 제41조 ①항 「국회는 국민의 보통·평등·직접·비밀 선거에 의하여 선출된 국회의원으로 구성한다.」
> ㉢ 제10조 「국가는 개인이 가지는 불가침의 기본적 인권을 확인하고 이를 보장할 의무를 진다.」
> ㉣ 제40조 「입법권은 국회에 속한다.」, 제66조 ④항 「행정권은 대통령을 수반으로 하는 정부에 속한다.」, 제101조 ①항 「사법권은 법관으로 구성된 법원에 속한다.」

① ㉠ 대의제의 원리 ② ㉡ 입헌주의의 원리
③ ㉢ 국민 주권의 원리 ④ ㉣ 권력 분립의 원리

23 사이버 공간의 등장으로 직접 민주 정치(전자 민주주의)의 실현이 가능하게 되었다. 전자 민주주의에 대하여 적절한 설명을 〈보기〉에서 모두 고르면?

> ㉠ 국민의 정치적 무관심이 커질 것이다.
> ㉡ 국민의 정책 결정 참여 기회가 축소될 것이다.
> ㉢ 국민의 다양한 의견을 수렴할 수 있을 것이다.
> ㉣ 비밀선거 원칙이 훼손될 수 있다.
> ㉤ 익명을 이용한 인신공격 등의 문제점이 나타난다.

① ㉠㉡㉣ ② ㉠㉢㉤
③ ㉡㉢㉣ ④ ㉢㉣㉤

24 다음 (가)에 들어갈 적절한 말은?

> 아리스토텔레스는 민주주의가 변질될 경우 (가)로 전락할 수 있다고 보았다.

① 참주정치 ② 선동정치
③ 독재정치 ④ 중우정치

25 다음 〈보기〉 중 고대 그리스 아테네의 민주 정치에 대하여 바르게 설명한 것은?

> ㉠ 모든 시민이 공동체의 정책결정에 참여하였다.
> ㉡ 시민의 자격 제한이 없었다.
> ㉢ 어느 정도 권력분립이 이루어졌다.
> ㉣ 생활양식으로서의 민주주의가 실현되었다.
> ㉤ 아테네의 공직자들은 선거에 의해 선출되었다.

① ㉠㉢ 　　　　　　　　② ㉠㉤
③ ㉡㉢ 　　　　　　　　④ ㉢㉣

26 고대 아테네의 직접민주정치에 대하여 옳은 것은?

> ㉠ 노예들이 농토 경작을 직접 담당했기 때문에 아테네의 직접민주정치가 가능하였다.
> ㉡ 능력과 재산에 따라 공직에 선출되었다.
> ㉢ '치자와 피치자의 동일성'을 실현함으로써 국민자치의 원리에 가장 충실한 제도였다.
> ㉣ 사회 구성원 전체가 정치에 참여하였다.
> ㉤ 민회는 일부 시민이 참여하여 국가정책을 결정하는 최고의결기관이다.

① ㉠㉡ 　　　　　　　　② ㉠㉢
③ ㉡㉣ 　　　　　　　　④ ㉢㉣

27 다음 글에 대한 설명으로 옳은 것은?

> 고대 그리스에서는 오스트라키스모스라는 제도가 실시되었다. 시민들은 국가에 해를 끼칠 위험한 인물의 이름을 도편(도자기 파편)에 기입하여 비밀 투표를 실시하였으며, 6,000표 이상의 최고 득표자를 10년 간 국외로 추방하였다. 이 제도는 처음에는 민주적 대개혁의 하나로 시작되었으나 참주와는 관계 없이 유력한 정치가를 추방하기 위한 정쟁의 도구로 악용되었다.

① 오늘날의 국민투표와 유사한 제도이다.
② 직접 민주주의 방식이었다.
③ 충분한 토론의 과정을 거쳐서 결정이 이루어졌다.
④ 공개투표를 실시하였다.

28 다음 글에서 시민에 대한 설명으로 옳지 않은 것을 〈보기〉에서 모두 고르면?

(A) 고대 그리스 아테네의 시민
(B) 근대 시민 혁명 후의 시민
(C) 현대의 시민

ㄱ (A)는 일정한 연령 이상의 모든 남자이었다.
ㄴ (B)에는 노동자, 농민도 포함되었다.
ㄷ (C)는 보통선거 확립, 대중민주주의 실현과 관련이 있다.
ㄹ (A), (B), (C) 모두 공동체의 의사결정에 참여하였다.
ㅁ 정치에 참여할 수 있는 시민의 범위가 제한적인 것은 (A)만이다.

① ㄱㄴㅁ   ② ㄱㄷㄹ
③ ㄴㄷㅁ   ④ ㄷㄹㅁ

❷ 민주 정치의 과정과 참여

☞ 정답 및 해설 P.227

1 선거구 제도에 대한 설명으로 옳지 않은 것은?

2016. 4. 9 인사혁신처

① 소선거구제는 대표 결정방식 중 다수 대표제와 결합하여 시행되는 것이 일반적이다.

② 우리나라는 국회의원 지역구 선거, 지방자치단체장 및 기초의회 의원 선거에서 소선거구제를 적용하고 있다.

③ 소선거구제는 중·대선거구제에 비해 선거 비용이 적게 들고, 인기가 높은 후보나 주요 정당 후보에게 유리할 수 있다.

④ 소선거구제는 중·대선거구제에 비해 사표(死票)가 많이 발생할 수 있으며, 정당 득표율과 정당 의석률의 불일치가 심화될 수 있다.

2 우리나라 국회의원 선거에서의 표 등가성 원리에 대한 설명으로 옳은 것만을 모두 고른 것은?

2016. 6. 18 제1회 지방직

> ㉠ 평등 선거 원칙에 따라 일정 연령 이상의 모든 국민에게 선거권을 부여한다.
> ㉡ 게리맨더링이란 용어는 1812년 미국 매사추세츠 주지사 게리가 표 등가성 원리에 위배된 선거구를 획정한 데에서 나왔다.
> ㉢ 소선거구제에서 인구 수가 선거구 간에 크게 다르다면 표 등가성 원리에 어긋날 수 있다.
> ㉣ 현행 국회의원 선출방식에서 한 유권자가 행사하는 지역구 1표의 가치는 그가 행사하는 비례대표 1표의 가치보다 작다.
> ㉤ 표 등가성 원리에 어긋난 선거구는 헌법재판소가 다시 획정한다.

① ㉢   ② ㉢, ㉣

③ ㉠, ㉢, ㉣   ④ ㉡, ㉢, ㉤

3 밑줄 친 (가), (나)에 대한 설명으로 가장 옳은 것은?

2016. 6. 25 서울특별시

> 영국 총선이 단독 과반을 얻은 보수당의 압승으로 끝난 가운데 영국의 군소정당들이 선거 제도 개혁을 촉구하였다. 대부분의 유럽 국가들은 (가) 비례대표 선거제도를 채택하고 있지만, 영국의 선거제도는 (나) 각 지역구에서 1표라도 더 많은 표를 획득한 후보가 당선되는 시스템이다. 영국의 군소정당 중 하나인 UKIP(영국독립당)는 지난 7일 치러진 총선에서 전국적으로 400만표(13%의 득표율)를 얻어 보수당과 노동당에 이어 3위를 차지했지만, 전체 650개 의석 중 단 1석을 얻는 데 그쳤다.

① (가)를 통해 우리나라 국회의원, 광역 지방자치단체의 장이 선출된다.
② (가)는 군소정당들의 국회 진출에 부정적 영향을 미친다.
③ (나)는 사회의 다원적인 정치적 의사를 충분히 반영한다.
④ (가)보다 (나)에서 사표 발생 가능성이 더 높다.

4 알몬드(Gabriel Almond)와 버바(Sidney Verba)의 정치문화에 대한 설명으로 옳은 것은?

2015. 3. 14 사회복지직

① 향리형 혹은 신민형 정치문화에서는 시민들이 정책결정과정에 참여하려는 의지가 약하다.
② 향리형 정치문화에서는 시민들이 지역뿐만 아니라, 지역을 초월한 국가의 정치체제를 인식할 수 있다.
③ 신민형 정치문화에서는 시민들이 정부의 권위에 쉽게 복종하지 않는 새로운 유형의 민주적 정치문화가 나타난다.
④ 참여형 정치문화에서는 시민들이 정치과정의 투입에 활발하게 참여하지만, 정치적 대상에 대한 비판과 지지가 불분명한 경우가 많다.

5 다음은 2010년 우리나라 어느 선거구의 기초의원선거 개표 결과이다. 이 표에 나타난 선거구제에 대한 설명으로 옳은 것은?

2015. 3. 14 사회복지직

선거인 수	투표 수	결과	당선	당선	3등	4등	5등
		후보자	송○○	김○○	김○○	나○○	박○○
39,899	22,375	득표수	6,451	5,383	4,810	3,099	1,348
		득표율(%)	28.83	24.06	21.50	13.85	6.02

※ 6등 이하는 생략함

① 정당에 대한 투표율과 의석비율이 일치하도록 만든 제도이다.
② 국회의원선거도 동일한 선거구제를 운용하고 있다.
③ 광역의원선거보다 사표(死票)가 줄어든다.
④ 절대다수 대표제와 연결된 선거구제이다.

6 우리나라 선거제도에 대한 설명으로 옳지 않은 것은?

2015. 3. 14 사회복지직

① 헌법에 선거공영제를 명시적으로 규정하고 있다.
② 국회의원선거구는 법률로 정해야 하고, 이를 중립적으로 획정하기 위해 중앙선거관리위원회에 선거구획정위원회를 두고 있다.
③ 국회의원선거에서는 소선거구 다수대표제 이외에 소수 의견을 존중하기 위해 정당 명부식 비례대표제를 병행하여 1인 2표제를 시행하고 있다.
④ 19세 이상의 국민에게 대통령 및 국회의원의 선거권을 부여하여 보통선거 제도를 보장하고 있다.

7 다음은 우리나라 국회의원 선출 방식이다. 이에 대한 설명으로 옳지 않은 것은?

2015. 4. 18 인사혁신처

> 우리나라는 제19대 국회의원선거에서 지역구국회의원 246석을 1인 소선거구 단순다수제로, 비례대표국회의원 54석을 정당명부식 비례제로 선출하였다. 또한 유권자는 지역구국회의원 선출을 위한 1표와 비례대표국회의원 선출을 위한 1표를 각각 행사하였다.

① 정당은 지역구 후보와 비례대표 후보에 동일한 사람을 중복하여 공천할 수 없다.
② 비례대표국회의원은 권역별로 선출하고 있기 때문에 지역대표성이 강하다.
③ 소선거구 단순다수제를 채택하고 있는 지역구국회의원 선거에서 사표가 많이 발생한다.
④ 우리나라는 다수대표제와 비례대표제를 상호 연계하지 않고 독립적으로 결합한 병립식을 취하고 있다.

8 다음 표는 갑국의 법률 발의안 가결률과 여당 의석률을 시기별로 나타낸 것이다. 이에 대한 분석으로 옳은 것을 〈보기〉에서 모두 고른 것은? (단, 가결률은 소수점 이하 생략, (가결수/발의수)×100=가결률)

2015. 6. 13 서울특별시

항목 시기(국회)	정부 제출 발의안		국회 제출 발의안		여당 의석률(%)
	발의수	가결률(%)	발의수	가결률(%)	
19대	13,985	42	9,542	46	44
20대	16,542	39	10,867	51	46
21대	18,252	58	12,479	54	52

〈보기〉
㉠ 여당의 의석률이 높아질수록 정부 제출 발의안의 가결률이 높아진다.
㉡ 20대에서는 국회 제출 발의안 가결수보다 정부 제출 발의안가결수가 많다.
㉢ 갑국은 전형적인 의원내각제 정부형태로 총리의 의회 해산권을 인정할 것이다.
㉣ 여대야소인 경우가 여소야대인 경우보다 정부 제출 발의안에 대한 가결률이 더 높다.

① ㉠㉡
② ㉠㉡㉣
③ ㉡㉢㉣
④ ㉡㉣

24 PART Ⅰ. 예상문제 빅데이터

9 우리나라의 선거제도에 대한 설명으로 옳은 것은?

2015. 6. 13 서울특별시

① 서초구의 지방의회 의원 선거는 소수 대표제 방식으로 진행된다.
② 대통령 선거, 국회의원 선거, 지방자치단체의 장 선거 등 대부분의 선거는 선거구제를
  채택하고 있다.
③ 서울시의 지방의회 의원 선거에서는 1인 1표제와 정당명부식 비례대표제를 병행하고 있다.
④ 모든 선거의 선출직 공무원의 임기는 동일하게 4년이다.

10 (가)와 (나) 여론 분포의 유형에 대한 비교 설명으로 옳지 않은 것은?

2015. 6. 27 제1회 지방직

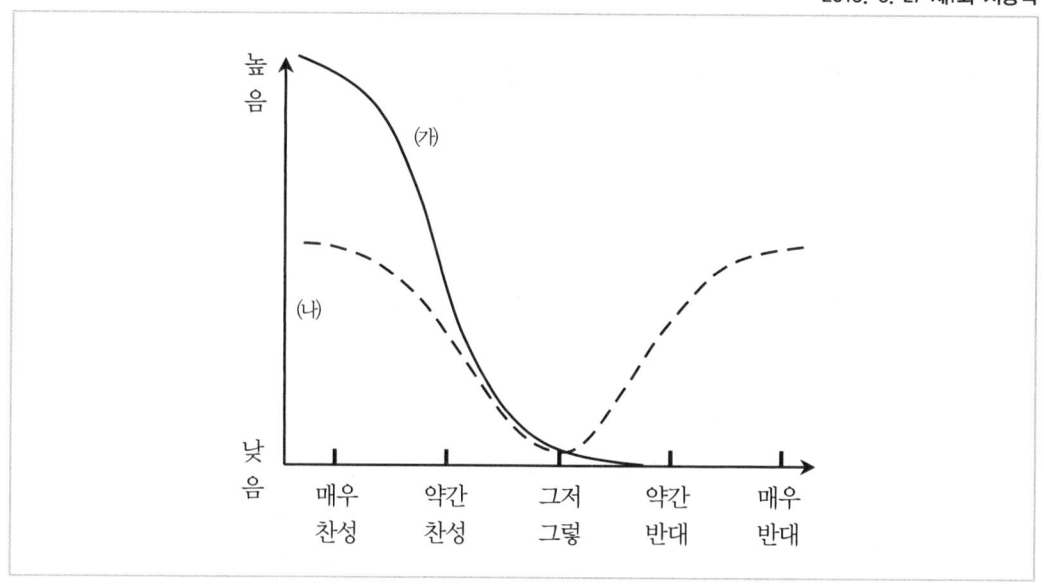

① (가)는 (나)보다 국민적 합의가 이루어져 지배적인 여론이 형성된다.
② (가)는 (나)보다 대다수가 공통된 의견을 갖고 있어 정책 추진이 원만하게 이루어질 가능성
  이 높다.
③ (나)는 (가)보다 찬성과 반대의 의견이 균형을 이루어 정책 결정이 신속히 이루어진다.
④ (나)는 (가)보다 국민적 일체감이 형성되기 어렵고 사회 갈등이 증가할 수 있다.

11 다음 대화에서 갑의 주장이 위반한 민주 선거의 원칙은?

2014. 6. 21 제1회 지방직

> 갑 : 모두에게 투표권을 주더라도, 투표권을 동일하게 주는 것은 옳지 않아.
>
> 을 : 왜 옳지 않아?
>
> 갑 : 사람들이 내는 세금으로 국가가 운영되는 것이니, 세금을 더 많이 내는 사람에게는 더 큰 권리를 줘야 해. 따라서 세금을 내는 것과 비례해서, 투표권의 수를 다르게 주어야 한다고 봐.
>
> 을 : 하지만 그것은 민주 선거의 원칙에 어긋나는 거야.

① 보통선거　　　　　　　　　② 평등선거

③ 비밀선거　　　　　　　　　④ 직접선거

12 다음 〈보기〉와 같은 단체에 대한 설명으로 옳지 않은 것은?

2014. 6. 28 서울특별시

> 〈보기〉
>
> 사회의 여러 가지 문제를 해결하기 위하여 민간이 중심이 되어 만든 비정부 조직, 영리를 목적으로 활동하지 않는 비영리단체로, 환경 운동이나 인권 보호 운동, 부패 방지 운동을 위해 적극적으로 활동하는 단체를 말한다. 다수의 시민을 위해 활동하는 단체이다.

① 집단의 가입과 탈퇴가 비교적 자유롭다.

② 사회가 다원화 되면서 그 수가 점점 증가하고 있다.

③ 공익을 추구하고 정부의 정책 결정에 영향력을 행사한다.

④ 특정 목표를 달성하기 위해 구성된 조직으로 2차 집단에 해당한다.

⑤ 비공식 조직으로 구성원들에게 만족감을 제공하며, 구성원간의 친밀도가 높다.

13 다음은 정치 참여 집단에 대한 설명이다. 이에 대한 설명으로 옳은 것은?

2014. 6. 28 서울특별시

① 이익집단은 의회와 정부를 매개한다.

② 시민단체는 선거에 후보자를 배출한다.

③ 시민단체와 달리 정당은 정치 사회화 기능을 가진다.

④ 이익집단과 시민단체는 모두 비영리성을 특징으로 한다.

⑤ 정당은 자신의 행위에 정치적 책임을 진다.

14 다음 중 헌법 소원 심판을 청구할 수 있는 사례로 가장 적절한 것은?

2014. 6. 28 서울특별시

① 친구에게 빌려준 돈을 변제 기일이 지나도록 받지 못한 경우
② 교도소의 서신 검열로 수형자가 통신의 자유를 침해받은 경우
③ 간판이 떨어져 차량이 파손되었으나 간판 주인이 배상을 거부한 경우
④ 배우자의 부정행위로 갈등이 심화되어 부부가 이혼하기로 합의한 경우
⑤ 층간 소음 문제로 다투다가 상대방으로부터 폭행을 당해 상해를 입은 경우

15 대통령제와 의원 내각제를 구분하는 가장 중요한 기준은?

① 국가 원수에 대한 국민의 직선 여부   ② 행정부와 사법부의 상호 관계
③ 사법부의 독립 정도   ④ 행정부와 입법부의 상호 관계

16 다음 중 대통령제의 특징만을 모두 골라 묶은 것은?

㉠ 엄격한 권력 분립	㉡ 정치적 책임에 민감
㉢ 견제와 균형의 원리에 충실	㉣ 정부의 국회 해산권
㉤ 의회의 내각 불신임권	㉥ 행정부 구성의 2원성

① ㉠㉡㉤   ② ㉠㉢
③ ㉡㉢㉥   ④ ㉣㉤

17 정부 형태에 대한 질문과 답이 다음과 같을 때 나타날 수 있는 현상과 거리가 먼 것은?

• 국민에 의해 선출된 의회에서 정부를 구성했습니까?
↓ 예
• 제1당이 과반수를 차지했습니까? → 아니오

① 연립내각이 구성될 것이다.
② 정국의 불안정을 가져오게 된다.
③ 다수당의 횡포를 견제하기 곤란할 것이다.
④ 책임 소재가 불분명한 정부가 구성될 수 있다.

18 다음과 같은 정부 형태에 대한 설명으로 옳지 않은 것은?

> • 통치권력이 대통령과 총리에게 이분화되어 있는 정부형태이다.
> • 대통령제를 변형한 정부 형태로, 프랑스에서 발달하였다.

① 프랑스의 이원정부제이다.

② 대통령과 총리의 권한이 법적으로 구분되어 있다.

③ 평상시에는 행정부가 대통령 중심으로 운영되고, 총리는 외교·국방에만 전념한다.

④ 대통령과 총리는 소속 정당이 다를 수 있다.

19 선거에 대한 설명으로 옳은 것을 〈보기〉에서 모두 고른 것은?

> ㉠ 대표자의 정치행위를 평가하는 수단이 된다.
> ㉡ 대의제의 문제점을 해결하는 방법이다.
> ㉢ 국가의 통치 권력에 정당성과 합법성을 부여한다.
> ㉣ 정치 과정에서 산출에 해당된다.
> ㉤ 대의 민주제는 국민 자치의 원리에 가장 충실한 방법이다.
> ㉥ 국민이 정책 과정에 직접 참여하는 통로이다.

① ㉠㉡

② ㉠㉢

③ ㉡㉣㉤

④ ㉢㉣㉥

20 다음은 헌법 재판소의 판결이다. (A)에 해당하는 민주 선거의 원칙은?

> '헌법소원이 청구된 경기 안양시 동안구의 경우 최소선거구인 경북 고령·성주군과의 인구편차
> 가 3.65대1이며, 최대선거구인 경기 의정부시는 3.88대1에 달하는 등 국민 한 사람의 투표가치
> 가 선거구에 따라 크게 달라 헌법의 (A)정신에 어긋난다'

① 보통 선거

② 평등 선거

③ 직접 선거

④ 비밀 선거

21 다음은 동시에 실시되었던 어느 보궐선거의 결과이다. 잘못된 설명은?

선거구	투표율	후보	소속 정당	득표율	당선 여부
(가)	36.5%	A	갑	57.2%	당선
		B	을	42.8%	
(나)	67.4%	C	병	39.6%	당선
		D	갑	32.3%	
		E	을	28.1%	

① 소선거구제이다.
② 정치적 무관심은 (가) 선거구가 더 높다.
③ 사표의 비율은 (가) 선거구가 더 높다.
④ 결선 투표제를 시행한다면 2차 선거를 해야 할 곳은 (나) 선거구이다.

22 모든 국민이 참여하는 대중 민주주의의 확립에 공헌한 민주 선거의 원칙은?

① 보통 선거
② 평등 선거
③ 직접 선거
④ 비밀 선거

23 다음 (A)와 (B)에 대하여 옳은 설명은?

(A) 남성에게만 투표권을 인정하고 여성에게는 투표권을 인정하지 않는다.
(B) 남성에게만 2표의 투표권을 인정하고 여성에게는 1표의 투표권을 인정한다.

① (A)는 평등 선거의 원칙 위반이다.
② (A)는 차등 선거이다.
③ (B)는 1인 1표의 원칙에 위반된다.
④ (B)는 제한 선거이다.

24 다음 (A), (B)에 들어갈 적절한 말은?

> 헌법재판소는 세계 각국에 나가있는 재외 국민들이 주민등록이 없다는 이유로 투표권을 부여하지 않는 것은 선거권 및 (A)침해, 선거의 4원칙 중 (B)의 원칙에 위배된다고 헌법불합치 결정을 내렸다.

① (A) 평등권 (B) 보통 선거
② (A) 평등권 (B) 평등 선거
③ (A) 자유권 (B) 보통 선거
④ (A) 자유권 (B) 평등 선거

25 다음 1인 1표제에 의한 비례 대표제에 대한 설명이다. (A)와 (B)에 들어갈 적절한 말은?

> 지역구 정당 후보자들의 득표비율을 기준으로 전국구 의석을 배분하는 1인 1표제는 지역구 후보자와 지지정당이 다른 경우 (A)의 원칙에 어긋나며, 또 유권자가 무소속 후보자에게 투표할 경우 그 유권자는 비례대표 선출에서 배제되는 결과가 되어 (B)의 원칙에도 어긋난다.

① (A) 보통 선거 (B) 평등 선거
② (A) 직접 선거 (B) 평등 선거
③ (A) 보통 선거 (B) 직접 선거
④ (A) 직접 선거 (B) 비밀 선거

26 중선거구를 소선거구제로 바꾸었을 때, 예상되는 결과는?
① 군소 정당의 난립으로 정국 불안정이 나타나기 쉬울 것이다.
② 선거를 관리하는 비용이 크게 늘어나게 될 것이다.
③ 국민의 다양한 의사가 정치에 반영되기 어려워질 것이다.
④ 선거 관리에 어려움이 많아질 것이다.

27 다음 중 소선거구제의 단점만으로 묶여진 것은?

> ㉠ 전국적 인물보다 지역적 인물이 당선되기 쉽다.
> ㉡ 비용이 많이 들고, 관리가 어렵다.
> ㉢ 신진 인물이 당선되기 어렵다.
> ㉣ 선거인의 후보자 선택 범위가 좁아진다.
> ㉤ 후보자 인물 파악이 어렵다.

① ㉠㉡㉣ 　　　　　　② ㉠㉣㉤
③ ㉠㉢㉣ 　　　　　　④ ㉢㉣㉤

28 국회 의원의 선출 방식인 직능 대표제를 채택했을 때 예상되는 결과로 가장 타당한 것을 고르면?

> ㉠ 이익 단체의 활동이 정당 내의 활동으로 제도화된다.
> ㉡ 국회 기능의 전문성을 강화할 수 있다.
> ㉢ 양당제가 확고히 정착된다.
> ㉣ 직업의 이익이 반영되기 어렵다.

① ㉠㉡ 　　　　　　② ㉠㉢
③ ㉡㉣ 　　　　　　④ ㉢㉣

29 다음 중 비례 대표제에 대한 설명으로 옳지 않은 것을 〈보기〉에서 모두 고르면?

> ㉠ 소수당의 원내 진출 가능성이 높아진다.
> ㉡ 다수파의 횡포를 견제하기 어렵다.
> ㉢ 정책 중심의 정당 정치에 기여할 수 있다.
> ㉣ 정당 간부의 당선을 확보해 놓을 수 있다.
> ㉤ 국민 여론의 왜곡을 막을 수 있고 사표를 방지한다.
> ㉥ 정국의 안정을 기할 수 있다.

① ㉠㉢ 　　　　　　② ㉡㉥
③ ㉢㉤ 　　　　　　④ ㉣㉥

30 다음과 같은 문제점을 해결하기 위해 우리 헌법이 채택하고 있는 대책은?

> 1812년 미국 매사추세츠 주의 게리(Gerry. E.) 지사는 주 상원 위원 선거를 앞두고 선거구를 자신에게 유리한 방향으로 부당하게 조정하여 자신을 지지하는 후보들은 50,164표를 얻고도 29명이나 당선되게 한 반면, 상대 정당은 51,766표를 얻고도 11명밖에 당선 시키지 못하게 만들었다.

① 선거 공영제를 채택한다.
② 선거 비용의 한도를 정해 둔다.
③ 선거구의 획정은 법률에 의해서만 가능케 한다.
④ 선거구의 조정에 관한 사항 일체를 선거 관리 위원회에 맡긴다.

31 다음은 선거와 관련된 어느 헌법 기관에 대한 설명이다. 이 헌법 기관의 권한으로 적합한 것을 〈보기〉에서 고르면?

> • 선거 공영제를 이루기 위한 헌법 기관
> • 국회에서 선출하는 3인, 대법원장이 지명하는 3인, 대통령이 지명하는 3인으로 구성된다.

> ㉠ 선거 관리　　　　　　　　　　㉡ 국민 투표 관리
> ㉢ 정당에 관한 사무 처리　　　　　㉣ 공명선거 풍토 정착 계도
> ㉤ 선거구의 획정　　　　　　　　　㉥ 선거법 제정

① ㉠㉡㉢㉣
② ㉠㉡㉤
③ ㉡㉢㉣㉥
④ ㉢㉤㉥

32 다음은 각 나라의 대표결정방법이다. 설명으로 적절한 것은?

나라	총의석수	소수대표제	다수대표제	비례대표제
A	200	180	–	20
B	250	–	250	–
C	300	–	300	–
D	290	180	–	110

① A국은 소선거구제를 채택하고 있으며, 선거결과는 다수당이 유리할 것이다.

② B국은 대선거구제를 채택하고 있으며, 소당분립의 경향을 띨 것이다.

③ C국은 사표가 감소하고, 하나의 정당만이 출현할 것이다.

④ D국은 대선거구제를 채택하고 있으며, 국민의 다양한 의사를 반영될 것이다.

33 다음에 최근에 실시된 어느 나라 국회 의원 선거 결과를 나타낸 것이다.이러한 선거 결과에 따라 차기 총선 승리를 위해 D정당이 주장할 가능성이 가장 높은 선거 제도는?

	A정당	B정당	C정당	D정당	무소속
득표율(%)	34.5	25.3	16.2	11.2	12.8
전체 의석	139	79	50	15	16
전체 의석 비율(%)	46.5	26.4	16.7	5.0	5.4

① 선거구 수의 증설   ② 선거 공영제의 완화

③ 비례 대표제의 확대   ④ 다수 대표제로의 전환

34 다음 중 (A)에 들어갈 말로 옳은 것은?

> 지역 대표제는 지역을 중심으로 대표자를 선출하므로 다양하고 복잡한 이해관계에 따른 요구를 국정에 반영하기 어렵다. 이런 문제를 극복하고 직업에 따른 이해관계를 국정에 제대로 반영하기 위한 제도가 (A)이다.

① 소수 대표제   ② 비례 대표제

③ 직능 대표제   ④ 다수 대표제

35 우리나라의 선거에 대한 옳은 설명을 〈보기〉에서 고른 것은?

> ㉠ 대통령 임기는 4년이고, 절대 다수 대표제에 따라 선출한다.
> ㉡ 국회의원과 지방 자치 단체장, 지방 의회 의원 임기는 5년이다.
> ㉢ 지방 자치제 선거(5개)는 동시 실시, 대통령과 국회의원 총선거는 별도 실시하고 있다.
> ㉣ 지방 자치제 선거에서 7장의 투표용지를 받게 된다.
> ㉤ 지방 선거에서 기초의회의원은 소선거구제를 적용한다.
> ㉥ 시·도지사와 교육감은 기초 행정 단위를 선거구로 한다.
> ㉦ 국회의원선거, 지방선거 모두 의결기관 구성원을 선출하기 위한 것이다.

① ㉠㉡   ② ㉢㉣

③ ㉠㉤㉥   ④ ㉣㉥

36 다음은 잘못된 법을 고치는 방법에 대한 주장이다. 이에 대한 설명으로 옳지 않은 것은?

> (가) 실질적 법치주의 입장 : 정의롭지 못한 법에 대해서는 비폭력적인 방법으로 그 법을 거부해 무력화시켜야 한다고 보고, 국민의 저항권을 인정한다.
> (나) 형식적 법치주의 입장 : 정의롭지 못한 법이라도 합법적인 절차에 의해 만들어진 법은 준수되어야 한다고 보고, 법이 보장하는 방식에 따라 고쳐야 한다고 주장한다.

① (가) - 잘못된 법은 차기 선거를 통해 평가되어야 한다.

② (가) - 법이 보장하는 방식으로 잘못된 법을 시정하는 것은 오랜 시간이 걸려 폐해가 커진다.

③ (나) - 잘못된 법을 개정하기 위해서는 입법 절차를 거쳐야 한다.

④ (나) - 잘못된 법에 대한 판단을 개인에게 맡겨 준수하기도 하고 거부하기도 한다면 법체계의 정당한 강제력이 상실된다고 본다.

37 다음 지섭과 동엽의 주장에 대한 설명으로 옳지 않은 것은?

> • 지섭 : 합법성이 있으면 정당성도 있는거야. 적법한 절차를 거쳐 제정된 법으로 통치하는 것이 법치주의야.
> • 동엽 : 아냐, 합법성과 정당성은 별개야. 법의 내용이 정당하지 않다면 이는 법치주의가 아니야.

① 지섭은 법의 목적이나 내용은 문제 삼지 않는다.
② 법률이 국민의 동의와 지지를 얻었는지를 특히 중시하는 사람은 지섭이다.
③ 동엽은 통치의 합법성과 정당성 모두를 중시한다.
④ 동엽은 행정, 사법, 입법 등 모든 통치행위가 인간의 존엄과 평등, 정의의 실현 등에 위배되서는 안된다고 주장한다.

38 표는 ○○시의 뉴타운 건설에 대한 지역 주민의 설문 조사 결과이다. 이에 대한 올바른 해석을 고르면?

	A지역	B지역	C지역
찬성	48%	70%	19%
반대	45%	17%	71%
무응답	7%	13%	10%

① A지역의 경우 합의형 여론 유형에 해당된다.
② B지역의 경우 갈등과 혼란이 야기될 가능성이 높다.
③ B지역의 경우 합의형 여론 유형에 해당된다.
④ A지역의 경우 뉴타운 건설이 추진될 가능성이 가장 높다.

❸ 우리나라의 헌법

☞ 정답 및 해설 P.234

1 그림은 대통령의 권한 행사에 대한 통제수단을 나타낸 것이다. ㉠∼㉣에 대한 설명으로 옳지 않은 것은?

2016. 4. 9 인사혁신처

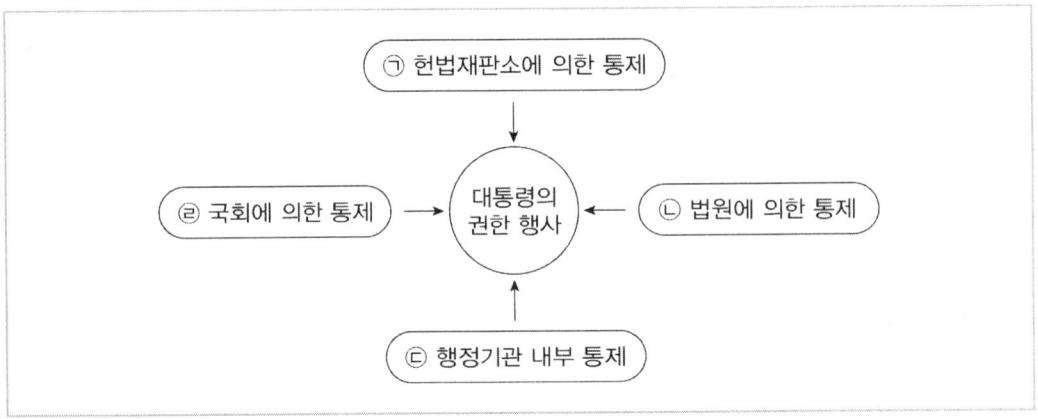

① ㉠ – 대통령이 직무집행에 있어서 헌법이나 법률을 위반한 경우에 헌법재판소는 탄핵의 소추를 의결할 수 있다.
② ㉡ – 명령이 헌법이나 법률에 위반되는지 여부가 재판의 전제가 된 경우에는 대법원이 최종적으로 심사할 권한을 가진다.
③ ㉢ – 국무회의는 정부의 권한에 속하는 중요한 정책을 심의한다.
④ ㉣ – 국회는 국무총리의 해임을 대통령에게 건의할 수 있다.

2 헌법재판소의 심판절차에 대한 설명으로 옳지 않은 것은?

2016. 6. 18 제1회 지방직

① 지방자치단체인 자치구도 권한쟁의심판을 청구할 수 있다.
② 권리구제형 헌법소원심판은 다른 법률에 구제절차가 있는 경우 그 절차를 모두 거친 후가 아니면 청구할 수 없다.
③ 법률이 헌법에 위반되는지 여부가 재판의 전제가 된 경우에는 당해 사건의 당사자는 헌법재판소에 위헌법률심판을 제청할 수 있다.
④ 정당의 목적이나 활동이 민주적 기본질서에 위배될 때에는 정부는 국무회의의 심의를 거쳐 정당해산심판을 청구할 수 있다.

3 우리나라 국회와 대통령의 관계에 대한 설명으로 옳지 않은 것은?

2016. 6. 18 제1회 지방직

① 대통령은 국회에서 의결된 법률안에 대해 정해진 기간 내에 이의서를 붙여 거부권을 행사하여 국회의 재의를 요구할 수 있다.

② 대통령의 재의의 요구가 있을 때에는 국회가 재적 의원 과반수 출석과 출석 의원 3분의 2 이상의 찬성으로 전과 같은 의결을 하면 그 법률안은 법률로서 확정된다.

③ 대통령이 긴급명령을 발하였을 때에는 지체없이 국회에 보고하여 그 승인을 받아야 한다.

④ 국회는 대통령에 대한 탄핵을 심판할 수 있다.

4 다음은 「간통죄」에 대한 헌법재판소 결정문의 일부분이다. 밑줄 친 ㈎~㈐에 대한 법적 분석으로 옳지 않은 것은?

2016. 6. 25 서울특별시

> • 사건 : 2014헌바53 · 464(병합)
> • 사건 개요
>   청구인들은 간통하였다는 범죄사실로 기소되어 해당사건이 진행되던 중 형법 제241조가 위헌이라며 ㈎ 위헌법률심판제청 신청을 하였으나 그 신청이 기각되자 ㈏ 헌법소원심판을 청구하였다. 〈이하 생략〉
> • 위헌여부에 대한 판단 헌법 제10조에서 보장하는 인격권과 ___㈐___ 은(는) 개인의 자기운명결정권을 전제로 한다. 이 자기운명결정권에는 성적 자기결정권이 포함되어 있으므로, 심판대상조항은 개인의 성적 자기결정권을 제한한다. 또한, 심판대상조항은 개인의 성생활이라는 내밀한 사적 생활영역에서의 행위를 제한하므로 헌법 제17조가 보장하는 ㈑ 사생활의 비밀과 자유 역시 제한한다. 〈이하 생략〉

① ㈎의 권한은 법원에 있다.

② ㈏는 위헌 심사형 헌법 소원이다.

③ ㈐에 해당하는 기본권은 행복추구권이다.

④ ㈑는 국가에 의한 자유를 주된 내용으로 하는 기본권이다.

5 다음은 법률 개정 과정을 정리한 것이다. 밑줄 친 (가)~(라)에 대한 설명으로 옳지 않은 것은?

2016. 6. 25 서울특별시

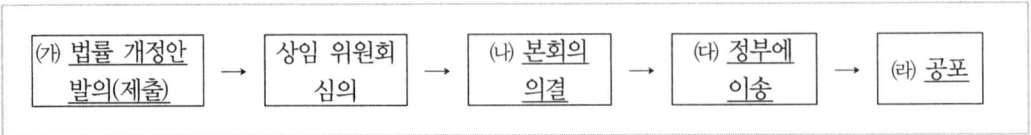

① (가)는 정부, 국회의원 10인 이상, 국회 상임 위원회가 할 수 있다.
② (나)의 정족수는 재적 의원 과반수 출석, 출석 의원 과반수 찬성이다.
③ (다) 이후에 대통령은 국무회의 심의를 거쳐 법률안의 재의를 요구할 수 있다.
④ 국회에서 재의결된 법률안은 즉시 국회의장이 (라)를 행한다.

6 우리나라 국회에 대한 설명으로 옳지 않은 것은?

2015. 3. 14 사회복지직

① 국회의원의 수는 법률로 정하되, 200인 이상으로 한다.
② 국회는 대통령의 일반사면에 대한 동의권을 갖지만, 특별사면에 대하여는 동의권을 갖지 않는다.
③ 국회는 의사결정의 효율화를 위하여 위원회제도와 교섭단체제도를 두고 있다.
④ 국회의 임시회는 대통령의 요구로 집회되지 않지만, 국회재적의원 4분의 1 이상의 요구로는 집회된다.

7 다음 〈사례〉에 대한 설명으로 옳은 것만을 〈보기〉에서 모두 고른 것은? (다툼이 있는 경우 판례에 의함)

2015. 3. 14 사회복지직

〈사례〉

○○시는 길거리와 공원, 광장 등에서 흡연을 금지하는 '○○시 간접흡연 피해방지 조례'를 제정하였다. 이에 따라 ○○시의 길거리와 공원, 광장 및 시청과 구청 등 공공장소에서는 흡연을 할 수 없게 되었다. ○○시 주민인 갑은 흡연자로서 ○○시의 조례가 자신의 권리를 침해한다고 주장하였고, 을은 혐연자로서 ○○시의 조례가 자신의 권리를 보호한다고 생각하였다.

〈보기〉

㉠ 갑과 을의 기본권이 충돌하고 있다.
㉡ 갑의 흡연권과 을의 혐연권은 모두 헌법상 보장되는 기본권에 해당한다.
㉢ 갑은 흡연권 보장을 위하여 헌법소원을 청구할 수 있다.

① ㉠㉡   ② ㉠㉢
③ ㉡㉢   ④ ㉠㉡㉢

8 대통령의 임명행위 중 국회의 동의가 필요한 것은?

2015. 4. 18 인사혁신처

① 대법관 임명
② 법무부장관 임명
③ 국가정보원장 임명
④ 대법원장이 지명한 헌법재판관 임명

9 다음 헌법조항에서 공통으로 나타나는 기본권에 대한 설명으로 옳지 않은 것은?

2015. 4. 18 인사혁신처

> 제31조 ① 모든 국민은 능력에 따라 균등하게 교육을 받을 권리를 가진다.
> 제32조 ① 모든 국민은 근로의 권리를 가진다. 국가는 사회적·경제적 방법으로 근로자의 고용의 증진과 적정임금의 보장에 노력하여야 하며, 법률이 정하는 바에 의하여 최저임금제를 시행하여야 한다.
> 제34조 ① 모든 국민은 인간다운 생활을 할 권리를 가진다. ② 국가는 사회보장·사회복지의 증진에 노력할 의무를 진다.
> 제35조 ① 모든 국민은 건강하고 쾌적한 환경에서 생활할 권리를 가지며, 국가와 국민은 환경보전을 위하여 노력하여야 한다.

① 복지국가·사회국가 원리에 기초하고 있다.
② 주로 국회의 입법권 행사에 의해 실현되는 권리이다.
③ 원칙적으로 국민만이 누리는 권리이나, 기본권의 성질에 따라서는 외국인에게도 보장된다.
④ 국가권력으로부터의 침해를 배제하는 소극적·방어적 성격의 권리이다.

10 다음 (개), (내)의 내용과 국회의 기능이 각각 옳게 짝지어진 것은?

2015. 4. 18 인사혁신처

> (개) ○○년 ○월 ○일 국회에서는 국무총리 임명동의안을 통과시켰다.
> (내) ○○년 ○월 국회 대정부질문은 6일 정치, 10일 외교·통일·안보, 11일 경제, 12일 교육·사회·문화 등 분야별로 진행된다.

	(개)	(내)
①	국가 기관 구성 기능	국정 감시 통제 기능
②	국정 감시 통제 기능	입법 기능
③	입법 기능	재정 기능
④	재정 기능	국가 기관 구성 기능

11 다음 사례에서 A가 취할 수 있는 해결 방안으로 옳지 않은 것은?

2015. 6. 27 제1회 지방직

> A는 B에게 1년 후 돈을 받기로 하고 5천만 원을 빌려주었다. 그러나 B는 돈을 갚기로 한 날짜가 지났음에도 갚지 않고 있다. 이에 화가 난 A는 빌려간 돈 전액을 갚을 것을 B에게 재촉하였으나 B는 차일피일 미루고만 있다.

① 소액사건심판을 통해 해결한다.
② 민사조정을 신청한다.
③ 내용증명우편을 B에게 발송한다.
④ 민사소송을 제기하면서 가압류를 신청한다.

12 다음은 A가 가진 권한에 관한 기사이다. 그 밖에 A의 권한으로 옳은 것은?

2015. 6. 27 제1회 지방직

> A는 진 모 씨 등이 "전국의 모든 PC방을 금연구역으로 지정한 「국민건강증진법」 제9조 제4항 제23호가 평등권, 행복추구권을 침해했다."며 제기한 헌법소원에 대해 만장일치로 합헌 결정했다.
> — ○○일보, 0000년 00월 00일 —

① 행정소송   ② 형사재판
③ 선거재판   ④ 권한쟁의심판

13 다음 글에서 국가인권위원회가 언급한 기본권에 관한 설명으로 옳은 것은?

2015. 6. 27 제1회 지방직

> 국가인권위원회는 정부가 제출한 법안 중 「개인정보보호법」 제정안 가운데 CCTV 등 영상정보 처리기기에 관한 규정이 국민의 사생활 침해를 유발할 우려가 있으므로 이를 예방할 규정을 만들어야 한다고 주장하였다. 국가인권위원회는 "불특정 다수가 사용하는 목욕탕, 화장실, 탈의실 등 개인의 사생활을 현저히 침해할 우려가 있는 장소에는 CCTV와 같은 영상기기를 설치하여 운영하지 못하도록 해야 한다."라며, "구금 및 보호시설에 한해 필요 최소한의 범위 내에만 설치를 허용해야 한다."라고 주장하였다.
>
> — ○○신문, 0000년 00월 00일 —

① 소극적이고 방어적 성격의 기본권이다.
② 현대 사회에 등장한 적극적인 기본권이다.
③ 기본권 보장을 위한 수단적 기본권의 성격을 갖는다.
④ 국민이 국가의 정치과정에 적극적으로 참여할 수 있는 권리이다.

14 다음 대화의 밑줄 친 부분에 들어갈 답변으로 옳지 않은 것은?

2015. 6. 27 제1회 지방직

> 갑 : 우리나라는 전형적인 대통령제에 해당되지 않니?
> 을 : 반드시 그렇지는 않아. 우리나라 정부 형태에는 의원 내각제적 요소가 포함되어 있어.
> 갑 : 그럼 어떤 요소가 있니?
> 을 : _____

① 정부는 법률안을 제출할 수 있어.
② 국회는 내각 불신임권을 행사할 수 있어.
③ 국회의원이 국무위원을 겸직할 수 있어.
④ 국회가 국무총리와 국무위원에 대해 해임 건의를 할 수 있어.

15 행정 민원에 대한 설명으로 옳지 않은 것은?

2014. 6. 21 제1회 지방직

① 주민등록표 등본의 발급은 정부 민원 포털인 '민원 24'에의 접속을 통해서도 가능하다.
② 민원사항에 대하여 행정기관의 장이 거부처분을 한 경우 민원인은 행정심판을 제기할 수 있다.
③ 행정기관은 민원사무를 관계법령 등에서 정하는 바에 따라 다른 업무에 우선하여 처리하여야 한다.
④ 행정기관의 장은 민원인이 신청한 민원사항의 처리 결과를 구술로 통지하나, 민원인의 요청이 있는 경우에는 문서로 통지하여야 한다.

16 사회적 기본권에 대한 설명으로 옳지 않은 것은? (다툼이 있는 경우 판례에 의함)

2014. 6. 21 제1회 지방직

① 근로 3권은 단결권, 단체교섭권, 단체행동권을 말한다.
② 사회복지의 실현이 현대 국가에서 중요한 과제가 되면서 사회적 기본권이 강조되고 있다.
③ 교육을 받을 권리는 국민이 국가에 대하여 직접 특정한 교육제도나 교육과정을 요구할 수 있는 권리이다.
④ 인간다운 생활을 할 권리는 국가가 재정형편 등 여러 가지 상황들을 종합적으로 감안하여 법률을 통하여 구체화할 때에 비로소 인정되는 법률적 권리이다.

17 다음 사례에 대한 법적 판단으로 옳지 않은 것은? (다툼이 있는 경우 판례에 의함)

2014. 6. 21 제1회 지방직

- A는 자신 소유의 자동차에 불을 질러 공공의 위험을 발생시켰다.
- 권투 선수인 B는 시합 중 상대방 선수인 갑을 때려 큰 부상을 입혔다.
- 음주운전으로 운전면허가 일시 정지된 의사 C는 응급환자에게 가기 위하여 자동차를 운전하였다.
- D는 초등학교 2학년인 아들의 절도 습관을 없애기 위하여 회초리로 몇 차례 체벌을 하였다.

① A의 행위는 피해자의 승낙에 해당하므로 위법성이 조각된다.
② 갑이 권투 시합의 결과 사망한 경우에도 B의 행위는 위법성이 조각된다.
③ C가 택시를 타고 갈 수 있었음에도 불구하고, 스스로 자동차를 운전했다면 C의 행위는 위법성이 조각되지 않는다.
④ D의 체벌이 아들의 건전한 육성을 위하여 필요한 범위 내에서 상당한 방법으로 행사되었다면 법령에 의한 행위로서 D의 행위는 위법성이 소각된다.

18 다음 중 옳게 설명한 것은?

2014. 6. 28 서울특별시

① 국정감사는 비공개로 한다.
② 국무총리는 조약 체결 및 비준 권한을 가진다.
③ 교섭단체는 국회의 효율적인 의사 진행을 위한 기구이다.
④ 법률안 의결은 재적의원 과반수의 찬성이 필요하다.
⑤ 예산안 처리에 대해 대통령은 거부권을 행사할 수 있다.

19 우리나라의 헌법 개정에 따른 정부 형태의 변화에 대한 설명으로 옳은 것은?

① 1952년 1차 개헌에 의하여 대통령 직선제에서 대통령 간선제로 전환되었다.
② 1962년 5차 개헌에 의하여 대통령 직선제가 채택되었다.
③ 1972년 7차 개헌에 의하여 대통령 3선이 처음으로 허용되었다.
④ 1987년 9차 개헌에 의하여 대통령 단임제로 개정되었고, 선거인단에 의한 간선제가 채택되었다.

20 다음 헌법 규정에 공통적으로 나타난 헌법 원리와 관련된 내용을 〈보기〉에서 모두 고른 것은?

> • 전문 안으로는 국민 생활의 균등한 향상을 기하고…
> • 제32조 ① 법률이 정하는 바에 의하여 최저 임금제를 시행하여야 한다.

> ㉠ 개인의 통신비밀 보장
> ㉡ 상향식 의사 결정 과정의 보장
> ㉢ 기초 생활 보장 제도의 시행
> ㉣ 시장 지배와 경제력의 남용 방지
> ㉤ 경제에 관한 규제와 조정

① ㉠㉡㉢
② ㉡㉢㉣
③ ㉡㉣㉤
④ ㉢㉣㉤

21 다음에서 설명하는 헌법 원리를 실현하기 위한 내용과 관련이 먼 것을 모두 고르면?

> 제 1, 2차 세계 대전을 경험한 세계 각국의 헌법들은 예외 없이 평화주의와 국제 질서를 존중하는 규정을 두고 있다.

> ㉠ 우리나라는 모든 전쟁을 부인한다.
> ㉡ 국제 구호활동에 참여한다.
> ㉢ 외국인의 지위를 보장한다.
> ㉣ 국제법의 효력을 인정한다.
> ㉤ 저개발국의 빈곤을 해결하기 위해 노력한다.

① ㉠
② ㉠㉡㉤
③ ㉡㉤
④ ㉡㉢㉣

22 다음 헌법 조항이 의미하는 바와 일치하지 않는 것은?

> (A) 헌법 제10조 모든 국민은 인간으로서의 존엄과 가치를 가지며, 행복을 추구할 권리를 가진다. 국가는 개인이 가지는 불가침의 기본적 인권을 확인하고 이를 보장할 의무를 진다.
> (B) 헌법 제37조 ② 국민의 모든 자유와 권리는 국가 안전 보장, 질서 유지 또는 공공 복리를 위하여 필요한 경우에 한하여 법률로써 제한할 수 있으며, 제한하는 경우에도 자유와 권리의 본질적인 내용을 침해할 수 없다.

① (A)에 의하면 개인의 기본권은 천부적인 권리이다.
② (A)에 의하면 개인의 인권은 국가보다 우선한다.
③ (B)에 의하면 개인의 기본권은 실정법상의 권리이다.
④ (A)와 (B)에 의할 때 국가에 의한 기본권 제한을 할 수 없다고 해석된다.

23 다음 헌법 조항이 갖는 의미를 〈보기〉에서 모두 고른 것은?

> 제10조 '모든 국민은 인간으로서의 존엄과 가치를 가지며, 행복을 추구할 권리를 가진다. 국가는 개인이 가지는 불가침의 기본적 인권을 확인하고 이를 보장할 의무를 진다.'

> ㉠ 국가 권력 행사의 한계   ㉡ 사회주의적 기본 질서의 확립
> ㉢ 헌법이 추구하는 최고의 가치 지표   ㉣ 천부 인권 사상의 수용

① ㉠㉡㉢   ② ㉠㉡㉣
③ ㉠㉢㉣   ④ ㉡㉢㉣

24 우리 헌법에서 신체의 자유를 보장하기 위해 규정한 적법 절차 조항에 대한 내용 중 옳지 않은 것은?

① 체포, 구속, 압수 또는 수색을 할 때에는 적법한 절차에 따라 법관의 신청에 의하여 관한 경찰서장이 발부한 영장을 제시하여야 한다.
② 모든 국민은 고문을 받지 아니하며, 형사상 자기에게 불리한 진술을 강요당하지 아니한다.
③ 체포 또는 구속을 당한 때에는 적부의 심사를 법원에 청구할 권리를 가진다.
④ 누구든지 체포 또는 구속의 이유와 변호인의 조력을 받을 권리가 있음을 고지(告知) 받지 아니하고는 체포 또는 구속을 당하지 아니한다.

25 현대 복지 국가에서 인간다운 생활을 보장하기 위하여 특히 강조되고 있는 기본권과 관계가 먼 것은?

> ㉠ 실질적 평등을 보장하기 위해 등장하였다.
> ㉡ 소극적 권리이다.
> ㉢ 열거적 · 개별적 권리이다.
> ㉣ 교육을 받을 권리, 노동 3권의 보장, 직업 선택의 권리 등이다.
> ㉤ 국가의 존재를 전제로 한 기본권이다.

① ㉠㉡   ② ㉡㉣
③ ㉢㉤   ④ ㉣㉤

26 다음 헌법 규정에 대한 설명으로 타당하지 않은 것은?

> 제37조 ②항 「국민의 모든 자유와 권리는 국가 안전 보장, 질서 유지 또는 공공 복리를 위하여 필요한 경우에 한하여 법률로써 제한할 수 있으며, 제한하는 경우에도 자유와 권리의 본질적인 내용을 침해할 수 없다.」

① 법률로 기본권을 제한하게 하고 있다.
② 자유와 권리의 본질적인 내용은 어떠한 경우에도 침해할 수 없다.
③ 국가 안전 보장, 질서 유지를 위하여 법률로써 제한할 수 있다.
④ 비상계엄하에서도 국민의 기본권을 명령이나 처분으로는 제한할 수 없다.

27 다음의 원칙이나 제도들은 주로 무엇을 보장하기 위하여 마련된 것인가?

> • 죄형법정주의   • 영장주의
> • 구속적부심사제   • 일사부재리의 원칙

① 신체의 자유   ② 양심의 자유
③ 사회권적 기본권   ④ 종교의 자유

28 평등에 관련된 다음의 판결에 나타난 헌법재판소의 입장에 대하여 옳은 것은?

> (개) 제대 군인이 공무원 채용 시험 등에 응시한 때에 과목별 득점에 과목별 만점의 5%를 가산하는 것은 평등의 원칙에 반한다.
> (내) 정치자금의 모금에 있어서 다른 정치 단체에 비해 정당을 우대하는 것은 평등의 원칙에 반하는 것이 아니다.

① (개)의 판결에서는 후천적 차이를 인정하여 실질적 평등을 강조하였다.
② (내)에서는 정당과 다른 정치 단체를 동일하게 보고 있다.
③ (개)에서 모두 배분적 정의를 중시하였다.
④ (개)에서는 획일적 평등, (내)에서는 비례적 평등을 중시하였다.

29 다음 내용에 해당하는 기본권에 대하여 옳은 것은?

> 성별 · 종교 · 사회적 신분 등에 의해 불합리한 차별을 받지 않을 권리

> ㉠ 다른 기본권을 실현하기 위한 전제 조건이다.
> ㉡ 수단적 기본권이다.
> ㉢ 절대적 · 획일적 · 형식적 평등이다.
> ㉣ 선천적 · 후천적 차이를 인정한다.
> ㉤ 입법권을 구속할 수 없다.

① ㉠㉡ ② ㉠㉣
③ ㉡㉢ ④ ㉢㉣

30 다음의 사회에서 충돌하고 있는 국민의 기본권이 올바르게 연결된 것은?

> 최근에 주민들은 공원 부지 소유자가 공원 내에 골프 연습장을 짓는다는 소식을 접하게 되었다.
> 주민들은 골프 연습장이 들어서면 환경 오염, 소음, 도로변 주차 등으로 인해 쾌적한 생활을 할
> 수 없다며 반대하고 있다.

① 사회권과 참정권 ② 사회권과 자유권
③ 자유권과 평등권 ④ 평등권과 청구권

31 다음과 같은 권리는 국민의 기본권 중 어느 권리에 속하는가?

> 피고인의 자백이 그에게 불리한 유일한 증거일 때는 이를 유죄의 증거로 삼거나 이를 이유로
> 처벌할 수 없다.

① 자유권적 기본권 – 사생활의 비밀과 자유의 불가침
② 사회적 기본권 – 인간다운 생활을 할 권리
③ 자유권적 기본권 – 신체의 자유
④ 사회적 기본권 – 양심의 자유

32 다음의 기본권에 대한 공통된 설명으로 옳은 것은?

> ⊙ 타인의 범죄행위로 인하여 생명·신체에 피해를 받은 사람이 그 범죄 피해를 배상받지 못하는 경우에 국가의 지원을 받을 수 있는 권리
> ⊙ 형사피의자 또는 형사피고인으로써 구금되었던 자가 법률이 정하는 무죄처분을 받거나 무죄판결을 받은 때에는 법률이 정하는 바에 의하여 국가에 정당한 보상을 청구할 수 있는 권리

① 국가에 의한 자유에 해당한다.
② 국민에게만 인정되고, 외국인에게는 인정되지 않는다.
③ 국가의 존재를 전제로 하지 않는 자연권이다.
④ 법률의 규정이 없는 때에는 국민은 국가에 대하여 일정한 행위를 청구할 수 없다.

33 다음 중 정치적 기본권에 해당되는 것은?

> (가) 청원권   (나) 공무 담임권
> (다) 재판 청구권   (라) 공무원 선거권

① (가)(나)   ② (가)(다)
③ (나)(라)   ④ (다)(라)

34 다음의 우리나라 헌법상 의무에 대하여 옳은 설명은?

> (가) 교육의 의무   (나) 근로의 의무
> (다) 납세의 의무   (라) 국방의 의무

① 헌법에 의무를 규정하는 목적은 국민의 의무를 강화하기 위함이다.
② (가)와 (나)는 의무이면서 권리로서의 성격을 동시에 갖는다.
③ (가)는 위반시 법적 제재가 부과되지 않는다.
④ (다)와 (라)는 사회 유지를 위한 기본적 의무에 속한다.

35 다음의 법 조항이 명시하고 있는 원칙과 그 원칙이 보호하고자 하는 것은?

> • 헌법 제12조 ⑤ 「누구든지 체포 또는 구속의 이유와 변호인의 조력을 받을 권리가 있음을 고지받지 아니하고는 체포 또는 구속을 당하지 아니한다. 체포 또는 구속을 당한 자의 가족 등 법률이 정하는 자에게는 그 이유와 일시·장소가 지체없이 통지되어야 한다.」
> • 형사소송법 제72조(구속과 이유의 고지) 「피고인에 대하여 범죄사실의 요지, 구속의 이유와 변호인을 선임할 수 있음을 말하고 변명할 기회를 준 후가 아니면 구속할 수 없다.」

① 미란다 원칙 – 사생활의 비밀과 불가침
② 미란다 원칙 – 신체의 자유
③ 무죄 추정의 원칙 – 사생활의 비밀과 불가침
④ 무죄 추정의 원칙 – 신체의 자유

36 다음의 여러 가지 제도 중에서 입법취지가 같은 것끼리 골라 묶은 것은?

> ㉠ 위원회제도   ㉡ 일사 부재리의 원칙
> ㉢ 죄형 법정주의   ㉣ 교섭단체
> ㉤ 일사 부재의의 원칙 ㉥ 적법 절차의 원리

① ㉠㉡㉢   ② ㉠㉣㉤
③ ㉡㉣㉥   ④ ㉢㉥㉤

37 우리나라 국회에서 다음과 같은 운영 방식을 채택하고 있는 이유를 가장 바르게 설명한 것은?

> 국회에서 20인 이상의 소속 의원을 가진 정당은 교섭 단체를 구성할 수 있다.
> 이 단체의 대표인 원내 총무들은 국회가 열리기 전에 미리 의사 일정이나 의안 등을 논의함으로써 본회의에서 생길 수 있는 절차상의 문제를 처리한다.

① 국회의 자주성을 확보할 수 있다.
② 국회 내 소수파의 의견을 존중할 수 있다.
③ 국회의 의사 진행을 능률적으로 할 수 있다.
④ 국회의원이 성실하게 임무를 수행할 수 있다.

38 다음 글에서 밑줄 친 상황을 맞게 된 원인인 것을 〈보기〉에서 모두 고르면?

> 국민의 대표 기관인 국회가 입법 활동을 통해 국가의 정책 과정에 능동적으로 참여하는 정치 방식을 의회주의라 한다. 그러나 오늘날 의회의 입법 기능과 정책 결정 역할이 약화되는 반면, 행정부의 기능이 강화되고 행정 관료에 의해 정책 결정이 주도되는 현상이 나타나고 있다.

> ㉠ 정당 정치의 발달　　　　　　　　㉡ 행정 국가화 현상
> ㉢ 직능대표의 의회 진출 제도화　　　㉣ 직능 대표제의 발달

① ㉠㉡　　　　　　　　　　　　② ㉡㉢
③ ㉢㉣　　　　　　　　　　　　④ ㉠㉣

39 국회의원의 활동에 대한 설명으로 올바르지 않은 것은?

> ㉠ 그 임기 중에는 어떠한 형사상의 책임도 지지 않는다.
> ㉡ 헌법에 따라 국가 이익을 우선하여 양심에 따라 직무를 행할 의무를 진다.
> ㉢ 국회 안에서 자신을 뽑아준 선거 구민의 의사와 다른 표결을 하여서는 안된다.
> ㉣ 자신이 국회 안에서 행한 직무상의 발언과 표결에 관해 국회 밖에서 책임을 지지 않는 특권을 갖는다.

① ㉠㉡　　　　　　　　　　　　② ㉡㉢
③ ㉢㉣　　　　　　　　　　　　④ ㉠㉢

40 국회의 회의에 관한 설명 중 옳은 것은?

① 국회 의원의 임기 만료시 회기 계속의 원칙이 적용되지 않는다.
② 특별한 규정이 없는 한 가부 동수인 때에는 가결된 것으로 본다.
③ 한번 부결된 안건은 같은 회기에 한하여 다시 제출할 수 있다.
④ 임시회는 대통령 또는 국회 재적의원 3분의 1 이상의 요구로 집회된다.

41 우리나라의 입법 과정을 나타낸 것이다. 옳지 않은 설명을 〈보기〉에서 모두 고르면?

> (A) 법률안의 제안 → (B) 심사 → (C) 의결 → (D) 공포 → (E) 재의결

> ㉠ A : 국회 의원만이 제안할 수 있다.
> ㉡ B : 소관 상임 위원회의 심사를 거친다.
> ㉢ C : 재적의원 과반수 찬성으로 의결된다.
> ㉣ D : 의결된 법률안은 정부에 이송되어 15일 이내에 대통령이 공포한다.
> ㉤ E : 재적 의원 3분의 2 이상의 찬성으로 재의결을 하면 법률로서 확정된다.

① ㉠㉡㉢　　　　　　　　　② ㉠㉢㉤
③ ㉡㉢㉣　　　　　　　　　④ ㉡㉣㉤

42 다음 법률 개정 절차에 대한 설명으로 옳은 것은?

① 국무회의 심의 결과는 대통령을 구속한다.
② 법률안은 국회 의결과 동시에 효력이 발생한다.
③ 시행령은 국회의 의결과정을 거치지 않는다.
④ 거부권이 행사된 법률안은 재적의원 2/3 이상의 찬성으로 재의결된다.

43 우리나라의 헌법 개정 절차에 대한 설명으로 옳지 않은 것은 모두 몇개인가?

> ㉠ 국회 의원과 대통령이 제안할 수 있다.
> ㉡ 국민이 직접 개정안을 제안할 수 있다.
> ㉢ 제안된 헌법개정안은 대통령이 20일 이상 공고하여 국민에게 알린다.
> ㉣ 국회 의결시 재적 의원 과반수 이상의 찬성이 요구된다.
> ㉤ 국회의원 선거권자 과반수의 투표와 투표자 과반수의 찬성을 얻어 확정된다.
> ㉥ 대통령은 거부권을 행사할 수 있다.

① 1개　　　　　　　　　② 2개
③ 3개　　　　　　　　　④ 4개

44 다음에서 설명하는 행정 기관에 대한 설명으로 옳은 것은?

> • 대통령, 국무 총리, 국무 위원으로 구성된다.
> • 행정부 내의 최고 심의 기관이다.

> ㉠ 단순한 자문기관이나 의결기관이 아니다.
> ㉡ 국무총리가 부의장이 된다.
> ㉢ 대통령의 의사에 따라 존립이 결정된다.
> ㉣ 국무 위원 임명에 대한 제청권을 가진다.
> ㉤ 대통령의 권한에 속하는 모든 사항에 대해서는 필수적으로 심의를 거쳐야 한다.
> ㉥ 대통령에 소속하는 그의 하급 기관이다.
> ㉦ 부령을 제정한다.

① ㉠㉡
② ㉢㉣
③ ㉤㉦
④ ㉡㉥

45 ㉠, ㉡에 대한 설명으로 옳지 않은 것은?

> • ㉠은 국회의 동의를 얻어 대통령이 임명하며, 행정 각부를 통할한다.
> • ㉡은 정부의 권한에 속하는 중요한 정책을 심의하며, 대통령은 ㉡의 의장이 되고, ㉠은 부의
>   장이 된다.

① ㉠와 ㉡은 헌법상 필수 기관으로 모두 의원내각제적 요소이다.
② ㉠은 대통령의 국법상 행위시 부서(副署)를 한다.
③ ㉡은 행정부의 최고 정책결정기관이다.
④ ㉡의 결정 사항에 대통령은 따르지 않을 수 있다.

46 다음과 같은 기능을 담당하는 국가 기관에 대한 설명으로 옳지 않은 것은?

> • 대통령 직속의 헌법 기관
> • 행정 기관 및 공무원의 직무 감찰

① 직무에 관해서는 대통령의 지시를 받는다.
② 국가의 세입 · 세출을 결산한다.
③ 감사원장은 국회의 동의를 얻어 대통령이 임명한다.
④ 행정 권력의 남용과 부패를 방지하는 기능을 담당한다.

47 다음에서 대통령이 입법 · 행정 · 사법을 통합하고 국정을 조정할 수 있는 권한을 바르게 골라 묶은 것은?

> ㉠ 국군 통수권　　　　　　　　㉡ 법률안 거부권
> ㉢ 대법원장 임명권　　　　　　㉣ 헌법 개정안 제안권
> ㉤ 위헌 정당 해산 제소권　　　㉥ 국회의 임시회 집회 요구권

① ㉠㉡㉢　　　　　　　　　　② ㉠㉢㉣
③ ㉡㉢㉣　　　　　　　　　　④ ㉡㉣㉥

48 대통령의 특권에 대한 설명으로 틀린 것을 모두 고르면?

> ㉠ 대통령은 국가 원수이므로 어떠한 경우에도 체포되지 아니한다.
> ㉡ 대통령도 퇴임 후에는 형사상 소추를 받는다.
> ㉢ 대통령은 내란 또는 외환의 죄를 범한 경우가 아니면 재직 중에 형사상 소추를 받지 아니한다.
> ㉣ 대통령은 재직 중이라 하더라도 민사상의 소추는 받는다.
> ㉤ 재직 중 헌법이나 법률을 위반한 때에는 탄핵 소추를 받을 수 있다.

① ㉠　　　　　　　　　　　　② ㉠㉡
③ ㉢㉣　　　　　　　　　　　④ ㉡㉣㉤

49 대통령의 계엄 선포에 관한 내용으로 잘못된 것은?

① 계엄은 비상 계엄과 경비 계엄이 있다.

② 정부나 법원의 권한에 관하여 특별한 조치를 할 수 있다.

③ 국회가 재적 의원 과반수의 찬성으로 계엄의 해제를 요구한 때에는 해제하여야 한다.

④ 계엄을 선포한 때에는 대통령은 지체없이 국회에 통고하고 승인을 얻어야 한다.

50 다음 설명 중 옳은 것은?

① 정기 국회는 대통령 또는 국회 재적 의원 1/4 이상의 요구에 의하여 집회된다.

② 예산안과 일반 법률은 국회 재적 의원 과반수의 출석과 출석 의원 과반수의 찬성으로 의결된다.

③ 대통령이 대법원장을 임명하는 것은 행정부 수반으로서의 권한에 해당한다.

④ 대통령이 국무위원을 임명할 때는 국회의 동의를 거쳐야 한다.

4 개인 생활과 법

☞ 정답 및 해설 P.244

1 다음 글의 ㉠과 관련된 내용으로 옳은 것은?

2016. 4. 9 인사혁신처

> 「민법」상 태아는 원칙적으로 (㉠)이/가 없지만 불법행위로 인한 손해배상의 청구, 상속 등과 같은 경우 태아의 (㉠)을/를 인정하고 있다.

① 미성년자는 (㉠)이/가 있다.
② 자연인만 (㉠)을/를 가질 수 있다.
③ 출생신고를 마쳐야만 (㉠)을/를 취득할 수 있다.
④ 제한능력자 제도는 (㉠)이/가 없는 사람을 보호하기 위한 제도이다.

2 다음 글에서 설명하는 개념에 대한 사례에 해당하지 않는 것은?

2016. 4. 9 인사혁신처

> 일반적인 불법행위와 달리, 우리 「민법」은 일정한 경우에 특수 불법행위의 유형을 정하여 손해 배상책임을 지우고 있다.

① 개를 데리고 산책하다가 주의를 게을리한 사이 개가 행인을 물어 상처가 난 경우, 개의 점유자가 그 손해를 배상해 주었다.
② 칵테일 가게 종업원이 칵테일 제조 묘기를 하던 중 잘못 던진 컵에 손님이 부딪혀 부상을 입은 경우, 사용자가 그 손해를 배상해 주었다.
③ 타인의 승용차 운전 중 부주의로 인해 상품 진열대를 파손하여 운전자가 그 손해를 배상해 주었다.
④ 5세 자녀가 타인의 집 유리창을 부주의로 파손한 경우, 그 자녀의 부모가 손해를 배상해 주었다.

3 다음 사례에 대한 설명으로 옳지 않은 것은?

2016. 6. 18 제1회 지방직

> • 갑은 만 18세이다. 갑에게는 할아버지로부터 증여받은 3억 원 상당의 주택이 있다. 갑은 ㉠ 부모의 동의를 얻어 만 21세의 을과 결혼식을 올린 후 혼인신고를 마쳤으나, 같이 살고 있지는 않다.
> • 병과 정은 모두 만 32세이다. 병에게는 그 동안 회사 생활을 하면서 모아둔 돈으로 마련한 ㉡2억 원 상당의 주택이 있다. 혼인의사가 있는 병과 정은 ㉢결혼식을 올리고 ㉣공동생활을 하고 있지만 아직 혼인신고는 하지 않았다.

① 갑은 ㉠없이 을과 이혼할 수 있다.
② 병이 사망한 경우에도 정은 ㉡에 대한 상속권을 취득하지 못한다.
③ ㉢과 ㉣에도 불구하고 ㉡은 병과 정의 공동재산으로 추정되지 않는다.
④ 병이 정의 이혼요구에 동의하지 않는 경우, 병은 법원의 판결을 통해 이혼할 수 있다.

4 다음 사례에서 을의 손해배상 책임을 인정하기 위해 고려해야 할 사항으로 옳지 않은 것은?

2016. 6. 18 제1회 지방직

> 초등학생인 갑(만 8세)은 자신의 어머니 을이 이웃과 대화를 나누는 사이에 장난감 권총으로 지나가던 행인 병의 눈을 맞혀 상해를 입혔다.

① 갑의 행위가 위법한지 여부
② 병에게 책임능력이 있는지 여부
③ 갑에 대한 을의 감독의무 위반여부
④ 병이 입은 피해가 갑의 행위로 인한 것인지 여부

5 계약의 효력 발생 요건에 대한 설명으로 가장 옳지 않은 것은?

2016. 6. 25 서울특별시

① 계약 당사자가 권리 능력 및 행위 능력을 갖추고 있어야 한다.
② 계약은 당사자가 합의한 것이므로 그 내용이 강행 법규에 반하더라도 효력이 있다.
③ 계약의 내용은 사회적으로 타당해야 하며, 실현 가능성이 있어야 한다.
④ 계약 당사자의 의사와 표시된 내용이 일치해야 하며, 의사표시에 하자가 없어야 한다.

6 다음 조문에서 드러난 공통의 법원칙에 대한 설명으로 가장 적절한 것은?

2015. 3. 14 사회복지직

「환경정책기본법」 제44조
① 환경오염 또는 환경훼손으로 피해가 발생한 경우에는 해당 환경오염 또는 환경훼손의 원인자가 그 피해를 배상하여야 한다.
② 환경오염 또는 환경훼손의 원인자가 둘 이상인 경우에 어느 원인자에 의하여 제1항에 따른 피해가 발생한 것인지를 알 수 없을 때에는 각 원인자가 연대하여 배상하여야 한다.
「제조물책임법」 제3조
① 제조업자는 제조물의 결함으로 생명·신체 또는 재산에 손해(그 제조물에 대하여만 발생한 손해는 제외한다)를 입은 자에게 그 손해를 배상하여야 한다.
② 〈생략〉

---

① 개인은 자신이 소유하는 재산에 대해 절대적인 지배권을 갖는다.
② 사회질서에 반하는 계약이나 매우 공정성을 잃은 계약은 효력을 인정할 수 없다.
③ 고의나 과실이 없어도 타인에게 손해를 줄 수 있으므로 무과실 책임을 물을 수 있다.
④ 개인의 권리와 의무는 자율적인 의사에 의하여 취득되거나 상실되므로 그 내용에는 제한이 없다.

7 「민법」상 불법행위에 대한 설명으로 옳지 않은 것은?

2015. 4. 18 인사혁신처

① 고의나 과실로 인한 위법행위로 타인에게 손해를 입힌 행위를 불법행위라 한다.
② 손해배상책임에 대해서 과실책임주의가 원칙이다.
③ 불법행위를 한 행위자에게 징벌적 손해배상을 부과하는 것이 원칙이다.
④ 손해배상책임이 성립하기 위해서는 가해행위와 손해발생 사이에 상당인과관계가 존재하여야 한다.

8 다음 밑줄 친 부분에 대한 설명으로 옳은 것을 〈보기〉에서 모두 고르면?

2015. 6. 13 서울특별시

> 일반적으로 가해자의 행위에 ㉠ 고의 또는 과실이 있고, 손해가 발생하였으며, 행위와 손해 사이에 인과관계가 있는 위법한 행위에 대하여 ㉡ 책임능력이 있는 자에 한하여 불법행위가 성립한다. 손해가 발생한 경우 ㉢ 재산적, 정신적으로 배상을 해야 하지만 예외적으로 ㉣ 다른 사람이 저지른 행위에 대해서도 책임을 져야 하는 경우가 있다.

〈보기〉
㉠ 형법에서는 원칙적으로 고의가 있는 경우에는 처벌하고 과실범은 예외적으로 규정이 있는 경우에만 처벌한다.
㉡ 민법상 책임능력은 의사능력을 책임 측면에서 설명하는 개념으로 일반적으로 의사능력보다 약간 높은 정신능력으로 판단하고 있다.
㉢ 민법에서는 재산적 손해 뿐만 아니라 정신적 손해가 있는 경우에도 손해배상의 책임이 있으며 금전배상을 원칙으로 하고 있다.
㉣ 특수 불법행위의 유형으로 공동 불법행위 책임, 고용관계의 경우 사용자의 책임, 미성년자의 감독자 책임 등이 해당한다.

① ㉠㉡
② ㉠㉡㉢
③ ㉠㉢㉣
④ ㉢㉣

01. 법과 정치 **59**

9 다음은 법률상담의 내용이다. 법적 조언으로 옳지 않은 것은?

2015. 6. 13 서울특별시

> 저는 이번에 회사 사무실이 이전하면서 회사 근처에 있는 집으로 이사하려고 합니다. 하지만 요즘 전세대란으로 집 구하기가 힘든 상황에서 회사 근처에 적당한 집이 나와서 임대차 계약을 하려고 합니다. 임대차 계약은 처음인데, 무엇을 주의해야 할까요? 그리고 등기부 등본을 확인해보니 을구에 저당권이 설정되어 있더군요.

【을구】

순위번호	등기 목적	접수	등기 원인	권리자 및 기타 사항
1	저당권 설정	2015년 3월 5일 제○○○○호	... 계약	채권 최고액 금 □□원 채무자 갑 저당권자 A은행(이하 생략)

① 철수 : 임대차 기간은 보통 2년으로 정하며 입주와 전입신고를 해야 대항력을 갖출 수 있습니다.

② 영희 : 저당권이 설정되어 있으므로 집이 경매에 넘어갈 경우 임차보증금을 모두 반환받지 못할 수 있습니다.

③ 지우 : 확정일자를 받아도 저당권이 설정되어 있기 때문에 임차인은 후순위가 되어 우선변제권은 인정되지 않습니다.

④ 유경 : 주택임대차 보호법상의 소액임차인에 해당하는 경우 경매가 집행되더라도 임차보증금의 일부금액에 대하여 최우선으로 지급됩니다.

10 밑줄 친 ㉠ ~ ㉣에 대한 설명으로 옳은 것은?

2015. 6. 27 제1회 지방직

> 주택임대차계약을 체결하기 위해서는 ㉠부동산등기부를 사전에 확인해야 한다. 계약을 체결할 때 집주인이 맞는지를 확인하고 ㉡주택임대차계약서를 작성해야 한다. 잔금을 지급하고 ㉢입주하며 전입신고와 ㉣확정일자를 받는 것을 잊지 말아야 한다.

① ㉠은 집주인의 동의를 얻어야 확인할 수 있다.

② ㉡은 반드시 부동산 중개업자의 입회하에 진행되어야 한다.

③ ㉢을 하지 않더라도 보증금 우선변제권을 행사할 수 있다.

④ ㉣은 주택소재지의 읍·면사무소, 동 주민센터에서 주택임대차계약서에 표시하는 방법으로 부여 받을 수 있다.

11 「민법」상 불법행위와 관련된 사례에 대한 설명으로 옳지 않은 것은? (다툼이 있는 경우 판례에 의함)

2014. 6. 21 제1회 지방직

① A의 식당에서 종업원으로 일하는 B가 공원에 놀러 갔다가 다른 사람과 시비가 붙어 그를 다치게 한 경우, A는 손해배상책임을 지지 않는다.

② 술을 마시고 길을 가던 행인 B가 A 소유의 여관 건물의 배수관 보호벽 위에 올라가 여관 내부를 엿보려다 보호벽이 무너져 사망한 경우, A는 손해배상책임을 진다.

③ B가 해외여행을 떠나면서 맡겨 놓은 B의 애완견을 보관하던 동물병원 원장 A는 그 애완견이 다른 손님을 물어 상처를 입힌 경우, 애완견의 보관에 상당한 주의를 게을리했다면 손해배상책임을 진다.

④ 산재사고로 양손이 절단되어 병원에 실려 온 환자를 의사 A와 B가 수술하다가 의사의 과실에 의하여 의료사고가 발생하였으나 누구의 과실에 의한 것인지가 불명확한 경우, A와 B는 연대하여 손해배상책임을 진다.

12 갑의 사망 이후에 상속인들이 받게 될 법적 상속에 대한 설명으로 옳지 못한 것은?

2014. 6. 28 서울특별시

> 갑은 갑자기 심장마비로 쓰러져 유언도 남기지 못한 채 사망하였다. 유족으로는 갑의 배우자, 노모와 출가한 두 딸, 미혼의 아들이 있다. 그가 남긴 재산은 살고 있는 집, 부동산을 포함하여 9억 원으로 추정된다.

① 법적 상속 제1순위는 아들과 딸이다.

② 배우자는 아들, 딸과 공동상속을 받는다.

③ 배우자는 아들, 딸의 상속분에 5할을 가산한다.

④ 출가한 두 딸은 각각 2억의 상속을 받을 수 있다.

⑤ 노모는 며느리와 같은 비율로 3억을 상속받게 된다.

13 다음 사례에서 A에게 사용자 배상 책임이 있는지를 판단하기 위해 '먼저' 또는 '우선적으로' 확인해야 할 사항이 아닌 것은?

2014. 6. 28 서울특별시

> A가 운영하는 음식점에 고용되어 있는 만 20세의 B가 손님C와 말다툼을 하다가, B가 C를 폭행하여 상해를 입혔다.

① B의 행위가 사회의 법질서에 위배되는가?
② B의 행위가 A의 감독 중에 발생한 것인가?
③ B의 행위가 고의 또는 과실에 의한 것인가?
④ B는 C가 입은 피해를 배상할 능력이 있는가?
⑤ B의 행위로 C에게 일정한 손해가 발생했는가?

14 다음 중 근대 민법의 3대 원칙에 해당되지 않는 것은?

① 계약 자유의 원칙
② 소유권 공공복리의 원칙
③ 사유재산 보장의 원칙
④ 과실 책임의 원칙

15 다음 설명 중 옳지 않은 것은?

> 민법 제3조 '사람은 생존한 동안 권리와 의무의 주체가 된다.'

① 일반적으로 태아가 엄마 몸 밖으로 완전히 나온 시점부터 사람으로 본다.
② 교통사고로 아버지를 잃은 태아는 어머니와 공동 상속권을 가진다.
③ 어머니가 태아를 대리하여 계약을 체결할 수 없다.
④ 태아는 손해배상 청구권과 상속 순위에 관해서는 이미 출생한 것으로 추정한다.

16 제한능력자 제도에 대한 내용으로 옳은 것은? (단, 2013년 7월 1일 개정 민법에 따름)

> ㉠ 제한능력자 제도는 거래 상대방의 이익만을 위한 제도이다.
> ㉡ 성년 나이는 만 20세 미만이다.
> ㉢ 개정전 금치산제도를 성년후견제로 명칭이 변경되었다.
> ㉣ 개정전 한정치산제도를 한정후견제로 명칭이 변경되었다.
> ㉤ 장래의 정신능력 악화에 대비하여 본인이 직접 후견인과 후견의 내용을 정할 수 있는 후견 계약제도를 신설하였다.

① ㉠㉡㉢　　　　　　　　　　② ㉠㉢㉣
③ ㉡㉣㉤　　　　　　　　　　④ ㉢㉣㉤

17 다음의 계약 중 무효가 되는 것을 고르면?

> ㉠ 장기 매매 계약
> ㉡ 평생 이혼을 하지 않겠다는 계약
> ㉢ 공증을 받지 않은 계약
> ㉣ 부모 허락 없이 체결한 값비싼 노트북 월부 구매 계약
> ㉤ 도박 자금을 빌려주는 계약

① ㉠㉡　　　　　　　　　　② ㉡㉢㉣
③ ㉠㉡㉤　　　　　　　　　　④ ㉠㉡㉢㉣

18 다음 내용에 대한 설명으로 옳은 것은?

> 만 15세인 중학생이 부모 동의 없이 스마트폰 구매 계약을 체결했다.

① 미성년자가 부모 동의 없이 단독으로 행한 행위이므로 무효이다.
② 부모가 추인을 하면 확정적으로 유효한 계약이 된다.
③ 위조된 동의서를 제시하여 부모의 동의를 얻은 것처럼 속인 경우에도 미성년자측에서 계약을 취소할 수 있다.
④ 미성년자는 철회권을 행사할 수 있다.

19 불법행위가 성립하기 위한 요건으로 틀린 것을 〈보기〉에서 고르면?

> ㉠ 가해자의 행위가 위법한 것이어야 한다.
> ㉡ 가해 행위가 가해자의 고의에 의한 것이어야 한다.
> ㉢ 가해 행위의 상대방에게 실제로 손해가 발생해야 한다,
> ㉣ 가해자에게 책임 능력이 있어야 한다.
> ㉤ 가해 행위와 손해 발생 간의 인과 관계가 존재하여야 한다.
> ㉥ 특수 불법 행위인 경우 가해 행위와 손해 사이에 인과 관계가 없어도 불법 행위가 성립한다.

① ㉠㉢   ② ㉡㉣
③ ㉡㉥   ④ ㉢㉤

20 다음 사례에 대한 법적 판단으로 옳은 것은?

> 갑은 비 오는 날 횡단 보도를 건너던 중, 정지 신호를 무시하고 과속으로 달려온 피자가게 배달 사원인 을의 오토바이에 부딪혀 큰 부상을 입었다. 피자가게 주인 병은 '주문 후 30분 내 배달'을 영업전략으로 하고 있었고, 을은 배달시간에 맞추려고 과속을 하다 사고를 낸 것이다. 더구나 이 날은 20분내 피자를 배달해 달라는 정으로부터 재촉이 있었다.

① 갑은 을에게 채무불이행을 이유로 손해배상을 청구할 수 있다.
② 을과 병 사이에 사용자 관계 또는 사무감독 관계가 없어도 갑은 병에게 배상책임을 물을 수 있다.
③ 피자가게 주인 병은 감독의무를 소홀히 하지 않았음을 입증을 못하면 피해자에 대한 손해배상책임이 있다.
④ 정이 재촉하여 사고가 발생하였으므로 정은 갑에게 불법 행위로 인한 손해배상 책임이 있다.

21 다음 사례에 대한 설명으로 가장 옳은 것은?

> ㉠ 갑은 친구 을의 애완견을 데리고 나가 산책하던 중 다른 사람을 물어 상처를 입힌 경우
> ㉡ 병은 길을 가다가 집(세입자 무, 집주인 정)에서 떨어진 환기통에 부딪쳐 상처를 입었다.

① 애완견의 실제 소유주인 을이 책임을 져야 한ㅊ다.
② 갑은 애완견을 관리·감독할 의무가 없으므로 책임을 지지 않는다.
③ 세입자 무는 공작물 점유자로서 배상책임을 져야 한다.
④ 집주인 정이 병의 피해에 대한 배상책임을 져야 한다.

22 대안적 분쟁 해결하는 방식에 대한 설명으로 옳은 것을 〈보기〉에서 고르면?

> ㉠ 조정은 당사자들이 대화를 통해 자율적으로 분쟁을 해결하는 방식이다.
> ㉡ 조정안은 법적인 구속력이 있다.
> ㉢ 중재는 제3자에게 결정을 맡기는 해결 방식으로, 중재안을 따라야 한다.
> ㉣ 조정과 중재는 제3자가 개입하여 분쟁을 해결한다.

① ㉠㉡
② ㉡㉣
③ ㉠㉢
④ ㉢㉣

23 혼인의 효력에 대한 설명으로 옳지 않은 것을 〈보기〉에서 모두 고르면?

> ㉠ 혼인에 의해서만 가족관계가 형성된다.
> ㉡ 부양의무, 협조의무가 발생한다.
> ㉢ 미성년자가 혼인하면 민법상 성인으로 본다.
> ㉣ 부부는 일상가사로 인한 채무에 대하여 연대책임을 진다.
> ㉤ 부부의 누구에게 속한 것인지 분명하지 않은 재산은 부부공유재산으로 추정한다.
> ㉥ 사실혼 부부간에는 동거·부양·협조·정조 의무가 발생하지 않는다.

① ㉠㉢㉣㉤
② ㉠㉥
③ ㉡㉣㉥
④ ㉢㉤

24 유언에 대한 설명으로 옳지 않은 것은?

㉠ 유언의 형식에는 제한이 있다.
㉡ 유언은 유언자가 유언을 한 날로부터 효력이 발생한다.
㉢ 민법상 효력 있는 유언 방식은 자필 증서, 녹음, 공정 증서, 비밀 증서 4가지이다.
㉣ 상속재산 분배에 관한 유언이 없는 경우는 법정상속분 규정이 적용된다.
㉤ 다른 유언 방식으로 가능한 경우에도 가족들에게 말로 유언을 하는 구수 증서에 의한 유언의 법적 효력은 인정된다.

① ㉠㉢㉣
② ㉠㉡㉣
③ ㉡㉢㉤
④ ㉡㉣㉤

25 다음 사례에서 상속에 대한 설명으로 옳은 것은?

• A는 교통사고로 갑자기 사망하였다.
• 유족은 A의 모 B, A의 배우자 C, 혼인한 아들 D와 며느리 E, 혼인한 딸 F와 사위 G가 있다.
• A가 남긴 재산은 7억원이다.

① 혼인한 딸 F도 상속인이 된다.
② 상속인들은 똑같은 비율로 상속을 받는다.
③ A의 모 B도 상속을 받는다.
④ 갑의 배우자 C의 상속분은 2억원이다.

26 다음 사례에서 갑의 재산에 대한 상속의 결과를 옳게 설명한 것은?

• 갑은 2년전 A와 결혼하였으나 혼인신고를 못하였다.
• 결혼 1년후 외아들 B가 출생하였다.
• 그 후 갑은 지방 출장 업무 수행 중 과로로 갑작스럽게 사망하였다.
• 사망 당시 갑에게는 부양하여야 할 노모 C와 갑의 미혼인 누나 D가 한 집에 같이 살고 있었다.
• 갑작스런 사망이었기 때문에 갑은 유언을 하지 못했고 유산으로 5억원의 부동산을 남겼다.

① A와 B가 공동상속, 상속분은 A는 3억원, B는 2억원
② B가 단독으로 상속, 상속분은 5억원 전액
③ B와 C가 공동상속, 상속분은 각각 2억 5천만원
④ A와 B는 C와 D의 유류분을 제외한 나머지를 공동 상속

27 등기부에 대한 설명 중 옳은 것은?

> ㉠ 표제부, 갑구, 을구로 구성된다.
> ㉡ 소유권에 관한 사항은 을구에 기재되어 있다.
> ㉢ 저당권은 갑구에 기재되어 있다.
> ㉣ 부동산의 용도 및 구조는 표제부에 기재된다.
> ㉤ 동산에 대한 권리는 등기부에 기재되어야 효력이 발생한다.
> ㉥ 등기부 등본은 소유자의 동의가 있어야 발부받을 수 있다.

① ㉠㉣ ② ㉠㉢
③ ㉡㉤ ④ ㉣㉥

28 다음에서 법 해석의 방법을 바르게 짝지은 것은?

> (가) 공적 구속력이 가장 강한 해석
> (나) 최종적인 유권해석
> (다) 법해석의 최초단계

① (가) 입법 해석 (나) 행정 해석 (다) 문리 해석
② (가) 입법 해석 (나) 사법 해석 (다) 문리 해석
③ (가) 사법 해석 (나) 입법 해석 (다) 논리 해석
④ (가) 문리 해석 (나) 행정 해석 (다) 사법 해석

29 다음은 행정 심판의 결과 내려지는 재결의 종류이다. 그 연결이 옳은 것은?

> (가) 심판청구의 요건에 흠이 있어 심리를 거절하는 것
> (나) 심판청구는 적법하나 청구자의 요구가 받아들여지지 않는 것
> (다) 심판청구가 적법하게 되었고 이유가 있어 청구자의 요구를 받아들이는 것
> (라) 심판청구가 이유 있다고 인정되나, 그 처분을 취소·변경하는 것이 공공복리에 크게 위배된다고 인정될 때 그 심판청구를 기각하는 것

① (가) 각하 재결 ② (나) 사정 재결
③ (다) 기각 재결 ④ (라) 인용 재결

30 다음 자료에 대한 옳은 설명을 〈보기〉에서 고른 것은?

- 2011. 1. 15. A와 B는 A의 주택에 대해 임대차 계약을 체결하였다.(임대인 갑, 임차인 을, 임대기간 2011년 2월 1일부터 2012년 1월 31일까지)
- 2011. 2. 1. B는 이 주택에 이사를 하여 입주했고 다음날 2월 2일 오후 2시 주민센터에 전입신고를 하면서 확정일자를 받았다.
- 2011. 2. 15. A는 C은행에서 돈을 빌리고 이 주택에 저당권을 설정했다.
- 2011. 4. 5. A는 이 주택을 D에게 팔아넘겼다.

㉠ B는 2012년 1월 31일까지만 거주할 수 있다.
㉡ B는 이 주택에 이사를 하여 입주했고 주민센터에 전입신고를 하였으므로, 임차인의 대항력이 발생한다.
㉢ A가 이 주택을 D에게 팔아넘겼더라도 임대차기간이 만료될 때까지 거주할 수 있고, 임대차기간이 끝나더라도 보증금의 반환을 받을 때까지 주택을 명도하지 않을 수 있다.
㉣ 위 주택이 C은행에 의해 경매가 진행될 경우 B는 경매대금에서 우선 변제받을 수 있다.

① ㉠㉡
② ㉠㉢㉣
③ ㉡㉢
④ ㉡㉢㉣

31 주택 임대차와 관련된 설명으로 옳은 것은?

㉠ 임대차 기간을 1년으로 정했을 때 그 기간을 2년으로 본다.
㉡ 임대차 기간을 1년으로 정했을 때 임차인은 1년으로 정한 기간이 유효함을 주장할 수 있다.
㉢ 임대차 기간을 3년으로 정했을 때 그 기간을 2년으로 본다.
㉣ 계약 만료 2개월 전까지 아무런 말이 없으면 같은 조건으로 다시 임대차한 것으로 본다.
㉤ 임차인이 전입신고와 확정일자를 받으면 이사를 하지 않아도 대항력이 발생한다.

① ㉠㉡
② ㉠㉤
③ ㉡㉢
④ ㉣㉤

32 다음의 법들이 공통으로 추구하는 목적은?

> ㉠ 근로기준법, 노동조합 및 노동관계조정법
> ㉡ 공정거래법, 독과점금지법
> ㉢ 산업재해보상보험법, 의료보험법

① 근로자의 근로 조건의 개선
② 사회적 정의의 실현
③ 사회 보장의 입법조치
④ 자본주의의 폐해 조정

33 청소년의 근로에 대한 설명으로 옳지 않은 것은?

> ㉠ 원칙적으로 15세 이상의 청소년만 근로가 가능하다.
> ㉡ 만 15세 이상 19세 미만의 미성년자는 부모 동의를 얻어 취업이 가능하다.
> ㉢ 임금의 청구는 법정 대리인의 동의을 얻어야만 청구할 수 있다.
> ㉣ 18세 미만인 자라도 부모의 동의가 있으면 도덕적으로 유해하거나 보건상 위험한 업종에서 근로할 수 있다.
> ㉤ 근로 시간은 1일 7시간, 1주 40시간으로 제한된다.

① ㉠㉢
② ㉡㉣
③ ㉡㉤
④ ㉢㉣

34 다음의 내용과 관련하여 옳은 설명은?

> 미성년자라 할지라도 혼인을 했을 경우 성년자로 대우한다.

① 사실혼인 경우도 성년자로 대우한다.
② 민법 이외의 청소년보호법, 근로기준법 등에서는 미성년자가 혼인을 하더라도 성년자로 간주되지 않는다.
③ 성년의제되면 자식에 대한 친권을 행사할 수 없다.
④ 성년의제의 효력은 미성년자가 이혼을 하면 더 이상 지속되지 않는다.

35 다음에서 세 사람이 적용한 법 해석의 방법을 바르게 짝지은 것은?

> 「차마(車馬)의 통행을 금지한다」는 규정에 대하여
> (갑) '차마 속에는 유모차가 포함되지 않는다.'
> (을) '사람은 통행하여도 좋다.'
> (병) '중장비 차량의 통행도 물론 금지되어야 한다'

	(갑)	(을)	(병)		(갑)	(을)	(병)
①	확장 해석	유추 해석	반대 해석	②	축소 해석	반대 해석	당연 해석
③	반대 해석	유추 해석	확장 해석	④	반대 해석	당연 해석	유추 해석

36 다음 사건에서 甲이 위반하고 있는 법 원리는?

> 甲이 집을 새로 개축 하기 위해 측량한 결과 乙초등 학교 건물에 자기 땅이 6평이나 들어가 있는 것을 알게 되었다. 甲은 乙초등학교를 찾아가 평당 500만원에 자기 땅을 사든지 아니면 6평에 해당하는 학교 건물을 헐든지 하라고 요구하였다. 乙초등 학교 측은 시가 80만원밖에 하지 않는 땅을 비싼 값에 사라는 것은 터무니없는 일이라고 생각하였다.

① 죄형 법정주의
② 적법 절차의 원리
③ 권리 남용 금지의 원칙
④ 신의 성실의 원칙

37 다음 제도들의 취지와 거리가 먼 내용은?

> • 청문
> • 공청회
> • 의견 제출

> ㉠ 분쟁 예방   ㉡ 행정의 효율성과 합리성
> ㉢ 사후적 구제수단   ㉣ 행정의 신속성
> ㉤ 행정에 대한 시민의 참여

① ㉠㉡
② ㉡㉢
③ ㉢㉣
④ ㉣㉤

38 다음과 같은 제도의 공통점이 아닌 것은?

> 민사 조정 제도, 환경 분쟁 조정 제도, 소비자 분쟁 조정 제도, 노동 쟁의 조정 제도

① 제3자가 합리적인 방안을 제시한다.
② 분야별 전문가가 직접 참여함으로써 전문성을 확보할 수 있다.
③ 소송에 비해 시간과 비용이 적게 든다.
④ 재판을 하기 전에 반드시 거쳐야 한다.

39 다음 사례에서 주택의 소유권이 갑에게서 을에게로 이전되는 시기는?

> 갑 소유의 주택을 을에게 팔기 위하여 갑과 을은 매매계약을 체결하고, 을은 갑에게 계약금을 지급하였다. 2주후 중도금을 입금하고, 이사하는 날에 잔금을 지급한 후 소유권이전등기와 전입 신고를 하였다.

① 매매계약을 체결한 날   ② 잔금을 지급한 날
③ 소유권이전 등기를 한 날   ④ 전입신고를 한 날

40 다음은 등기부의 일부이다. 이에 대한 설명으로 옳은 것은?

【갑구】				
순위번호	등기목적	접수	등기원인	권리자 및 기타사항
1	소유권 보존	1999. 3. 7.		소유자 김길동 490421-0000000 00시 00구 00동 00
2	소유권 이전	2005. 2. 1.	2005. 1. 25 매매	소유자 임거정 591120-0000000 00시 00구 00동 00

① 갑구에 소유권의 변동이 나타나 있다.
② 현재의 소유권자는 김길동이다.
③ 임거정이가 매도인이다.
④ 소유권 변동의 효력은 2005. 1. 25에 발생하였다.

☞ 정답 및 해설 P.252

1 밑줄 친 제도에 대한 설명으로 옳은 것은?

2016. 4. 9 인사혁신처

> ○○경찰서장은 긴급범죄신고 번호인 112에 허위 신고를 하여 근무 중인 경찰들을 긴급 출동케 한 갑(甲)에 대해 <u>즉결심판</u>을 청구하였다. 경찰은 긴급범죄신고 112에 대해 별다른 죄의식 없이 허위신고를 하는 사람들에게는 강력하게 대처해 112 긴급범죄신고가 국민의 비상벨 역할을 제대로 펼쳐 나갈 수 있도록 최선의 노력을 다할 계획이라고 밝혔다.

① 관할경찰서장 또는 관할해양경비안전서장이 검찰청에 청구한다.
② 20만 원 이하의 벌금이나 금고가 부과되는 가벼운 범죄사건에 활용된다.
③ 형의 집행은 경찰서장이 하고, 그 집행결과를 지체없이 판사에게 보고하여야 한다.
④ 피고인의 불출석 심판청구를 법원이 허가한 경우, 법원은 피고인이 출석하지 않더라도 심판할 수 있다.

2 다음 중 형사보상을 받을 수 있는 사람은 모두 몇 명인가?

2016. 6. 18 제1회 지방직

> • 갑은 사기죄로 고소당하여 10일 동안 구속되었으나 검찰에서 혐의없음 처분을 받았다.
> • 을은 강도죄로 징역 1년을 선고받아 복역 후 만기출소 하였는데, 재심을 통하여 무죄를 선고받았다.
> • 병은 절도혐의로 10일 동안 구속되었으나 초범인 점이 참작되어 기소유예 처분을 받았다.
> • 정은 폭행혐의로 15일 동안 구속되어 수사를 받았으며, 재판에서 징역 1년에 집행유예 2년을 선고받았다.

① 1명
② 2명
③ 3명
④ 4명

3 다음 사례에 대한 설명으로 옳은 것은?

2016. 6. 18 제1회 지방직

> • 갑은 불법체포를 면하기 위해 반항하는 과정에서 경찰관에게 상해를 입혔다.
> • 산부인과 의사인 을은 임산부의 생명을 구하기 위해 낙태수술행위를 하였다.
> • 채권자 병은 자신의 채무를 변제하지 않고 외국으로 도주하는 채무자를 발견하고 붙잡아 출국을 못하게 하였다.

① 갑, 을, 병의 행위는 구성요건에 해당하지 않는다.
② 갑, 을, 병의 행위는 위법성조각사유에 해당한다.
③ 갑, 을, 병의 행위는 책임조각사유에 해당한다.
④ 갑, 을, 병의 행위는 범죄가 되지만 처벌되지 않는다.

4 다음 사례에서 위반한 죄형 법정주의의 원칙으로 가장 옳은 것은?

2016. 6. 25 서울특별시

> A법에서는 공중도덕상 유해한 업무에 취직하게 할 목적으로 직업소개나 근로자 모집을 한 사람을 처벌하도록 하였다. 그러나 일반인은 다양한 사회 영역에서 어떤 행위가 공중도덕상 유해하여 금지되는지를 알 수 없다.

① 유추 해석 금지의 원칙
② 소급 입법 금지의 원칙
③ 명확성의 원칙
④ 적정성의 원칙

5 죄형법정주의의 구체적 내용에 대한 설명으로 옳지 않은 것은?

2015. 3. 14 사회복지직

① 법관이 적용할 수 있는 형벌에 관한 법에는 성문의 법률뿐만 아니라 관습법과 같은 불문의 법률도 포함된다.
② 형벌법규는 그것이 시행된 이후에 이루어진 행위에 대해서만 적용되고, 시행 이전의 행위까지 거슬러 올라가서 적용될 수 없다.
③ 어떤 행위가 형법에 의하여 금지되어 처벌되는 범죄인지, 그리고 그에 따른 형벌이 어떠한지 명확하게 정해 놓음으로써 누구나 쉽게 알 수 있어야 한다.
④ 형벌법규에 처벌의 대상으로 명시되어 있지 않은 행위라면, 아무리 그 행위가 범죄와 유사한 성질을 갖고 있더라도 유추하여 적용해서는 아니 된다.

6 다음 법률 조항에서 법해석을 필요로 하지 않는 것은?

2015. 4. 18 인사혁신처

> 폭행 또는 협박으로 사람을 강간한 자는 3년 이상의 유기징역에 처한다.

① 폭행   ② 협박
③ 강간   ④ 유기징역

7 행정심판과 행정소송에 대한 설명으로 옳지 않은 것은?

2015. 4. 18 인사혁신처

① 행정심판과 행정소송은 모두 사후적 권리구제제도이다.
② 행정심판과 행정소송에서는 모두 행정행위의 위법성과 부당성을 판단할 수 있다.
③ 행정심판은 행정심판위원회가 판단의 주체가 되나, 행정소송은 법원이 판단의 주체가 된다.
④ 행정심판에 불복하는 경우에는 행정소송을 제기할 수 있으며, 행정소송의 확정판결은 소송의 당사자인 행정청을 구속한다.

8 ㉠, ㉡에 대한 설명으로 옳지 않은 것은?

2015. 6. 13 서울특별시

> ㉠ 실형을 선고하면서 일정기간 그 형의 집행을 유예하였다가, 그 기간에 다른 범행이 없으면 형의 선고를 실효시켜 실형을 집행하지 않는 제도이다.
>
> ㉡ 형의 선고 자체를 미루어 두었다가 일정 기간 무사히 경과하면 면소(免訴)된 것으로 간주하는 제도이다.

① ㉠에는 사회봉사 명령이나 수강 명령이 함께 내려질 수 있다.

② ㉡은 범죄 사실이 있는 경우에 내려진다.

③ ㉠의 기간은 1년 이상 5년 이하이며, ㉠의 선고를 받은 자가 그 기간 중에 금고 이상의 형의 선고를 받아 그 판결이 확정된 때에는 ㉠은 선고의 효력을 잃는다.

④ ㉡은 가벼운 범죄에 대하여 형의 선고 자체를 미루고 1년이 지나면 형의 선고가 없었던 것으로 간주하는 것을 의미한다.

9 형벌과 형사절차에 대한 내용으로 옳지 않은 것은?

2015. 6. 27 제1회 지방직

① 「소년법」상 소년에 대한 소년원 송치처분은 「형법」상 형벌에 해당하지 않는다.

② 경찰관이 피의자를 체포하는 경우 피의사실의 요지, 체포의 이유와 변호인을 선임할 수 있음을 고지하지 아니하면 위법한 체포가 된다.

③ 국민참여재판에서 법원은 배심원이 내린 유무죄에 관한 평결을 따라야 한다.

④ 성폭력범죄자에게는 법원의 판결로 형벌의 부과와 함께 위치추적 전자장치(전자발찌)를 부착하게 할 수 있다.

10 위법성 조각사유에 대한 설명으로 옳지 않은 것은?

2015. 6. 27 제1회 지방직

① 자기나 타인의 법익에 대한 현재의 부당한 침해를 방위하기 위한 상당한 이유가 있는 행위는 위법성이 조각된다.
② 법령에 의한 행위 또는 업무로 인한 행위로서 사회상규에 위배되지 않는 행위는 위법성이 조각된다.
③ 처분권한이 있는 피해자가 가해자에게 자신의 법익을 침해해도 된다고 허락한 경우에 이루어진 행위에 대해서는 법률에 특별한 규정이 없는 한 위법성이 조각된다.
④ 저항할 수 없는 폭력이나 자기 또는 친족의 생명, 신체에 대한 위해를 방어할 방법이 없는 협박에 의하여 강요된 행위는 위법성이 조각된다.

11 다음 중 옳은 것만을 모두 고른 것은?

2015. 6. 27 제1회 지방직

> ㉠ 부모의 동의를 얻어 결혼한 18세의 A는 국회의원선거권이 있다.
> ㉡ 편의점에서 하루 4시간씩 1개월간 근로를 제공하고 있는 17세의 B는 단독으로 임금을 청구할 수 있다.
> ㉢ 14세인 C는 고용노동부장관이 발급하는 취직인허증이 있어야 근로가 가능하다.
> ㉣ 대학교에 입학한 17세인 D는 입학한 날부터 편의점에서 술을 구매할 수 있다.

① ㉠㉡ ② ㉠㉣
③ ㉡㉢ ④ ㉢㉣

12 다음 사례에서 갑이 취할 수 있는 가장 적절한 구제 제도는?

2014. 4. 19 안전행정부

> A시는 늘어나는 인구에 비해 도로가 턱없이 부족하여 심각한 교통 불편을 겪고 있는 지역에 도로를 넓히려고 한다. 이에 A시는 법률에 따라 도로가에 위치하고 있는 갑의 집을 적법하게 수용하려고 한다.

① 주민소송
② 사법상 손해배상
③ 행정상 손실보상
④ 영조물의 설치나 관리의 하자로 인한 국가배상

13 제조물 책임에 대한 설명으로 옳지 않은 것은?

2014. 4. 19 안전행정부

① 제조물 책임이란 제조물의 결함으로 소비자에게 여러 손해가 발생한 경우, 제조업자나 영리목적으로 공급한 자가 손해배상의 책임을 지는 것을 말한다.

② 「제조물 책임법」상 결함이란 해당 제조물에 제조상·설계상 또는 표시상의 결함이 있거나 그 밖에 통상적으로 기대할 수 있는 안전성이 결여되어 있는 것을 말한다.

③ 대법원은 제조물로 인해 피해가 발생한 경우, 소비자 측이 제품의 결함 및 그 결함과 손해의 발생과의 사이의 인과관계를 과학적·기술적으로 입증해야 한다고 판시하고 있다.

④ 제조물의 결함이 제조업자가 해당 제조물을 공급한 당시의 법령에서 정하는 기준을 준수함으로써 발생하였다는 사실을 입증한 경우에는 제조물 책임을 면제받을 수 있다.

14 정보 공개 청구 제도의 기능으로 적절하지 않은 것은?

2014. 4. 19 안전행정부

① 행정의 투명성을 높인다.

② 국민의 알 권리를 충족시킨다.

③ 행정 기관의 재량권을 강화한다.

④ 행정에서 국민의 의사가 반영되도록 한다.

⑤ 행정 권력의 남용을 시민이 적절히 견제한다.

15 다음 중 '착한 사마리아인의 법'에 대해 찬성하는 입장이 아닌 것을 〈보기〉에서 모두 고르면?

외국에서 할머니가 맨홀에 빠진 것을 청년이 목격하고도 그냥 지나쳐서 할머니가 목숨을 잃을 뻔한 사건이 있었다. 이 사건 이후 우리나라에서도 '착한 사마리아인의 법'을 제정해야 한다는 주장이 나오고 있다.

㉠ 법과 도덕은 차이가 있다.
㉡ 법은 인간을 타율적으로 만든다.
㉢ 사회의 공공성을 실현하기 위해 국가의 개입이 필요하다.
㉣ 도덕이 정의로운 사회 실현에 제 기능을 다하지 못하고 있다.
㉤ 처벌의 기준이 애매하고 많은 사람들이 범법자로 될 수 있다.

① ㉠㉡㉤
② ㉠㉢㉣
③ ㉠㉣㉤
④ ㉡㉢㉤

16 다음 형사 소송 절차에 대하여 옳지 않은 설명을 〈보기〉에서 고르면?

> 수사 ---→ 공판 ---→ 집행
> (가)　　　(나)

> ㉠ (가) 단계에서 검사는 원칙적으로 기소권을 독점한다.
> ㉡ (가) 단계에서 검사는 기소 유예 처분을 내릴 수 있다.
> ㉢ 구속된 피고인은 (가) 이후에는 언제든지 구속 적부 심사를 청구할 수 있다.
> ㉣ (나)에 대해 이의가 있을 때는 검사와 피고인은 상소할 수 있다.
> ㉤ 검사의 불기소 처분을 받은 사람은 형사보상청구권을 가진다.

① ㉠㉣　　　　　　　　　　② ㉡㉢
③ ㉢㉤　　　　　　　　　　④ ㉣㉤

17 다음 형사 소송 절차에 대하여 옳은 설명은?

> (가) 수사→(나) 공소제기→(다) 공판→(라) 형의 선고→(마) 형의 확정→(바) 집행

① 공판 절차는 '기소→검사의 기소요지 진술→피고인 신문, 증거조사→검사의 논고 및 구형→법원의 선고'이다.
② (바) 단계에서 법원은 집행유예를 선고할 수 있다.
③ (라) 단계에서 가석방이 이루어진다.
④ (바) 단계에서 구속된 피고인은 법원에 보석을 신청할 수 있다.

18 다음 사례에서 범죄가 성립되지 않는 이유로 가장 적절한 것은?

> ㉠ 흉기를 소지한 강도에 대항하여 격투 과정에서 강도를 폭행을 가한 경우
> ㉡ 소방관이 화재 진압을 위해 건물의 유리창을 깨는 행위

① 위법성이 없기 때문이다.
② 책임성이 없기 때문이다.
③ 범죄의 구성 요건에 해당되지 않기 때문이다.
④ 자구 행위이기 때문이다.

19 (가)와 (나)의 위법성 조각 사유를 바르게 짝지은 것은?

> (가) 갑은 강도에게 폭행을 당하고 있는 아버지를 구하기 위해 강도를 때려 상해를 입혔다.
>
> (나) 을은 갑자기 쏟아진 폭우와 번개로 생명에 위협을 느낀 나머지 이를 피할 수 있는 다른 방법이 없는 상황에서 근처에 있는 가정집에 뛰어들었다.

① (가) 긴급피난   (나) 정당방위   ② (가) 정당방위   (나) 자구행위
③ (가) 정당방위   (나) 긴급피난   ④ (가) 자구행위   (나) 정당방위

20 다음은 형사 소송 절차를 나타낸 것이다. 이와 관련된 설명으로 옳지 않은 것은?

> (가)   (나)
> 피해자의 고소 → 공소의 제기 → 판결의 선고 → 형의 집행

① (가) 단계에서 검사는 불기소 처분을 내릴 수 있다.
② (나) 단계에서 구속된 자는 구속의 적부심을 법원에 청구할 수 있다.
③ (나) 단계의 형사 피고인은 무죄로 추정된다.
④ (나) 단계에서는 증거 조사, 증인 신문, 검사의 논고와 구형 등이 이루어진다.

21 다음에서 옳지 않은 설명은?

> • 구속 적부심사 제도
> • 보석
> • 가석방

① 구속 적부심사 제도는 기소 후 피고인을 석방하는 제도이다.
② 보석은 피고인으로 하여금 불구속상태에서 재판을 받게 함으로써 피고인의 인권보장과 방어준비를 효율적으로 할 수 있게 하는 제도이다.
③ 가석방은 수형자를 형기 만료 전에 석방하는 제도이다.
④ 모두 국민의 인권을 보장하기 위해 도입된 제도들이다.

22 다음 형사 절차에 대한 설명으로 옳은 것은?

① 고발은 범죄의 피해자가 수사 기관에 범죄 사실을 신고하여 소추를 요구하는 의사표시이다.

② 피고인은 형사사건에서 수사기관으로부터 범죄의 혐의를 받고 수사중에 있으나 아직 기소가 되지 않은 사람이다.

③ 진술거부권이 있음을 알려주지 않고 받아낸 진술조서는 유죄의 증거로 쓸 수 있다.

④ 집행유예와 선고유예는 둘 다 유죄판결에 해당된다.

23 형벌의 종류가 바르게 짝지어지지 않은 것은?

① 자유형 – 징역, 금고, 구류

② 재산형 – 벌금, 과태료, 몰수

③ 명예형 – 자격상실, 자격정지

④ 생명형 – 사형

24 다음 즉결심판 제도에 대한 설명으로 옳은 것은?

① 검사의 청구에 의해 재판이 시작된다.

② 정식 재판 절차와 차이가 없다.

③ 피고인은 반드시 출석해야 한다.

④ 경찰의 조서만을 증거로 삼아 유죄를 선고할 수 있다.

25 다음 내용에 해당하는 제도는?

예컨대 절도나 상해를 당한 경우에 그 가해자가 형사처벌이나 보호처분을 받는다고 하더라도 피해자가 피해보상을 받으려면 따로 민사소송절차를 밟아야 하는 것이 원칙이지만, 피해자가 별도의 민사소송을 제기하지 않더라도 신속, 간편하게 보상을 받도록 해주기 위하여 마련된 제도가 있다.

① 보호관찰   ② 구속영장실질심사제

③ 보안처분   ④ 배상 명령 제도

26 만 14세 미만자의 범죄행위에 대한 설명 중 옳은 것은?

① 위법성이 없어 범죄가 성립되지 않는다.

② 권리능력이 없어 범죄가 성립되지 않는다.

③ 책임성이 없어 범죄가 성립되지 않는다.

④ 행위능력이 없어 범죄가 성립되지 않는다.

27 다음 행정심판에 대한 내용으로 옳은 것을 〈보기〉에서 고른 것은?

> ㉠ 스스로 잘못을 시정하는 기회가 된다.
> ㉡ 행정기관의 전문적 지식을 활용하고, 시간과 비용을 절약할 수 있다.
> ㉢ 사법국가주의를 실현하고자 한다.
> ㉣ 사전 구제 절차이다.

① ㉠㉡

② ㉠㉢

③ ㉡㉣

④ ㉢㉣

28 서울시가 관리하는 도로의 맨홀(하수구) 뚜껑이 빠지는 바람에 심하게 다쳤다. 피해자가 1차적으로 취할 수 있는 것은?

① 손실보상청구

② 손해배상청구

③ 행정심판청구

④ 행정소송청구

29 청소년 범죄 사건의 처리에 대하여 옳은 설명을 〈보기〉에서 고르면?

> ㉠ 14세 미만 청소년은 어떠한 경우에도 형벌을 받지 않는다.
> ㉡ 14세 미만의 청소년은 어떠한 처분도 받지 않는다.
> ㉢ 14세의 청소년은 보호 처분의 대상만 된다.
> ㉣ 17세의 청소년에 대해서도 사형을 부과할 수 있다.
> ㉤ 소년원에 송치된 경우 전과기록이 남지 않는다.

① ㉠㉡

② ㉡㉢

③ ㉠㉤

④ ㉢㉣

30 다음 사례에 대한 법적 분석으로 옳은 설명을 〈보기〉에서 고르면?

> 만 15세인 중학생 A는 친구 B에게 폭행을 가하고 돈을 뺏었다. 피해자 B의 부모는 가해자 A를 고소하였다.

> ㉠ 경찰서장은 공소를 제기하지 않고 선도 위원에게 선도를 위촉할 수 있다.
> ㉡ 검사가 사건을 처리하기에 앞서 결정 전 조사를 할 수 있다.
> ㉢ 검사는 가정 법원 소년부에 공소를 제기한다면 A는 형사 처벌을 받을 수도 있다.
> ㉣ A는 보호처분을 받을 수 있다.
> ㉤ 보호처분을 받은 소년범은 소년교도소에 수감된다.

① ㉠㉡   ② ㉡㉢
③ ㉠㉤   ④ ㉡㉣

31 청소년의 연령대별 행위능력에 대한 설명으로 틀린 것은?

> ㉠ 14세 이상 – 형사상 책임능력이 생긴다.
> ㉡ 15세 이상 – 부모 동의를 얻어 취업할 수 있다.
> ㉢ 16세 이상 – 부모 동의를 얻어 혼인할 수 있다
> ㉣ 17세 이상 – 단독으로 유언을 할 수 있다.
> ㉤ 17세 이상 – 자동차운전면허 취득이 가능하다.

① ㉠㉢   ② ㉡㉣
③ ㉡㉤   ④ ㉢㉤

32 다음 사례와 관련한 옳은 법적 판단을 고르면?

> 슈퍼마켓을 운영하는 갑은 신분을 확인하지 않고 청소년보호법상의 청소년 을에게 술과 담배를 판매하였다. 이로 인하여 갑은 1천만원의 과징금(행정 제재금)을 부과받았다. 갑은 이러한 제재가 과도하다고 생각하였다.

① 갑은 법원에 행정심판을 청구할 수 있다.
② 갑은 법원에 과징금부과처분 취소소송을 제기할 수 있다.
③ 갑은 을의 부모를 상대로 손해배상을 청구할 수 있다.
④ 술과 담배를 판매하지 못하도록 하는 것은 갑의 근로의 권리를 침해하는 것이다.

33 다음 (가), (나), (다)의 내용과 관련이 있는 행정의 기본원리를 바르게 연결한 것은?

> (가) 국민에게 세금을 부과하기 위해서는 법률에 근거가 있어야 한다.
> (나) 과다 납부한 세금을 행정소송을 통하여 반환을 청구할 수 있다.
> (다) 국가는 모든 국민이 최소한의 인간다운 생활을 할 수 있도록 적극적인 노력을 기울여야 한다.

① (가) 사법 국가주의   (나) 법치 행정의 원리   (다) 복지 행정의 원리
② (가) 사법 국가주의   (나) 법치 행정의 원리   (다) 민주 행정의 원리
③ (가) 법치 행정의 원리   (나) 사법 국가주의   (다) 복지 행정의 원리
④ (가) 법치 행정의 원리   (나) 사법 국가주의   (다) 민주 행정의 원리

34 다음 사례 중에서 행정상 손해배상 청구의 대상이 아닌 것은?

① 고속도로 건설을 위하여 농지를 수용하는 경우
② 경찰서에서 관리하는 신호등이 고장나서 교통사고를 당한 경우
③ 공무원 출퇴근 차량에 치어 상해를 입은 경우
④ 국립공원의 그네줄이 끊어져 어린이가 다친 경우

35 정보공개 제도에 대한 설명으로 옳지 않은 것은?

① 모든 국민은 공공기관에 정보공개를 청구할 권리를 가진다.

② 국민의 알 권리를 보장하고, 행정의 민주화와 공정화를 실현하게 한다.

③ 정보 공개는 공공 기관에만 청구할 수 있다.

④ 공공기관의 모든 정보가 공개 대상이다.

36 다음은 환경오염에 대한 법적 구제 수단이다. 이에 대한 설명으로 옳은 것은?

> ㈎ 오염물질 배출시설에서 배출되는 오염물질의 배출허용기준을 설정한다.
> ㈏ 준사법적 분쟁해결기구를 통하여 환경분쟁을 소송 외적 방법으로 신속·공정하게 해결한다.
> ㈐ 사업장 등에서 발생하는 오염물질로 인하여 사람의 생명 또는 신체에 피해가 발생한 때에는 당해 사업자는 그 피해를 배상하여야 한다.

① ㈎는 사후적 구제수단이다.

② ㈏는 절차법적 구제수단이다.

③ ㈐는 예방적 구제수단이다.

④ ㈐는 행정재판이다.

37 다음 제조물 책임에 대한 설명으로 옳지 않은 것은?

> 제조물의 결함으로 인한 손해에 대해 제조자나 유통 관여자 등이 배상 책임을 진다.

① 제조자의 과실을 입증하지 않아도 배상을 받을 수 있다.

② 제조물에의 결함과 제조물이 손해를 유발했다는 사실만 증명하면 된다.

③ 제조물 책임은 제조업자에 한하여 손해배상 책임을 지우고 있다.

④ 제조업자의 손해배상책임이 면제되는 경우가 있다.

38 (A), (B), (C) 사례의 해결과정에서 피해자 측이 주장할 수 있는 법원칙을 바르게 나열한 것은?

> (A) 갑은 길을 가다가 가게의 간판이 떨어져 머리를 크게 다쳤다.
> (B) 어느 공장에서 폐수를 흘려보냈는데 강 하류에 있는 양식장이 피해를 입었다.
> (C) 을녀는 '결혼을 하면 퇴직하겠다'는 각서를 쓰고 겨우 취업이 되었다. 그 후 결혼을 하려고
> 하니 회사에서 퇴사를 강요하고 있다.

① (A) 무과실 책임의 원칙　　(B) 무과실 책임의 원칙　　(C) 소유권 공공복리의 원칙
② (A) 무과실 책임의 원칙　　(B) 소유권 공공복리의 원칙　　(C) 계약 공정의 원칙
③ (A) 무과실 책임의 원칙　　(B) 무과실 책임의 원칙　　(C) 계약 공정의 원칙
④ (A) 계약 공정의 원칙　　(B) 계약 공정의 원칙　　(C) 무과실 책임의 원칙

39 미성년자의 법률 행위와 관련하여 옳은 설명을 〈보기〉에서 고른 것은?

> ㉠ 미성년자가 유효한 계약을 맺기 위해서는 법정 대리인의 동의가 필요하다.
> ㉡ 미성년자는 노동에 대한 대가로 고용주에 대하여 임금을 청구할 때에도 법정 대리인의 동의
> 가 필요하다.
> ㉢ 미성년자는 행위능력이 없으므로 유효한 유언을 할 수 없다.
> ㉣ 미성년자라도 혼인을 하면 단독으로 유효한 계약을 맺을 수 있다.

① ㉠㉢　　　　　　　　　　　② ㉠㉣
③ ㉡㉢　　　　　　　　　　　④ ㉡㉣

⑥ 국제 정치와 법

☞ 정답 및 해설 P.260

1 국제법의 법원(法源)에 대한 설명으로 옳지 않은 것은?

2016. 4. 9 인사혁신처

① 국제관습법과 법의 일반원칙은 조약과 달리 별도의 체결 절차 없이 일반적으로 국제 사회에서 법적 구속력이 발생한다.

② 법의 일반원칙은 문명국들이 공통으로 승인하여 따르는 법의 보편적인 원칙을 말하며, 신의성실의 원칙, 권리남용금지의 원칙 등이 그 예이다.

③ 국제관습법은 국제 사회의 반복적인 관행이 법규범으로 승인되어 효력을 갖는 것으로서, 외교관의 특권과 면제, 전쟁 포로에 대한 인도적 대우 등이 그 예이다.

④ 조약은 2개 이상의 국가 사이에 맺은 법적 구속력을 갖는 문서 형식의 합의로서, 우리나라의 경우 대통령이 안전보장에 관한 조약을 체결할 경우 국회의 동의를 필요로 하지 않는다.

2 국제연합(UN)에 대한 설명으로 옳은 것은?

2016. 4. 9 인사혁신처

① 국제사회의 평화와 안전을 보장하기 위하여 집단안보(Collective Security)를 채택하고 있다.

② 안전보장이사회의 상임이사국과 일부 비상임이사국에게 거부권이 주어진다.

③ 안전보장이사회 산하에 유네스코와 인권이사회가 활동하고 있다.

④ 국제사법재판소는 서로 국적이 다른 9명의 재판관으로 구성된다.

3 국제 환경문제에 대한 다음 글에서 공통적으로 나타난 국제 사회의 특징으로 가장 적절한 것은?

2016. 6. 18 제1회 지방직

> • 환경문제는 골목길 청소에 비유되기도 한다. 예를 들어 혼자 골목길을 청소하는 수고가 150, 둘이 함께 청소하는 수고는 각 75, 깨끗한 골목길이 주는 효용은 각 100이라고 하자. 이런 경우에 골목길은 더러운 상태로 남아 있을 수 있다.
> • 지구온난화가 인류에게 장기적으로 심각한 위협이 되고 있다는 인식이 광범위하게 받아들여지고 있다. 지구온난화의 주요 원인으로 주목받고 있는 온실가스의 배출을 줄이려는 교토의정서(1997년) 합의가 있었지만 온실가스 배출은 크게 줄지 않았다.

① 국제 환경의 갈등은 선진국 – 개발도상국 간보다 선진국 간에서 더욱 심각하다.
② 국제 환경문제는 어느 누구도 양보하지 않으면 모두 파국에 이르는 치킨게임이기 때문에 한쪽의 양보에 의해 해결된다.
③ 국제 협력의 결과가 반대의 결과보다 모두에게 이득이 됨에도 불구하고 국제 협력은 잘 성사되지 않는다.
④ 국제 환경문제는 조약 체결에 의해 실질적으로 해결된다.

4 (개), (내)의 사례에서 위법성이 조각되는 사유를 바르게 연결한 것은?

2016. 6. 25 서울특별시

> (개) 효은이는 길거리에서 불량배들에게 폭행을 당하는 동생을 보고, 이를 제지하는 과정에서 불량배들에게 상해를 입혔다.
> (내) 상가 건물에 화재가 나자 생명의 위협을 느낀 경아는 이를 피할 수 있는 다른 방법이 없어 어쩔 수 없이 건물의 유리창을 깨고 탈출하였다.

	(개)	(내)
①	정당방위	긴급 피난
②	정당방위	정당 행위
③	정당 행위	긴급 피난
④	정당 행위	자구 행위

5 국제 사회를 바라보는 관점 (가), (나)에 대한 설명으로 가장 옳은 것은?

2016. 6. 25 서울특별시

> (가) 국제 사회란 보편적인 가치나 질서에 의해서 지배되는 것이 아닙니다. 오로지 권력과 같은 힘으로 주도될 뿐이지요. 각국은 각자 자국의 이익을 추구하기 위해 계산적으로 움직이기 때문에 배려나 양보를 기대하는 것은 불합리합니다.
>
> (나) 국제 사회란 보편적인 선이나 국제 규범에 의해 지배되고 있습니다. 마치 사람들이 모여 사회를 이루고 살듯이, 국제적으로 발생하는 다양한 문제들에 대응하기 위해 국가 간 연합과 협력이 이루어지는 공간이 국제 사회입니다.

① (가)는 국제 관계에서 국가 간 상호 의존적 관계를 중시해야 한다고 본다.
② (나)의 대표적인 사례로 북대서양 조약 기구(NATO), 바르샤바 조약 기구(WTO) 등이 있다.
③ (나)는 집단 안보 체제의 구축이 국제 평화 유지의 방안이 될 수 있다고 본다.
④ (가)는 (나)보다 국제 관습법과 같은 국제법의 중요성을 강조한다.

6 오늘날의 국제사회가 형성되기까지의 과정을 순서대로 바르게 나열한 것은?

2015. 3. 14 사회복지직

> ㉠ 국제연합 창설
> ㉡ 제국주의에 기초한 유럽열강의 식민지 확보 경쟁
> ㉢ 다극체제
> ㉣ 국제연맹 창설

① ㉡ - ㉠ - ㉣ - ㉢
② ㉡ - ㉣ - ㉠ - ㉢
③ ㉣ - ㉢ - ㉠ - ㉡
④ ㉣ - ㉢ - ㉡ - ㉠

7 ㉠, ㉡의 예로 옳게 짝지어진 것은?

2015. 3. 14 사회복지직

> 21세기 국제체제에는 다양한 행위자가 있다. 그 중 초국가적 행위자에는 ㉠ <u>정부간 기구</u>와 ㉡ <u>비정부간 기구</u>가 있다.

	㉠	㉡
①	세계무역기구(WTO)	북미자유무역협정(NAFTA)
②	국제사면위원회(AI)	유럽연합(EU)
③	국제인권연맹(ILHR)	국제올림픽위원회(IOC)
④	국제통화기금(IMF)	국경없는 의사회(MSF)

8 1648년에 맺어진 베스트팔렌조약에 대한 설명으로 옳은 것을 모두 고른 것은?

2015. 4. 18 인사혁신처

> ㉠ 교황권이 군주권보다 우위에 있음을 확인하였다.
> ㉡ 주권국가 개념이 확립되기 시작하였다.
> ㉢ 국제기구 설립과 다자협의를 통한 평화 유지에 합의하였다.
> ㉣ 30년 전쟁을 종결시켰다.

① ㉠㉢　　　　　　　　　　　② ㉠㉣

③ ㉡㉢　　　　　　　　　　　④ ㉡㉣

9 다음은 국제연합의 주요기구이다. A와 B에 대한 설명으로 옳지 않은 것은?

2015. 6. 13 서울특별시

> A : 안전보장이사회, B : 국제사법재판소

① A의 상임이사국에게 거부권이 존재하는 것은 현실주의의 관점에서 접근할 수 있다.
② A는 국제 평화와 안전 유지를 목적으로 하는 국제연합의 주요기구로 5개의 상임이사국과 10개의 비상임이사국이 존재한다.
③ B의 판결 내용을 당사국이 이행하지 않을 경우 안전보장이 사회가 적절한 조치를 부여할 수 있다.
④ B는 국제연합의 사법기관으로 가맹국만을 대상으로 하며 비가맹국은 재판의 당사국이 될 수 없다.

10 다음 글의 A, B에 대한 설명으로 옳은 것은?

2015. 6. 27 제1회 지방직

> 제2차 세계대전 후 국제 분쟁 해결을 위한 실질적 권한을 갖는 A가 창설되었다. A는 평화 유지 업무 외에도 사회, 경제, 문화 등의 비정치적인 분야에서도 활발한 활동을 펼쳐, 국가 간 우호와 협력 증진에 이바지하고 있다. A의 평화 유지 업무를 위한 책임은 산하기관인 B에 있는데, B는 핵 확산 방지, 군비 축소, 테러 국가에 대한 경제적·군사적 제재 등을 논의하고 결정한다.

① A는 포괄적 기능을 수행하는 초국가적 행위체이다.
② A는 국가 간 협력을 증진하는 비정부 국제기구이다.
③ B는 사법적 절차를 통해 국가 간의 분쟁을 해결한다.
④ B의 의결 시 상임 이사국과 비상임 이사국은 거부권을 행사할 수 있다.

11 우리 헌법상의 국제평화주의와 국제법에 대한 설명으로 옳지 않은 것은?

2014. 4. 19 안전행정부

① 국회는 주권의 제약에 관한 조약의 체결·비준에 대한 동의권을 가진다.

② 국제연합은 침략에 대한 정의를 세계인권선언을 통하여 천명하고 있으며, 세계인권선언은 법적 규범력을 가진다는 것이 헌법재판소의 판례이다.

③ 국제평화주의는 모든 국가들이 국제적인 협조와 국제평화의 지향을 이념으로 삼고 이에 따라 국제질서를 존중하는 원리를 말한다.

④ 우리 헌법 제5조 제1항은 "대한민국은 국제평화의 유지에 노력하고 침략적 전쟁을 부인한다."라고 규정함으로써, 국제평화주의를 지향하고 있으나 자위권 행사까지 부인하는 것은 아니다.

12 국내법과 국제법의 구별 및 그 관계에 대한 설명으로 옳은 것은?

2014. 4. 19 안전행정부

① 헌법 규정상 우호통상항해조약은 국회의 동의를 거쳐 대통령이 체결·비준한다.

② 국제법은 범세계적인 입법기관에서 제정되므로 국내법과 법원(法源)이 동일하다.

③ 국제법을 위반한 경우 국내법을 위반한 경우보다 이행을 강제하기가 쉽고 제재수단도 강력하다.

④ 헌법에 의하여 체결·공포된 조약과 일반적으로 승인된 국제법규는 국내법보다 상위의 효력을 가진다.

13 다음과 같은 상황을 극복하기 위해서 강조되는 국제 사회의 특징은?

* 핵전쟁으로 인한 인류 멸망
* 인구의 폭발적 증가로 행복 저해
* 자원 낭비로 인한 인류의 생존 위협

① 주권평등의 원칙을 추구하는 사회
② 공동 목표를 위해 협조하는 사회
③ 힘의 원리가 지배하는 사회
④ 통일된 통제기구가 없는 사회

14 다음의 내용과 관계 있는 국제 사회의 성격을 가장 바르게 연결한 것은?

> (가) 유엔 안전 보장 이사회 5개 상임 이사국에게 거부권 인정
> (나) UN총회에서 1국가 1투표권 인정

> ㉠ 협력과 갈등이 존재하는 사회이다.
> ㉡ 힘의 논리가 지배한다.
> ㉢ 주권평등의 원칙을 추구한다.
> ㉣ 자국의 이익을 우선한다.

① (가) – ㉠, (나) – ㉣
② (가) – ㉡, (나) – ㉢
③ (가) – ㉠, (나) – ㉢
④ (가) – ㉢, (나) – ㉣

15 다음의 사건들이 국제정치 환경의 변화에 미친 영향으로 옳지 않은 것을 〈보기〉에서 고르면?

> • 1969년 발표된 닉슨 독트린과 1973년 6·23 평화 통일 외교 정책 선언
> • 1989년 미국과 소련 정상의 몰타선언과 1992년 남북한 고위급회담에서 남북기본합의서 채택

> ㉠ 미국과 소련의 양극체제가 강화되기 시작하였다.
> ㉡ 냉전체제가 완화되었다.
> ㉢ 경제적 실리보다 정치적 이념을 중시하게 된다.
> ㉣ 국가간 화해분위기가 조성되고 교류가 확대되었다.

① ㉠㉢
② ㉠㉣
③ ㉡㉢
④ ㉢㉣

16 다음 글의 (가)와 (나)를 각각 바르게 연결한 것은?

> 국제기구에 가입할 수 있는 회원의 자격에 따라 (가) IGO(정부간 국제기구)와 (나) INGO(비정부간 국제기구)로 나눈다.

① (가) 국제 사면 위원회 – (나) 국제노동기구
② (가) 그린피스 – (나) 국제 올림픽 위원회
③ (가) 세계무역기구 – (나) 국경없는 의사회
④ (가) 유럽 연합 – (나) 아프리카 연합

17 다음 국제법의 법원에 대하여 옳은 설명은?

> 법원(法源)이란 법의 연원, 법의 근원을 말하는데, 국제법의 법원에는 크게 ㉠조약 ㉡국제관습법 ㉢법의 일반원칙이 있다.

① ㉠은 국가 간 묵시적 합의에 의해 형성된다.
② ㉡는 문맹국에 의해 인정된 법의 일반 원칙이다.
③ 신의성실의 원칙, 권리남용금지의 원칙은 ㉡의 예이다.
④ ㉡㉢은 대다수 국가를 구속한다.

18 다음 근대 이후 국제사회의 전개 과정을 시대순으로 바르게 나열한 것은?

> ㉠ 냉전 체제가 형성되면서 이념대립이 강화되었다.
> ㉡ 독일 30년 전쟁이 종식되고 주권 국가가 등장하여 오늘날과 같은 국제질서가 형성되었다.
> ㉢ 전체주의 국가들의 침략으로 세계대전이 발발하였다.
> ㉣ 비동맹 중립 노선을 취하는 국가들이 등장하였다.
> ㉤ 유럽 열강이 식민지를 확보하기 위해 세계 각지로 진출하여 전 지구적 차원의 국제 사회가 형성되었다.

① ㉠㉡㉣㉤㉢
② ㉡㉤㉢㉠㉣
③ ㉢㉤㉡㉠㉣
④ ㉤㉡㉠㉣㉢

19 국제 사회의 행위 주체들에 대한 설명으로 옳은 것은 〈보기〉에서 고르면?

㉮ 국제사회의 기본적인 행위 주체

㉯ 국가를 구성원으로 하거나 국가를 넘어 국제 무대에서 활동하는 주체

㉰ 한 국가의 일부분이지만 독자적 영역을 가지고 국제적으로 활동하는 행위 주체

㉠ ㉮는 주권 평등의 원칙에 따라 국제법 앞에서 항상 평등한 주체로 인정된다.

㉡ 오늘날 ㉮의 기능과 역할은 축소되고 있다.

㉢ 국제 연합, 유럽 연합 등이 ㉯에 해당된다.

㉣ 중동 지역의 쿠르드족 등 소수 민족이나 인종은 ㉯에 속한다.

㉤ 다국적 기업은 ㉰에 속한다.

---

① ㉠㉡   ② ㉡㉢

③ ㉡㉣   ④ ㉣㉤

20 다음의 3가지 성격을 모두 가지고 있는 기구를 〈보기〉에서 모두 고르면?

• 특정 영역의 제한된 목적을 가진다.

• 비영리적이며, 국제적인 활동을 한다.

• 자발적인 민간 집단과 개인들로 구성된다.

㉠ 그린피스   ㉡ 다국적 기업

㉢ 국제 사면 위원회   ㉣ 국제 사법 재판소

---

① ㉠㉡   ② ㉠㉢

③ ㉠㉣   ④ ㉡㉢

경제

1 경제생활과 경제문제의 이해

☞ 정답 및 해설 P.265

1 그림은 동질의 상품을 생산하는 기업의 진입 가능성 여부에 따라 시장을 구분한 것이다. A와 B 시장에 대한 설명으로 옳은 것만을 〈보기〉에서 모두 고른 것은?

2016. 4. 9 인사혁신처

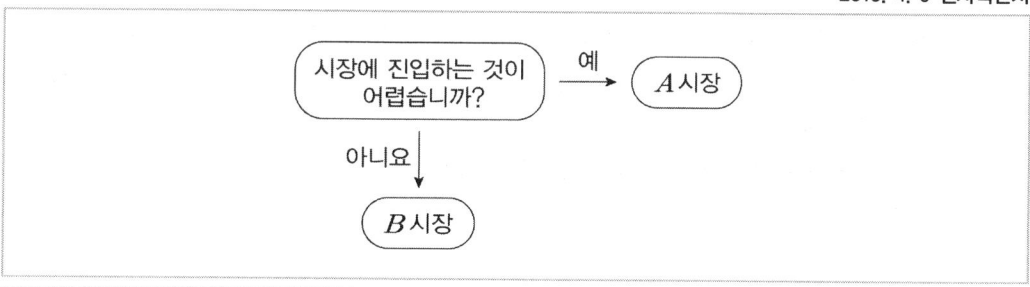

〈보기〉
㉠ 자원배분의 비효율성은 B시장보다 A시장이 높다.
㉡ 기업의 시장지배력은 B시장보다 A시장이 낮다.
㉢ 기업 간 담합 발생 가능성은 A시장보다 B시장이 높다.
㉣ 시장 참여자가 가격수용자가 될 가능성은 A시장보다 B시장이 높다.

① ㉠, ㉡
② ㉠, ㉣
③ ㉡, ㉢
④ ㉢, ㉣

　다음 자료에 대한 분석으로 옳은 것은?

2016. 6. 25 서울특별시

• A와 B의 가처분 소득은 각각 40만원씩이다.
• A와 B는 가처분 소득 전부를 고급 레스토랑 외식 또는 뮤지컬 관람에 소비한다.
• 고급 레스토랑 외식은 1회에 10만원, 뮤지컬 관람은 1회에 20만원이다.

〈소비량에 따른 총 만족감의 크기〉

구분		고급 레스토랑 외식				뮤지컬 관람	
		1회	2회	3회	4회	1회	2회
총 만족감	A	8	16	23	29	25	45
	B	10	19	27	33	18	31

---

① B의 경우 가처분 소득 전부로 고급 레스토랑 외식만 하는 것이 총 만족감이 가장 크다.
② 뮤지컬 관람 횟수를 1회에서 2회로 늘릴 때 총 만족감의 증가는 B가 A보다 크다.
③ 고급 레스토랑에서 1회 외식할 때의 비용이 증가하면 뮤지컬을 1회 관람할 때의 기회비용도 증가한다.
④ A의 합리적 선택은 뮤지컬 관람만 하는 것이다.

　다음 자료에 대한 설명으로 옳은 것은?

2015. 6. 13 서울특별시

A~E는 갑국이 보유한 자원으로 생산할 수 있는 X재와 Y재의 최대 생산량의 조합을 나타낸다. (단, 갑국은 X재와 Y재, 두 재화만 생산한다.)

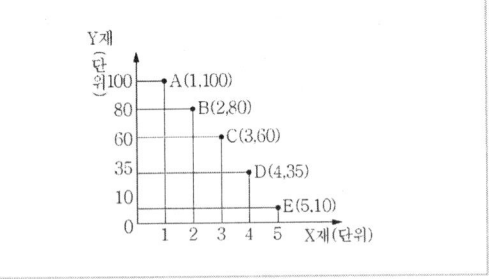

① X재와 Y재 생산에 자원이 고르게 배분된 C가 A보다 효율적이다.
② X재 추가 생산에 따른 기회비용은 B에서 C로 이동할 때가 A에서 B로 이동할 때보다 크다.
③ B에서 A로 이동할 때, Y재 1단위 추가 생산에 따른 기회비용은 X재 1단위이다.
④ Y재 추가 생산에 따른 기회비용은 C에서 B로 이동할 때가 D에서 C로 이동할 때보다 더 크다.

4 다음 그래프는 X재와 Y재에 대한 생산가능곡선이다. 이에 대한 설명으로 옳은 것만을 〈보기〉에서 모두 고른 것은?

2015. 6. 27 제1회 지방직

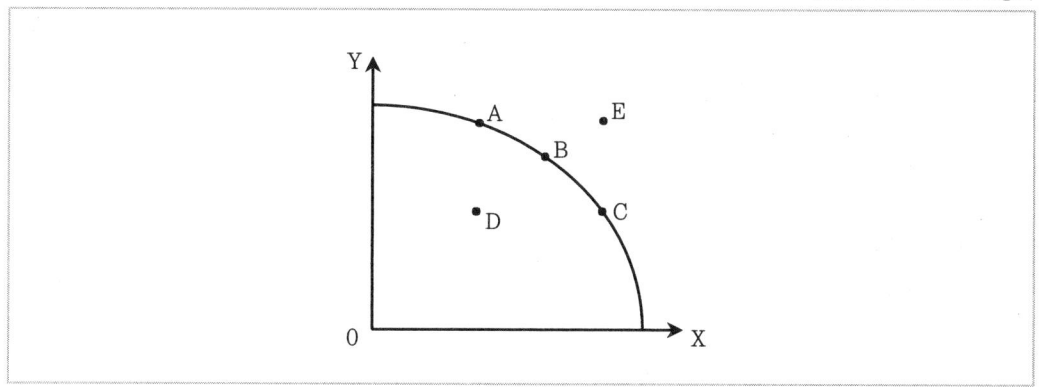

○ 생산요소 투입량을 늘리거나 연구개발을 통해 신기술을 개발한다면 생산가능곡선은 원점에서 바깥쪽으로 팽창할 수 있다.
○ 생산가능곡선 내부에 위치한 D는 생산이 가장 효율적으로 이루어지는 점이다.
○ A에서 C로의 이동은 Y재의 추가 생산에 따라 포기하게 되는 X재 생산량을 의미한다.
○ 생산가능곡선 외부에 위치한 E는 주어진 생산요소와 생산기술로 생산이 불가능한 점이다.

① ○○
② ○○
③ ○○
④ ○○

5 다음은 X재의 수요 및 공급표이다. 이에 대한 분석으로 옳은 것은? (단, X재의 수요곡선 및 공급곡선은 연속이다)

2014. 4. 19 안전행정부

가격(원)	600	800	1,000	1,200	1,400	1,600
수요량(개)	200	190	180	170	160	150
공급량(개)	140	160	180	200	220	240

① 균형 가격은 1,000원이고 균형 거래량은 360개이다.
② 공급자가 240개를 모두 팔기 위한 균형 가격은 1,600원이다.
③ 수요의 법칙에 따르는 Y재가 X재의 대체재인 경우, Y재의 가격이 하락하면 균형 가격은 1,000원 이상이 된다.
④ 정부가 X재 공급자에게 개당 600원의 세금(물품세)을 부과하면 균형 거래량은 세금부과 선보나 20개 줄어든다.

6 200만 원을 가진 갑은 다음 A, B프로젝트 중 B프로젝트에 투자하기로 하였다. 갑의 선택이 합리적이기 위한 B프로젝트 연간 예상 수익률의 최저 수준으로 가장 적절한 것은? (단, 각 프로젝트의 기간은 1년이다)

2014. 4. 19 안전행정부

- A프로젝트는 200만 원의 투자 자금이 소요되고, 연 9.0 %의 수익률이 예상된다.
- B프로젝트는 400만 원의 투자 자금이 소요되고, 부족한 돈은 연 5.0 %의 금리로 대출받을 수 있다.

① 8.1 %
② 7.1 %
③ 6.1 %
④ 5.1 %

7 다음 A~C에 해당하는 경제주체에 대한 설명이 옳은 것은?

- 효용극대화를 추구하는가? → 예 (A)
   ↓아니오
- 이윤극대화를 추구하는가? → 예 (B)
   ↓아니오
   (C)

① (A)는 재정의 주체이다.
② (A)와 (B) 두 경제주체로 구성된 것이 민간 경제이다.
③ (C)는 소비만을 담당한다.
④ (A), (B), (C)를 합쳐 이루어진 경제를 개방경제라 한다.

8 다음의 경제 활동을 하는 경제주체는 무엇인가?

- 농사를 짓는다.
- 은행에서 예금을 받고 돈을 빌려준다.
- 부동산 중개업소에서 아파트를 중개한다.
- 인터넷쇼핑몰을 운영한다.

① 가계
② 기업
③ 정부
④ 외국

9 그림은 민간 경제의 흐름을 나타낸 것이다. 이에 대한 설명으로 옳은 것은?

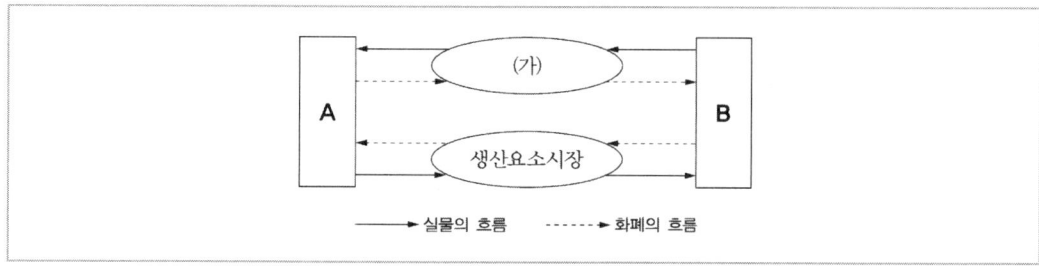

① (가)에서 기업은 공급자이다.
② A는 (가)에서 임금을 받는다.
③ B는 조세를 거둬들여 공공재를 생산한다.
④ B는 노동 시장에서 공급자이다.

10 다음의 내용과 관련된 경제학 개념을 바르게 설명하지 못한 것은?

> 과거에 마실 수 있는 깨끗한 물은 그 존재량이 풍부하여 대가를 지불하지 않고서도 얼마든지 얻을 수 있었다. 그러나 오늘날 환경오염으로 깨끗한 물을 구하기가 어려워져서 생수를 돈 주고 구입하는 가정이 늘어나고 있다.

① 대가를 지불하지 않고서도 얼마든지 얻을 수 있었던 과거의 깨끗한 물은 자유재이다.
② 돈 주고 구입하는 생수는 경제재이다.
③ 경제재와 자유재가 언제나 절대적으로 구분되는 것은 아니다.
④ 희소성의 원칙이 적용되는 재화는 자유재이다.

11 다음 사례에서 공통적으로 적용할 수 있는 개념으로 가장 옳은 것은?

> ㉠ 과거에 대가를 지불하지 않고서도 얻을 수 있었던 물이 오늘날 환경오염으로 생수를 돈 주고 구입하게 되었다.
> ㉡ 빌 게이츠는 명문 하버드 대학을 중퇴하고 불확실한 벤처 회사를 설립하였다.

① 경제재   ② 자유재
③ 희소성의 원칙   ④ 매몰비용

12 다음의 내용과 관련된 설명으로 옳은 것을 보기에서 모두 고르면?

> 물의 효용은 매우 높은 데 비해 가격은 매우 낮거나 없으며, 다이아몬드의 효용은 물보다 낮은 데 비해 가격은 매우 높다.

> ㉠ 재화의 가격은 그 재화의 유용성에 의해 결정된다.
> ㉡ 물보다 다이아몬드의 가격이 비싼 이유는 희귀성 때문이다.
> ㉢ 물은 희소성이 낮아 가격이 낮다.
> ㉣ 희소성은 상대적으로 재화가 부족한 것이다.

① ㉠㉡   ② ㉠㉣
③ ㉡㉢   ④ ㉢㉣

13 다음의 내용과 관련된 설명으로 옳은 것을 보기에서 모두 고르면?

> 〈희소성의 성립 요건〉
> • 어떤 재화나 자원이 인간에게 유용해야 함
> • 인간의 욕구에 비해 재화나 자원이 상대적으로 부족해야 함

> ㉠ 재화의 존재량이 적더라도 사람들이 별로 원하지 않으면 희소성이 있다고 할 수 없다.
> ㉡ 독버섯은 희귀성은 있지만 희소성은 없다.
> ㉢ 희소성은 욕망의 크기와 관계없다.
> ㉣ 희소성은 재화의 절대량이 적은 것을 말한다.

① ㉠㉡   ② ㉠㉣
③ ㉡㉢   ④ ㉢㉣

14 '3가지 경제문제'와 〈보기〉의 사례를 바르게 연결하면?

〈3가지 경제문제〉
㉮ 무엇을 생산할 것인가?
㉯ 어떻게 생산할 것인가?
㉰ 누구에게 분배할까?

㉠ 농민이 자신의 농토에 어떤 농작물을 심을 것인지를 결정하는 문제
㉡ 자동차 회사가 공장 자동화를 추진할 것인지, 고용을 더 늘릴 것인지를 결정하는 문제
㉢ 기업이 주주들에게 이윤을 얼마나 배당할 것인지를 결정하는 문제

① ㉮-㉠   ㉯-㉠   ㉰-㉡
② ㉮-㉠   ㉯-㉡   ㉰-㉢
③ ㉮-㉡   ㉯-㉢   ㉰-㉡
④ ㉮-㉢   ㉯-㉡   ㉰-㉠

15 다음의 내용에서 공통적으로 적용될 수 있는 개념은?

- 백화점의 바겐세일 기간 중에 많은 상품을 구입하였다.
- 가격이 내린 재화의 소비를 늘린다.
- 인건비 상승으로 공장을 인건비가 싼 해외로 이전하기로 결정했다.

① 효율성   ② 형평성
③ 공평성   ④ 생산성

16 어떤 사람이 돈 10,000원으로 1,000원 짜리 펜과 2,000원 짜리 노트를 사려고 하는데, 펜 6자루와 노트 2권을 사려고 하다가 펜 4자루와 노트 3권을 사기로 최종 결정하였다. 이 때 노트 1권에 대한 기회비용은?

① 펜 1자루   ② 펜 2자루
③ 펜 3자루   ④ 펜 4자루

17 다음과 같은 경제문제가 발생하는 원인은?

> ㉠ 농부 A는 자신의 밭에 보리를 심을지, 아니면 밀을 심을지 고민하고 있다.
> ㉡ 경영주 B는 고용을 늘려 수작업 생산을 할지, 아니면 자동화 설비를 확충하여 고용을 줄일지 고민하고 있다.

① 시장 실패
② 시장 가격
③ 수요 · 공급의 법칙
④ 희소성의 원칙

18 다음 글에 대한 설명으로 틀린 것은?

> 영수가 쓸 수 있는 용돈은 10,000원이다. 영수가 이 용돈으로 제과점에서 아이스크림(1개 가격 2,000원)과 빵(1개 가격 1,000원)을 구입하고자 한다.

① 아이스크림 1개의 기회비용은 빵 2개이다.
② 빵 1개의 기회비용은 아이스크림 1/2개이다.
③ 아이스크림과 빵의 기회비용은 용돈 액수에 따라 달라진다.
④ 아이스크림과 빵의 가격이 모두 100% 오르더라도 빵으로 표시한 아이스크림 1개의 기회비용은 변함이 없다.

19 다음의 내용에서 직접 파생될 수 있는 개념으로 가장 적절히 묶어진 것은?

> 인간의 욕망은 무한하지만 그것을 충족시켜줄 수 있는 자원은 상대적으로 부족하다.

> ㉠ 경제재   ㉡ 경제문제
> ㉢ 효율성   ㉣ 경제원칙
> ㉤ 형평성   ㉥ 기회비용

① ㉠㉡㉢
② ㉠㉡㉢㉤
③ ㉠㉡㉢㉣㉥
④ ㉡㉣㉤㉥

20 다음은 아담 스미스의 「국부론」의 일부이다. 이 글에서 강조하고자 하는 것은?

> 철사로 옷핀을 만드는 데 혼자서 기본적인 연장으로 철사를 늘이고, 끓고, 다듬고, 구부리는 모든 공정을 하나하나 거쳐 하루에 생산하는 분량이 20개이다. 그러나 이 공정을 18가지로 나누어 분업을 하고 각자가 옷핀을 만드는 데 협업하게 되면, 하루에 평균 1인당 4,800개씩 생산할 수 있다.

① 경쟁의 효율성 추구
② 자급자족 경제의 효율성
③ 효율적인 자원 배분 기능
④ 분업을 통한 생산성 증대

21 영수는 주유소에서 아르바이트를 하면 시간당 6,000원, 호프집에서 아르바이트를 하면 시간당 7,000원을 벌 수 있다고 가정할 때, 영수는 아르바이트를 하지 않고 4시간 동안 7,000원의 입장료를 내고 야구 경기를 관람했다. 이때 야구 경기 관람의 기회비용은?

① 7,000원
② 24,000원
③ 28,000원
④ 35,000원

22 그래프는 갑, 을의 생산가능곡선이다. 이에 대한 타당한 분석으로 잘못된 것은?

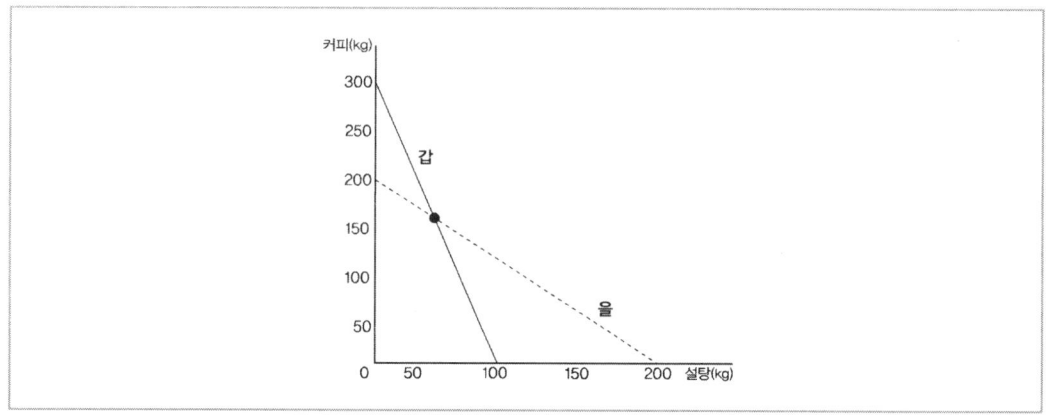

① 갑은 을보다 커피생산의 기회비용이 크다.
② 갑은 커피, 을은 설탕 생산에 각각 특화한다.
③ 갑의 커피 생산성이 향상된다면 커피생산의 기회비용은 감소한다.
④ 생산가능곡선의 오른쪽 이동은 경제성장을 의미한다.

23 토요일 오후를 어떻게 보낼까? 다음 두 방안 중에서 오페라 관람(A방안)을 선택했을 때 그 기회비용은?

방안	입장료	기대되는 편익(즐거움)
(A방안) 오페라 관람	70,000원	110,000원
(B방안) 소녀시대 공연	50,000원	80,000원

① 30,000원
② 50,000원
③ 70,000원
④ 100,000원

24 표는 동일한 생산요소가 갑국과 을국이 생산 가능한 A재와 B재의 최대 생산량을 나타낸 것이다. 이에 대한 옳은 것을 보기에서 모두 고른 것은?

구분	갑국	을국
A재	12단위	8단위
B재	6단위	2단위

㉠ 갑국이 A재, B재 생산 모두에서 절대우위를 가지고 있다.
㉡ A재 1단위 생산의 기회비용은 갑국이 을국보다 높다.
㉢ 갑국은 A재를, 을국은 B재를 특화, 생산하는 것이 유리하다.
㉣ A재 3단위와 B재 1단위가 교환되는 경우 두 나라 모두 무역의 이익을 얻을 수 없다.

① ㉠㉡
② ㉠㉢
③ ㉡㉣
④ ㉢㉣

25 다음 정책들 중에서 그 방향이 잘못 연결된 것을 고르면?

〈계획 경제〉←(가) -- 〈혼합 경제〉 -- (나)→〈시장 경제〉

① (가) 독과점에 대한 규제
② (가) 토지거래 허가제의 실시
③ (가) 기업에 대한 각종 행정 규제의 철폐
④ (나) 공기업의 민영화 추진

② 시장과 경제활동

☞ 정답 및 해설 P.270

1 그림은 A국의 X재에 대한 국내수요와 국내공급을 나타낸 것으로 자유무역을 실시하기 전 E점에서 균형을 이루고 있다. A국이 시장을 전면 개방할 경우, 국내의 X재 시장에 미치는 영향에 대한 설명으로 옳지 않은 것은? (단, X재의 국제 시장가격은 P1이고, A국은 이 가격을 주어진 것으로 받아들이며, 이 가격에서 X재를 얼마든지 수입할 수 있다)

2016. 4. 9 인사혁신처

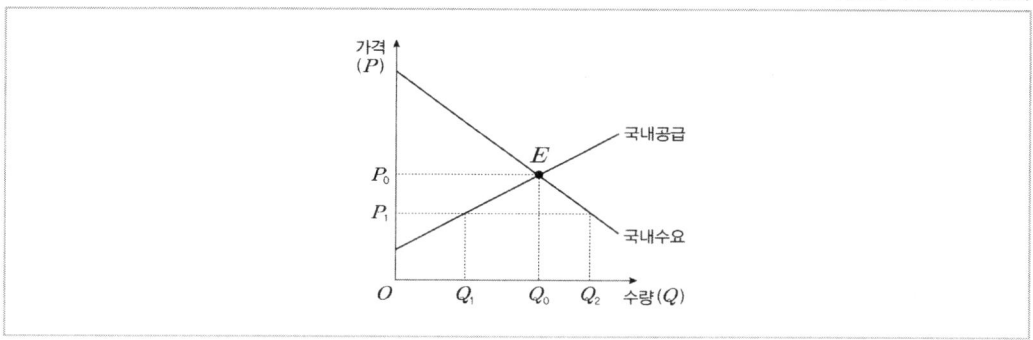

① 시장균형 가격은 하락한다.
② 소비자 잉여는 증가한다.
③ 사회적 잉여는 감소한다.
④ 국내 생산자의 국내 판매수입은 감소한다.

2 다음에서 설명하고 있는 소형 주택 시장에 생긴 변화를 적절하게 분석한 것은?

2016. 6. 18 제1회 지방직

> 갑국에서는 소형 주택에 대한 선호가 높아져서 소형 주택 가격이 상승하였고, 이와 같은 소형 주택의 가격 상승에 따라 건설사들은 공급량을 늘리고 있다.

①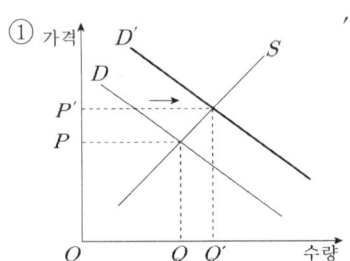

②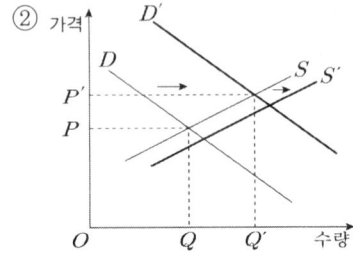

③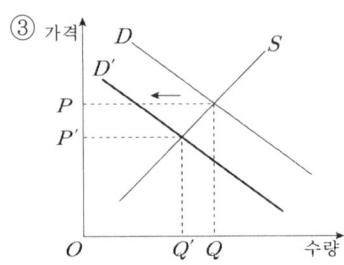

④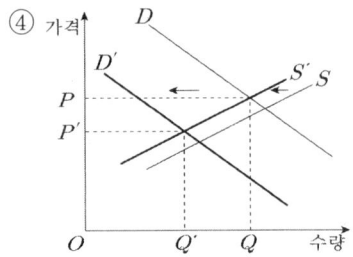

3 다음의 상황을 가장 바르게 서술한 것은?

2016. 6. 18 제1회 지방직

> 배추 재배 농가들이 수확량의 1/3을 폐기 처분하였더니, 배추 가격이 상승하고 총수입이 증가하였다.

① 배추 수요의 가격 탄력성이 탄력적이다.
② 배추 수요의 가격 탄력성이 단위 탄력적이다.
③ 배추 수요의 가격 탄력성이 비탄력적이다.
④ 배추 수요의 가격 탄력성과 무관하다.

4 다음 자료에 대한 분석으로 가장 옳은 것은?

2016. 6. 25 서울특별시

서울항공은 A집단과 B집단에 대해 항공기 탑승권의 현재가격을 기준으로 가격 변동에 따른 탑승객 수의 변동을 조사하였더니 다음과 같은 결과가 나타났다. (단, 탑승권의 현재가격은 100만 원이며, 가격 외에 다른 변수는 고려하지 않는다.)

가격 변동	수요량 변동			
	A집단		B집단	
	변동 전	변동 후	변동 전	변동 후
10만원 하락	10만명	15만명	10만명	10만 5천명
10만원 상승	10만명	5만명	10만명	9만 5천명

① A집단은 수요의 가격 탄력성이 1보다 작다.
② A집단은 가격 변동률보다 판매 수입 변동률이 작다.
③ B집단은 가격 변동 방향과 판매 수입 변동 방향이 일치한다.
④ 판매 수입 증대를 위해서 A집단에 대해서는 가격 인상, B집단에 대해서는 가격 인하를 할 것이다.

5 (가), (나)는 시장 실패의 원인에 대한 그래프이다. 이에 대한 설명으로 옳은 것은?

2016. 6. 25 서울특별시

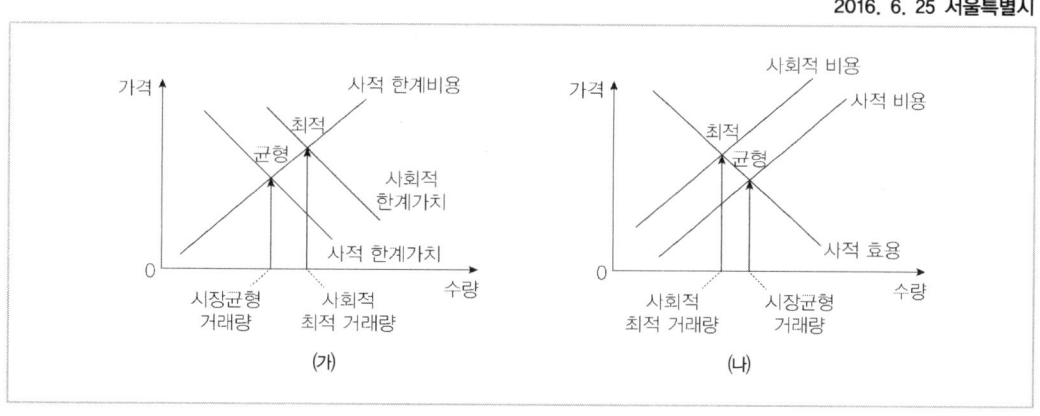

① (가)는 외부불경제, (나)는 외부경제에 해당한다.
② 공공재 부족은 (나)보다는 (가)에 해당한다.
③ 공장 가동으로 인한 환경오염은 (가)보다 (나)에 해당한다.
④ '누이 좋고, 매부 좋다.'라는 속담은 (가)보다 (나)에 해당한다.

6 돼지고기와 닭고기가 서로 대체재이고 수요의 법칙과 공급의 법칙이 지켜진다고 할 때, ㉠~
㉢에 들어갈 말로 옳게 짝지어진 것은?

2015. 3. 14 사회복지직

> 닭고기 가격 상승→닭고기 (㉠) 감소→돼지고기 (㉡) 증가→돼지고기 가격 (㉢)

	㉠	㉡	㉢
①	수요	수요량	하락
②	수요량	수요	하락
③	수요	수요량	상승
④	수요량	수요	상승

7 밑줄 친 정책에 대한 설명으로 옳지 않은 것은?

2015. 3. 14 사회복지직

> 2007 ~ 2009년의 금융위기 이후 미국은 불황에 빠졌으며, 경기 부양책에도 불구하고 다시 경기가 침체에 빠지는 더블딥(double-dip) 가능성이 제기되었다. 그렇다고 경기부양을 위해 추가적으로 재정지출을 하는 것은 부담스러운 상황이었다. 이미 막대한 재정적자가 누적되어 있었기 때문이다. 이에 따라 미국 연방준비제도(Federal Reserve System)는 양적 완화(quantitative easing) 정책을 펴왔다.

① 이는 재할인율 인하와 같은 취지의 정책이다.
② 미국 연방준비제도의 대규모 국채 매입은 이 정책에 포함된다.
③ 이 정책의 효과가 지나치면 실질 이자율이 증가한다.
④ 이 정책으로 환율의 변화가 일어난다면 미국 달러의 구매력이 낮아진다.

8 다음 글은 가격하한제에 대한 설명이다. 수요의 법칙과 공급의 법칙이 지켜진다고 할 때, ㉠~㉢에 들어갈 말로 옳게 짝지어진 것은?

2015. 3. 14 사회복지직

가격하한제는 시장에서 형성되는 균형가격 수준이 너무 (㉠)고 판단하여 (㉡)를 보호할 목적으로 실시하는 제도이다. 이 제도가 실시될 때 하한가격이 유효(binding)하다면 시장에서 (㉢)이/가 발생한다.

	㉠	㉡	㉢
①	낮다	공급자	초과공급
②	높다	공급자	초과수요
③	낮다	소비자	초과수요
④	높다	소비자	초과공급

9 닭고기의 수요곡선과 공급곡선이 다음과 같을 때, 이에 대한 설명으로 옳은 것은? (단, Q_D는 수요량, Q_S는 공급량, P는 가격을 의미한다)

2015. 4. 18 인사혁신처

- 수요곡선: $Q_D = 7 - 2P$
- 공급곡선: $Q_S = 1 + P$

① 시장균형일 때 가격은 2이다.
② 시장균형일 때 사회적 잉여의 크기는 6이다.
③ 시장균형일 때 거래량은 1이다.
④ 시장균형일 때 생산자 잉여의 크기는 3이다.

10 균형상태에 있는 햄버거 시장에 ㈎와 ㈏의 상황이 발생할 경우, 이 시장에서 예상되는 변화로 옳은 것은? (단, 각 재화는 정상재로서 수요와 공급 법칙을 충족하며 다른 조건은 일정하다)

2015. 4. 18 인사혁신처

> ㈎ 햄버거의 대체재인 라면 가격의 상승
> ㈏ 햄버거 생산 공장의 부지 임대가격 상승

① 시장 균형가격은 반드시 상승한다.　　② 시장 균형가격은 반드시 하락한다.
③ 시장 균형거래량은 반드시 증가한다.　　④ 시장 균형거래량은 반드시 감소한다.

11 다음 자료에 대한 분석으로 옳은 것은?

2015. 6. 13 서울특별시

> • A재와 B재는 대체 관계에 있는 재화이며, A재와 C재는 보완 관계에 있는 재화이다.
> • 최근 A재의 부품 가격이 급격히 하락하였다.
> • A재의 수요의 가격탄력성은 1보다 작고, B재와 C재의 수요의 가격탄력성은 1보다 크다.

① B재의 거래량은 증가한다.
② C재의 가격은 하락한다.
③ A재와 B재의 가격은 모두 상승한다.
④ A재의 판매수입은 감소한다.

12 다음 표는 A~D재의 가격이 현재 수준에서 1% 인상될 경우 수요량의 변화율을 나타낸다. 이에 대한 분석으로 옳은 것은?

2015. 6. 13 서울특별시

재화	A재	B재	C재	D재
수요량 변화율(%)	−0.5	0	−1	1

① A재의 수요는 가격에 대해 탄력적이다.
② B재의 판매량이 변하지 않는다.
③ C재의 수요는 가격에 대해 완전 탄력적이다.
④ D재는 판매수입이 변하지 않는다.

13 컴퓨터에 대한 수요의 가격탄력성이 1.0이고, 수요의 소득탄력성은 1.5이다. 소득수준이 10 % 하락할 경우, 이전과 동일한 컴퓨터 소비수준을 유지시키기 위해서는 컴퓨터의 가격을 얼마나 인하하여야 하는가? (단, 컴퓨터는 정상재이며, 다른 조건은 일정하다고 가정한다)

2015. 6. 27 제1회 지방직

① 15 %
② 20 %
③ 25 %
④ 30 %

14 다음 표는 A국, B국, C국의 2013년 주요 경제 지표를 나타낸 것이다. 이에 대한 분석으로 가장 옳은 것은? (단, 경제성장률과 물가상승률은 각각 실질 GDP와 GDP 디플레이터 기준이다)

2014. 4. 19 안전행정부

구분	A국	B국	C국
경제성장률(%, 전년대비)	4.5	6.2	−2.3
인구증가율(%, 전년대비)	5.2	4.5	3.3
물가상승률(%, 전년대비)	5.0	5.2	10.4
실업률(%)	3.6	4.3	7.6

① 실업자 수는 A국이 가장 적다.
② 명목 GDP의 증가율은 C국이 가장 높다.
③ 실질 GDP의 증가액은 B국이 가장 크다.
④ 1인당 실질 GDP의 증가율은 B국이 가장 높다.

15 씨앗호떡의 가격을 1,000원에서 850원으로 내렸을 때 수요량은 300개에서 318개로 증가하였다. 이때 씨앗호떡에 대한 수요의 가격탄력성은? (단, 수요의 가격탄력성은 절댓값으로 표기한다)

2014. 6. 21 제1회 지방직

① 0.4
② 0.8
③ 1.2
④ 2.5

16 다음 그래프에 대한 옳은 설명을 〈보기〉에서 모두 고른 것은?

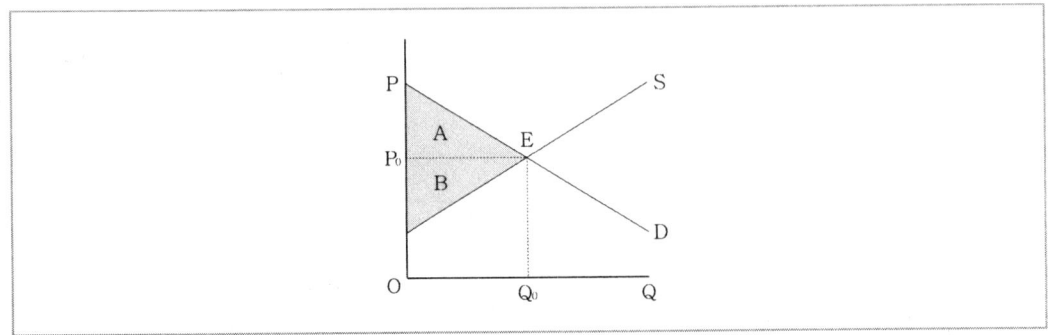

㉠ A와 B를 합한 것이 사회적 잉여이다.
㉡ 소비자 잉여는 공급곡선과 밀접한 관계가 있다.
㉢ 시장공급곡선의 높이는 각 구입량에서 소비자들이 지불하려는 최대 금액을 나타낸다.
㉣ 균형 거래량 Q_0일 때 사회적 잉여가 극대화된다.

① ㉠㉡   ② ㉠㉣
③ ㉡㉢   ④ ㉢㉣

17 연필의 생산 과정에서 생산 비용을 줄일 수 있는 기술 혁신 이루어졌을 때, 경쟁 시장에서 나타날 수 있는 현상은?

① 균형 가격 상승, 균형 거래량 증가
② 균형 가격 하락, 균형 거래량 증가
③ 균형 가격 상승, 균형 거래량 감소
④ 균형 가격 하락, 균형 거래량 감소

18 다음과 같은 사실이 경기도 일대의 소고기 시장에 미치는 영향으로 바르게 예측한 것은? (단, 다른 조건은 일정하다.)

> • 정부는 경기도 일대에 소 구제역 발생으로 많은 양의 소를 도살 처분하였다.
> • 현재 경기도 일대에는 돼지고기 가격이 하락하고 있다.

	〈균형가격〉	〈균형거래량〉
①	하락	감소
②	불분명	감소
③	불분명	증가
④	하락	불분명

19 다음 그림에서 커피의 수요 곡선이 →방향으로 이동하였을 때 그 원인으로 보기 어려운 것은?

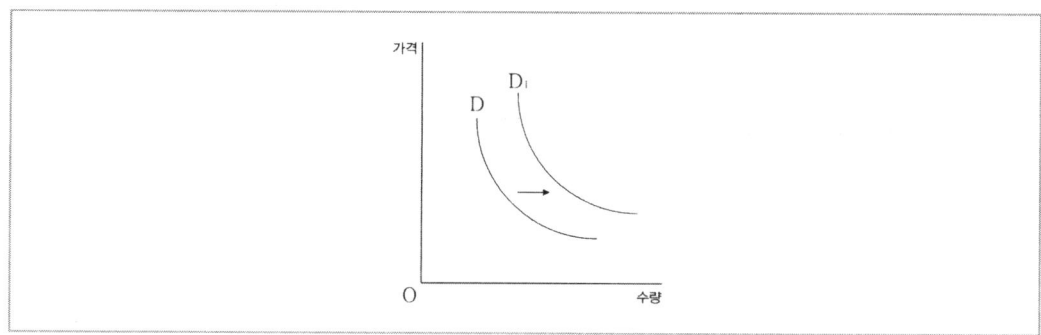

① 커피 가격의 하락
② 홍차 가격의 상승
③ 커피 소비 인구 증가
④ 커피 소비자들의 소득 증가

20 다음 그래프는 일정 소득으로 구입할 수 있는 두 재화의 최대 조합을 연결한 선이다. 소비자가 E점에서 E'점으로 소비를 변화시켰다고 했을 때, 이에 대한 설명으로 옳은 것은?

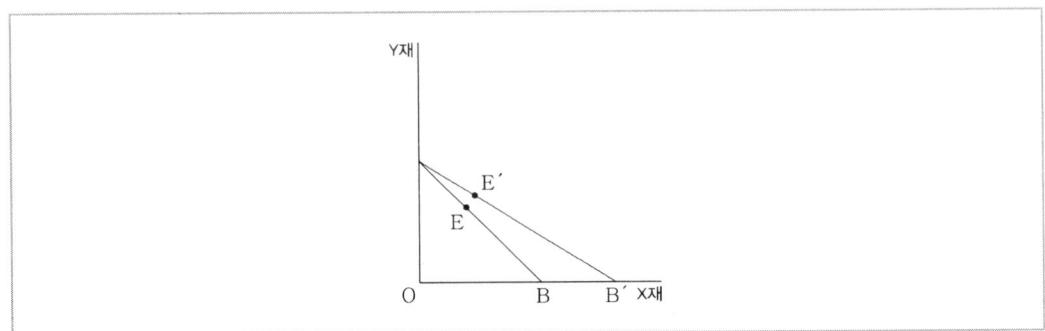

① X재의 가격이 내려 X재만의 수요량을 증가시켰다.
② Y재의 가격이 내려 Y재만의 수요량을 증가시켰다.
③ X재의 가격이 내려 X재만의 수용량을 감소시켰다.
④ X재의 가격이 내려 X재와 Y재의 수요량을 증가시켰다.

21 다음 그래프를 토대로 A재, B재, C재의 관계를 옳게 파악한 것은?

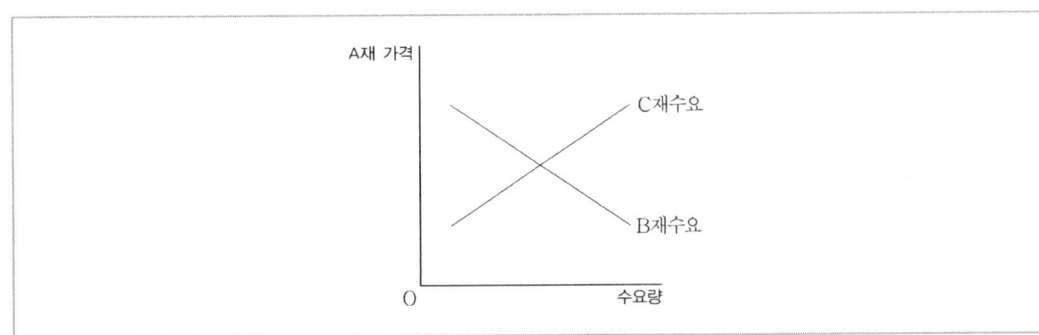

㉠ A재와 B재의 예로 커피와 홍차를 들 수 있다.
㉡ A재와 B재는 두 재화를 함께 소비할 때 효용이 증가한다.
㉢ A재의 공급이 증가하면 C재의 수요가 증가한다.
㉣ A재와 C재는 '꿩 대신 닭'이라는 속담으로 표현할 수 있다.
㉤ B재 수요가 증가하면 C재 수요도 증가할 것이다.

① ㉠㉣   ② ㉢㉤
③ ㉠㉡㉣   ④ ㉡㉣

22 어떤 재화가 ⑺와 같은 상태에 있다가, 공급이 줄어 ⑷와 같은 상태로 바뀌었다. 이러한 현상에 대하여 잘못된 설명은?

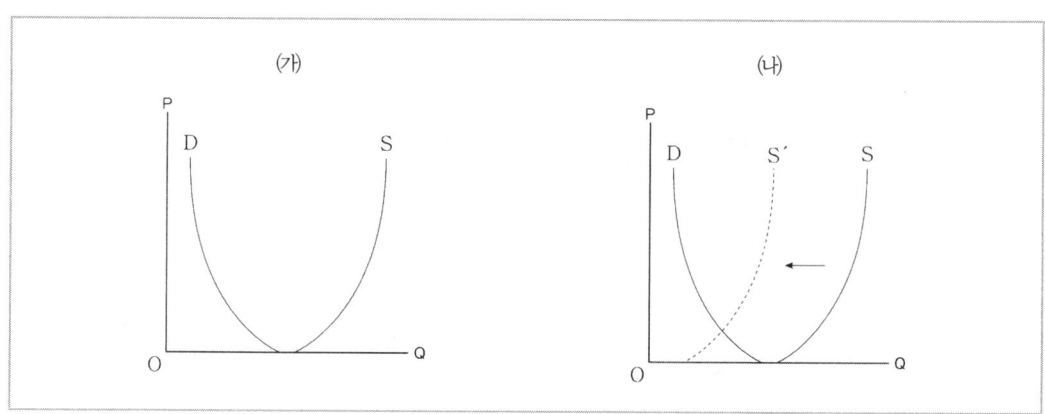

① ⑺는 자유재이다.
② ⑺의 상태의 재화는 시장거래가 이루어지지 않는다.
③ ⑷의 상태의 재화는 희소성이 없다.
④ ⑷의 상태의 재화는 대가를 지불해야만 얻을 수 있다.

23 Y재의 가격이 10% 증가했을 때, Y재의 공급량이 5% 증가했다면 Y재 공급의 가격 탄력성은?

① 0.5
② 1
③ 1.5
④ 2

24 다음 표는 시장에서 어떤 재화의 수요량과 공급량을 나타낸 것이다. 가격이 100원에서 110원으로 올랐을 때 수요의 탄력성은?

가격(원)	수요량(개)	공급량(개)
90	300	120
100	250	160
110	200	200
120	150	240

① 1
② 2
③ 3
④ 4

25 다음 중 완전 경쟁 시장의 특징으로 옳은 것은?

> ㉠ 수요자와 공급자의 수가 많다.
> ㉡ 거래되는 상품이 동질의 상품이다.
> ㉢ 새로운 기업의 시장 진입이 자유롭다.
> ㉣ 가격 경쟁이나 비가격 경쟁이 심하게 나타난다.
> ㉤ 개별 기업은 시장 가격에 영향을 끼칠 수 있다.
> ㉥ 이윤을 높이기 위해 가격 차별화 현상이 나타나기도 한다.

① ㉠㉡㉢　　　　　　　　　② ㉡㉢㉣
③ ㉢㉣㉤　　　　　　　　　④ ㉣㉤㉥

26 다음 내용에 대하여 옳은 설명은?

> • A재 가격이 하락했을 때 총지출액이 증가하였다.
> • B재 가격이 상승했을 때 총지출액이 변하지 않았다.
> • C재 가격이 상승했을 때 총지출액이 증가하였다.

① A재는 필수재일 것이다.
② B재는 수요법칙의 예외에 해당되는 재화이다.
③ C재는 정상재일 것이다.
④ A재가 C재보다 대체재가 더 많을 것이다.

27 다음 표는 A, B, C재 가격이 각각 10% 인상되었을 때의 판매 수입 변화를 나타낸 것이다. A, B, C재에 대한 설명으로 옳은 것은?

구분	A재	B재	C재
판매 수입 증감률(%)	−10	0	10

① A재 수요는 가격에 대해 완전 탄력적이다.
② B재 수요의 가격 탄력성은 0이다.
③ B재의 수요량은 변하지 않았다.
④ C재 수요는 가격에 대해 완전 비탄력적이다.

28 다음 내용과 관련하여 〈보기〉에서 옳은 설명을 모두 고른 것은?

〈수요의 교차 탄력성〉
- 한 재화의 가격변화가 다른 재화의 수요량에 어느 정도 변화를 주는가를 나타내는 지표이다.
- 교차 탄력성 = 다른 재화의 수요(량)의 변화율(%) / X재 가격변화율(%)

ⓣ X재와 교차탄력성이 5인 재화는 서로 보완 관계에 있다.
ⓛ X재와 교차탄력성이 −5인 재화는 서로 대체 관계에 있다.
ⓒ X재와 교차탄력성이 0인 재화는 X재와 독립재이다.
ⓔ X재 가격이 오를 때 X재와 교차탄력성이 −2인 재화의 수요량은 감소한다.

① ⓣⓛ   ② ⓣⓔ
③ ⓛⓒ   ④ ⓒⓔ

29 다음의 농산물에 대한 설명 중 옳은 것은?

- 생산에 소요되는 시간이 길고 장기간 저장이 어렵다.
- 인간이 살아가는 데 반드시 필요한 필수품은 가격이 올라도 소비를 해야 한다.

① 수요의 탄력성이 탄력적이다.
② 공급의 탄력성이 비탄력적이다.
③ 농산물 가격은 폭등 또는 폭락하기 어렵다.
④ 풍년에는 농가의 소득이 증가한다.

30 독과점 시장은 경쟁 시장보다 자원배분이 비효율적이라는 주장의 근거는?
① 가격 차별화
② 상품 차별화
③ 담합 가능성
④ 높은 가격과 적은 공급량

31 독점적 경쟁시장에서의 가격은 완전경쟁시장에서의 가격보다 다소 높을 수 있지만 바람직한 점도 있다. 이 독점적 경쟁시장의 장점은?

① 수요자 기호에 맞추어 다양한 상품이 공급된다.
② 가격 차별이 가능하다.
③ 공급자가 일방적으로 가격을 결정한다.
④ 소수의 기업이 담합으로 이윤을 증대시킬 수 있다.

32 재화를 특성에 따라 분류했을 때 A재, B재, C재에 해당되는 재화로 연결이 옳은 것은?

▶ A재
• 대가를 치르지 않으면 소비를 못하게 할 수 있는가? → 예
• 한 사람의 소비가 다른 사람의 소비를 줄어들게 하는가? → 예
▶ B재
• 대가를 치르지 않으면 소비를 못하게 할 수 있는가? → 아니오
• 한 사람의 소비가 다른 사람의 소비를 줄어들게 하는가? → 예
▶ C재
• 대가를 치르지 않으면 소비를 못하게 할 수 있는가? → 아니오
• 한 사람의 소비가 다른 사람의 소비를 줄어들게 하는가? → 아니오

① A재 – 호수에 있는 물고기
② B재 – 유료 동영상 강의
③ C재 – 아이스크림, 햄버거
④ C재 – 파출소의 치안활동, 등대

33 다음 표의 A~D재에 대한 설명으로 옳은 것은?

구분		배제성	
		유	무
경합성	유	A재	B재
	무	C재	D재

① A재는 시장에서 거래되기가 어렵다.
② B재는 필요 이상으로 과다하게 소비될 가능성이 크다.
③ C재의 소비 과정에서는 무임 승차자의 문제가 발생하기 쉽다.
④ D재는 사회적으로 필요한 수준보다 과다 생산되는 경향이 있다.

34 다음의 공공재에 대한 설명으로 옳지 않은 것은?

국방, 치안(경찰), 교육, 소방, 도로, 공원

① 많은 사람들이 동일한 재화와 서비스를 동시에 소비할 수 있다.
② 시장기능에 맡겨도 사회적 필요만큼 충분히 공급된다.
③ 무임승차가 가능하다.
④ 기업이 생산을 기피한다.

35 다음과 같은 주장의 근거로 제시하기에 적절한 것을 〈보기〉에서 고르면?

시장기구가 제대로 작동하지 못하여 효율적인 자원배분이 이루어지지 않는다.

㉠ 불완전한 경쟁　　　　　　㉡ 공공재의 부족
㉢ 환경 오염　　　　　　　　㉣ 실업의 증가
㉤ 인플레이션 현상　　　　　㉥ 불량 식품, 과대 광고
㉦ 공기업의 민영화

① ㉠㉡㉢㉣
② ㉠㉡㉢㉥
③ ㉡㉢㉣㉤
④ ㉢㉤㉥㉦

36 다음 사례들로부터 추론해 낼 수 있는 결론으로 가장 적절한 것은?

> • 어떤 시장이 한 기업에 의해 독점된 상태에서는 생산량 수준이 경쟁 시장보다 적고 가격도 높을 뿐만 아니라, 품질 개선에 대한 노력도 부족할 것이다.
> • 시장이 아무리 경쟁적이더라도 교육, 국방, 치안과 같은 서비스는 민간 기업이나 개인에 의하여 충분하게 공급되지 못한다.

① 시장은 항상 효율적인 자원 배분을 가져온다.
② 효율적 자원 배분을 위해 정부의 개입이 필요하다.
③ 정부의 규제로 효율적인 자원배분이 이루어지지 않는 경우가 있다.
④ 정부 실패 해결을 위해 시장 기능의 확대가 이루어져야 한다.

37 다음 중 정부실패의 원인과 관계가 있는 것은?

> ㉠ 시장 가격 기구
> ㉡ 외부 효과
> ㉢ 무임 승차자의 존재
> ㉣ 정치적 제약
> ㉤ 공공재의 부족
> ㉥ 정부의 불완전한 지식과 정보
> ㉦ 유인동기 부족

① ㉠㉡㉢
② ㉠㉢㉤
③ ㉡㉣㉤
④ ㉣㉥㉦

38 다음 (A)에 대한 설명으로 옳지 않은 것을 〈보기〉에서 고르면?

> 국방, 치안, 가로등, 공원 등의 (A)는 많은 사람들이 동일한 재화와 서비스를 동시에 소비할 수 있고, 개인이 혼자서만 쓸 수 있는 사적 재화와는 다른 특성을 지닌다.

> ㉠ 정부가 주도하여 적정량을 생산한다.
> ㉡ 모든 사람들의 수요를 합한 만큼 생산되어야 한다.
> ㉢ 원칙적으로 수익자 부담의 원칙이 적용된다.
> ㉣ 정부는 민간 개개인의 수요를 정확히 파악할 수 있다.
> ㉤ 비경합성과 비배제성이 있다.

① ㉠㉡㉢　　　　　　　　　　　② ㉠㉢㉤

③ ㉡㉢㉣　　　　　　　　　　　④ ㉢㉣㉤

③ 경제 주체의 역할과 의사결정

☞ 정답 및 해설 P.277

1 경기변동에 따른 경제안정화 정책에 대한 설명으로 옳은 것은?

2016. 4. 9 인사혁신처

① 경기과열 시 지급준비율을 인상하여 총수요를 감소시킨다.
② 경기과열 시 세율을 인하하여 총수요를 감소시킨다.
③ 경기침체 시 국공채를 매각하여 총수요를 증가시킨다.
④ 경기침체 시 정부지출을 축소하여 총수요를 증가시킨다.

2 밑줄 친 특정 조치로 가장 적절한 것은?

2016. 6. 18 제1회 지방직

> A상품은 어떤 사람이 소비하더라도 다른 사람의 소비에는 영향을 주지 않을 뿐만 아니라 구입하지 않은 사람들도 구입한 사람과 똑같은 혜택을 누릴 수 있었다. 그런데 정부가 특정 조치를 취하자, A상품은 어떤 사람이 소비하더라도 다른 사람의 소비에는 영향을 주지 않는 점에는 변함이 없었으나 구입하지 않은 사람들은 혜택을 누릴 수 없게 되었다.

① 군사력 증강을 통한 국방서비스 확대
② 막히지 않는 무료 도로에 대한 유료화
③ 공중파 라디오 방송사에 대한 지원 강화
④ 작은 무료 낚시터의 유료화

3 그림은 경기 순환을 나타낸 것이다. 경기 상황이 구간 A와 같을 때 정부와 중앙은행의 정책으로 가장 옳지 않은 것은? (단, A는 경기 변동선이 장기 추세선 아래로 진입하여 저점에 이르는 구간이다.)

2016. 6. 25 서울특별시

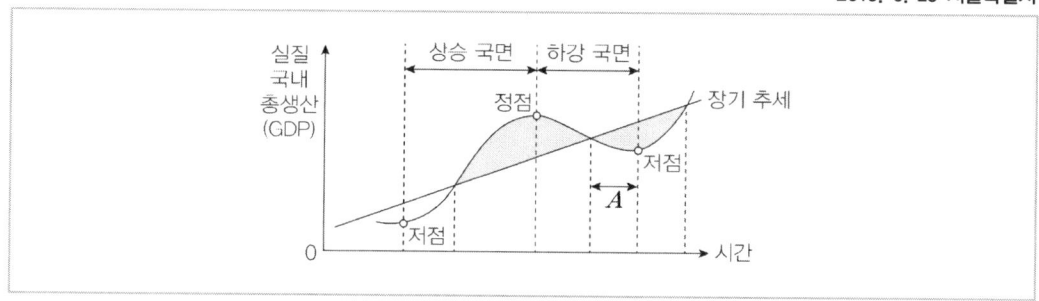

※ DTI(Debt to Income, 총부채상환비율)란, 소득 대비 금융 부채 상환 능력에 따라 대출 규모를 제한하는 것

① 정부는 DTI 규제를 완화한다.
② 정부는 확대재정정책을 시행한다.
③ 중앙은행은 금리를 인하한다.
④ 중앙은행은 국공채를 매각한다.

4 그림은 정부의 가격 규제 정책을 나타낸 것이다. 이에 대한 설명으로 옳지 않은 것은?

2016. 6. 25 서울특별시

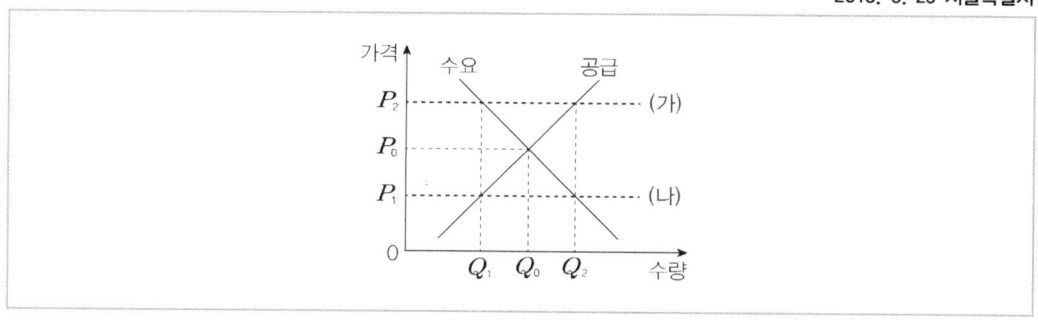

① (가)에서 가격 규제를 시행하면 Q_1~Q_2만큼의 초과 수요가 발생 할 것이다.
② (나)에서 가격 규제를 시행하면 암시장이 형성될 수 있다.
③ 분양가 상한 제도는 (가)보다 (나)에 해당한다.
④ 공급자를 보호하기 위한 가격 규제 제도는 (나)보다 (가)에 해당한다.

5 노동과 관련된 설명으로 옳은 것을 〈보기〉에서 모두 고르면?

> ㉠ 노동의 수요자는 가계이고 공급자는 기업이다.
> ㉡ 노동 수요는 일반적으로 임금에 비례한다.
> ㉢ 노동 공급은 일반적으로 임금에 비례한다.
> ㉣ 임금은 노동 시장의 수요와 공급에 의해서만 결정된다.
> ㉤ 노동은 생계에 필요한 소득을 획득하게 하며 자아 실현의 기회가 된다.

① ㉠㉡   ② ㉠㉣

③ ㉡㉤   ④ ㉢㉤

6 다음은 바람직하지 못한 소비 행위의 유형들이다. 〈보기〉의 내용과 연결이 옳은 것은?

> ㈎ 자신의 소득이나 지불능력을 넘어서 소비를 한다.
> ㈏ 고가 명품 가방 가격이 올랐는데도 판매량이 더 늘어났다.
> ㈐ '남들이 사니까 나도 산다.' '친구 따라 강남 간다'는 식의 소비형태
> ㈑ 남들이 많이 사는 물건은 사지 않는다.

> ⓐ 과시 소비(베블렌 효과)   ⓑ 모방 소비(밴드왜건 효과)
> ⓒ 백로 효과(속물 효과)   ⓓ 과소비

① ㈎ – ⓐ   ② ㈏ – ⓑ

③ ㈐ – ⓓ   ④ ㈑ – ⓒ

7 다음은 어떤 경제학자가 제창한 가설을 그림으로 나타낸 것이다. 이 그림에 대한 해석으로 적절한 것을 〈보기〉에서 모두 고르면?

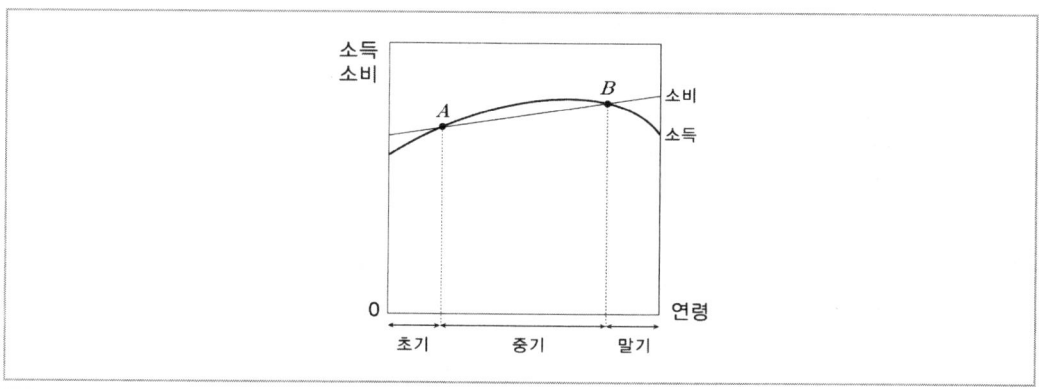

㉠ 연령이 많을수록 소득이 증가한다.
㉡ 생애초기에는 연령이 많아질수록 저축액은 감소한다.
㉢ 소비성향이 상대적으로 낮은 시기는 생애초기이다.
㉣ 저축을 할 수 있는 시기는 생애 중기이다.
㉤ A점과 B점의 저축 성향은 모두 영(0)이다.

① ㉠㉡   ② ㉠㉣
③ ㉢㉤   ④ ㉣㉤

8 다음은 영수와 소희의 주장이다. 이에 대한 설명으로 잘못된 것은?

• 영수 : 저축을 늘려 투자할 돈을 마련해야 하므로 '저축이 미덕'임이 틀림 없어..
• 소희 : 아냐! 저축으로 인해 소비가 줄면 물건이 팔리지 않아서 경기가 침체될 수가 있어! '소비가 미덕'이야.

① 자본 설비와 투자할 돈이 부족한 개발 도상국인 경우에는 '저축이 미덕'이 된다.
② 소희의 주장은 케인즈의 '저축의 역설'과 일치한다.
③ 저축 증가가 투자로 연결되었을 때 '저축이 미덕'이 된다.
④ 생산 설비가 완전히 가동되고 있는 경우에도 소비를 늘려 투자를 많이 해야만 생산과 고용이 늘어난다.

9 과자 공장 증설에 따른 비용이 다음과 같을 때, 연간 예상 이윤은?

> • 공장 증설에 소요되는 시설비용 : 총 100억원(연간 5%의 이자율로 대출받음)
> • 추가 노동자 : 임금 월 200만원, 50명의 노동자 추가 필요
> • 추가 재료 : 월 1억원
> • 연간 예상 판매량 : 월 3만개, 개당 1만원

① 5억원 ② 7억원
③ 29억원 ④ 36억원

10 다음 글에서 설명하고 있는 것으로 적절한 것은?

> 슘페터는 '창조적 파괴'라고 정의 했으며, 자본주의 경제 발전을 위한 가장 중요한 요소라고 했다.

① 기업의 이윤추구 ② 기업의 사회적 책임
③ 기업의 윤리적 과정 ④ 기업가의 혁신

11 슘페터가 말한 혁신의 내용에 해당하는 것을 〈보기〉에서 고르면 몇개인가?

> 혁신(이노베이션)은 생산기술의 변화만이 아니라 새로운 상품의 개발, 새로운 시장개척, 새로운 생산 방법의 도입, 새로운 경영 조직의 결성 및 경영기법의 도입 등을 포함하는 개념이다.

> ㉠ 새로운 기술 개발로 생산비를 절감하였다.
> ㉡ 수질오염을 줄이는 세제를 개발하였다.
> ㉢ 강력한 구조조정과 팀제를 도입하였다.
> ㉣ 자동차 수출을 유럽이나 아프리카까지 넓혔다.
> ㉤ 위험한 작업에 인공 지능 로봇을 투입하였다.
> ㉥ 제품에 대한 수요가 급증하자 기업가는 공장 가동율을 크게 늘렸다.
> ㉦ 인건비 인상으로 고용을 줄였다.
> ㉧ 매상을 높이기 위해 가격 할인 판매를 시작했다.

① 2개 ② 3개
③ 4개 ④ 5개

12 정부의 재정이 국민 경제에 미치는 영향에 대한 설명으로 옳은 것은?

① 정부의 지출 규모가 커질수록 국민들의 유효 수요는 감소하여 경제 활동이 위축된다.

② 경기가 과열될 때 정부의 지출이 증가하면 물가가 안정될 수 있다.

③ 정부가 과열된 국민 경제를 진정시키려고 할 때에는 적자 예산을 편성하여 집행하여야 한다.

④ 세금을 적게 부과하면 가계의 지출이 증가하며, 경제 전체로 볼 때 수요가 늘어 경기가 호전된다.

13 다음 중 재정 정책들이 추구하는 공통된 목적은?

- 고소득층에 누진 세율 적용
- 귀금속 등에 개별소비세 부과
- 저소득층에 사회 보장비 지급

① 경제 안정화   ② 경제 발전
③ 소득 재분배   ④ 자원 배분

14 다음과 같은 조세 정책이 공통적으로 추구하는 목표로서 가장 적절한 것은?

- 사치품에 개별소비세를 부과하고, 생활필수품의 세율을 인하했다.
- 수질 오염의 주요 원인이 되는 합성 세제에 적절한 소비세를 부과하였다.

① 물가 안정   ② 효율적인 자원 배분
③ 경제의 발전   ④ 공평한 소득 재분배

15 다음의 그림은 어떤 세금의 특성을 나타낸 것이다. 이를 옳게 설명한 것은?

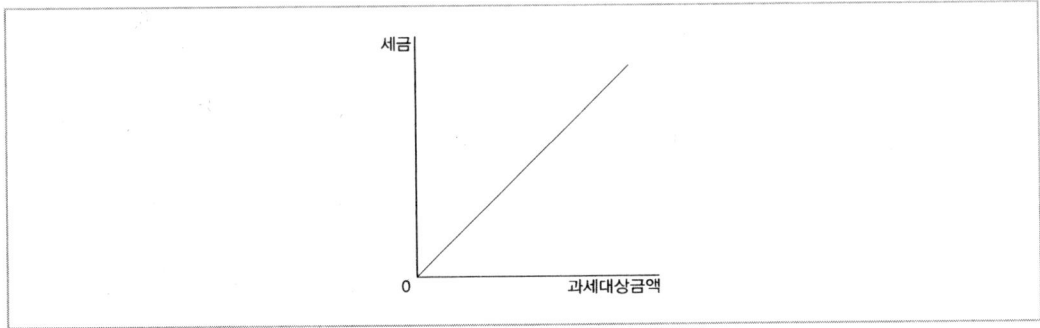

① 빈부 격차를 완화시켜 소득 재분배 효과를 가져온다.
② 세금을 납부하는 사람과 세금을 부담하는 사람이 동일하다.
③ 소득세, 부가가치세 등이 해당된다.
④ 과세 대상 금액에 관계없이 동일 세율을 적용된다.

16 다음의 조세들에 대한 설명으로 가장 적절한 것은?

• 재산세	• 증여세
• 양도 소득세	• 상속세
• 종합 소득세	

① 비례 세율이 적용되어 저소득층에 불리하다.
② 조세 저항이 큰 직접세이다.
③ 납세자와 담세자가 달라서 조세 전가가 이루어진다.
④ 지방 정부가 징수하는 지방세이다.

17 다음의 A, B, C, D에 해당하는 조세 유형은?

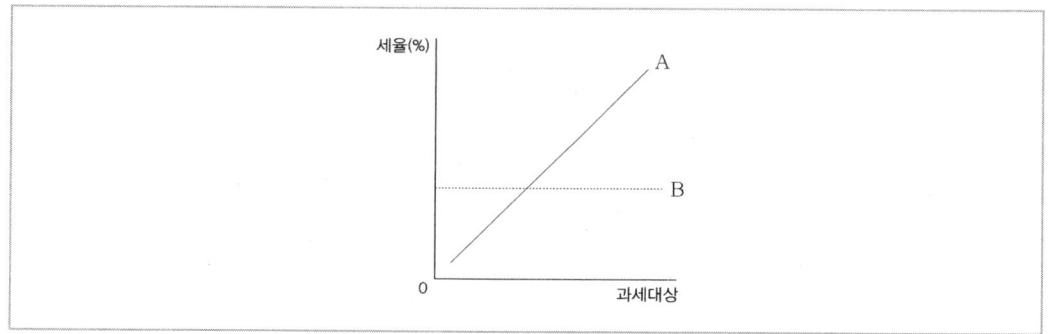

과세대상금액(소득)	100만원	200만원	300만원	400만원	500만원
(C) 세금	10만원	20만원	30만원	40만원	50만원
(D) 세금	5만원	20만원	45만원	80만원	125만원

① (A) 비례세 (B) 누진세 (C) 누진세 (D) 비례세
② (A) 비례세 (B) 비례세 (C) 누진세 (D) 누진세
③ (A) 누진세 (B) 비례세 (C) 비례세 (D) 누진세
④ (A) 누진세 (B) 누진세 (C) 비례세 (D) 비례세

18 다음 헌법 규정과 관련이 깊은 우리나라의 세출 예산 항목은?

• 모든 국민은 보건에 관하여 국가의 보호를 받는다.
• 모든 국민은 쾌적한 환경에서 생활할 권리를 가진다.
• 국가는 노인과 청소년의 복지 향상을 위한 정책을 실시할 의무를 진다.

① 방위비　　　　　　　　　　② 교육비
③ 사회 개발비　　　　　　　　④ 경제 개발비

19 다음과 같은 정부의 가격 정책에 해당하는 것을 〈보기〉에서 모두 고르면?

> 균형 가격보다 낮은 수준에서 가격의 상한선을 설정하고 그 이상의 가격으로 거래하는 것을 통제한다.

> ㉠ 소비자를 보호하기 위한 것이다.
> ㉡ 초과수요 발생으로 암시장이 성립한다.
> ㉢ 아파트 분양가를 규제하는 것은 최고 가격제이다.
> ㉣ 저임금 근로자를 위한 정책으로 최저임금제가 있다.
> ㉤ 과잉 생산으로 가격 폭락이 우려될 때 사용하는 정책이다.

① ㉠㉡㉢   ② ㉠㉢㉣
③ ㉡㉢㉤   ④ ㉡㉣㉤

20 다음의 그림은 배추의 수요곡선이다. 배추 생산량이 0Q일 때 시장 가격이 0P에서 결정되었다. 그러나 배추의 생산이 풍년으로 0Q₂이므로 가격이 폭락했다. 정부가 P₁의 가격을 유지하려면?

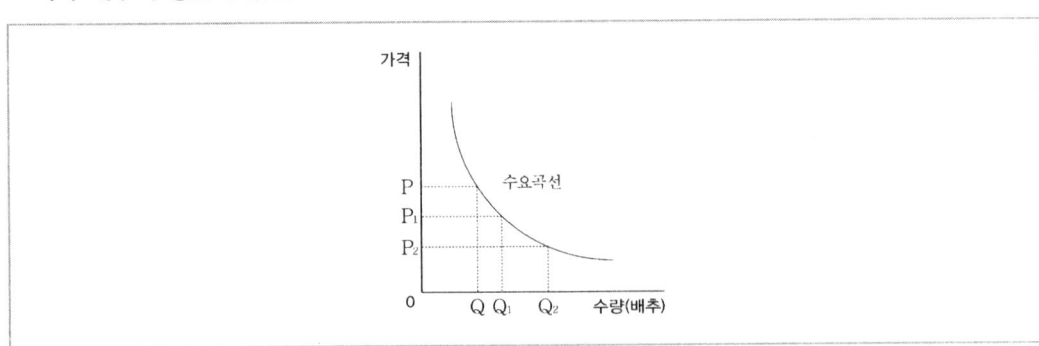

① 0Q만큼 수매한다.
② 0Q₁만큼 수매한다.
③ 0Q₂만큼 수매한다.
④ 0Q₂~0Q₁만큼 수매한다.

21 수요·공급의 원리가 지배하는 시장에서 정부가 어떤 상품에 대한 최고가격제(상한가 결정)를 실시하였다. 다음 그래프를 참고할 때, 이에 대한 설명으로 적절한 것을 〈보기〉에서 모두 고르면? (P_2: 정부 최고가격, E: 최고 가격 실시 전의 시장 균형점)

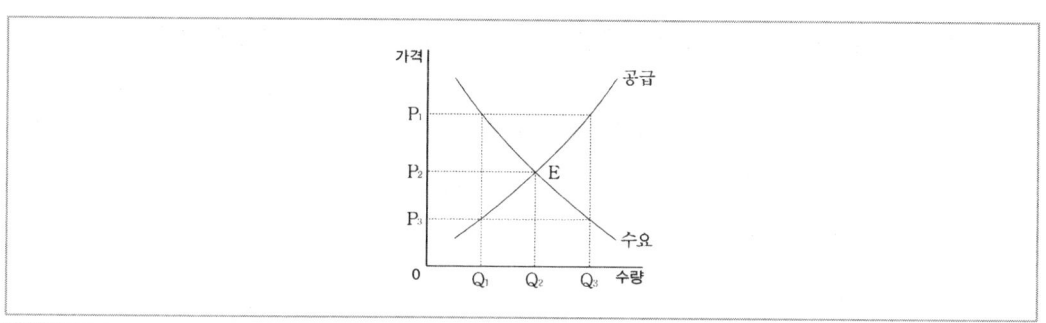

ㄱ 정부 최고 가격에서는 Q_1Q_2의 초과공급이 발생할 것이다.
ㄴ 정부 최고 가격에서 공급량 Q_1을 배분하는 방법은 경제 사회마다 다를 수 있다.
ㄷ 정부의 가격 규제가 없어진다면 가격은 P_1수준 이상으로 상승할 것이다.
ㄹ 정부 최고 가격에서 소비자는 P_1수준의 가격까지 지불할 용의가 있을 것이다.
ㅁ 규제 가격 하에서는 수요자가 최대로 지불하려는 가격이 공급자가 최소로 받아야겠다고 생각하는 가격보다 낮다.

① ㄱㄴ   ② ㄴㄹ
③ ㄷㅁ   ④ ㄹㅁ

22 다음 그래프에 대한 분석으로 옳은 것은?

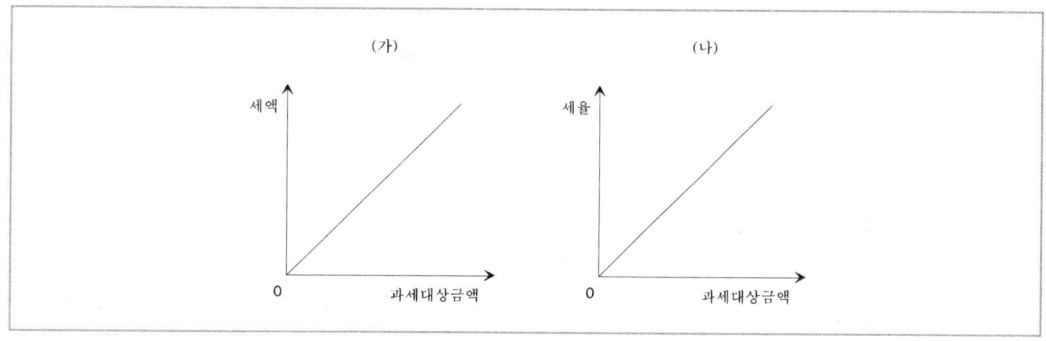

① 재산세 및 소득세는 주로 (가)의 형태를 띤다.
② (나)는 부가가치세 등에서 나타나는 세율 구조이다.
③ (나)의 조세 제도를 실시하면 과세 전에 비해 과세 후의 소득 격차가 커진다.
④ 조세 제도가 (가)에서 (나)로 변화하면 소득 재분배 효과가 커진다.

4 국민 경제의 이해

☞ 정답 및 해설 P.282

1 다음은 A국, B국, C국의 고용에 관한 통계이다. 이에 대한 분석으로 옳은 것은?

2016. 4. 9 인사혁신처

구분	노동(생산)가능 인구(명)	경제활동 참가율(%)	실업률(%)
A국	10,000	75	6
B국	12,000	60	7
C국	9,000	80	8

① 비경제활동인구 수는 A국이 가장 많다.
② 경제활동인구 수는 B국이 가장 많다.
③ 취업자 수는 B국이 가장 많다.
④ 실업자 수는 C국이 가장 많다.

2 다음 그림은 총수요 곡선이 우하향하고, 총공급 곡선이 우상향하는 경우의 물가와 실업률 간의 관계를 나타낸다. 균형점 E의 이동에 대한 설명으로 옳지 않은 것은? (단, 균형점의 이동은 단기적 변동만 고려한다)

2016. 6. 18 제1회 지방직

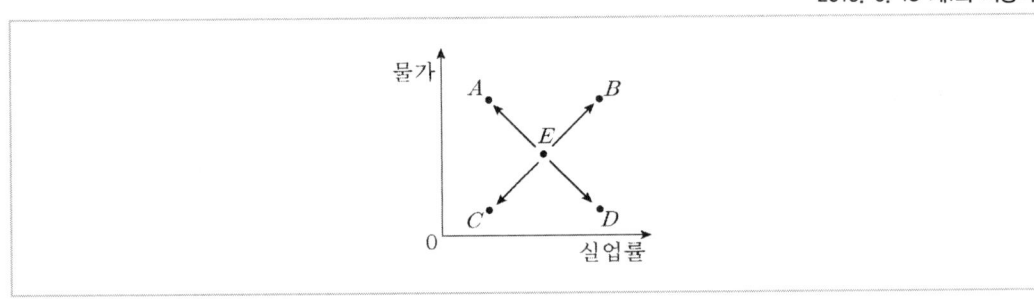

① 민간 소비 및 투자가 증가한다면 E에서 A로 이동할 것이다.
② 확대 재정 정책을 시행한다면 E에서 C로 이동할 것이다.
③ 생산성 향상으로 각 물가 수준에서 공급할 수 있는 총생산물의 양이 증가한다면 E에서 C로 이동할 것이다.
④ 생산비용 증가로 각 물가 수준에서 공급할 수 있는 총생산물의 양이 감소한다면 E에서 B로 이동할 것이다.

132 PART Ⅰ. 예상문제 빅데이터

3 그림은 어느 나라의 실질 GDP와 명목 GDP의 변화를 나타낸 것이다. 이 그림에 나타난 자료만으로 명백히 추론할 수 있는 것은? (단, 화폐가치와 물가수준은 GDP 디플레이터로 추론한다)

2015. 3. 14 사회복지직

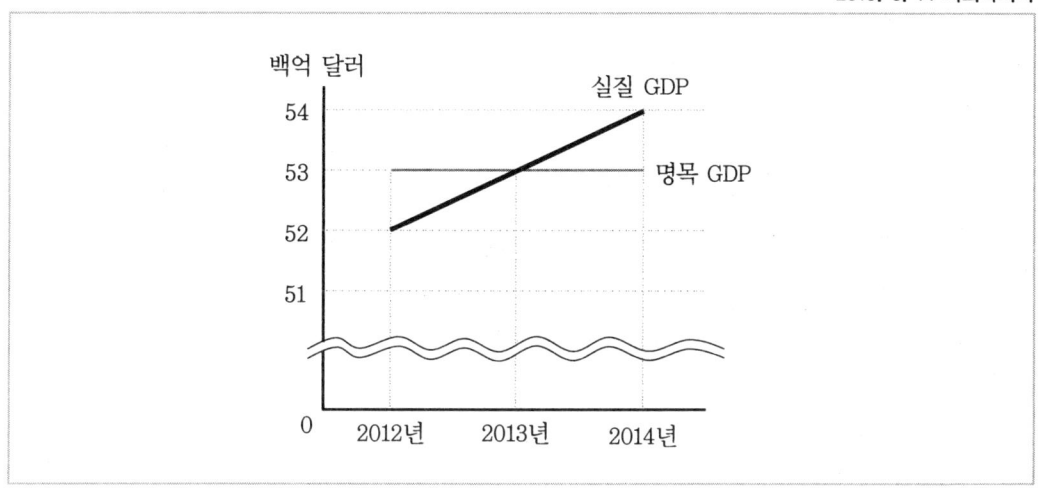

① 2012년 이후 이 나라의 화폐가치는 낮아지고 있다.

② 2013년과 2014년의 경제성장률은 같다.

③ 2013년의 물가수준은 2014년의 물가수준보다 높다.

④ 2013년의 1인당 실질 GDP는 2012년의 1인당 실질 GDP보다 크다.

4 다음 그림은 A국의 성별 경제활동참가율과 실업률의 지난 1년간 변화를 나타낸 것이다. 이에 대한 설명으로 옳은 것은? (단, 이 기간 동안 남성과 여성 각각의 노동가능인구는 일정하다)

2015. 4. 18 인사혁신처

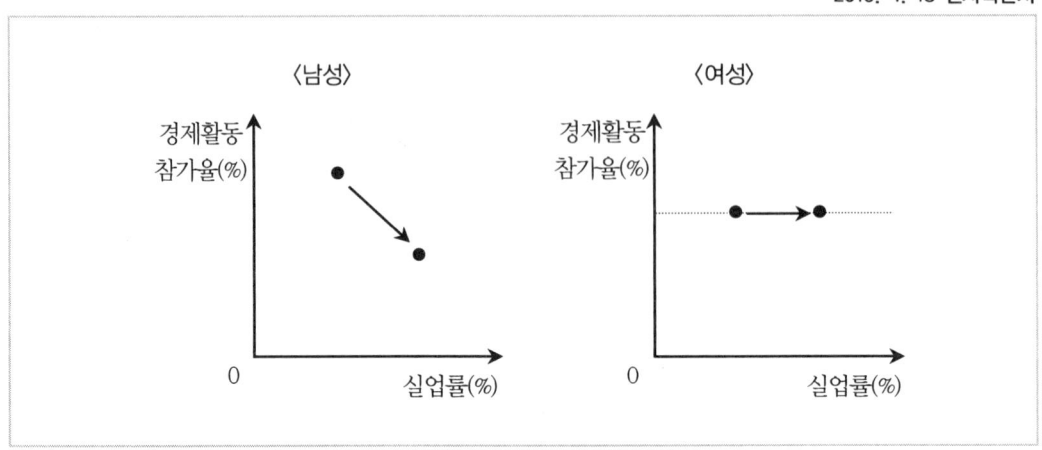

① 남성 취업자 수는 증가했다.
② 여성 실업자 수는 변함이 없다.
③ A국의 비경제활동인구는 감소했다.
④ A국의 경제활동인구 중 여성의 비중은 높아졌다.

5 다음 로렌츠 곡선에 대한 설명으로 옳은 것은?

2015. 4. 18 인사혁신처

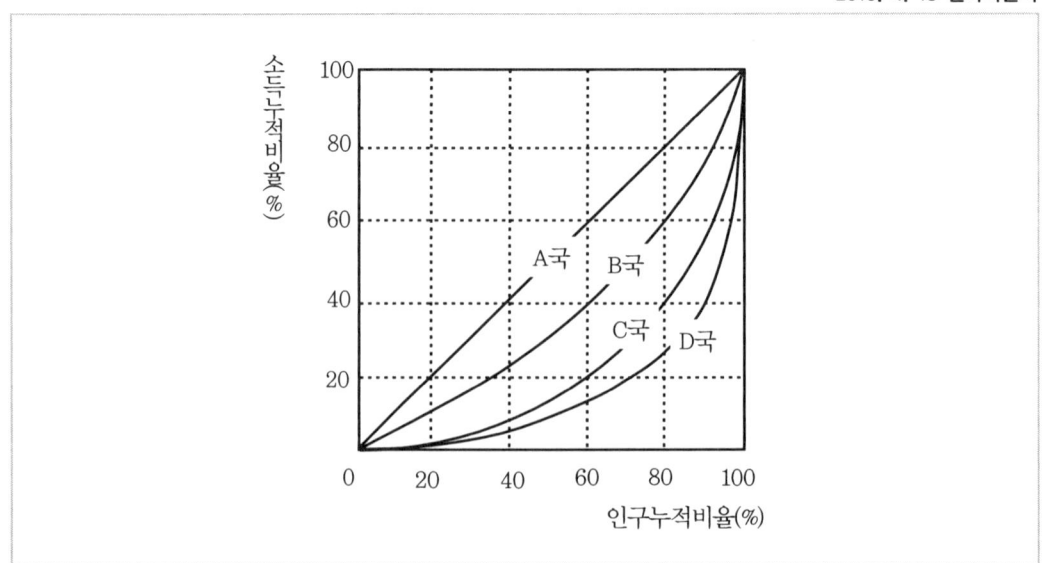

① 4개 국가 중 A국의 소득분배가 가장 불균등하다.
② B국은 하위소득 인구의 40%가 약 60%의 소득누적비율을 차지한다.
③ C국은 상위소득 인구의 40%가 약 80%의 소득점유율을 보인다.
④ 4개 국가 중 D국의 지니계수 값이 가장 작다.

6 표는 갑국의 경제 활동 인구에 관한 통계이다. 이에 대한 분석으로 옳은 것은?

2015. 6. 13 서울특별시

구분	15세 이상 인구	경제활동 인구	실업자 수
2009년	30,000명	20,000명	1,000명
2014년	35,000명	21,000명	3,000명

* 경제 활동 참가율 = (경제활동 인구 / 15세 이상 인구) × 100
** 고용률 = (취업자수 / 15세 이상 인구) × 100

① 2009년보다 2014년에 실업률이 더 낮다.
② 2009년보다 2014년에 취업자가 더 많다.
③ 2009년보다 2014년에 고용률이 더 낮다.
④ 2009년 대비 2014년 실업자 증가율이 취업자 증가율보다 낮다.

7 다음 표는 A국의 명목 GDP와 실질 GDP의 추이를 나타낸 것이다. 이에 대한 설명으로 옳은 것은? (단, 물가 지수는 GDP 디플레이터로 측정한다.)

2015. 6. 13 서울특별시

구분	2011년	2012년	2013년
명목 GDP	400억 달러	400억 달러	400억 달러
실질 GDP	300억 달러	400억 달러	500억 달러

* GDP 디플레이터=(명목 GDP/실질 GDP)×100

① 2011년의 물가 지수는 75이다.
② 2012년의 물가는 전년도와 같다.
③ 2013년의 물가는 전년도에 비해 하락했다.
④ 2012년과 2013년의 물가상승률은 같다.

8 다음과 같은 경제상황의 변화가 발생했을 때, 총수요–총공급 모형을 이용하여 물가수준과 국내 총생산의 변화를 예측한 것으로 옳은 것은?

2015. 6. 27 제1회 지방직

> ㈎ 소비와 투자의 위축
> ㈏ 기술수준 향상과 생산비용 절감
> ㈐ ㈎의 변화가 ㈏의 변화보다 훨씬 큼

① 물가수준 하락, 국내총생산 증가　　　　② 물가수준 하락, 국내총생산 감소
③ 물가수준 상승, 국내총생산 증가　　　　④ 물가수준 상승, 국내총생산 감소

9 다음 표는 빵만 생산하는 경제의 생산량과 가격을 나타낸다. 이를 이용하여 2011년 실질 GDP 와 2011년 GDP 디플레이터를 순서대로 구한 것은? (단, 기준년도는 2010년이다)

2015. 6. 27 제1회 지방직

연 도	생산량(개)	가격(원)
2010	1,000	2
2011	1,500	3

① 3,000원, 120　　　　② 3,000원, 150
③ 4,500원, 120　　　　④ 4,500원, 150

10 다음 표는 A국의 경제지표 변화를 나타낸 것이다. 2013년 대비 2014년의 경제지표 변화에 대한 설명으로 가장 적절한 것은?

2015. 6. 27 제1회 지방직

(단위 : %)

구분	2013년	2014년
경제성장률	3.6	3.1
물가상승률	6.9	3.3
실업률	5.2	5.8
인구증가율	4.5	2.7

① 총수요가 감소했다.　　　　② 화폐 가치가 높아졌다.
③ 실업자 수가 증가했다.　　　　④ 1인당 실질 GDP가 증가했다.

11 그림은 GDP 증가율 추이를 나타낸 것이다. 이에 대한 분석으로 옳은 것은?

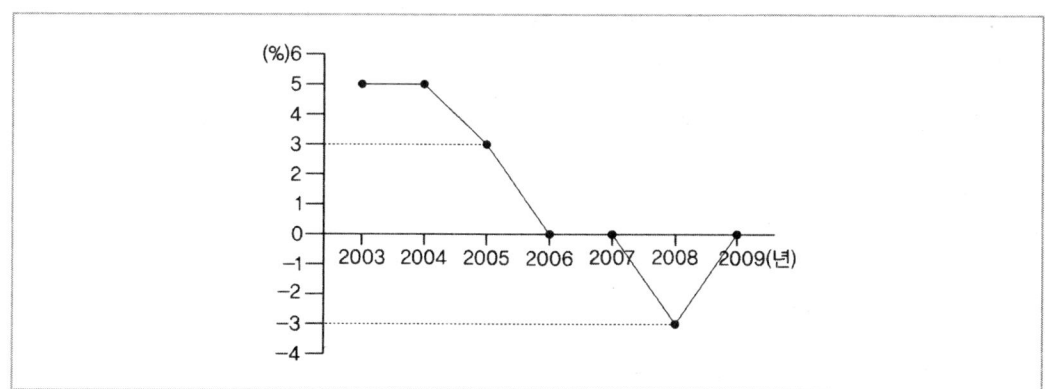

① 2004년의 GDP 규모가 2008년보다 크다.
② 2005년의 GDP 규모가 2007년보다 크다.
③ 2009년의 GDP 규모가 2008년보다 크다.
④ 2003년과 2004년의 GDP 규모는 동일하다.

12 다음 표에 대한 설명으로 옳은 것은? (단, 물가상승률은 GDP 디플레이터에 기초해서 구한다.)

	2009년	2010년	2011년	2012년
물가상승률	4	4	2	3
실질경제성장률	7	5	3	2

① 경제 규모가 지속적으로 작아지고 있다.
② 2010년은 2009년에 비해 물가의 변동이 없다.
③ 2012년은 2011년에 비해 국내총생산이 증가하였다.
④ 2012년의 명목경제성장률은 마이너스(-)이다.

13 다음 표는 A국, B국, C국 2013년 주요 경제 지표를 나타낸 것이다. 이에 대한 분석으로 가장 옳은 것은? (단, 경제성장률과 물가상승률은 각각 실질 GDP와 GDP 디플레이터 기준이다)

구분	A국	B국	C국
경제성장률(%, 전년대비)	4.5	6.2	-2.3
인구증가율(%, 전년대비)	5.2	4.5	3.3
물가상승률(%, 전년대비)	5.0	5.2	10.4
실업률(%)	3.6	4.3	7.6

① 실업자 수는 A국이 가장 적다.
② 명목 GDP의 증가율은 C국이 가장 높다.
③ 실질 GDP의 증가액은 B국이 가장 크다.
④ 1인당 실질 GDP의 증가율은 B국이 가장 높다.

14 다음의 경제 자료를 옳게 해석한 것은?

> ㉠ A국의 저축률은 20%이고, B국의 저축률은 10%이다.
> ㉡ A국의 경제 성장률은 6%이고, B국의 경제 성장률은 3%이다.
> ㉢ A국의 방위비는 전체 예산의 30%이고, B국의 방위비는 전체 예산의 25%이다.

① A국의 저축액이 B국의 저축액에 비해 절대 규모가 크다는 것을 의미한다.
② A국은 B국보다 총생산 규모(GDP)가 더 크다는 것을 의미한다.
③ A국은 B국보다 방위비의 지출이 많다는 것을 의미한다.
④ A국의 경제 성장 속도가 B국보다 빠르다는 것을 의미한다.

15 다음 그림과 같은 국민 소득 순환에서 ㉠의 흐름으로 계측된 소득을 가장 잘 나타내는 것은?

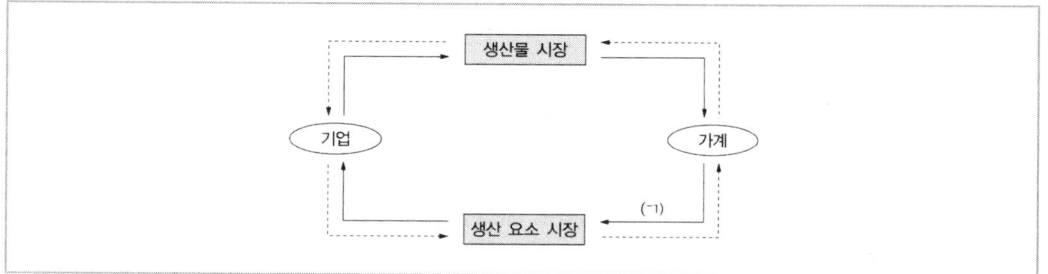

① 경제 주체들이 생산 활동을 함으로써 만들어 내는 부가 가치의 합계
② 생산요소를 제공한 대가로 얻은 요소소득의 합계
③ 재화와 용역을 구입하느라 지출한 금액의 합계
④ 우리 국민이 새로이 생산한 부가 가치의 총합계이다.

16 그림은 국민 경제의 흐름을 나타낸 것이다. 이에 대한 옳은 설명을 〈보기〉에서 모두 고르면?

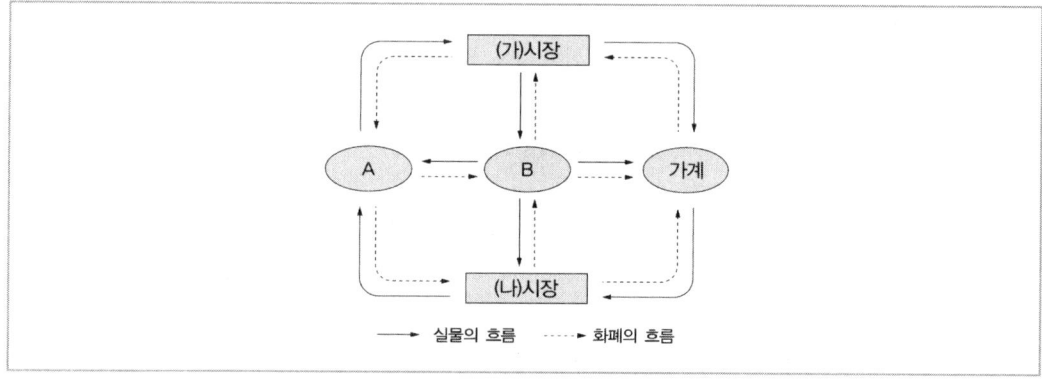

㉠ 가계는 (나)시장에 노동을 제공하고 그 대가로 임금을 얻는다.
㉡ A는 후생극대화를 목표로 경제활동을 한다.
㉢ 이전소득도 (가)시장을 통해서 이전된다.
㉣ 기업에 보조금을 지급하면 (나)시장에서 가격을 하락시키는 요인이 된다.

① ㉠㉡   ② ㉠㉣
③ ㉡㉢   ④ ㉢㉣

17 다음은 갑국의 GDP와 GNP를 나타낸 것이다. 이에 대한 설명으로 틀린 것은?

> • GDP = ㉠소비 + (A) + 정부 지출 + 순수출
> • GNP = (B) + 이자 + 지대 + 이윤

① (A)는 투자이고, (B)는 임금이다.
② 갑국의 GDP을 '지출측면', GNP를 '분배측면'에서 나타낸 것이다.
③ 갑국에서 활동하는 외국기업의 생산 증가는 갑국의 GNP를 증가시킨다.
④ 수입소비재에 대한 지출이 증가해도 GDP의 크기는 변함이 없다.

18 다음 국내 총생산(GDP)에 대한 설명이다. 옳은 것은?

① 1인당 GDP는 그 나라 국민들의 소득분배 상황을 알 수 있다.
② GDP는 환율 변화를 반영하여 계산된다.
③ 국내 경기와 고용 수준은 GDP보다 GNP에 더 잘 반영되어 있다.
④ 세계화 추세로 인해 GNP보다 GDP를 국민 소득 지표로 이용하는 국가가 늘고 있다.

19 다음 A, B에 해당하는 개념으로 가장 적절한 것은?

> ㉠ (A)는 한 나라 국민들의 복지 수준을 나타내는 지표로 가장 적합하다.
> ㉡ (B)는 경제활동이 환경 파괴를 수반할 경우 그 가치만큼 GDP에서 빼고 산출한 것이다.

① (A)GDP – (B)GDP
② (A)1인당 GDP – (B)1인당 GDP
③ (A)1인당 GNI – (B)그린GDP
④ (A)1인당 GDP – (B)그린GDP

20 A국과 B국의 경제를 비교하여 추론할 수 있는 내용은?

구분	국민총생산(GNP)	국내총생산(GDP)
A국	1,350	1,500
B국	890	760

① A국은 B국보다 해외 투자가 활발하다.
② B국은 해외 지급 요소 소득보다 해외 수취 요소 소득이 더 많다.
③ A국은 B국보다 삶의 질이 높다.
④ A국은 해외에 지급하는 소득이 더 적다.

21 개방경제에서 다음과 경우에 예상할 수 있는 상황으로 가장 적절한 것은?

> 민간 소비 + 민간 투자 + 정부 지출 + 순수출(수출 − 수입) > 국내 총생산(GDP)

① 경기가 침체될 것이다.
② 물가가 오를 것이다.
③ 실업자가 늘어날 것이다.
④ 재고가 늘어날 것이다.

22 국민 경제에서 총수요가 총공급보다 지나치게 클 때 취해야 할 조치 중 틀린 것은?

① 생산 증대
② 수입 증대
③ 수출 감소
④ 정부 지출 증대

23 다음 자료를 분석한 아래 설명 중 틀린 것은?

> 농부가 밀을 경작하기 위해 밀 종자, 농약, 농기구 등의 원료 구입비 80만원을 들여 밀을 수확하였고, 밀을 재배한 농부는 밀을 제분업자에게 200만원을 받고 팔았다고 한다. 그리고 제분업자는 밀을 원료로 밀가루를 만들어서 제빵업자에게 300만원에 팔았으며 제빵업자는 빵이라는 최종 생산물을 만들어 소비자에게 450만원에 팔았다고 한다.

① 농부가 생산 과정에서 부가가치로서 생산에 기여한 몫은 200만원이다.
② 제분업자가 생산 과정에서 새로이 창출한 부가가치는 100만원이다.
③ 제빵업자가 생산 과정에서 새로이 창출한 부가가치는 150만원이다.
④ GDP계산에서 중간 투입액을 **빼**는 것은 중복 계산을 피하고 생산 과정에서 새로이 얻어진 부가가치만을 산출하기 위해서이다.

24 다음 그림에 대한 설명으로 옳지 않은 것은?

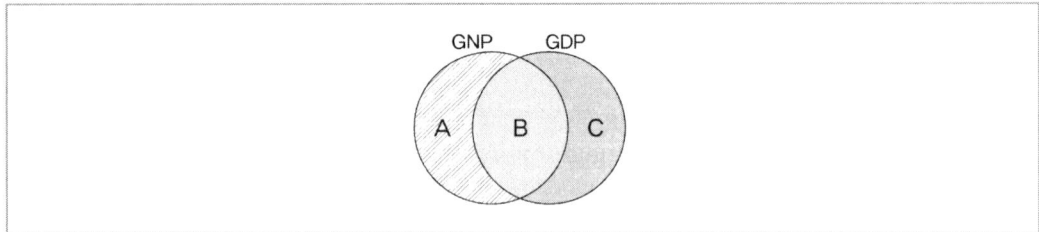

① 폐쇄경제에서는 GDP=GNP이므로 A, C 모두 0가 된다.
② 한국기업이 해외에 공장을 설립했다면 A가 커질 것이다.
③ 외국기업이 국내에 공장을 설립했다면 B가 커질 것이다.
④ 한국인이 외국기업의 국내 공장에서 일을 하고 벌어들인 소득은 B이다.

25 다음 그림은 GDP와 GNP의 관계가 변화한 경우를 나타낸 것이다. 이에 대한 옳은 설명을 〈보기〉에서 고르면?

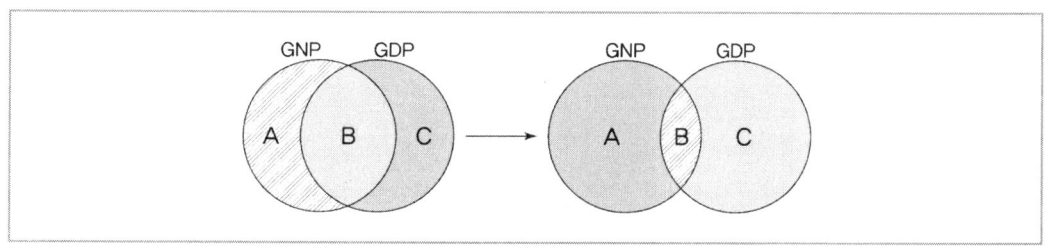

　　㉠ A는 자국민 국내 소득이다.
　　㉡ C는 자국민 해외 소득이다.
　　㉢ 자국민 해외 소득이 GDP에서 차지하는 비중이 늘어나고 있다.
　　㉣ B가 줄어드는 이유 중의 하나가 세계화이다.

① ㉠㉡　　　　　　　　　　　② ㉠㉢
③ ㉡㉣　　　　　　　　　　　④ ㉢㉣

26 다음 그림에서 균형점 E가 E'로 변화된 원인을 〈보기〉에서 고르면?

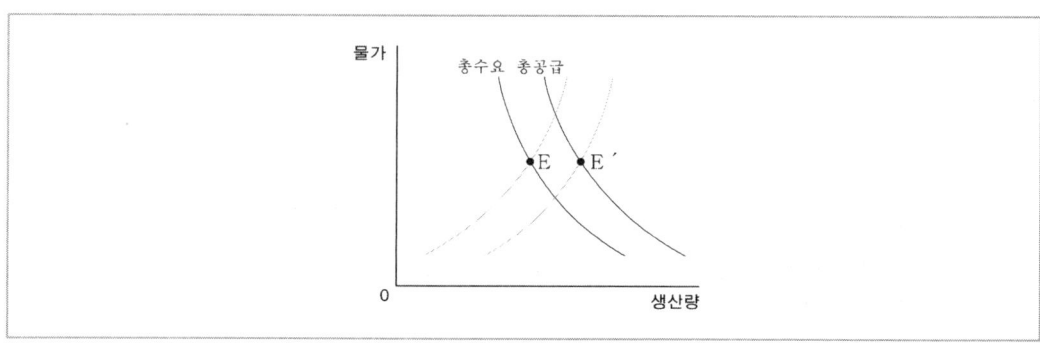

　　㉠ 원자재 가격 하락　　　　　㉡ 통화량 증가
　　㉢ 해외경기 호황　　　　　　㉣ 세금인상

① ㉠㉡㉢　　　　　　　　　　② ㉠㉡㉣
③ ㉠㉢㉣　　　　　　　　　　④ ㉡㉢㉣

27 다음 그래프에서 총수요 곡선이 AD에서 AD'로 이동하여 나타난 현상은?

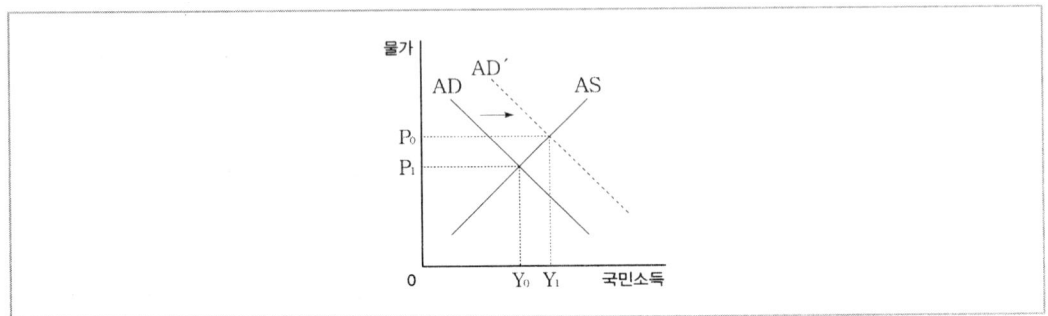

① 디플레이션
② 스태그플레이션
③ 수요견인인플레이션
④ 비용인상인플레이션

28 다음 그래프에 나타난 현상에 대한 설명으로 옳은 것을 〈보기〉에서 고르면?

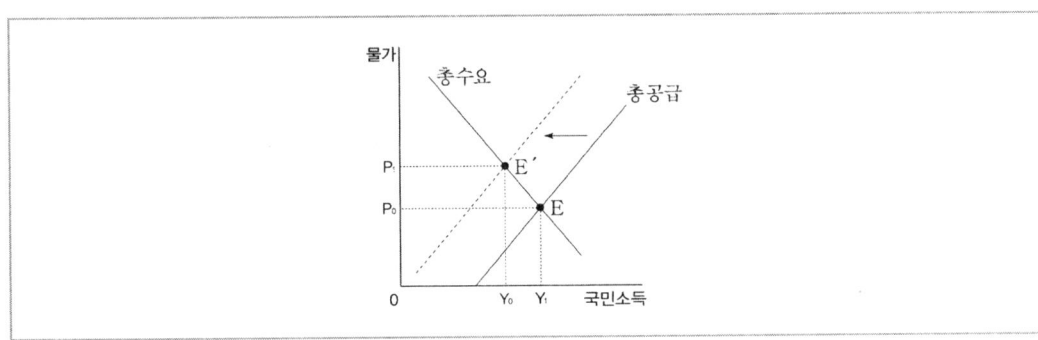

㉠ 스태그플레이션이 발생한다.
㉡ 임금, 유가 인상, 원자재 가격 인상 등이 원인일 수 있다.
㉢ 디플레이션이 발생한다.
㉣ 실업은 증가하고, 물가는 상승한다.
㉤ 긴축 재정 정책을 시행하면 문제를 해결할 수 있다.

① ㉠㉡
② ㉠㉡㉣
③ ㉠㉢㉣
④ ㉡㉢㉤

29 다음 실업의 유형을 〈보기〉와 옳게 연결된 것은?

> ㈎ 급격한 기술 혁신으로 인하여 낮은 기술을 지닌 사람들은 일자리를 잃게 된다. 정보화에 따라 IT분야에서는 전문인력이 부족하여 일자리가 남아도는데도, 제조업 분야에서는 기술이 없는 구직자들은 몰려 일자리가 부족하다.
> ㈏ 2008년 말 미국에서 발생한 서브프라임 모기지(주택담보대출) 금융위기로 우리 경제도 큰 불황으로 실업자 수가 증가했다.
> ㈐ 구인 및 구직 과정에서의 정보부족으로 일시적 실업이 발생했다.

> ㉠ 구조적 실업   ㉡ 계절적 실업
> ㉢ 경기적 실업   ㉣ 마찰적 실업

① ㈎ – ㉠, ㈏ – ㉡, ㈐ – ㉢   ② ㈎ – ㉢, ㈏ – ㉡, ㈐ – ㉠
③ ㈎ – ㉡, ㈏ – ㉣, ㈐ – ㉢   ④ ㈎ – ㉠, ㈏ – ㉢, ㈐ – ㉣

30 현대 사회의 심각한 경제문제 중 하나는 실업이다. 다음의 자료를 바탕으로 실업률을 구하면?

> • 총인구 5,000   • 15세 미만 인구 1,000
> • 비경제활동 인구 800   • 취업자 수 3,000

① 55.5%   ② 6.25%
③ 7.15%   ④ 7.50%

31 다음 〈보기〉의 자료를 가지고 실업률(A), 고용률(B), 경제 활동 참가율(C)을 구하면?

> ㉠ 비경제 활동 인구 : 200만명
> ㉡ 취업자 : 600만명
> ㉢ 실업자 : 200만명

① (A) 20%   (B) 60%   (C)80%
② (A) 20%   (B) 40%   (C)70%
③ (A) 25%   (B) 60%   (C)80%
④ (A) 30%   (B) 50%   (C)60%

32 다음 중 인플레이션이 발생했을 때 나타날 수 있는 현상으로만 짝지어진 것은?

> ㉠ 채무자는 불리하게 된다.
> ㉡ 완만한 인플레이션인 경우는 투자 촉진으로 경제 성장을 촉진시킨다.
> ㉢ 국제 수지가 악화된다.
> ㉣ 연금 등 고정소득 생활자는 유리해진다.
> ㉤ 소득과 부의 재분배가 이루어진다.

① ㉠㉡㉢
② ㉠㉣㉤
③ ㉠㉢㉣
④ ㉡㉢㉤

33 인플레이션의 종류와 그 대책이 잘못 연결된 것은?

① 수요 견인 인플레이션 – 총수요 억제
② 비용 인상 인플레이션 – 소득정책
③ 관리 가격 인플레이션 – 경쟁 유지 정책
④ 수입 인플레이션 – 환율 인상

34 인플레이션에 대한 설명 중 옳은 것을 고른 것은?

> ㉠ 총수요가 증가하여 나타나는 인플레이션에 대한 대책에는 통화 긴축정책이 있다.
> ㉡ 통화 긴축정책은 물가상승률과 실업율을 낮출 수 있다.
> ㉢ 통화 확장정책을 펴면 경기는 회복되고 물가는 안정될 수 있다.
> ㉣ 비용 인상 인플레이션의 경우에는 긴축 정책으로 물가 상승률을 낮출 수 있다.
> ㉤ 비용 인상 인플레이션에 대한 대책에는 비용절감 등이 있다.

① ㉠㉢
② ㉠㉤
③ ㉡㉢㉣
④ ㉡㉣㉤

35 경상 가격으로 표시한 GDP가 2013년에 360억원, 2014년에 500억원이고 같은 기간 중 물가 지수는 120에서 125로 상승했다면 실질 GNP의 변화는 얼마인가?

① 94억원 증가
② 100억원 증가
③ 117억원 증가
④ 50억원 증가

36 甲의 소득이 50만원에서 60만원으로 늘어났을 때 같은 기간 중 물가가 50% 상승했다면 甲의 실질 소득은 얼마인가?

① 30만원 　　　　　　　　　② 35만원
③ 40만원 　　　　　　　　　④ 45만원

37 한 나라 안에서는 A재, B재 두가지 재화만을 생산된다고 가정할 때 다음 표에 대하여 잘못된 설명은?

구분	A재		B재		GDP 디플레이터
	가격(달러)	수량(개)	가격(달러)	수량(개)	
2009년	20	10	40	20	100
2010년	30	20	50	40	(㉠)

① 2009년이 기준연도이다.
② 2010년도 명목GDP는 2,600달러이다.
③ 2010년도 실질GDP는 2,000달러이다.
④ ㉠에 들어갈 값은 120이다.

38 다음 자료에 대한 설명으로 틀린 것은? (2007년과 2008년에 물가가 계속 하락한 A국의 명목 GDP와 실질GDP 그래프)

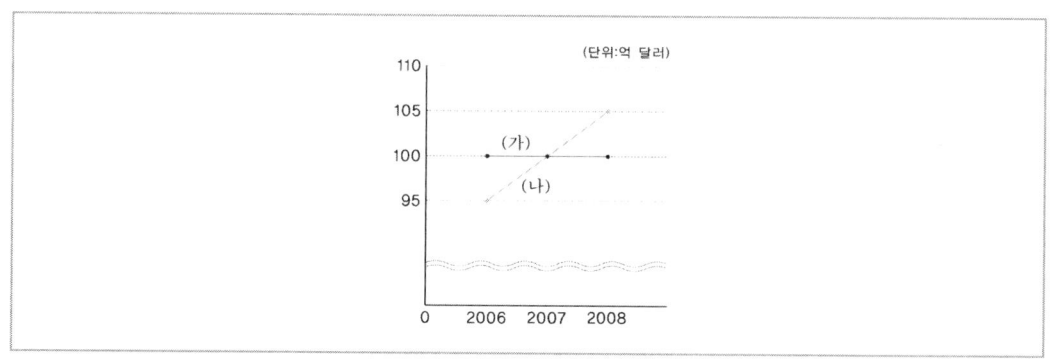

① 실질GDP 산출의 기준 연도는 2007년이다.
② (가)는 명목GDP, (나)는 실질GDP이다.
③ 2008년도의 실질 경제 성장률은 5%이다.
④ 2008년도 물가 지수는 100보다 크다.

39 다음 그림은 경기의 순환 국면에 관한 자료이다. 정부나 중앙 은행이 취해야 할 정책으로 적절한 것은?

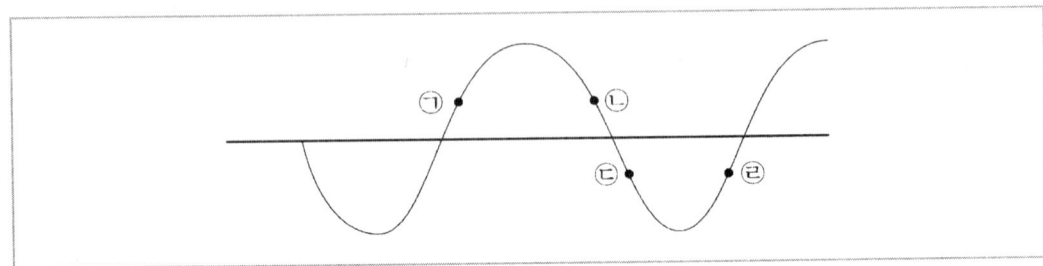

① ㉠시점에서 흑자 예산을 편성하여 긴축 정책을 편다.
② ㉢시점에서 세원을 잘 포착하여 조세 수입을 늘린다.
③ ㉠시점에서 정부가 직접 시행하는 공공 투자를 확대한다.
④ ㉢시점에서 정부는 사회 복지 지출을 줄인다.

40 중앙 은행의 금융완화 정책에 해당하는 것을 모두 고르면?

㉠ 지급 준비율 인상	㉡ 재할인율 인하
㉢ 유가 증권 매입	㉣ 정부지출 감소
㉤ 조세 감면	

① ㉠㉣
② ㉠㉢㉤
③ ㉡㉢
④ ㉡㉢㉣

41 다음의 내용과 가장 관계 깊은 경제정책의 목표는?

- 공개 시장에서의 매각 정책
- 세율의 인상
- 재할인율 인상

① 경기의 회복
② 물가의 안정
③ 실업자의 구제
④ 소득의 재분배

42 다음 글에 비추어 볼 때, 타당하지 않은 서술을 〈보기〉에서 고르면?

경제 성장과 물가 안정은 오늘날 모든 국가에서 달성하고자 하는 일반적인 경제 목표이다. 그러나 현실적으로 이들 목표간에 어느 정도 상충 관계가 존재하기 때문에 동시에 달성하기는 어렵다. 그러므로 경제 성장과 물가 안정은 두 마리 토끼에 비유되기도 한다.

㉠ 긴축 정책을 통해 실업률을 낮출 수 있다.
㉡ 경제 성장이 둔화되면 물가도 안정된다.
㉢ 물가 상승과 고용은 정(正)의 관계에 있다.
㉣ 인플레이션과 실업률은 비례 관계에 있다.
㉤ 확장 정책을 시행하면 어느 정도의 물가 상승을 감수해야 한다.

① ㉠㉣
② ㉠㉢㉤
③ ㉡㉢
④ ㉡㉢㉣

43 다음은 갑국, 을국 전체 인구의 분위별 소득 점유율을 나타낸 것이다. 옳은 것은?

(단위 : %)

소득 분위	1분위 (하위20%)	2분위 (20~40%)	3분위 (40~60%)	4분위 (60~80%)	5분위 (80~100%)
갑국	5	5	20	20	50
을국	7	13	15	25	40

① 갑국이 을국보다 더 소득 분배가 더 평등하다.
② 갑국이 을국보다 사회보장제도를 더 강화할 필요가 있다.
③ 지니계수는 을국이 갑국보다 더 크다.
④ 5분위(상위 20%) 계층의 소득 액수는 갑국이 더 크다.

☞ 정답 및 해설 P.290

1 다음은 국제 수지 중 서비스 수지와 이전 소득 수지에 대한 내역을 나타낸 것이다. ㉠~㉣ 중 올바르게 기록한 것을 모두 고른 것은?

2016. 4. 9 인사혁신처

구분	외화 수취	외화 지급
서비스 수지	㉠ 외국인으로부터 벌어들인 관광 수입 10억 달러	㉡ 외국기업 주식 매입금액 9천만 달러
이전 소득 수지	㉢ 국내 투자자가 외국기업 주식을 보유하고 받은 배당금 1억 달러	㉣ 정부가 해외 난민 보호를 위해 무상원조한 1억 달러

① ㉠, ㉡
② ㉠, ㉣
③ ㉡, ㉢
④ ㉢, ㉣

2 미국 달러에 대한 원화 환율(원/미국 달러)이 하락하는 경우, 혜택을 보는 경제 주체들만을 모두 고르면?

2016. 6. 18 제1회 지방직

㉠ 수입 원자재를 이용하지 않는 완제품을 미국에 수출하는 국내 기업
㉡ 국내에서 원화로 임금을 받아 미국에 달러로 송금해야 하는 미국 근로자
㉢ 국내로 여행 오는 미국 관광객
㉣ 미국으로 어학 연수를 떠나는 우리나라 학생
㉤ 미국 현지에 공장을 건설하려는 국내 기업
㉥ 미국 채권을 가지고 있는 국내 투자자

① ㉠, ㉢, ㉥
② ㉡, ㉢, ㉤
③ ㉡, ㉣, ㉤
④ ㉠, ㉣, ㉥

3 다음은 환율의 변동을 표로 정리한 것이다. (개)~(래)의 영향으로 옳은 것을 〈보기〉에서 모두 고르면? (단, 환율 이외의 다른 요건은 고려하지 않는다.)

2016. 6. 25 서울특별시

구분		원/달러 환율	
		상승	하락
원/유로 환율	상승	(개)	(나)
	하락	(다)	(래)

〈보기〉
㉠ (개) - 미국과 EU에 대한 한국 기업들의 수출이 증가한다.
㉡ (나) - 미국 부품을 수입하여 완제품을 EU에 수출하는 한국기업들은 불리해진다.
㉢ (다) - 한국 시장에서 미국산 자동차보다 EU산 자동차의 가격경쟁력이 높아진다.
㉣ (래) - 미국 회사나 EU 회사의 주식에 대한 배당금의 원화환산 금액이 증가한다.

① ㉠, ㉡
② ㉠, ㉢
③ ㉡, ㉢
④ ㉠, ㉢, ㉣

4 환율변동의 요인, 환율변동의 방향, 환율변동의 영향을 논리적 순서에 따라 나열한 것으로 옳은 것은? (단, 환율은 원/달러 환율을 나타내며, 아래에 기술된 변화 이외에 다른 변화는 없다고 가정한다)

2015. 3. 14 사회복지직

① 국내금리인상→환율상승→원자재 수입기업의 채산성 하락
② 국내금리인상→환율하락→달러화 차입기업의 이자부담 감소
③ 국내물가상승→환율상승→달러화 차입기업의 이자부담 감소
④ 국내물가상승→환율하락→원자재 수입기업의 채산성 하락

5 다음 국제수지표에 대한 설명으로 옳은 것은? (단, 금융 계정은 준비자산을 제외한 수치이며, 오차 및 누락은 없다고 가정한다)

2015. 4. 18 인사혁신처

(단위 : 억 달러)

항목	2013년	2014년
상품 수지	80	50
서비스 수지	10	−10
본원 소득 수지	−10	10
이전 소득 수지	−5	5
금융 계정	20	10
자본 수지	−5	5

① 2014년의 자본수지에는 증권 투자가 포함된다.
② 2014년 말의 외환보유액은 전년 말에 비해 증가했다.
③ 2014년의 경상수지 적자 규모는 전년에 비해 증가했다.
④ 2014년의 자본·금융 계정 적자 규모는 전년에 비해 증가했다.

6 다음 표는 우리나라의 국제 수지 중 경상 수지를 나타낸 것이다. ㉠~㉣에 해당하는 사례 중 옳지 않은 것은?

2015. 6. 13 서울특별시

구분		외화 수취	외화 지급
경상 수지	상품 수지	㉠	
	서비스 수지	㉡	
	본원 소득 수지		㉢
	이전 소득 수지		㉣

① ㉠ – 국내 김 생산 업체가 일본에 김을 수출하고 대금을 받았다.
② ㉡ – 외국계 금융회사의 한국 금융시장 진출이 증가하고 있다.
③ ㉢ – 네팔에서 온 외국인 노동자들이 본국의 가족에게 자신이 받은 급료를 송금하였다.
④ ㉣ – 국내 한 고등학교 학생들이 아프리카 어린이들에게 후원금을 보냈다.

7 다음 상황에서 관세 부과 후에 예상되는 갑국의 변화로 옳지 않은 것은?

2015. 6. 13 서울특별시

자동차를 자유무역으로 수입하고 있던 갑국에서 단위당 $P_1 - P_0$만큼의 관세를 부과하였다. 관세 부과 전 자동차의 국제가격은 P_0였다. 이 나라는 국제가격에 전혀 영향을 미칠 수 없고, 자동차는 국제가격으로 이 나라에 얼마든지 공급할 수 있다.

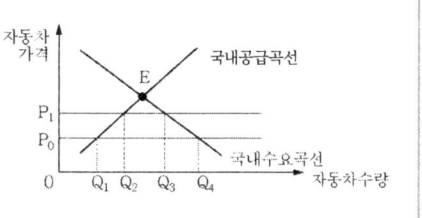

① 자동차의 국내 생산량은 Q_2이다.

② 자동차의 국내 수요량은 Q_3이다.

③ 정부의 관세 수입은 $P_1 \times (Q_3 - Q_2)$이다.

④ 자동차의 국내 생산량이 $Q_2 - Q_1$만큼 증가한다.

8 다음 그림에서 A는 국내외 경제 요인들에 의한 원/달러 환율 변동을 의미한다. A로 인한 영향으로 옳은 것은?

2014. 4. 19 안전행정부

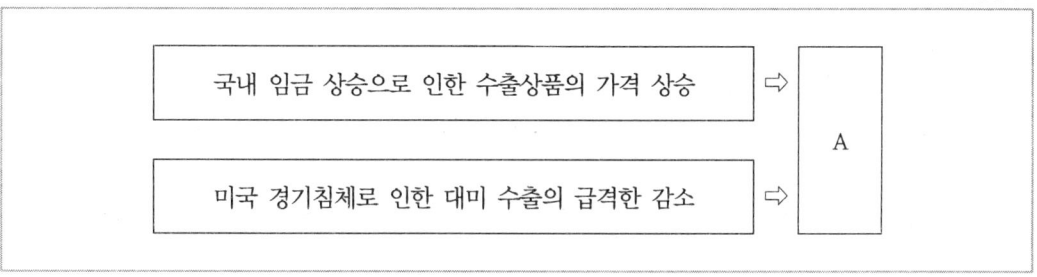

① 기업의 원자재 수입 부담이 감소한다.

② 달러화 외채 상환 부담이 감소한다.

③ 미국에 유학 중인 자녀에게 송금하는 부모는 불리해진다.

④ 국내 외국계 기업에서 달러화로 임금을 받는 사람은 불리해진다.

9 다음과 같은 환율 변동의 영향으로 옳은 것은?

2014. 6. 28 서울특별시

> 원달러 환율이 1,060원을 밑돌고 있다. 25일 오전 9시 30분 현재 원달러 환율은 전일 대비 1.6원(0.15%) 내린 1,058.6원을 기록 중이다. 엔화 약세로 원/엔 환율이 100엔당 1,050원을 밑돌면서 원달러 환율에 대한 추가 하락 압력이 지속되고 있다.
>
> 〈○○경제 2013. 11. 25.〉

① 내국인의 해외여행이 감소한다.
② 수입품의 가격 상승으로 수입 물가가 상승한다.
③ 수출품의 외화 표시 가격이 상승하여 수출이 감소한다.
④ 원화 가치 하락으로 기업의 외채 상환 부담이 증가한다.
⑤ 총수요가 증가하여 국내 경기가 활성화 되고 국민 소득이 증가한다.

10 甲·乙 양국의 상품 생산에 있어서 생산비가 다음 도표와 같을 때 비교 생산비설에 의해 설명할 때 옳은 것은? (단, 교역 조건 1:1)

구분	甲국	乙국
라디오(1단위)	100원	90원
옷감(1단위)	120원	80원

① 甲국이 라디오 생산에 절대 우위이다.
② 甲국은 옷감이 비교 우위에 있고 乙국은 라디오가 비교 우위에 있다.
③ 甲국은 라디오만을 생산하고 乙국은 옷감만을 생산한다.
④ 양국이 비교우위에 따라 교역을 할 때 甲국이 옷감 1단위를 얻는데 드는 비용은 120원이다.

154 PART Ⅰ. 예상문제 빅데이터

11 A국과 B국에서 의류와 기계를 각각 1단위씩 생산하는 데 들어가는 생산비가 다음과 같다고 할 때, 바르게 설명한 것은?

구분	상품단위당 필요 노동량	
	의류(1단위)	기계(1단위)
A국	10명	12명
B국	9명	5명

① A국은 의류 생산에 절대 우위가 있다.
② B국은 의류 생산에 비교 우위가 있다.
③ 의류 1단위의 기회비용은 A국이 B국보다 더 작다.
④ A국이 특화된 상품을 2단위 생산하여 그 중 1단위를 상대국이 특화한 상품 1단위와 교환할 경우 A국은 특화된 상품을 0.8단위를 더 생산할 수 있다.

12 다음의 사실들을 공통적으로 가장 잘 설명할 수 있는 경제적 개념은?

> • 비서보다 타자를 잘 치는 변호사가 타자를 비서에게 맡기고 자신은 변론을 한다.
> • 한국은 중국보다 봉제 완구를 더 잘 만들지만 완구를 중국에서 수입하고 그 대신 자동차를 수출한다.

① 비교 열위   ② 비교 우위
③ 절대 열위   ④ 절대 우위

13 보호 무역에 대한 내용으로 옳은 것은?

> ㉠ 자국민의 실업 방지, 유치산업 보호, 불공정 무역에 대응 등을 목적으로 보호 무역 정책을 실시한다.
> ㉡ 관세로 인하여 가격이 상승하면 소비자 잉여는 증가하고 생산자잉여는 감소하게 된다.
> ㉢ 수입 할당제로 수입량을 제한했을 때 수입상품의 국내가격은 하락하게 된다.
> ㉣ 관세가 부과되면 수입상품의 가격은 국제시장가격보다 관세의 크기만큼 높아지기 때문에 수요량이 줄어든다.
> ㉤ 복잡한 통관 절차나 통관 기준을 강화하는 것도 관세 정책이다.

① ㉠㉣   ② ㉠㉢㉤
③ ㉡㉢   ④ ㉡㉢㉣

14 다른 경제 여건이 불변이라고 가정했을 때, 원화의 평가 절하가 우리 경제에 미치는 영향으로 틀린 것은?

① 수출품의 외화 표시 가격이 하락한다.
② 수입품의 외화 표시 가격이 상승한다.
③ 원화 표시 외채가 증가한다.
④ 자국민의 해외 여행 경비는 증가한다.

15 환율이 1달러당 1,200원에서 1,000원으로 하락할 경우 기대되는 경제적 효과를 보기에서 모두 고른 것은?

> ㉠ 수입 물가의 상승
> ㉡ 기업의 외채 부담 감소
> ㉢ 외환 보유고의 감소
> ㉣ 수입의존도가 높은 기업의 이윤 감소
> ㉤ 유학간 자녀의 해외 송금 비용 증가

① ㉠㉡   ② ㉠㉤
③ ㉡㉢   ④ ㉢㉣

16 변동 환율 제도하에서 국내 물가가 상승하면 환율은 어떻게 되는가?

① 수출 감소와 수입 증가로 환율이 인상된다.
② 수출 증가와 수입 감소로 환율이 인하된다.
③ 수출 감소와 수입 증가로 환율이 인하된다.
④ 수출 증가와 수입 감소로 환율이 인상된다.

17 환율의 인상이 국내 물가에 미치는 영향을 수출과 관련하여 바르게 나타낸 것은?

① 환율 인상 → 수출 증가 → 통화량 증가 → 물가 상승
② 환율 인상 → 수출 증가 → 통화량 증가 → 물가 하락
③ 환율 인상 → 수출 증가 → 통화량 감소 → 물가 상승
④ 환율 인상 → 수출 감소 → 통화량 증가 → 물가 상승

18 다음 〈보기〉에서 외화의 수요 요인을 모두 고른 것은?

㉠ 해외 저축	㉡ 상품의 수출
㉢ 상품의 수입	㉣ 외국인의 국내 투자
㉤ 자국민의 해외 여행	

① ㉠㉡㉣   ② ㉠㉤
③ ㉡㉢㉣   ④ ㉢㉤

19 다음의 변동 환율제도에 대한 설명으로 맞는 것을 〈보기〉에서 모두 고르면?

㉠ 한 나라의 환율을 정부가 고정하여 운영한다.
㉡ 수출입 계획 수립이 어렵다.
㉢ 국내 경제의 안정을 기할 수 있다.
㉣ 환 투기를 방지할 수 있다.
㉤ 국제수지 불균형 조절이 어렵다.

① ㉠㉢   ② ㉡
③ ㉡㉣   ④ ㉢㉣㉤

20 다음 그림에서 외화의 수요 곡선이 D에서 D′로 이동한 원인과 이로 인한 환율 변동의 결과를 바르게 나타낸 것은?

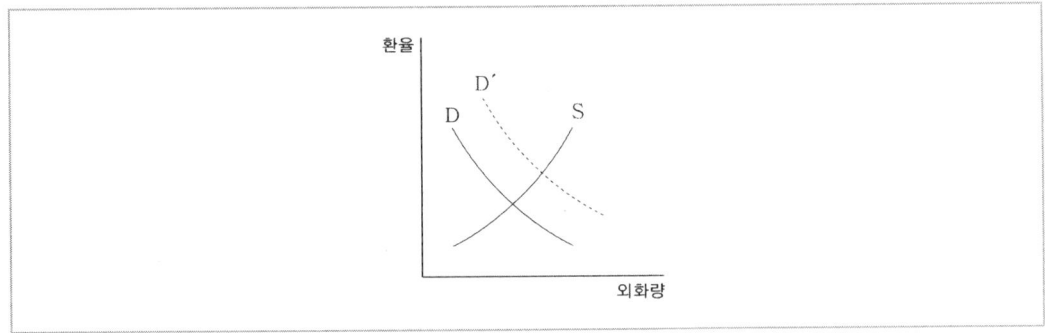

① 상품 수출 증가 → 균형 환율 상승
② 해외 여행의 증가 → 균형 환율 상승
③ 해외 투자의 감소 → 균형 환율 하락
④ 국내 물가의 하락 → 균형 환율 하락

21 변동 환율제에서 환율이 P_1일 때 AB는 무엇을 의미하며 환율에 어떤 영향을 주는가?

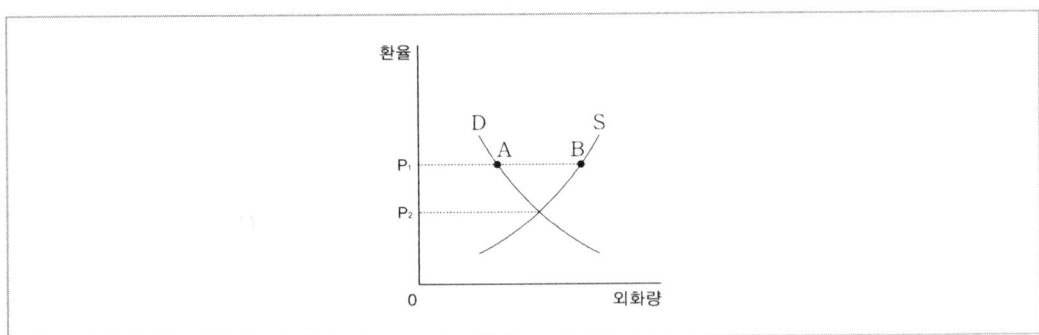

① 국제 수지는 적자 → 환율 하락
② 국제 수지는 적자 → 환율 상승
③ 국제 수지는 흑자 → 환율 하락
④ 국제 수지는 흑자 → 환율 상승

22 다음과 같은 현상을 가정할 때 예상되는 결과로 볼 수 없는 것은?

> • 미국의 달러화에 대한 원화의 환율 인상
> • 미국의 달러화에 대한 엔화의 환율 인하
> • 일본의 엔화에 대한 원화의 환율 인상

① 일본의 대미 수출은 감소할 것이다.
② 우리 나라가 일본 상품의 수입이 감소할 것이다.
③ 일본과 경쟁 관계에 있는 우리 상품은 미국 시장에서 가격 경쟁력을 상실할 것이다.
④ 우리 나라의 무역 수지는 개선되지만 물가 상승의 압력과 외국과의 통상 마찰의 가능성은 증대될 것이다.

23 다음과 같은 환율 변동이 지속될 때 나타날 수 있는 현상을 〈보기〉에서 모두 고르면?

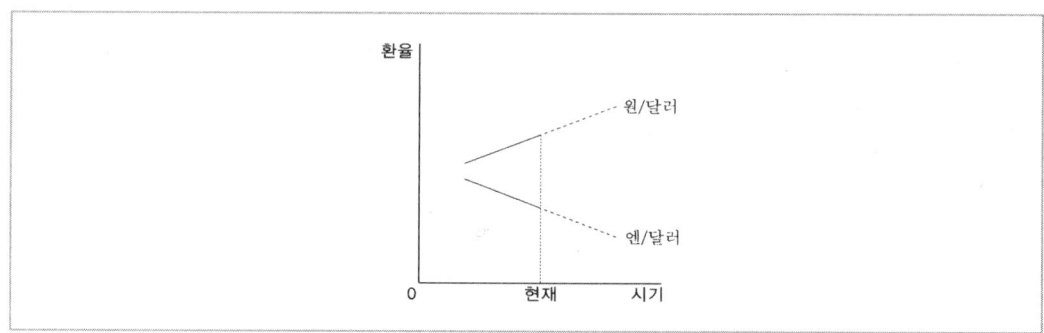

> ㉠ 미국인이 한국 여행을 계획했다면 그 출발일을 앞당기려고 할 것이다.
> ㉡ 일본인이 미국 여행을 계획했다면 그 출발일을 앞당기려고 할 것이다.
> ㉢ 우리 나라 기업의 주식에 투자한 미국인은 주식을 팔고 달러화를 소지하려고 할 것이다.
> ㉣ 우리 나라 기업은 달러화 표시 외채를 빨리 갚으려고 할 것이다.
> ㉤ 우리 나라 기업은 미국에서 수입한 물품의 대금 결제를 미룰 것이다.

① ㉠㉡
② ㉠㉢
③ ㉢㉣
④ ㉣㉤

[24~25]다음 표는 환율의 변동을 나타낸 것이다.

구분	원/달러	원/100엔	엔/달러
t년	1,200	1,000	110
t+1년	1,000	800	113
변동률(%)	−16.7	−20	2.7

24 위 표에 대한 설명으로 잘못된 설명은?

① 원화의 가치는 달러에 대해 상승하였다.

② 원/엔 환율은 하락하였다.

③ 달러화 대비 엔화의 가치는 하락하였다.

④ 엔화 대비 원화의 가치가 하락하였다.

25 위 표와 같은 환율 변동 추세가 지속될 경우에 나타날 수 있는 현상을 〈보기〉에서 모두 고르면? (단, 다른 조건은 일정한 것으로 가정함)

㉠ 한국인의 미국 여행은 늘어날 것이다.
㉡ 일본인의 한국 여행은 줄어들 것이다.
㉢ 일본인의 미국 여행은 늘어날 것이다.
㉣ 미국 시장에서 일본 상품의 가격이 하락할 것이다.
㉤ 일본과 미국 시장에서 우리 나라 상품의 가격이 하락할 것이다.

① ㉠㉡㉣

② ㉠㉢㉤

③ ㉡㉢㉣

④ ㉢㉣㉤

26 다음 글의 빈칸에 들어갈 말을 순서대로 바르게 나열한 것은?

> 국제 수지가 적자이면 (A)의 문제가 생기고, 흑자이면 (B)이라는 문제가 발생한다. 따라서 국제 수지는 균형을 이루는 것이 바람직하다.

① (A) 해외 저축 (B) 경기 침체
② (A) 적자 재정 (B) 실업 증가
③ (A) 해외 투자 (B) 고용 감소
④ (A) 외자 도입 (B) 물가 상승

27 국제 수지표를 요약한 다음 표를 보고, 이 나라의 경상 수지를 계산하면?

구분	금액(억 달러)
자동차 수출	700
원유 수입	500
해외 여행 경비	50
특허권 사용료 해외 지불	20
해외에서 일하는 근로자 임금소득	50
해외에 배당금 지급	10
외국기업의 국내 투자	100
해외 유학생에 학비 송금	20
해외 차관 제공	100

① 90억 달러 적자
② 150억 달러 흑자
③ 80억 달러 적자
④ 120억 달러 흑자

28 다음 거래에 해당하는 우리나라 국제 수지표의 항목과 변동 방향은?

> ㉠ 국내 기업이 특허권을 외국 기업에 매각했다.
> ㉡ 외국에서 차관에 대한 이자를 받았다.
> ㉢ 비거주자가 국내에서 원화증권을 발행했다.

① ㉠ 상품 수지(+)   ㉡ 본원소득 수지(−)   ㉢ 자본계정(−)
② ㉠ 금융 계정(−)   ㉡ 서비스 수지(+)   ㉢ 자본 계정(−)
③ ㉠ 서비스 수지(+)   ㉡ 서비스 수지(−)   ㉢ 금융 계정(+)
④ ㉠ 자본 수지(+)   ㉡ 본원소득 수지(+)   ㉢ 금융 계정(−)

29 다음은 일정 기간 동안에 발생한 우리 나라의 외국 간의 거래 내역이다. 우리 나라의 경상 수지와 자본·금융 계정은? (괄호 안은 국제수지표에 반영된 금액)

> ⓐ 외국 모델이 국내 광고에 출연하였다.(1억 달러)
> ⓑ 외국 펀드가 국내 빌딩을 구입하였다.(2억 달러)
> ⓒ 재외 동포 2세들이 국내 대학에 입학하였다.(1억 달러)
> ⓓ 국내 전자회사가 중국에 휴대폰을 수출하였다.(1억 달러)
> ⓔ 외국 회사가 한국에 공장을 설립하였다.(2억 달러)

① (경상 수지) 1억 달러 흑자 – (자본·금융 계정) 4억 달러 흑자
② (경상 수지) 2억 달러 흑자 – (자본·금융 계정) 2억 달러 적자
③ (경상 수지) 1억 달러 적자 – (자본·금융 계정) 1억 달러 흑자
④ (경상 수지) 균형 – (자본·금융 계정) 균형

30 국제수지표의 금융계정에서 준비 자산 증감에 대한 설명으로 틀린 것은?

① 통화당국이 국제수지 불균형을 조정하기 위하여 사용할 수 있는 대외 자산의 증감을 나타내는 항목이다.
② 국제 수지의 흑자폭이 커질수록 대외준비자산은 증가한다.
③ 국제 수지의 적자폭이 커질수록 대외준비자산은 감소하게 된다.
④ 준비 자산의 증가는 양(+)으로 나타낸다.

31 세계화 · 정보화 시대의 한국 경제의 과제로서 부적절한 것은?

① 지식기반 경제체제의 구축
② 다양한 지역과의 자유 무역 협정 체결
③ 경쟁력이 약한 국내 산업에 대한 보호
④ 교역 상대국의 다변화

32 다음과 같은 현상에 대한 설명으로 옳은 것을 〈보기〉에서 모두 고르면?

> 국경의 개념이 허물어지면서 세계가 하나의 시장으로 형성되어 생산 요소, 재화, 서비스 등이 자유롭게 이동하는 세계적 거대 공간이 형성되었다.

> ㉠ 자유 무역의 이익을 실현하고 효율성을 극대화시킨다.
> ㉡ 국가 및 계층간 소득의 양극화를 심화시킬 수 있다.
> ㉢ 경쟁력을 갖추지 못한 산업 부문에서 실업을 초래한다.
> ㉣ 경제의 대외의존도를 약화시킨다.
> ㉤ 문화의 다양성을 추구할 수 있다.

① ㉠㉡㉢
② ㉠㉢㉤
③ ㉡㉣㉤
④ ㉢㉣㉤

33 다음 내용 중 ㈎와 ㈏에 대한 설명이 옳은 것은?

> 오늘날 세계 경제에서는 세계 무역 기구(WTO)를 통해 시장의 ㈎가 진행되는 동시에 ㈏가 확산되는 경향이 두드러지게 나타나고 있다. ㈏는 지리적으로 인접해 있거나 이해관계가 비슷한 나라들끼리 지역의 경제협력을 목적으로 경제블록을 형성하는 것을 말한다.

① ㈎ – 국가간에 재화와 서비스, 자본, 노동, 지식이 자유롭게 이동하게 된다.
② ㈎ – 경제 협력 방식에는 자유 무역 협정, 관세 동맹, 공동 시장, 단일 시장 등이 있다.
③ ㈏ – 세계화에 대한 반발로 등장하였다.
④ ㈏ – 대표적인 예로는 EU(유럽연합), NAFTA(북미자유무역협정), ASEAN(동남아시아 국가연합), APEC(아시아·태평양 경제 협력체), OECD(경제협력 개발기구) 등이 있다.

34 다음 중 경제 통합의 과정에서 약한 순서대로 나열한 것은?

① 자유 무역 협정→관세 동맹→공동 시장→경제통합
② 경제통합→자유 무역 협정→관세 동맹→공동 시장
③ 관세 동맹→경제통합→자유 무역 협정→공동 시장
④ 공동 시장→경제통합→자유 무역 협정→관세 동맹

35 다음 세계 무역 기구(WTO)에 대한 설명으로 옳은 것을 〈보기〉에서 모두 고르면?

> 1995년에 세계 무역 기구(WTO) 체제가 출범하면서, 각국은 이념과 체제를 초월하여 무한 경쟁 시대로 진입하였다.

> ㉠ 관세 및 무역에 관한 일반협정(GATT)을 대체하여 출범한 기구이다.
> ㉡ 국가간 경제 분쟁에 대한 판결 및 강제 집행권을 갖고 있다.
> ㉢ 무역 자유화의 범위가 농산물 등으로 확대되었다.
> ㉣ 국제 경쟁력이 약한 산업을 보호하기 위해 정부의 보조금 지급 등은 인정된다.
> ㉤ 특정 국가들끼리 상호 무역 장벽을 완화하기 위한 특혜 무역 협정이다.

① ㉠㉡㉢
② ㉠㉢㉤
③ ㉡㉣㉤
④ ㉢㉣㉤

36 (A)에 대하여 옳은 설명은?

> (A)는 지리적으로 인접해 있거나 이해관계가 비슷한 나라들끼리 지역의 경제협력을 목적으로 경제블록을 형성하는 것을 말한다.

① 회원국과 비회원국 간 관세나 무역제한을 철폐한다.
② 세계 각국 간 자유 무역을 추구한다.
③ 선진국 중심으로 경제협력을 추구한다.
④ 비회원국와 무역 마찰을 초래하기도 한다.

37 다음의 무역 정책에 대한 설명으로 옳은 것은?

> 1970년대 중반 이후 선진국들의 무역 제한 조치

① 선진국들의 유치산업 보호를 목적으로 한다.
② 선진국의 실업률 증가 등이 원인이 된다.
③ 자국 소비자의 이익이 증가한다.
④ 관세 수단을 이용한다.

38 다음 FTA와 관련하여 가장 옳은 설명은?

① 다자간 무역 협상을 통하여 무역 자유화를 촉진한다.
② FTA는 WTO에 대한 반발로 증가하고 있다.
③ 회원국 간 노동과 자본이 자유롭게 이동하고 동일한 화폐를 사용한다.
④ FTA는 궁극적으로 WTO가 지향하는 자유 무역을 확대시키는 결과를 가져온다고 볼 수 있다.

⑥ 경제생활과 금융

☞ 정답 및 해설 P.299

1 다음 대화에서 밑줄에 들어갈 수연이의 대답으로 옳지 않은 것은?

2016. 6. 25 서울특별시

> 재화 : 어제 내가 감기가 심해서 결석을 했잖아. 어제 경제 수업시간에 금융 상품의 특징에 대
> 해서 배웠다면서? 나에게 금융 상품의 특징에 대해서 설명해 줄 수 있니?
>
> 수연 : _____

① 펀드는 간접 투자의 대표적인 상품이야.
② 채권은 돈이 필요한 우리나라 사람이라면 누구나 발행 할 수 있어.
③ 주식 투자자들이 얻을 수 있는 투자 수익에는 배당과 시세차익이 있어.
④ 연금에는 국가가 보장하는 공적 연금, 기업이 보장하는 퇴직 연금, 개인이 준비하는 개
인 연금이 있어.

2 다음의 투자 방법에서 위험을 줄이기 위한 수단은?

> 포트폴리오(portfolio)는 원래 '서류가방' 또는 '자료수집철'을 뜻하지만, 일반적으로는 주식 투자
> 에서 위험을 피하고 투자수익을 극대화하기 위한 방법을 말한다.

① 타인 자본을 지렛대로 삼아 자기자본 이익률을 높이는 것이다.
② 여러 종목에 분산 투자를 한다.
③ 단일 종목에 집중 투자한다.
④ 안전성이 높은 종목에 집중 투자한다.

3 다음 위험에 대하여 잘못된 설명은?

① 채무불이행의 위험이 큰 것은 주식이다.
② 시장가격 변동의 위험이 높은 것은 주식이다.
③ 유동성의 위험이 가장 높은 것은 예금 상품이다.
④ 인플레이션 위험이 높은 것은 현금이다.

4 다음 자산 관리의 3대 기본 원칙이 아닌 것은?

① 안정성의 원칙

② 고정성의 원칙

③ 수익성의 원칙

④ 유동성의 원칙

5 다음 자산 관리의 원칙에 대한 설명으로 잘못된 것은?

① 은행예금보다 주식투자가, 국채보다 회사채가 안정적이며, 인플레이션일 때는 실물자산보다 금융자산이 안전하다.

② 대체로 수익성이 높은 상품은 위험을 감수해야 한다.

③ 수익성과 안전성이라는 두 개의 목표 가운데 하나를 달성하려고 하면 다른 목표의 달성이 늦어지거나 희생될 수 있다.

④ 유동성이 가장 높은 자산은 현금이다.

6 그림에서 (가)와 (나)의 특성을 가지는 금융 상품으로 가장 옳은 것은?

구분		수익성	
		높음	낮음
위험성	높음	(가)	
	낮음		(나)

① (가) 주식, (나) 펀드

② (가) 채권, (나) 정기예금

③ (가) 채권, (나) 펀드

④ (가) 주식, (나) 정기예금

7 다음 설명으로 옳은 것은?

> 가계지출은 (A)소비지출, (B)비소비지출, (C)기타 지출로 나눈다.

> ㉠ 생계 및 생활비는 (A)에 해당한다.
> ㉡ 가계소득에서 (A)을 뺀 것이 처분가능 소득이다.
> ㉢ (B)는 법 또는 제도에 의한 의무적 지출이다.
> ㉣ 저축은 (B)에 해당한다.
> ㉤ 건강보험료는 (C)에 해당한다.

① ㉠㉣　　　　　　　　　　② ㉠㉢
③ ㉡㉢　　　　　　　　　　④ ㉢㉣

8 다음 중 비소비지출에 해당하는 것은?

> ㉠ 교통비　　　　　　　　㉡ 사회보장기여금
> ㉢ 소득세　　　　　　　　㉣ 대출 이자
> ㉤ 부동산 구입

① ㉠㉣　　　　　　　　　　② ㉠㉢㉤
③ ㉡㉢　　　　　　　　　　④ ㉡㉢㉣

9 다음 설명으로 맞는 것은?

〈가계소득의 종류〉
• 경상 소득 : (A)근로 소득+(B)사업 소득+(C)재산 소득+(D)이전 소득
• 비경상소득

① 복권당첨금은 C에 해당한다.
② 주식배당금은 B에 해당한다.
③ 회사에서 매달 받는 월급은 B에 해당한다.
④ 재해보상금 D에 해당한다.

10 소비에 대한 설명으로 맞는 것은?

① 소득은 소비에 영향을 주지 못한다.
② 소비에 영향을 미치는 소득은 미래에 예상되는 소득은 제외한 현재의 소득이다.
③ 부동산, 주식 등 자산가치의 상승도 소비에 영향을 줄 수 있다.
④ 이자율이 올라가면 가계의 소비는 늘어나고 저축이 줄어든다.

사회 · 문화

1 사회 · 문화 현상의 탐구

☞ 정답 및 해설 P.302

1 A ~ D는 자료수집 방법 중 질문지법, 면접법, 실험법, 참여관찰법 중 하나를 가리킨다. 이에 대한 설명으로 옳지 않은 것은?

2016. 4. 9 인사혁신처

특징 자료 수집 방법	시간 · 비용의 효율성	자료 수집 도구의 구조화 정도	주관의 개입 가능성
A	높음	높음	낮음
B	낮음	높음	낮음
C	낮음	아주 낮음	높음
D	낮음	낮음	높음

① A는 대량의 구조화된 자료, 동일한 형태의 자료를 수집하기에 유리하다.

② B는 다른 방법들에 비해 윤리적 문제가 발생할 가능성이 높다.

③ C는 시간과 공간의 제약을 적게 받으면서 폭넓은 연구가 가능하다.

④ D는 심층적인 조사를 위해 소수를 대상으로 수행하는 경우가 일반적이다.

2 다음 연구에 대한 설명으로 옳지 않은 것은?

2016. 6. 18 제1회 지방직

> 연구자 갑은 우리나라 노인들의 '인간관계 밀도'와 '삶의 만족도'의 관련성을 밝히는 연구를 수행하였다. 연구 문제와 관련하여 가설을 설정하고, 이를 검증하기 위하여 서울에 거주하는 70세 이상의 남자와 여자를 임의로 300명씩 선정하여 설문 조사를 실시하였다. 자료의 통계 분석 결과, 노인의 인간관계 밀도가 높을수록 삶의 만족도가 높은 것으로 나타났다.

① 추상적 개념을 측정 가능한 지표로 설정하는 과정이 필요하다.
② 다수를 대상으로 대량의 자료를 수집할 수 있는 방법이 활용되었다.
③ 표본의 대표성이 없어 분석 결과를 모집단 전체에 일반화할 수 없다.
④ 자료의 분석 과정에서 감정이입과 직관적 통찰을 통한 이해를 중시한다.

3 그림은 사회·문화 현상의 연구방법론 흐름도이다. 이에 대한 설명으로 가장 옳은 것은?

2016. 6. 25 서울특별시

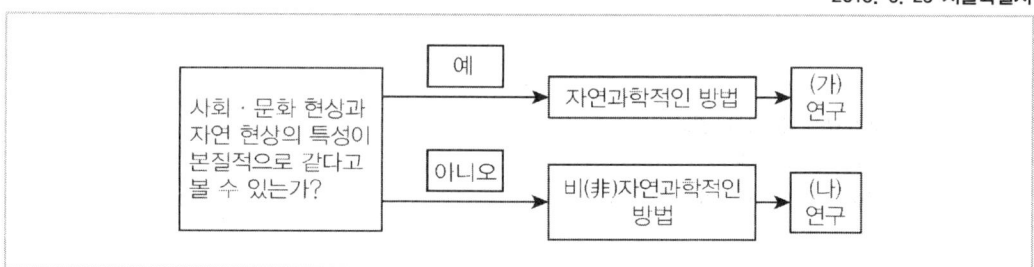

① 실증주의를 바탕으로 하는 연구 방법은 (가)이다.
② (가)는 질적 연구, (나)는 양적 연구에 해당한다.
③ 계량화를 바탕으로 한 통계적 분석이 가능한 것은 (가)보다 (나)이다.
④ (가)는 방법론적 이원론, (나)는 방법론적 일원론을 주장한다.

4 다음 주장에 부합하는 사회 탐구 방법의 일반적 특징에 대한 설명으로 옳지 않은 것은?

2015. 3. 14 사회복지직

> 사회 현상은 자연 현상과 달리 정확한 관찰과 실험이 용이하지 않을 뿐만 아니라, 그 인과관계가 명확히 드러나지 않는 경우가 많다. 따라서 사회 현상을 탐구할 때는 객관적 분석과 설명을 추구하기보다는 현상을 어떻게 이해할 것인가에 초점을 맞추어야 한다.

① 계량화된 자료를 분석하여 가설을 검증한다.
② 연구자의 직관적 통찰을 중시한다.
③ 사회 현상에 대한 일반화나 법칙 도출에 한계가 있다.
④ 인간 행위에 담긴 동기와 의도를 심층적으로 이해하고자 한다.

5 다음은 자원봉사 활동과 시민의식 간의 관련성에 대한 연구과정을 순서 없이 나열한 것이다. 이에 대한 설명으로 옳지 않은 것은?

2015. 4. 18 인사혁신처

> ㈎ 시민의식 함양에 영향을 주는 요인을 알아보고자 하였다.
> ㈏ 시민의식 함양을 위해 청소년의 자원봉사 활동 시간을 늘릴 것을 교육청에 건의하였다.
> ㈐ 조사자료를 분석한 결과를 토대로 청소년의 자원봉사 활동이 시민의식 함양에 영향을 준다는 결론을 내렸다.
> ㈑ 선행연구 검토 후, 자원봉사 활동이 시민의식 함양에 영향을 준다는 가설을 설정하였다.
> ㈒ ○○시의 청소년을 무작위로 추출하여 설문조사를 실시하였다.

① 위 연구과정에서는 개념의 조작적 정의가 필요하지 않다.
② ㈎와 ㈏의 단계에서는 연구자의 가치가 개입될 수 있다.
③ ㈐의 분석 결과는 ○○시의 청소년으로 일반화될 수 있다.
④ 일반적으로 연구과정은 ㈎, ㈑, ㈒, ㈐, ㈏ 순으로 진행된다.

6 밑줄 친 ㉠~㉢과 같은 현상의 일반적인 특징에 대한 설명으로 옳지 않은 것은?

2015. 6. 13 서울특별시

> 최근 ㉠ 비가 내리지 않는 ㉡ 건조한 날씨가 이어지면서 산불피해가 발생하지 않도록 ㉢ 나들이객의 주의가 필요하다.

① ⊙의 현상은 몰가치적이다.
② ⓒ의 현상은 당위법칙의 지배를 받는다.
③ ⓒ의 현상은 개연적이고 확률적이다.
④ ⊙, ⓒ과 같은 현상에 의해 ⓒ의 현상이 영향을 받을 수 있다.

7 다음 (가), (나)에서 활용했을 연구 방법에 대한 설명으로 옳은 것만을 〈보기〉에서 모두 고르면?

2014. 4. 19 안전행정부

> (가) A대학의 연구진은 컴퓨터 게임이 청소년 폭력과 탈선에 영향을 미치는지를 알아보고자 500
> 명의 비행 청소년들을 대상으로 컴퓨터 게임에 대한 노출 정도를 조사하였다.
> (나) 연구자 B는 도시빈민지역에 살았던 C할머니 가족의 빈곤문제를 연구하였다. 할머니의 손주
> 들이 25년 동안 살아온 시간을 추적함으로써 그들이 빈곤의 굴레에서 자유로워졌는지를 살
> 펴보았다.

〈보기〉
㉠ (가)는 개념의 조작적 정의, (나)는 연구자의 직관적 통찰을 중시한다.
㉡ (가)는 법칙 발견, (나)는 심층적 이해를 목적으로 한다.
㉢ (나)는 (가)에 비해 가설 설정을 중시한다.
㉣ (나)는 (가)와 달리 방법론적 일원론을 추구한다.

① ㉠㉡   ② ㉠㉣
③ ㉡㉢   ④ ㉢㉣

8 사회변동에 대한 다음 주장에 부합하는 설명으로 적절한 것은?

2014. 6. 21 제1회 지방직

> 생산력과 생산관계가 결합된 생산양식이 경제적 토대를 형성하며, 이에 조응하여 법 · 정치 · 종
> 교 등의 상부구조가 구성된다. 즉, 물질적 생산양식이 사회적 · 정치적 · 정신적 생활 과정의 일
> 반적 특성을 결정한다. 사회변동은 경제적 토대의 변화와 더불어 생산수단을 통제하는 힘과 그
> 관계에서 생기는 모순과 갈등의 결과로 일어난다.

① 사회변동의 요인은 그 사회의 외부로부터 주어진다.
② 인간의 의식은 사회적 삶 전반을 규정하는 토대로 작용한다.
③ 정치질서와 같은 상부구조는 경제적 토대의 형식적 표현일 뿐이다.
④ 경제적 요소에 의해 사회의 가치체계가 변화될 가능성을 간과하고 있다.

9 다음은 개인과 사회와의 관계에 대한 어떤 관점을 나타내는 주장이다. 이 관점에 부합하는 설명으로 옳은 것은?

2014. 6. 21 제1회 지방직

> 사회학은 '사회적 행위'를 연구하는 과학이라고 할 수 있다. '사회적 행위'는 행위하는 인간들의 주관적인 동기와 의미부여, 그것에 대한 상호 이해와 해석을 통해 이루어진다. 따라서 서구 사회에서의 자본주의 발달을 '사회적 행위'의 맥락에서 이해할 수 있다.

① 사회는 행위자의 주관적인 '상황 정의'에 의해 구성된다.
② "사회적 사실을 사물로 간주하라."라는 뒤르켐(E. Durkheim)의 주장과 일맥상통한다.
③ 사회는 개인들의 총합 이상이기 때문에 개인으로 환원할 수 없는 고유한 성격을 가진다.
④ 사회는 하나의 유기체와 같아서 각 개인은 사회 속에서 각자의 역할을 담당하여 사회 실체를 존속시킨다.

10 사회 현상을 탐구하는 방법은 양적 연구 방법과 질적 연구 방법이 있다. 다음의 연구 과정에 대한 설명으로 옳은 것은?

> 문제 제기→가설 설정→연구 설계→자료 수집→자료 분석→가설 검증→결론 도출

① 귀납적 연구과정을 거친다.
② 방법론적 이원론과 관계가 있다.
③ 일기, 낙서, 편지 등의 비공식적 문서를 중시한다.
④ 가설이 검증된 것이 이론이다.

11 (가), (나)에 해당하는 사회 · 문화 현상을 이해하는 관점을 바르게 설명하고 있는 것은?

> (가) 사회 구성 요소가 주어진 기능을 다하지 못했을 때 갈등과 사회문제가 발생하는 것으로 본다.
> (나) 갈등과 사회문제는 어느 시대나 사회에서 희소가치가 한정되어 있어 불가피하게 나타나는 보편적 현상으로 본다.

① (가)(나) 모두 사회 현상을 개인적인 차원에서 연구하는 관점이다.
② (가)는 인간 사회에는 사회적 희소가치를 둘러싸고 지배집단과 피지배집단 간에 항상 갈등과 대립관계가 존재한다.
③ (나)는 사회 변동을 부정적으로 보는 보수주의적 관점이다.
④ (가)는 급격한 사회변동을 설명하지 못한다.

12 다음의 자료 수집 방법에 대한 설명으로 옳지 않은 것은?

> (가) 노숙자들의 삶을 연구하기 위하여 노숙자들과 함께 생활하면서 자료를 수집하였다.
> (나) 헌법 개정에 대한 여론 조사를 하면서 인터넷 설문 조사를 하였다.

① (가)는 예상하지 못한 상황의 통제가 어렵다는 단점이 있다.
② (가)는 생생한 자료를 얻을 수 있다는 장점이 있다.
③ (나)는 계량화된 자료를 얻을 수 있다.
④ (나)에서 표본의 대표성이 높다.

13 다음의 자료 수집 방법에 대한 설명으로 옳지 않은 것은?

> (가) 질문지법   (나) 면접법
> (다) 참여 관찰법   (라) 실험법
> (마) 문헌 연구법

① 조사자의 편견 개입 가능성이 높다는 단점이 있는 것은 (나), (다), (마)이다.
② (가), (마)는 시간과 비용이 절약된다는 장점이 있다.
③ (가), (라)는 주로 해석적 연구에 쓰인다.
④ (나), (다)는 심층있는 자료 수집이 가능하다는 장점이 있다.

☞ 정답 및 해설 P.304

2 개인과 사회 구조

1 다음은 결합의지와 접촉방식을 기준으로 사회 집단을 구분한 것이다. A～D에 대한 설명으로 옳은 것만을 〈보기〉에서 모두 고른 것은?

2016. 4. 9 인사혁신처

접촉방식＼결합의지	본질적, 자연적	선택적, 합리적
몰인격적, 형식적	A	B
전인격적, 직접적	C	D

〈보기〉
㉠ A는 B에 비해 형식화된 규약에 의한 공식적 통제가 잘 이루어진다.
㉡ 가족, 친족, 민족은 B에 해당된다.
㉢ C는 D에 비해 가입과 탈퇴가 어렵다.
㉣ 회사 내 동호회는 B와 D의 성격이 공존한다.

① ㉠, ㉡ ② ㉡, ㉢
③ ㉢, ㉣ ④ ㉠, ㉣

2 다음 사례에 대한 설명으로 옳은 것은?

2016. 6. 18 제1회 지방직

A는 실적주의를 도입하고 있는 회사이다. 사원들의 업적을 항목별로 세분화하고 각 항목에 - 3점부터 3점까지 점수를 부여하고 있다. A는 매년 통계를 내어 근무 평점이 30점을 초과한 사원에게는 성과급을 지급하고, 근무 평점이 연속 2년 10점 미만인 경우에는 특별교육이수센터에서 일정 기간 재교육을 시킨다.

① 성취 지위와 역할 갈등을 찾을 수 있다.
② 성과급은 역할에 대한 보상 수단에 해당한다.
③ A는 2차적 사회화 기관이면서 비공식적 사회화 기관이다.
④ 특별교육이수센터는 비공식 조직이면서 자발적 결사체에 해당한다.

3 다음에서 설명하는 일탈 이론은?

2016. 6. 25 서울특별시

> 누구나 살면서 잘못을 저지르지만 적발되지 않으면 대부분 별 문제없이 지나간다. 하지만 그것이 다른 사람들에게 적발되고 세상에 알려지면 상황은 급격히 변한다. 자신을 대하는 사회적 시선이 예전과 달라졌음을 인식하게 되면서 그는 점점 일탈을 내면화하고 정상적인 사회 규범과 멀어진다.

① 낙인 이론　　　　　　　　　　② 아노미 이론
③ 사회 해체론　　　　　　　　　　④ 차별적 교제론

4 사회화 기관의 유형별 사례로 옳은 것만을 고른 것은?

2015. 3. 14 사회복지직

구분	비공식적 사회화 기관	공식적 사회화 기관
1차적 사회화 기관	㉠또래 집단	㉡가족
2차적 사회화 기관	㉢직업 훈련원	㉣학교

① ㉠㉡　　　　　　　　　　② ㉠㉣
③ ㉡㉢　　　　　　　　　　④ ㉢㉣

5 사회학적 개념 (A)에 대한 설명으로 옳은 것만을 고른 것은?

2015. 3. 14 사회복지직

> 사회를 구성하는 개인들은 독립된 인격체이지만 서로 관계를 맺고 지속적인 상호작용을 하며 살아간다. 사회 구성원 간의 상호작용이 지속되면 일정한 유형의 사회적 관계가 나타난다. 이러한 사회적 관계나 상호작용의 유형이 정형화되어 안정된 틀을 이루는 상태를 (A)라고 한다.

> ㉠ 미시적 관점에서 주요한 분석의 대상이 된다.
> ㉡ 구성원의 자유의지에 따라 쉽게 변화될 수 있다.
> ㉢ 개인의 사회적 행위를 유형화하여 예측할 수 있게 한다.
> ㉣ 개인의 외부에서 영향력을 행사하여 사고와 행동을 구속하는 힘을 갖는다.

① ㉠㉡　　　　　　　　　　② ㉠㉢
③ ㉡㉢　　　　　　　　　　④ ㉢㉣

6 다음은 개인과 사회의 관계를 바라보는 관점 중의 하나이다. 이 관점에 부합하는 설명으로 옳은 것은?

2015. 4. 18 인사혁신처

> 자연상태에서는 개인의 권리가 온전히 보장될 수 없어서 사람들은 계약을 통해 사회를 구성하였다. 따라서 사회가 개인의 권리 보장이라는 원래의 목적을 충족시키지 못할 경우, 개인은 사회를 재구성할 정당한 권리를 갖는다.

① 전체는 부분의 단순한 총합 이상이다.
② 사회 전체를 위해 개인의 희생은 정당화된다.
③ 개인의 능동성이 사회의 구속성보다 우선한다.
④ 개인은 사회라는 생명체를 유지하는 각각의 기관이다.

7 다음 글에서 설명하는 A의 특징으로 옳은 것은?

2015. 4. 18 인사혁신처

> A는 'bureau'와 'cracy'의 합성어이다. 프랑스어 'bureau'는 원래 책상을 덮는 모직 천을 의미하며, 'cracy'는 그리스어의 'kratia'에서 온 접미사로서 통치·지배를 의미한다. A는 정부 관료조직뿐만 아니라, 점차 일반적인 대규모 조직에도 적용되었다.

① 업무환경 변화에 유연하게 대응한다.
② 일정한 절차와 규칙에 따른 표준화된 업무수행이 이루어진다.
③ 의사결정권이 하위직급에 집중되어 현장실무자의 의견이 신속하게 반영된다.
④ 특정 문제 해결을 위하여 부서의 구분에 얽매이지 않는 임시조직 구성이 용이하다.

8 다음은 일탈 이론에 대한 도식이다. 이에 대한 설명으로 가장 옳은 것은?

2015. 6. 13 서울특별시

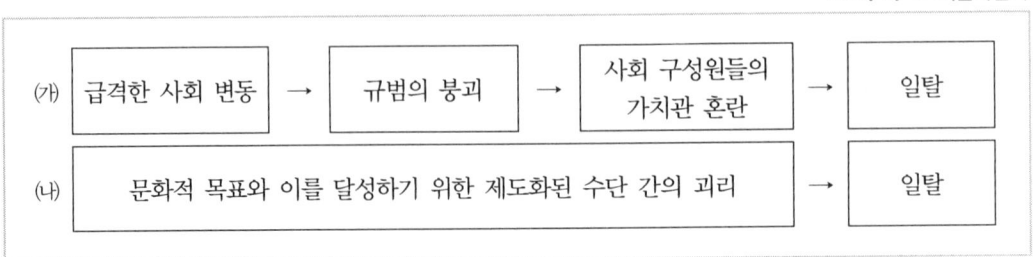

① ㈎와 ㈏의 입장은 기능론적 관점에서 일탈의 원인을 분석하고 있다.

② ㈎는 지배집단이 정해 놓은 규범에 상충되는 행위가 일탈행동이 된다고 보는 입장이다.

③ ㈏는 일탈 행위자와의 접촉을 통해 사회화된 일탈이 발생한다고 본다.

④ ㈎와 달리 ㈏는 일탈의 원인을 아노미로 본다.

9 밑줄 친 ㉠~㉣에 대한 설명으로 옳은 것은?

2015. 6. 13 서울특별시

> 지우는 ㉠ 광고 홍보학과 진학을 꿈꾸었으나, 부모님의 반대로 포기하고 ㉡ 의과대학에 입학하였다. 그러나 광고홍보에 대한 열망을 버리지 못하고 ㉢ 광고 홍보 동아리에 가입하여 의학 공부보다는 동아리 활동에 열중했다. 결국 지우는 의학 공부를 포기하고 광고 홍보학과로 편입하여 ㉣ 광고 홍보 회사에 취직하였다.

① ㉠은 지우의 내집단이다.

② ㉡은 이익 사회이자 1차 집단이다.

③ ㉠과 ㉢은 지우의 준거집단이다.

④ ㉣은 결합의지에 따른 구분에 의하면 본질적 의지에 의해 형성된 집단이다.

10 다음은 관료제의 문제점과 관련된 것이다. 이러한 문제점이 나타나는 공통적인 원인으로 옳은 것은?

2015. 6. 27 제1회 지방직

> • 대형 병원에서 수술 동의서를 받는 절차 때문에 시간이 지체되어 환자의 상태가 더 악화되었다.
> • 위급한 상황이 발생하여 경찰에 신고를 했는데 관할구역이 아니어서 도움을 줄 수 없다는 답변을 받았다.

① 상향식 의사결정구조가 형성되어 있기 때문이다.

② 문서화된 규약과 절차에 따라 업무를 수행하기 때문이다.

③ 연공서열이 중시되어 무사안일주의에 빠져 있기 때문이다.

④ 권한과 책임의 한계가 명확하게 구분되어 있지 않기 때문이다.

11 일탈 행동 이론에 대한 설명으로 옳지 않은 것은?

2015. 6. 27 제1회 지방직

① 차별적 교제 이론에 따르면 일탈 행동은 타인과의 상호 작용 과정에서 학습된다.

② 머튼의 아노미 이론에 따르면 일탈 행동은 일탈적 하위 문화에 노출될 때 발생한다.

③ 낙인 이론에 따르면 특정 행동이 일탈 행동이 되는 것은 사회가 일탈 행동으로 규정하기 때문이다.

④ 기능론에 따르면 일탈 행동은 사회 구성 요소가 제 기능을 적절하게 수행하지 못할 때 나타난다.

12 다음은 개인과 사회의 관계를 바라보는 관점이다. 이에 대한 설명으로 옳은 것은?

2015. 6. 27 제1회 지방직

> ㈎ 전체는 단지 외부의 힘에서 각 구성원의 신체와 재산을 방어하고 보호해주는 하나의 연합 형태일 뿐이다. 따라서 개인이 모여 전체를 이룬다 하더라도 각 개인은 자기 자신에게만 복종하기 때문에 이전과 마찬가지로 여전히 자유로울 수 있다.
>
> ㈏ 인간 개개인은 얼마든지 도덕적일 수 있어도 그런 개인들이 모여 집단을 이루게 되면 전혀 다른 특성이 나타난다. 즉, 집단으로서 이익을 추구하는 새로운 논리를 갖게 됨으로써 사회는 비도덕적이 될 수 있다.

① ㈎에서 개인은 사회 속에서만 존재 의미를 갖는다고 본다.

② ㈎에서 사회는 개인의 외부에서 독자적으로 작동한다고 본다.

③ ㈏에서 개인의 능동성은 사회 규범의 구속성보다 우선한다고 본다.

④ ㈏에서 사회는 그 자체를 구성하고 있는 부분 요소로 환원될 수 없다고 본다.

13 개인과 사회의 관계를 바라보는 갑과 을의 관점에 대한 설명으로 옳지 않은 것은?

2014. 4. 19 안전행정부

> 갑 : 뭐니 뭐니 해도 사람을 봐야지. 정치를 하는 것은 결국 사람이니까 정당보다 후보자의 됨됨
> 이가 더 중요하다고 봐.
> 을 : 날아 봤자 부처님 손바닥 안의 손오공처럼 제아무리 잘난 사람도 정당의 영향력에서 벗어날
> 수 없어. 어떤 후보를 뽑느냐보다는 어떤 정당에 투표하느냐가 더 중요하다고 봐.

① 갑은 인간의 주체적, 능동적 측면을 중시한다.
② 을은 사회가 개인들의 총합이라고 본다.
③ 갑은 사회 현상을 개인의 속성으로 파악할 수 있다고 본다.
④ 을은 개인이 사회 구조로부터 자유로울 수 없다고 본다.

14 다음 글의 빈칸 ㉠에 들어갈 집단으로 옳은 것은?

2014. 6. 28 서울특별시

> '당신이 사는 아파트는 당신의 가치를 말해 줍니다.', '이 차를 타는 순간 당신은 특별해집니다.'
> 등은 모두 텔레비전이나 신문 광고에서 종종 접할 수 있는 말들이다. 이와 같은 광고는 실제로
> 높은 판매 효과를 가져 온다고 한다. 그 이유는 무엇일까? 사람들에게는 (㉠)을(를) 정해 놓
> 고 그에 따라 생각하고 행동하려는 경향이 있다.

① 내집단   ② 외집단
③ 공동 사회   ④ 이익 사회
⑤ 준거 집단

15 다음에 해당하는 집단에 대한 설명으로 옳은 것은?

> ㈎ 구성원 간의 대면접촉과 친밀감을 바탕으로 결합된 집단
> ㈏ 구성원 간의 간접적 접촉과 목적 달성을 위한 수단적 만남을 바탕으로 한 집단

① ㈎는 개인의 인성형성과 자아형성에 근원적인 영향을 준다.
② 회사, 학교는 ㈎의 예이다.
③ 현대사회에는 ㈏보다 ㈎의 비중이 높아지고 있다.
④ ㈎와 ㈏의 구분이 대체로 명료하다.

16 다음 (가)와 (나)에 알맞는 사회학적 개념은?

(가) 어느 날 교통 경찰관인 갑은 과속으로 달리는 자동차를 적발하고 범칙금을 부과 하기 위해 차를 세웠다. 우연히도 운전자는 자신과 친한 친구였다. 갑은 범칙금을 부과해야 할지 말아 야 할지 망설이고 있다.

(나) 교사는 학생들을 올바로 지도하기 위하여 엄격해야 하는 한편 친구처럼 다정하여야 한다.

① (가) 역할 모순 (나) 역할 긴장   ② (가) 역할 긴장 (나) 역할 모순
③ (가) 역할 긴장 (나) 역할 갈등   ④ (가) 역할 모순 (나) 역할 모순

17 다음 A~C에 해당하는 사회화 기관으로 연결이 옳은 것은?

- 사회화를 목적으로 하는가? → 예 (A)
            ↓ 아니오
- 기초적인 사회화를 담당하는가? → 예 (B)
            ↓ 아니오
            (C)

① (A) 학교   (B) 또래집단   (C) 대중매체
② (A) 직업훈련소 (B) 동아리   (C) 가족
③ (A) 가족   (B) 또래집단   (C) 동아리
④ (A) 가족   (B) 직업훈련소 (C) 대중매체

18 다음의 조직 형태에 대한 설명으로 옳지 않은 것은?

관료제 조직에서 나타나는 문제점을 보완하기 위하여 등장한 조직 형태

① 변화에 빠르게 적응하며 조직의 구성과 해체가 자유롭다.
② 수평적 관계로 자유롭고 효율적인 의사 소통 및 빠른 업무 처리가 가능하다.
③ 창의력이나 개성이 발휘되기 쉽다.
④ 규정과 절차에 따른 업무 처리로 서면 처리를 중시한다.

19 다음의 일탈 행동 이론에 대한 설명으로 적절치 못한 것은?

> (가) 문화적 목표와 제도적 수단이 모든 사람에게 주어지지 않아서 일탈행동이 발생한다.
> (나) 일탈 행동은 개인이 일탈 집단과의 접촉을 통해 일탈 행동을 학습하기 때문에 발생한다.

① (가)는 아노미 현상을 일탈행동의 발생 원인으로 보고 있다.

② (나)는 일탈행동의 발생 원인을 상호 작용론적 시각에서 접근하고 있다.

③ (가)는 갈등론적 관점의 이론이다.

④ (나)는 미시적 관점이다.

20 다음 중 사회문제의 원인을 사회 구조의 틀에서 찾는 이론을 모두 고른 것은?

> A : 청소년 문제는 세대 갈등에서 비롯된 보편적 현상이다.
> B : 청소년 문제는 가정 교육과 학교 교육의 약화에서 비롯된 현상이다.
> C : 청소년 문제는 청소년이 자신의 행위에 대한 타인의 부정적 시선을 내재화한 결과이다.
> D : 일탈행위는 사회 구조 및 제도의 불평등으로 인해 발생한다.
> E : 일탈행위는 개인의 윤리 의식의 부재로 발생한다.

① A, B

② B, C

③ A, B, D

④ A, C, D

21 다음과 같은 현상을 공통으로 설명할 수 있는 개념은?

> ㉠ 거대한 현대 조직 사회에서 개인이 조직의 한 구성 요소로 전락하는 상황으로 인하여 사람들은 동창회나 산악회와 같은 집단 속에서 정서적 만족과 안정을 얻고자 한다.
> ㉡ 친교를 목적으로 하는 1차적 관계와 공통의 이익 추구를 목적으로 하는 2차적 관계가 공존하고 있다.

① 과업의 전문화

② 인간 소외 현상

③ 자발적 결사체

④ 사회 조직의 관료제화

22 사회 구조를 바라보는 을의 관점에 대한 설명으로 옳은 것은?

> 갑 : 현재의 사회 제도는 사회 체제의 유지 및 존속에 긍정적인 역할을 한다고 생각해.
>
> 을 : 아니야, 모든 사회 제도는 지배 집단의 이익 재생산에 기여하는 수단에 불과할 뿐이야.

> ㉠ 사회문제는 우리 몸에 병이 걸린 것과 같이 비정상적인 상태로 본다.
>
> ㉡ 사회문제는 불가피하고 보편적인 현상으로 본다.
>
> ㉢ 사회 변동이나 개혁의 중요성을 경시한다.
>
> ㉣ 사회의 존속과 통합을 간과하고 있다.

① ㉠㉡　　　　　　　　　② ㉠㉢

③ ㉡㉣　　　　　　　　　④ ㉢㉣

23 다음 사례 중에서 예기사회화에 해당하는 것을 모두 고르면?

> ㉠ 무역 회사 부장 갑은 퇴근 후 학원에서 컴퓨터와 무역 영어 회화를 익히고 있다.
>
> ㉡ 한국에 시집와서 생활하고 있는 다문화 가정 주부는 한국에 시집오기 전 한국어와 한국문화를 미리 익혀두었다.
>
> ㉢ 재소자가 교도소에서 사회적응을 위한 교육을 받는다.
>
> ㉣ 탈북 주민이 남한생활 적응을 위한 교육 프로그램에 참가한다.
>
> ㉤ 결혼에 대비하여 신부 수업을 받는다.

① ㉠㉡　　　　　　　　　② ㉠㉢㉣

③ ㉡㉤　　　　　　　　　④ ㉢㉣㉤

24 개인과 사회를 바라보는 관점 중, 갑의 관점에 부합되는 주장을 〈보기〉에서 고르면?

> 갑 : 역시 우리 애를 ㅇㅇ고등학교에 보내길 잘 했어요.
> 을 : 무슨 소리예요? 본인이 열심히 했으니까 성적이 올랐죠. ㅇㅇ고등학교와는 상관이 없는 거죠.

> ㉠ 개인은 사회의 그림자이다.
> ㉡ 사회는 개인들의 행위의 합성물이다.
> ㉢ 사회는 개인 간의 계약을 통해 형성된다.
> ㉣ 사회구성원으로서의 개인은 생물유기체의 기관에 해당한다.

① ㉠㉡ 　　　　　　　　　　② ㉠㉢
③ ㉠㉣ 　　　　　　　　　　④ ㉡㉢

25 다음의 현상을 설명하는 데 적합한 공통 개념들은?

> ㉠ 유럽 무대로의 진출을 원했던 국내 프로팀 축구선수가 드디어 꿈이었던 영국 명문팀과의 입단 계약을 앞두고 있다.
> ㉡ 진급율이 높은 부대에 근무하는 장병들이 진급율이 낮은 부대에 근무하는 장병들보다 진급에 대한 불만이 더 많았다.

① 소속 집단과 준거 집단 　　　② 소속 집단과 내집단
③ 준거 집단과 외집단 　　　　④ 내집단과 외집단

26 다음 표에서 ⑺~⒟에 해당되는 사회적 상호 작용으로 맞는 것은?

구분	목표	이해관계
⑺	동일	동일
⑻	동일	다름
⑼	다름	다름

① ⑺ 축구경기 　　　　　　　② ⑺ 취직시험
③ ⑻ 두레, 품앗이 　　　　　④ ⑼ 전쟁

27 다음의 집단에 대한 설명으로 옳은 것은?

> (개) 사내 조기축구회, 사내 동창회   (내) 환경 연합, 경실련

① (개)와 (내) 모두 퇴니스의 공동사회에 해당된다.
② (개)는 공식 조직의 업무 수행에 효율성을 떨어뜨린다.
③ (내)는 비공식 조직, 공식적 사회화기관, 1차 집단에 해당한다.
④ (내)도 규모가 커지면 관료제의 형태를 띌 가능성이 있다.

28 사회 조직을 다음 표와 같이 구분했을 때, 다음 설명 중 옳지 않은 것은?

구분	공익 추구	사익 추구
공식 조직	(개)	(내)
비공식 조직	(다)	(라)

① (개)의 예로는 시민 단체, 정부가 있다.
② (내)의 예로는 영리를 목적으로 하는 회사가 있다.
③ (개)는 (다)보다 가입과 탈퇴가 어렵다.
④ (내)의 활성화를 통해 (라)의 효율성을 도모하기도 한다.

29 다음 중 관료제 조직 형태의 순기능으로 적절치 않은 것을 〈보기〉에서 고른 것은?

> (개) 업무의 효율성   (내) 업무의 안정성과 지속성
> (다) 고용 안정에 따른 심리적 안정   (라) 개인의 창의성, 자율성
> (마) 조직의 유연성

① (개)(내)   ② (내)(라)
③ (다)(마)   ④ (라)(마)

30 다음의 내용들에 나타난 관료제의 문제점으로 가장 적절한 것은?

> • 병원에서 규정과 절차에 따르다가 수술이 지연되어 응급환자의 생명이 위급하게 된 경우
> • 국민의 여론수렴과 자발적 합의를 위하여 만들어진 정당이나 의회가 특정한 개인이나 집단의 권력유지를 위한 요식행위처럼 변화되는 경우

① 목적보다 수단이 강조되고 있다.
② 인간 소외 현상이 나타나고 있다.
③ 레드 테이프(red tape) 현상이 나타나고 있다.
④ 무사안일주의가 나타나고 있다.

☞ 정답 및 해설 P.311

3 문화와 사회

1 다음 글에 대한 설명으로 옳은 것만을 〈보기〉에서 모두 고른 것은?

2016. 4. 9 인사혁신처

> 최근 소비자들의 쇼핑트렌드가 변화하고 있다. 소비자들은 인터넷 해외 직접구매를 통해 새롭고 다양한 상품을 소비할 수 있게 되었다. 그러나 해외 직접구매로 인한 대금 결제 후 배송사기, 신용정보 해외유출 등의 새로운 문제점도 증가하고 있다.

> 〈보기〉
> ㉠ 인터넷이 발달하면서 강제적 문화접변 현상이 증가하고 있다.
> ㉡ 문화의 간접전파로 인해 문화변동이 일어난다.
> ㉢ 문화지체 문제를 해결하려는 노력이 필요하다.
> ㉣ 아노미 현상과 문화복고 현상을 증가시킨다.

① ㉠, ㉡   ② ㉡, ㉢

③ ㉢, ㉣   ④ ㉡, ㉣

2 다음 사례를 읽고 옳은 설명만을 〈보기〉에서 모두 고른 것은?

2016. 6. 18 제1회 지방직

> ㈎ A사회와 B사회의 접촉 과정에서 A사회의 의복 문화가 B사회의 의복 문화로 대체되었다.
> ㈏ C사회에서 발생하여 번성했던 ○○종교가 선교사들에 의해 D사회로 전파되었다. 그런데 D사회에서는 C사회의 종교에 D사회의 토속 신앙이 결합하여 □□종교로 정착되었다.

> ㉠ ㈎는 문화 동화의 사례에 해당된다.
> ㉡ ㈏에서 □□종교는 문화 융합의 사례에 해당된다.
> ㉢ ㈎, ㈏는 문화의 반동과 복고 현상의 사례에 해당된다.
> ㉣ ㈎, ㈏는 내재적 요인에 의해서 발생한 문화 접변 사례에 해당된다.

① ㉠   ② ㉠, ㉡

③ ㉠, ㉡, ㉢   ④ ㉡, ㉢, ㉣

3 다음에 나타난 문화 접변에 대한 설명으로 가장 옳은 것은?

2016. 6. 25 서울특별시

> 미국에 노예로 끌려온 아프리카 흑인들 고유의 음악이 유럽식 악기 등과 결합하여 만들어진 '재즈'가 있다.

① 문화 공존보다는 문화 동화에 해당한다.
② 간다라 불상과 같은 문화 융합의 사례에 해당한다.
③ 한국에 한의학 이외에 서양 의학이 들어와 있는 사례를 들 수 있다.
④ 브라질 원주민들이 과거 주술적인 방식을 버리고 서양의학에 의존하는 경우도 이에 해당한다.

4 다음은 문화 접변의 결과 한 사회에서 나타날 수 있는 변화의 유형을 도식화한 것이다. 이에 대한 설명으로 옳지 않은 것은?

2015. 3. 14 사회복지직

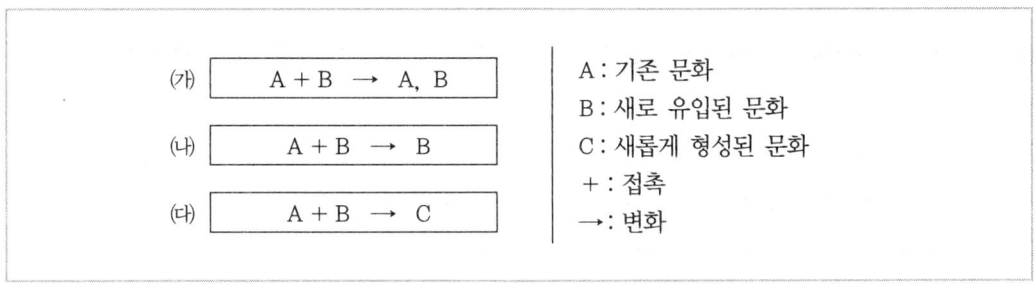

① 문화 접변의 원인에는 한 사회의 문화 요소가 다른 사회로 이동하여 영향을 주는 현상이 포함된다.
② (가)는 문화 융합으로서 새로 유입된 문화를 거부하면서 저항 운동이 일어나는 경우에 발생한다.
③ (나)는 문화 동화로서 기존 문화의 정체성이 약한 경우에 발생할 수 있다.
④ (다)의 사례로는 멕시코 토착 인디언의 전통 문화와 에스파냐의 문화가 만나서 독특한 메스티조 문화가 형성된 것을 들 수 있다.

5 ⊙~ⓒ에 대한 설명으로 옳은 것은?

2015. 3. 14 사회복지직

프랑스의 문화 인류학자 레비스트로스(Lévi-Strauss)는 남미 아마존 강 유역에서 원시적 삶을 살아가는 원주민들의 주술적이고 신화적인 사고방식도 서구인들의 과학적 사고방식 못지않게 합리성을 지닌다고 언급하였다. 그는 ⊙모든 문화는 우열이 없고, 나름대로 합리성을 갖고 있으며, 존재할 가치가 있다고 본 것이다. 예를 들면, 아프리카 나이지리아의 하우사(Hausa)족에게는 ⓛ출산 후 적어도 2년 이상 임신하지 못하도록 남녀의 관계를 금하는 관습이 있다. 그런데 이것에 대해 ⓒ서구인들 대다수가 야만적이고 무지하다고 비판하였다. 그러나 사실 이는 임신을 하게 되면 여성들이 단백질 결핍증인 콰시오커에 걸릴 확률이 높기 때문에 여성들을 보호하기 위함이었다.

① ⊙과 같은 시각은 다양한 생활양식에 대한 차별적인 인식을 바탕으로 한다.
② ⓛ은 인간이 욕구 충족을 위해 자연이나 사물을 이용하는 방식을 의미한다.
③ ⓛ은 사회 구성원들의 행동을 통제하는 기준이 된다.
④ ⓒ과 같은 태도는 자문화의 정체성이나 주체성을 상실할 우려가 있다.

6 밑줄 친 사례에 나타난 문화변동과 관련된 개념으로 옳은 것만을 〈보기〉에서 모두 고른 것은?

2015. 4. 18 인사혁신처

결혼이나 취업 등을 위해 한국 사회에 들어온 이주민이 크게 증가하면서 다양한 문화가 확산되고 있다. 특히 세계 각국에서 온 주방장들이 자국의 음식 맛을 그대로 살린 식당을 열어 이주민뿐만 아니라 한국인에게도 인기를 끌면서 성업 중이다.

⊙ 직접 전파   ⓛ 자극 전파
ⓒ 자발적 문화 접변   ⓒ 문화 공존
ⓜ 문화 융합

① ⊙ⓛⓒ   ② ⊙ⓒⓒ
③ ⊙ⓒⓜ   ④ ⓛⓒⓜ

7 인간의 문화를 연구할 때, 문화를 이해하는 태도에는 여러가지가 있다. 아래의 표에서 문화의 이해 태도인 A~C에 대한 옳은 진술을 〈보기〉에서 모두 고르면? (단, A, B, C는 각각 문화 사대주의, 문화 상대주의, 자문화 중심주의 중의 하나이다.)

2015. 6. 13 서울특별시

태도 질문	A	B	C
문화의 주체성을 상실할 가능성이 있는가?	예	아니오	아니오
자기문화를 기준으로 다른 문화를 평가하는가?	아니오	예	아니오
문화의 우열을 가리는 기준이 존재한다고 보는가?	예	예	아니오

〈보기〉
㉠ A는 선진 문물의 수용에 기여할 수 있고, 자기문화의 낙후성을 개선할 수 있다.
㉡ B는 19세기 서구 열강들의 서구 중심적 가치관으로 문화적 마찰 발생가능성이 있다.
㉢ C는 타문화를 올바로 이해함으로써 문화 다양성을 보존하는 데 기여할 수 있다.
㉣ 문화 이해 태도로 A관점과 C관점을 가진 사람에게는 부정적으로 인식되는 문화가 존재한다.

① ㉠㉡
② ㉠㉡㉢
③ ㉠㉡㉢㉣
④ ㉡㉢㉣

8 문화에 대한 설명으로 맞는 것은?
① 문화는 '개화된 것' '발전된 것'이라는 넓은 의미로 사용되기도 한다.
② 좁은 의미의 문화는 한 사회 구성원들의 생활양식 그 자체를 의미하지만, 문명은 그 지식과 기술의 발전단계를 뜻한다.
③ '문화는 미개사회에도 존재한다'라고 했을 때 문화는 넓은 의미의 문화이다.
④ 좁은 의미의 문화에서는 문화는 평가의 대상이 아니며 수준의 우열을 가릴 수 없다.

9 다음 내용과 관련이 있는 문화의 속성은?

> • 경제의 고도성장은 인구의 도시 집중, 전통적인 사회조직의 변화, 교육제도, 가치관의 변화 등 우리 문화의 구석 구석까지 중대한 영향을 주었다.
> • 피임약이 발명되자 자녀수가 점차 줄어들면서 가족의 규모도 작아지게 되었고, 활발한 여성의 사회활동은 남녀평등에 기여하였다.

① 공유성   ② 학습성
③ 축적성   ④ 전체성

10 다음의 내용과 가장 관련이 있는 문화의 속성을 바르게 연결한 것은?

> ㉠ 사회 생활을 위한 공통의 장을 제공한다.
> ㉡ 사회 성원 간의 행동 및 사고를 예측하게 한다.
> ㉢ 전체는 단순한 부분의 합이 아니다.
> ㉣ 인간에게 학습 능력과 상징체계를 가지고 있다.

① ㉠ – 총체성   ② ㉡ – 변동성
③ ㉢ – 공유성   ④ ㉣ – 축적성

11 다음 글에 나타난 문화의 특징은?

> • 폐백은 원래 신부의 집에서 예식을 하던 문화에 따른 것이었으나, 요즘은 결혼식이 예식장에서 진행되면서 간소화되었다.
> • 생활한복은 전통한복을 현대적 감각으로 수정한 것이다.

① 문화는 한 사회 구성원들이 공통적으로 가지고 있는 생활양식이다.
② 문화는 사회화과정을 거치면서 후천적으로 학습된 것이다.
③ 한 사회의 문화의 각 영역들이 상호 연관되어 전체적으로 하나의 체계를 이루고 있다.
④ 문화 현상은 고정 불변하는 것이 아니라 유동적이고 지속적으로 변한다.

12 다음 사례에서 문화 인식 태도에 대한 설명으로 옳지 않은 것은?

> (가) 인도에서 소를 신성시하여 잡아먹지 않는 문화가 있다. 소가 농경생활에 유용하기 때문에 소를 식량으로 소비하는 것을 금기시할 필요가 있어 소를 숭배하는 문화가 나타난 것이다.
> (나) 유럽인 신부들은 옷을 전혀 입지 않고 생활하는 자파테크 족에게 서유럽식 복식을 강요하였다. 그 결과 기온의 높고 습기가 많은 이 지경의 기후 때문에 원주민들이 피부병에 걸렸고, 또 몸에 계층을 표시하는 장식을 할 수가 없어 사회 질서의 문란이 나타났다.

① (가), (나)의 현상을 총체론적 관점에서 이해해야 한다.
② (가), (나)에서 문화 상대주의적인 태도를 가져야 한다.
③ (나)에서 신부의 태도는 문화사대주의에 해당한다.
④ (나)에서 신부들은 문화의 상대성을 인정하지 않았다.

13 다음의 내용에 대한 비판으로 가장 적절한 것은?

> 일부 문화권에서 부정을 저지른 여성들이 가문의 명예를 더럽혔다는 이유로 가족들에 의해 살해되는 이른바 '명예살인'이 암암리에 자행되어 왔다.

① 문화의 특수성을 인정하지 않고 있다.
② 문화 사대주의에서 벗어나야 한다.
③ 문화의 상대성을 인정하지 않고 있다.
④ 인류의 보편적 가치를 훼손해서는 안된다.

14 다음 (A)~(C)에 해당하는 것으로 잘못 연결된 것은?

> (A) 전에는 없었던 전혀 새로운 문화 요소를 만들어 내는 것
> (B) 이미 존재하는 문화 요소를 조합하거나 응용하여 새로운 문화 요소를 만들어 내는 것
> (C) 아직 알려져 있지 않은 어떤 것을 알아내는 것

① (A) 활   (B) 현악기   (C) 비타민
② (A) 증기기관   (B) 기차   (C) 태양의 흑점
③ (A) 전화   (B) 스마트폰   (C) 신대륙
④ (A) 만유인력법칙   (B) 기차   (C) 이념

15 문화 변동의 원인에 대한 설명으로 옳은 것은?

> ㉠ 문화 변동의 원인은 내재적 요인과 외재적 요인이 있다.
> ㉡ 외재적 요인에는 발명과 발견이 있다.
> ㉢ 발명은 아직 알려져 있지 않은 어떤 것을 알아내는 행위이다.
> ㉣ 문화의 전파는 하나의 문화 체계 안에서는 발생할 수 있다.
> ㉤ 발명이나 발견은 반드시 문화의 변동을 가져다 준다.

① ㉠㉡ ② ㉠㉣
③ ㉡㉢㉤ ④ ㉢㉣㉤

16 다음 사례를 설명할 수 있는 문화 변동의 양상으로 그 연결이 가장 적절한 것은?

> ㉠ 고종은 러시아 공사관을 통해 들어온 커피를 즐겨 마셨다고 한다.
> ㉡ 체로키 인디언이 알파벳을 본떠 '세쿼야'라는 문자를 만들어 냈다.
> ㉢ 대부분의 영국 팬들은 인터넷으로 케이팝(K-POP) 뮤직비디오를 발견하고 유튜브, 트위터,
> 페이스북 등을 통해 음악을 접한다.

① ㉠ 자극 전파, ㉡ 직접 전파, ㉢ 직접 전파
② ㉠ 직접 전파, ㉡ 간접 전파, ㉢ 간접 전파
③ ㉠ 직접 전파, ㉡ 자극 전파, ㉢ 간접 전파
④ ㉠ 간접 전파, ㉡ 직접 전파, ㉢ 자극 전파

17 다음 문화 변동의 양상에 대한 사례로 옳은 것은?

> ㉠ 문화 공존 ㉡ 문화 동화
> ㉢ 문화 융합 ㉣ 문화 저항

① ㉠ 일제 강점기 때 조선어학회 사건
② ㉡ 한국에 사는 중국인들이 차이나 타운에서 그들 고유의 문화를 유지하며 생활하고 있는 것
③ ㉢ 우리 토속 신앙과 불교가 결합한 칠성각과 산신각
④ ㉣ 미국의 인디언들은 고유의 문화를 잃어버리고 백인 문화에 흡수되어 오늘날 미국에서
    인디언 문화를 찾아보기 어려운 현실

18 다음 질문에서 (A)에 해당하는 문화 변동 요인의 사례는?

> • 외부적 요인에 의한 변동입니까?
> ↓ 예
> • 인터넷, 인쇄물 등 매개체 없이 접촉함으로써 발생했습니까?
> ↓ 아니오
> • 새로운 문화 요소를 만들어 냈습니까?
> ↓ 아니오
> (A)

① 기차 발명   ② 불의 발견
③ 선교사들의 선교활동   ④ 새로이 등장한 각종 신흥 종교

19 다음의 문화 변동에 대한 설명으로 옳지 않은 것은?

> 정복이나 식민 지배와 같은 상황에서 자기 사회의 문화 요소를 다른 사회의 문화 체계 속에 이식하여 나타나는 문화 변동

① 다른 문화를 받아들이는 과정에서 피지배 집단의 저항이 나타날 수 있다.
② 일제 강점기 때의 창씨개명 강요가 그 예이다.
③ 수용하는 쪽의 문화 통합 정도가 약할 경우 문화 저항이 나타난다.
④ 자문화에 대한 문화적 정체성이 약할 경우 문화 동화가 발생할 수 있다.

20 다음 내용에 나타난 문화 변동의 양상을 〈보기〉에서 모두 고른 것은?

> 중국 연변의 조선족 교포들은 평소에는 중국어를 사용하지만 집에서 가족들과는 한국어를 사용한다. 김치 등 우리 음식을 먹고 있지만 그 맛과 조리법이 많이 중국화되었다고 한다.

> ㉠ 문화 접변   ㉡ 내재적 변동
> ㉢ 외재적 변동   ㉣ 문화 공존
> ㉤ 문화제국주의

① ㉠㉡㉤   ② ㉠㉢㉣
③ ㉠㉡㉣   ④ ㉡㉣㉤

21 다음 중 문화 변동과 그 양상에 대한 설명으로 바른 것은?

① 발명에는 물질적 발명뿐만 아니라 종교, 신화, 이념 등 관념적인 발명도 있다.
② 직접전파, 간접전파, 자극전파는 내부적 요인에 의한 변동이다.
③ 장기간에 걸친 완만한 변동을 문화의 개혁이라 한다.
④ 문화 접변의 경우 종교나 사회조직의 문화일수록 잘 일어난다.

22 대중문화의 순기능에 해당하는 것은?

○ 문화의 질적 저하
○ 고급문화의 대중화
○ 지식과 정보의 대량 전달
○ 정치적 무관심
○ 문화의 획일화, 개성 상실
○ 대중매체에 지나치게 의존하는 태도

① ㉠㉡   ② ㉡㉢
③ ㉢㉤   ④ ㉣㉮

23 다음 중 하위문화에 대한 설명으로 옳은 것은?

○ 사회가 복잡해지면서 하위문화는 오히려 감소하고 있다.
○ 전체문화와 같은 동질적인 문화이다.
○ 전체 문화의 유지와 존속에 장애가 된다.
○ 소속감을 느끼게 하고 다른 집단과의 차별성을 갖게 해준다.
○ 문화의 역동성과 다양성을 제공한다.

① ㉠㉡   ② ㉡㉢
③ ㉢㉤   ④ ㉣㉤

24 다음의 문화에 대하여 옳은 설명을 〈보기〉에서 고른 것은?

> 한 나라 안에서도 지역 간의 환경과 역사적 배경, 그리고 사회적 특징에 따라 나타나는 문화이다. 일반적으로 자연 부락 또는 일정 단위의 행정 구역에 거주하는 주민들이 공유하는 문화를 의미한다.

> ㉠ 전체문화와의 동질화를 추구한다.
> ㉡ 지역 주민의 정체성 확립과 유대감을 길러주는 역할을 한다.
> ㉢ 강릉 단오제, 부산 국제 영화제 등 지역 축제를 포함한다.
> ㉣ 지방자치제도의 실시로 지역문화에 대한 관심은 감소했다.

① ㉠㉡   ② ㉡㉢
③ ㉢㉤   ④ ㉣㉤

25 다음의 문화에 해당하는 것을 〈보기〉에서 고르면?

> 한 사회 내의 특정 집단 구성원들만이 공유하고 있는 문화

> ㉠ 대중문화   ㉡ 청소년 문화
> ㉢ 지역문화   ㉣ 민족문화
> ㉤ 히피 문화

① ㉠㉡㉢   ② ㉠㉣㉤
③ ㉡㉢㉤   ④ ㉢㉣㉤

☞ 정답 및 해설 P.316

1 다음은 A국의 빈곤율 변화를 나타내고 있다. 이에 대한 설명으로 옳은 것은? (단, A국의 모든 가구의 구성원 수는 동일하다)

2016. 4. 9 인사혁신처

(단위 : %)

구분 \ 연도	2000년	2005년	2010년	2015년
절대적 빈곤율	7.2	7.0	6.8	6.5
상대적 빈곤율	6.9	7.0	10.2	11.6

* 절대적 빈곤율 : 전체 가구 중 가구 소득이 ㉠최저생계비 미만인 가구의 비율
* 상대적 빈곤율 : 전체 가구 중 가구 소득이 ㉡중위소득의 50 % 미만인 가구의 비율

① ㉡은 전체 가구 소득의 평균값이다.
② 2005년에는 ㉠과 ㉡의 값이 같다.
③ 절대적 빈곤가구 수가 감소하는 추세를 보인다.
④ 2000년에는 상대적 빈곤가구가 모두 절대적 빈곤가구에 포함된다.

2 다음은 교육의 기능에 대해 서로 다른 관점을 갖고 있는 갑과 을의 대화이다. 갑과 을에 대한 설명으로 가장 적절한 것은?

2016. 6. 18 제1회 지방직

• 갑 : 학교에서 학생들에게 가르치는 내용은 주로 기득권층의 이익에 부합되는 것입니다. 교육 제도는 지배 계급의 지배를 정당화하기 위한 수단으로서의 기능을 수행하고 있습니다. 또한 교육 제도는 개인들의 사회적 지위를 고착화시키는 데 기여하고 있습니다.
• 을 : 그렇지 않습니다. 교육 제도는 개인들에게 사회 계층 이동의 기회를 제공하는 역할을 수행하고 있습니다. 또한 교육 제도는 구성원들로 하여금 사회적 규범과 가치관을 내면화하도록 하고, 사회적 역할에 필요한 지식과 기술을 습득하도록 합니다.

① 갑은 교육 제도가 기존의 사회적 불평등을 재생산하는 수단으로 작용한다고 본다.
② 을은 개인의 능력보다 가정의 배경을 중시하는 입장을 취한다.
③ 갑은 을에 비해 교육을 통해 사회 구성원이 적재적소에 재배치된다고 본다.
④ 갑과 을은 모두 미시적 관점에서 교육 제도를 바라보고 있다.

3 다음은 사회계층화 현상을 바라보는 관점 중의 하나이다. 이 관점에 부합하는 설명으로 옳은 것은?

2015. 4. 18 인사혁신처

> 사회계층화 현상은 사회적 희소자원이 구성원들의 능력과 노력에 따라 다르게 분배됨으로써 나타나는 불가피한 현상이다.

① 임금의 차등은 기득권을 유지하기 위한 지배집단의 강제와 억압 때문이다.
② 차별적 보상 체계는 동기 부여를 통해 사회 발전에 기여한다.
③ 가정에서 부부간의 문제는 근본적으로 불평등한 부부관계에서 비롯된다.
④ 교육은 계층이동의 통로가 되기보다 기존의 불평등한 사회구조를 재생산할 뿐이다.

4 다음 표는 정규직 평균 임금 대비 비정규직 평균 임금을 나타낸 것이다. 이에 대한 분석으로 옳은 것은? (단, 남성과 여성의 정규직 평균 임금은 지속적으로 상승하였다.)

2015. 6. 13 서울특별시

구분	2011년	2012년	2013년
남성	70%	75%	80%
여성	70%	80%	75%

① 여성의 경우, 정규직과 비정규직의 평균 임금 차이는 2013년이 2012년보다 적다.
② 남성의 경우, 전년대비 2013년의 평균 임금상승률은 비정규직이 정규직보다 더 높다.
③ 2013년 여성의 비정규직 평균 임금은 2012년에 비하여 하락하였다.
④ 2013년 비정규직의 평균 임금은 여성이 남성보다 적다.

5 다음 표는 갑국의 세대 간 계층 구성을 나타낸 것이다. 이에 대한 분석으로 옳은 것은?

2015. 6. 13 서울특별시

자녀＼부모	상층	중층	하층	합계
상층	2명	3명	5명	10명
중층	10명	25명	35명	70명
하층	3명	7명	10명	20명
합계	15명	35명	50명	100명

① 갑국의 세대 간 계층 이동 인구가 대물림 인구보다 많다.
② 부모와 같은 계층인 자녀의 수는 하층에서 가장 높게 나타난다.
③ 세대 간 이동은 상승 이동보다 하강 이동이 많다.
④ 자녀계층보다 부모계층에서 안정적인 계층구조가 나타난다.

6 다음 글의 사회적 불평등에 대한 관점과 부합하는 것만을 〈보기〉에서 모두 고른 것은?

2015. 6. 27 제1회 지방직

> 오늘날 한국사회에서는 입시경쟁이 치열하다. 그런데 부유한 가정에서 태어나 더 많은 교육 혜택을 받고 자란 학생들은 경쟁력이 있기 때문에 입시경쟁의 출발점부터 유리한 위치에 서게 된다. 결국 입시경쟁은 사회불평등을 더욱 심화시키고 지배질서의 재생산에 기여하게 된다.

> ㉠ 사회계층화는 보편적이며 필수 불가결한 현상이다.
> ㉡ 차등적인 보상체계는 경쟁을 유발하여 사회발전에 기여한다.
> ㉢ 자원 분배 과정에서 특정 집단의 이해관계가 중요하게 작용한다.
> ㉣ 사회의 희소자원이 불공평하게 분배되고 이러한 분배의 결과로 빈곤과 같은 사회문제가 발생한다.

① ㉠㉡ ② ㉠㉣

③ ㉡㉢ ④ ㉢㉣

7 사회 계층 현상을 바라보는 갑과 을의 관점에 대한 설명으로 옳은 것은?

2014. 4. 19 안전행정부

> 갑 : 저소득층에 대한 학비지원 제도나 국가장학금 제도가 있기 때문에 모든 학생들에게 대학 진학의 기회는 균등하게 부여되어 있어. 결국 개인의 능력이나 노력의 차이에 따라 특정 대학 진학이 결정되는 것이지. 자기가 원하는 대학에 진학하지 못했다고 부모를 탓하는 것은 핑계에 불과해.
> 을 : 어떤 가정환경에서 자라고 얼마만큼 사교육을 받았는지가 학생의 성적을 좌우하지. 기득권층 자녀는 부모 덕으로 특정 대학에 진학하는 것이 현실이야. 개인의 능력과는 무관하게 사회 불평등은 재생산되는 것이지.

① 갑은 사회 계층 현상을 사회적 기여 정도에 따른 서열화로 본다.
② 갑은 사회 계층 현상을 심각한 사회 문제로 여긴다.
③ 을은 개인의 귀속적 요인이 사회 계층 구조를 변화시킨다고 본다.
④ 갑에 비해 을은 차등적 보상 체계를 바람직하다고 본다.

8 다음 (개), (내)에 나타난 사회 이동의 유형을 바르게 연결한 것은?

2014. 6. 28 서울특별시

> (개) 대기업에 입사한 A씨는 불굴의 의지로 노력하여 10년 만에 계열사 사장이 되었다.
> (내) 노비의 아들로 태어난 B씨는 갑오개혁으로 신분 제도가 폐지되자, 열심히 노력하여 큰 부자가 되었다.

	(개)	(내)
①	수평 이동	수직 이동
②	개인적 이동	구조적 이동
③	수직 이동	수평 이동
④	세대간 이동	세대내 이동
⑤	구조적 이동	세대간 이동

9 계층과 계급 이론에 대한 설명으로 옳은 것은?

① 베버의 계층이론과 마르크스의 계급이론에서 공통된 구분 기준은 경제적 요인이다.

② 계층보다 계급이 현대 사회의 다양한 불평등 현상을 설명하는 데 용이하다.

③ 계급 간에는 연속성을 보이지만 계층은 불연속적 분포를 보인다.

④ 복지 정책이 강화되면 사회 계층 현상은 사라질 것이다.

10 다음 중 사회적 소수자로 분류하기 위한 조건을 〈보기〉에서 고른 것은?

㉠ 구별가능성	㉡ 권력의 열세
㉢ 소수 인원	㉣ 사회적 차별
㉤ 집단의식	㉥ 낮은 경제 수준

① ㉠㉡㉢㉣

② ㉠㉡㉣㉤

③ ㉡㉢㉤㉥

④ ㉢㉣㉤㉥

11 다음 주장에 대한 비판으로 적절한 것을 모두 고르면?

사회 계층화는 보다 중요한 위치에 적절한 능력을 가진 사람들로 충원되기 위해서 불가피하게 형성된 것이다.

㉠ 기득권층의 권익을 대변하는 보수적 시각이다.
㉡ 직업에는 귀천이 없다.
㉢ 개천에서 용 난다.
㉣ 개천에서 용 나는 것은 어렵다.

① ㉠㉢

② ㉠㉡㉣

③ ㉡㉣

④ ㉡㉢㉣

12 사회 이동에 대한 설명으로 옳은 것은?

① 부모, 자녀 간에 나타나는 계층적 지위 변화는 세대 내 이동이다.

② 구조적 이동과 개인적 이동은 이동 기간에 따른 구분이다.

③ 사회 이동이 이루어진 방향에 따라 수직 이동과 수평 이동으로 구분할 수 있다

④ 개인적 이동은 전쟁, 혁명, 산업화 또는 그 밖의 사회 변동에 따라 기존의 계층구조가 변함으로써 나타나는 계층적 위치 변화를 의미한다.

13 빈곤에 대한 관점 중에서 다음 내용과 일치하는 것을 〈보기〉에서 모두 고른 것은?

> 가난의 책임은 가난한 사람 자신에게 있다.

> ㉠ 빈곤 문제는 모순된 사회구조에 의해 발생한다.
> ㉡ 빈곤 문제는 개인의 게으름, 능력 부족 등으로 사회에 적응하지 못할 때 발생한다.
> ㉢ 빈곤층은 가난한 사람들의 빈곤 문화를 형성한다고 본다.
> ㉣ 빈곤 문제는 희소한 자원이 불공정하게 분배되어 발생한다.
> ㉤ 빈곤문제 해결을 위해서는 빈곤층의 재사회화가 필요하다.

① ㉠㉡㉢

② ㉠㉢㉣

③ ㉡㉢㉤

④ ㉢㉣㉤

14 다음 복지 국가에 대한 설명으로 옳은 것은?

① 자유주의 사회에서는 보편적 복지가 실현된다.

② 사회 민주주의 국가에서는 극빈자 층에게만 복지가 제공된다.

③ 자유주의 사회에서는 복지 서비스가 시장 원리와 상관없이 제공된다.

④ 오늘날 복지국가는 의료, 교육, 주택, 소득과 같이 인간에게 필요한 기초적 요건들을 충족시키기 위한 사회 보장 제도를 마련한다.

15 다음 계층 구조에 대한 설명으로 옳은 것은?

> ㉠ 피라미드형 계층 구조   ㉡ 다이아몬드형 계층 구조
> ㉢ 수직적 계층 구조   ㉣ 수평적 계층 구조

① ㉠과 ㉡은 계층 구성원의 비율에 따른 구분이다.
② ㉠은 중간 계층의 비율이 높으므로 사회가 안정적이다.
③ ㉣이 국민의 복지 수준이 높은 현대 복지 사회의 계층 구조이다.
④ ㉢은 부분 불평등형이다.

16 다음 표는 어떤 사회의 계층 구성 비율 변화를 나타낸 것이다. 이에 대한 설명으로 옳지 않은 것은?

구분	상층	중층	하층
A시기	9%	82%	9%
B시기	16%	14%	70%

① A시기의 계층 구조는 다이아몬드형 계층 구조에서 중상층과 중하층의 인구비율이 증가하여 나타난다.
② A시기가 B시기보다 사회적 안정도는 더 높다.
③ B시기의 계층 구조는 사회양극화가 심할 때 나타난다.
④ A시기의 계층 구조는 정보화의 부정적 효과 때문에 나타날 수 있다.

17 다음 사례에서 나타난 사회 현상에 대하여 옳은 것은?

> 갑돌이는 시장에서 떡볶이 장사로 어렵게 평생 모은 돈 전부를 장학 재단에 기부하였다.

① 개인이 차지하고 있는 정치적, 사회적, 경제적 지위가 일치하고 있다.
② 갑돌이의 사회적 지위는 낮다.
③ 지위 불일치 현상이다.
④ 이런 현상에 대해서는 계급 이론에서 설명이 가능하다.

18 다음과 같은 맥락에서 사회 계층 현상을 보는 관점과 가장 거리가 먼 것은?

> 계층이란 지배집단의 기득권을 유지하기 위해서 불평등한 현상을 정당화하기 위한 인위적 현상이다.

① 사회 계층은 사회 지배집단이 기득권을 유지하기 위해서 만들어 낸 것이다.

② 사회적 희소 가치의 분배는 가정의 배경과 같은 요인에 따라 차등 분배되고 있다.

③ 사회 계층 현상은 구성원들의 박탈감을 불러일으키며 사회 변동의 원인이 되기도 한다.

④ 사회적 희소 가치의 분배에 있어서 적용되는 절차와 기준은 사회 구성원들에 의해 어느 정도 합의되어 있다.

19 다음 중 피라미드형에서 다이아몬드형 계층 구조로 변화한 계기가 된 것으로 적절한 것을 모두 고르면?

㉠ 신분제도의 철폐	㉡ 의무교육의 확대
㉢ 중산층의 확대	㉣ 복지제도의 확대
㉤ 신자유주의 확대	㉥ 경쟁위주의 교육 실시

① ㉠㉡㉢㉣

② ㉠㉡㉣㉤

③ ㉡㉢㉤

④ ㉣㉤㉥

20 사회 계층화 현상에 대한 기능론적 관점이라고 보기 어려운 것은?

① 사회 계층화는 지배 집단의 기득권과 지배적 위치를 유지하려고 존속시키고 있는 것이다.

② 사회 계층화는 불가피한 현상이다.

③ 사회 계층화는 개인과 사회가 최선의 기능을 하도록 하는 장치이다.

④ 사회 계층화는 사회 구성원의 합의된 절차와 기준에 의해 이루어진다.

21 다음 표는 세대 간 계층 구조를 나타낸 것이다. 옳게 분석한 것은?

구분		자녀 세대			합계
		상	중	하	
부모 세대	상	10	4	3	17
	중	2	27	8	37
	하	7	20	19	46
합계		19	51	30	100

① 자녀 세대보다 부모 세대에서 사회적 안정도는 더 높다.
② 부모 세대에서 복지 제도가 강화되었을 것이다.
③ 폐쇄적 계층구조에 해당한다.
④ 세대 간 이동 중 상승 이동이 하강 이동보다 비중이 낮다.

22 다음 사회보장제도에 대한 설명으로 옳은 것은?

(개) 사회보험	(내) 공공부조	(대) 사회복지서비스

① 사회보장의 이념 구현을 위해서 청구적 기본권이 강조된다.
② (개와 (내는 경제적 지원을 통한 복지정책에 해당한다.
③ 직장을 잃은 사람에게 실업 급여를 주는 것은 (내에 해당한다.
④ 장애인 의무 고용제도는 (내에 해당한다.

23 다음 중 사회 보험의 내용만으로 묶은 것은?

㉠ 의료 급여 제도	㉡ 생계 급여 제도
㉢ 공무원 연금 제도	㉣ 산업 재해 보상 보험 제도
㉤ 건강 보험 제도	㉥ 아동 복지 제도
㉦ 노인 복지 제도	

① ㉠㉡㉢
② ㉣㉤㉥
③ ㉡㉢㉦
④ ㉢㉣㉤

24 다음은 사회 보장 제도의 유형을 분류한 것이다. A~C에 대한 옳은 설명을 다음에서 모두 고른 것은?

- 국가가 비용의 전부를 부담합니까? → (예) A
  ↓ (아니오)
- 비경제적 지원을 주로 합니까? → (예) B
  ↓ (아니오)
  C

㉠ A는 사회구성원들의 상호 부조 효과를 기대한다.
㉡ B는 A 또는 C와 동시에 이루어질 때 효과를 볼 수 있다.
㉢ A와 B는 C보다 수혜자 범위가 좁다.
㉣ C는 A에 비해 소득 재분배 효과가 크다.

① ㉠㉡ ② ㉠㉣
③ ㉡㉢ ④ ㉢㉣

25 사회 보험에 관하여 바르게 설명한 것은?

㉠ 가입에 강제성을 띠고 있다.
㉡ 모든 국민이 가입하지 않으면 안된다.
㉢ 국가가 경비의 전액을 부담한다.
㉣ 영리 보험의 일종이다.
㉤ 근로의욕을 고취한다.

① ㉠㉡ ② ㉠㉤
③ ㉠㉢㉣ ④ ㉡㉢㉤

☞ 정답 및 해설 P.322

1　사회 보장 제도 (개), (내)에 대한 설명으로 옳은 것은?

2016. 6. 25 서울특별시

> (개) 65세 이상 노인들의 빈곤을 완화하기 위해 저소득층 노인을 대상으로 일정 금액의 연금을 국가가 전액 지원하는 제도를 말한다.
>
> (내) 치매나 중풍을 앓고 있는 노인들에게 간병 등 재가 서비스나 요양 시설 서비스 등의 이용을 지원하기 위한 제도로 가입자는 건강 보험 가입자와 동일하며 건강 보험료의 일정 비율을 보험료로 징수한다.

① (개)는 (내)보다 소득 재분배 효과가 크다.

② (내)는 가입과 탈퇴가 자유롭다.

③ (개)는 사회 보험의 성격을 가진 제도이다.

④ (내)는 (개)보다 복지병을 유발하기 쉽다.

2　다음 표에 대한 해석 중 가장 적절한 것은?

2015. 6. 27 제1회 지방직

〈지역별 가구 형태 분포〉

구분	총 가구수	1인 가구수	1세대 가구수	2세대 가구수	3세대 이상 가구수
A지역	10,000	3,000	4,000	2,500	500
B지역	8,000	3,500	4,000	400	100

① A지역이 B지역보다 핵가족 수가 적다.

② A지역이 B지역보다 총 인구수가 적다.

③ 1인 가구 총 인구수는 A지역이 B지역보다 적다.

④ 1세대 가구의 비율은 A지역보다 B지역이 더 낮다.

3 다음은 A, B지역의 가구 유형별 구성비 변화를 나타내고 있는 표이다. 이에 대한 분석으로 옳은 것은?

2014. 4. 19 안전행정부

(단위 : 천 가구, %)

지역	연도	총 가구수	부부 가구	2세대 가구		3세대 가구	기타 가구※	계
				(한)부모와 미혼 자녀	(한)부모와 기혼 자녀			
A	1990	5,000	6.6	70.1	0.4	7.7	15.2	100
	2010	10,000	11.8	54.5	0.7	4.3	28.7	100
B	1990	3,000	10.1	62.4	1.4	14.2	11.9	100
	2010	2,500	14.2	43.4	0.4	1.0	41.0	100

※ 기타 가구는 1인 가구, 4세대 이상 가구 등을 포함함.

① A지역의 확대 가족 비율은 8.1%에서 5.0%로 낮아졌다.

② B지역의 핵가족 비율은 62.4%에서 43.4%로 낮아졌다.

③ 1990년의 경우 A지역은 확대 가족 수가 핵가족 수보다 많다.

④ 2010년의 경우 B지역은 A지역보다 1세대 핵가족 수가 더 적다.

4 다음 중 사회 제도와 그 기능에 대하여 연결이 잘못된 것은?

> ㉠ 삶의 수단 제공
> ㉡ 사회 구성원의 재생산
> ㉢ 사회 통합과 질서 유지
> ㉣ 희소한 자원을 생산·분배

① ㉠ 종교제도　　　　　　　　② ㉡ 가족제도

③ ㉢ 정치제도　　　　　　　　④ ㉣ 경제제도

5 현대 산업 사회에서는 가족의 기능이 많이 약화되고 있다. 그러나 여전히 가족의 필수적 기능으로 남아 있는 것은?

① 생산과 소비의 주체, 기초 사회화 기능
② 기초 사회화, 양육과 보호 기능
③ 사회 성원의 재생산, 기초 사회화 기능
④ 오락적 기능, 양육과 보호

6 다음 가족의 기능에 대한 설명으로 옳지 않은 것은?

㉮ 재생산 기능	㉯ 사회화 기능
㉰ 경제적 기능	㉱ 사회 보장 기능

① ㉮ : 사회의 영속성을 유지시키는 본질적 기능이다.
② ㉯ : 학교와 대중 매체가 많은 부분을 담당하여 가족의 기능으로서는 약화되었다.
③ ㉰ : 오늘날 가족의 생산기능은 거의 상실하였다.
④ ㉱ : 사회보장의 책임 주체가 국가에서 가족으로 이전하였다.

7 다음 중 핵가족 중심의 현대 가족에 대한 설명으로 옳은 것을 고르면?

㉠ 전통 농업사회에서 많이 나타난다.
㉡ 전통적인 삶의 지혜나 인생의 경험, 가풍, 가치관 등이 후세에 전수되기 쉽다.
㉢ 이혼율 증가할 수 있다.
㉣ 노인 소외 문제나 자녀 양육 문제 등이 발생할 수 있다.
㉤ 안정된 가족 생활로 가족 구성원에게 심리적 안정감을 준다.

① ㉠㉡   ② ㉠㉢
③ ㉢㉣   ④ ㉡㉤

8 가족 문제를 바라보는 관점에 대한 설명으로 옳지 않은 것은?

> (갑) : 가족의 기능이 원활하게 수행하지 못하는 상태를 문제로 본다.
> (을) : 가족 구성원 사이의 갈등이 표출된 상태를 문제로 본다.

① (갑)은 가족 구성원 사이의 역할 기대와 역할 수행 사이의 부조화가 가족 문제의 원인이라고 본다.
② (을)은 남성 지배적인 가부장제가 가족 문제의 원인이라고 본다.
③ (갑)은 가족 구성원의 역할 및 태도에 대한 교육이 가족 문제의 해결 방안이라고 본다.
④ (을)은 가족 문제의 해결 방안으로 복지제도의 확충을 주장한다.

9 대중매체 (가)~(다)에 대하여 옳은 설명은?

> (가) 신문, 잡지
> (나) 텔레비전, 유선 방송
> (다) 인터넷, 소셜네트워크 서비스(SNS), 스마트 폰

① (가)는 자세한 정보 전달이 가능하다.
② (가)는 실제와 같은 정보를 제공한다.
③ (가)와 (나)는 쌍방향 매체로서 대중이 정보 생산자로서 참여한다.
④ (다)는 (가)와 (나)에 비해 대중 조작 등 여론의 왜곡 가능성이 높다.

10 학교 교육을 보는 관점에 대한 설명으로 옳은 것은?

> (가) 학교 교육은 계층 이동의 사다리로 작용할 수 있다. 학생 각자에게 잠재된 다양한 가능성을 계발하고 다른 계층과 친분 관계를 맺게 하며 학업 과정에서 부딪히는 어려운 상황을 스스로 헤쳐 나가도록 함으로써 교육은 개인의 사회적 성취에 기여한다. 빈곤은 성공할 기회가 주어지지 않은 사람이 아니라 성공에 이르는 과정을 배우지 못한 사람에게 닥치는 것이다.
>
> (나) 학교 교육만으로 상류층으로 계층 지위가 상승하는 경우는 극히 일부분에 불과하다. 대부분은 자신의 부모와 비슷한 수준의 계층을 대물림할 뿐이며, 빈곤층보다는 지배 집단의 입장이 학교 교육에 반영되기 십상이다. 학교 교육을 통해 지배 집단의 가치나 문화가 학생들에게 전달되기 때문에 학교에서는 개인의 능력보다는 학생의 사회·경제적 배경이 더 중시된다.

① (가)는 개인의 사회적 성취를 결정하는 성취적 요인보다 귀속적 요인을 강조한다.
② (나)는 학교 교육이 비용과 보상에 대한 개인의 합리적인 판단에 따라 발생함을 강조한다.
③ (가)와 달리 (나)는 학교 교육이 부조리한 사회 구조의 유지 수단에 불과하다고 비판한다.
④ (나)와 달리 (가)는 학교 교육이 계층 내 수평 이동만을 가능하게 한다고 본다.

6 현대 사회와 사회 변동

☞ 정답 및 해설 P.325

1 다음은 산업사회와 정보사회의 특징을 비교한 것으로 A와 B는 각각 산업사회와 정보사회 중 하나이다. ㈎~㈑에 들어갈 내용으로 옳지 않은 것은?

2016. 4. 9 인사혁신처

비교 결과	비교 기준
A > B	네트워크형 조직의 발달
A > B	㈎
A > B	㈏
A < B	㈐
A < B	㈑

① ㈎ – 중간 관리층의 역할 비중
② ㈏ – 다품종 소량생산의 비중
③ ㈐ – 가정과 일터의 분리 정도
④ ㈑ – 정보 생산자와 정보 소비자의 분리 정도

2 다음 글은 정보 사회에서 나타날 수 있는 현상이다. 정보 사회의 특징으로 옳은 것만을 〈보기〉에서 모두 고른 것은?

2016. 6. 18 제1회 지방직

오늘날 우리 사회에서는 디지털 기기의 사용이 보편화되고 다양한 정보가 폭발적으로 증가하고 있으며, 최근에는 빅데이터(big data)가 여러 영역에서 활용되고 있다. 예를 들면, 신용카드사는 고객들에게 주변 맛집 안내 서비스를 제공하여 카드 매출을 늘리거나, 카드의 도난이나 분실을 확인하는 부정사용방지시스템을 도입하여 고객의 피해를 줄이기도 한다. 빅데이터에 대한 업계의 반응은 대부분 긍정적이지만, 자율적인 활용에 앞서 개인 정보 활용 범위를 마련하고 데이터의 표준화 필요성도 제기되고 있다.

㉠ 정보 전달 과정에서 시간과 공간의 제약이 커진다.
㉡ 부가가치 창출의 원천으로서 정보의 비중이 증대된다.
㉢ 특정 집단에 의한 사회적 통제와 감시 가능성이 높아진다.
㉣ 기업이 소비자의 행동을 예측하고 대응하는 경향이 강화된다.

① ㉠, ㉡
② ㉡, ㉢
③ ㉠, ㉡, ㉣
④ ㉡, ㉢, ㉣

3 다음 빈칸에 들어갈 이론에 대한 평가로 옳은 것을 〈보기〉에서 모두 고르면?

2016. 6. 25 서울특별시

> 1960년대 중남미 학자들은, 중남미 국가들이 근대화론에 입각하여 산업화와 근대화를 추진하였음에도 불구하고 서구선진 사회와의 격차가 좁혀지지 않는 상황을 보고 의문을 제기하였다. 이처럼 근대화론에 대한 비판이 제기되면서 등장한 이론이 　　　이다.

〈보기〉
㉠ 사회 발전을 국제적인 힘의 관계 속에서 조명한다.
㉡ 신흥 공업 국가들의 경제 발전을 합리적으로 설명할 수 있다.
㉢ 후진국의 경제적 문제에 영향을 미치는 국내 요인에 주목한다.
㉣ 선진국과의 종속 관계에서 벗어난 주체적인 경제 발전을 강조한다.

① ㉠, ㉡   ② ㉠, ㉣
③ ㉡, ㉢   ④ ㉢, ㉣

4 사회 변동에 관하여 옳은 진술은?

① 진화론과 순환론은 사회 변동의 요인에 대한 관점이다.
② 순환론은 사회 변동이 특정 방향으로만 움직이는 것으로 보지 않는다.
③ 기술 결정론과 문화 결정론은 사회 변동의 방향에 대한 관점이다.
④ 문화 결정론은 가술 발달이 정치·경제·사회 영역 및 인간의 의식 변화를 가져온다고 본다.

5 사회 변동에 관한 다음 내용의 관점에 부합되는 진술은?

> 생물 유기체는 상처가 나도 원래의 상태로 돌아가려는 성향이 있다.

① 사회는 갈등으로 인해 변동한다.
② 변화보다는 현 상태의 유지를 중시하는 보수적 성향의 관점이다.
③ 기득권층이 다른 구성원을 지배함으로써 사회 질서를 유지하려고 한다.
④ 안정적인 사회 변동을 설명하지 못한다.

6 사회 변동에 관한 다음 내용의 관점에 부합되는 진술이 아닌 것은?

> 사회를 살아있는 유기체에 비유하고, 사회도 진화할수록 복잡성이 증가하고 생존가치가 더 높아진다고 본다.

① 사회는 일정한 방향으로 진보하기 마련이다.
② 사회 변동은 바람직한 것이다.
③ 현재 사회는 과거보다 더 나은 사회이며 더 발전된 사회이다.
④ 사회는 특정한 방향성이 없이 탄생, 성장, 쇠퇴의 과정을 되풀이 한다.

7 다음은 인구 변천 양상을 나타낸 것이다. 그 연결이 바르게 된 것은?

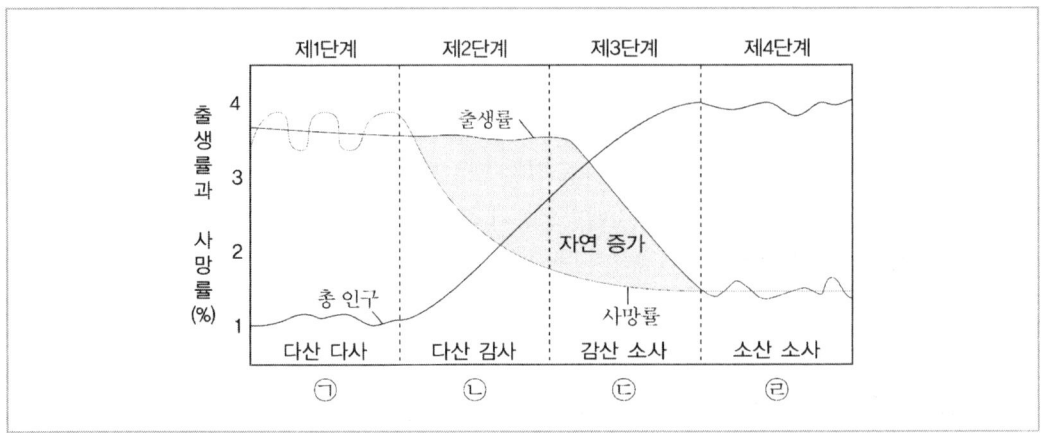

① ㉠ – 근대화 초기 유럽
② ㉡ – 인구가 급증하는 단계
③ ㉢ – 의학 발달
④ ㉣ – 산업 혁명 이전 사회

8 다음의 근대화에 대한 설명 이론에 대하여 옳지 않은 것은?

㉠ 근대화 이론
㉡ 수렴 이론

① ㉠㉡ 모두 진화론적 관점을 전제로 하고 있다.
② ㉠은 서구의 발전과정을 표준화된 근대화과정으로 본다.
③ ㉠은 식민 지배를 정당화하는 논리로 이용될 수 있다.
④ ㉠에 대한 비판으로 등장한 것이 ㉡이다.

9 다음에서 설명하고 있는 사회의 특징으로 옳지 않은 것을 〈보기〉에서 고른 것은?

> 지식과 정보가 다양한 사회적 활동에서 중심적인 역할을 하는 사회

> ㉠ 법률의 제정이나 정책 결정 과정에 국민의 적극적 참여
> ㉡ 소비자가 생산을 주도
> ㉢ 노동 시간 증가로 여가 시간 감소
> ㉣ 소품종 대량 생산
> ㉤ 의사결정의 분권화 경향
> ㉥ 중간 관리 층의 역할 증가

① ㉠㉡㉢
② ㉠㉢㉤
③ ㉢㉣㉥
④ ㉣㉤㉥

10 다음 중 정보 사회의 문제점으로 잘못 설명하고 있는 것은?

> ㉠ 정보 차이로 인한 빈부 격차 발생
> ㉡ 정보 유출로 인한 사생활 침해
> ㉢ 지식 재산권 침해, 사이버 범죄 문제
> ㉣ 대면적 관계 감소로 인한 문화 지체 현상
> ㉤ 정보 기술과 의식 수준의 격차로 인한 인간 소외 현상

① ㉠㉡
② ㉠㉤
③ ㉢㉣
④ ㉣㉤

11 다음과 같은 이론들과 관련이 먼 내용은?

> ㉠ 1960년대 중반 이후 남미의 발전을 연구하는 학자들에 의해 전개된 사회 발전에 대한 이론으로 남미 국가들이 근대화의 노력에도 불구하고 경제·사회적 낙후성에서 벗어나지 못하는 이유를 설명하려는 시도로서 발전되었다.
>
> ㉡ 근대화 이론의 한계를 극복하기 위해 등장하였고, 근대화의 모델은 서구적인 것 이외에도 다양하게 존재할 수 있음을 인정한다.

① 제3세계 국가들이 발전하지 못하는 것은 선진 자본주의 국가에 종속되어 있기 때문이다.
② 제3세계 국가들은 저발전 상태가 아니라 미발전 상태에 있다.
③ 중·남미 경험을 토대로 한 것으로 신흥 공업국에는 잘 적용되지 않는다.
④ 서구사회를 발전 모델로 제시한 이론에 대한 비판과 수정이론이다.

12 다음 중 정보 사회에 대한 설명으로 옳지 않은 것은?

① 부가가치를 창출하는 원천으로 지식과 정보가 중시된다.
② 전자 민주주의의 발달로 직접 민주 정치의 실현 가능성이 높아지고 있다.
③ 다품종 소량 생산에서 소품종 대량 생산으로 생산 방식이 전환되고 있다.
④ 사회적 관계 형성이 면대면 접촉에서 사이버 공간으로 이동하고 있다.

PART
02

정답 및 해설

법과 정치

● 1. 민주 정치와 법

1 ③

③ 로크는 행정부에 대하여 입법부의 우위를 보장하는 2권 분립을 주장하였다.

2 ④

(가) 형식적 법치주의, (나) 실질적 법치주의
④ 전체주의 국가는 (나)보다 (가)로 법치주의를 받아들이고 있다.

3 ③

(가) 대통령제, (나) 의원내각제
① 대통령제는 의원내각제에 비해 권력분립이 엄격하다.
② 의원내각제는 입법부가 행정부에 대해 불신임권을 행사한다.
④ 우리나라 정부 형태는 대통령제를 기반으로 하며 의원내각제 요소를 가미하고 있다.

4 ④

제시문과 같이 주장한 근대 사상가는 로크이다.
① 홉스의 견해이다.
② 로크는 계약으로 탄생한 정부는 개인의 이익을 추구해야 한다고 주장한다.
③ 로크는 정부가 사유재산을 보호해야 한다고 주장한다.

5 ①

수법권은 형식적 법치주의에 해당한다. 형식적으로 합법적이며 정부에서 의결했기 때문에 다수결의 원칙에 위배하여 채택되었다고 볼 수 없다.

6 ③

제시된 글은 루소의 사회계약설에 관한 내용이다.

ⓛ 실정권 사상은 천부인권 사상을 부정하고 실정법의 범위 안에서 기본권을 인정하는 사상으로, 루소의 사회계약설은 천부인권 사상을 긍정한다.

7 ②

심의민주주의는 대의제의 한계와 국민적 여론의 왜곡을 보완하기 위해 만들어졌으며 시민의 참여와 토론을 중시한다. 이러한 이유로 심의민주주의는 시간과 비용의 측면에서 어려움이 있다.

8 ③

① 민회는 아테네 시민들의 총회이다.
② 오늘날의 의회에 대한 설명이다.
④ 전쟁 관련 직책은 선거로 선출하였으며, 추첨제는 재판정의 배심원 선출에 활용되었다.

9 ④

(가)는 홉스, (나)는 로크의 주장이다.
① 홉스의 관점은 인간의 본성에 관한 성악설에 기초하고 있다.
② 민주주의 국가에 부합하는 이론은 (나)이다.

10 ①

발안제 … 직접 민주주의의 한 형태로 창안제라고도 하며 일반 선거권자들이 직접 중요 법률이나 조례의 제·개정이나 헌법 개정안, 헌장 수정안 등을 행정부나 입법부에 요구할 수 있는 제도이다. 적용 범위에 따라 국민발안제와 주민발안제로 부르기도 한다.

11 ②

① 1952년 1차 개헌에 의하여 대통령 직선제가 채택되었다.
③ 대통령 3선이 처음으로 허용된 것은 1954년 2차 개헌에 의해서이다.
④ 1987년 9차 개헌에 의하여 대통령 단임제로 개정되었고 대통령 직선제가 재택되었다.

12 ③

2001년 7월 19일 헌법재판소는 당시 시행되고 있던 비례 대표 국회의원 의석 배분 방식 및 1인 1표제가 국민의 자유로운 선택권을 방해하고 평등선거 원칙에 위배되며 직접 선거 원칙에도 위배된다는 이유로 위헌 판결을 내리고 제 17대 국회의원 선거부터 1인 2표제로 바꾸었다. 이로 인해 '국민의 자유로운 선택권 방해'와 '평등선거 원칙에 위배'된다는 기존제도의 위헌적 요소를 해결하였지만 '직접 선거 원칙에 위배'라는 요소는 여전히 해결하지 못했다.

13 ④

매키버(R. M. MacIver)는 그의 저서 「우리가 지켜야 할 성벽(The Ramparts We guard)」에서 민주주의의 참과 거짓을 가리는 기준을 다음과 같이 제시하였다.

첫째, 사람들이 정부 시책에 대해 반대해도 이전과 다름없이 심신의 안전을 보장받을 수 있는가?

둘째, 정부의 시책에 반대되는 정책을 표방하는 단체를 자유롭게 조직할 수 있는가?

셋째, 집권당에 대해서 자유롭게 반대 투표를 할 수 있는가?

넷째, 집권당에 반대하는 투표가 다수일 경우 정부를 권력에서 물러나게 할 수 있는가?

다섯째, 이와 같은 문제를 결정하는 선거가 일정 기간 또는 일정 조건하에서 실시될 수 있는 입헌적인 조치가 되어 있는가?

이상의 물음 중에서 하나라도 '아니오'라는 대답이 나오면 그 나라의 정치 체제는 민주주의가 아니다.

14 ①

[국가기능과 국가관]

핵심풀이

(가)는 소극적 국가관, (나)는 적극적 국가관과 관련된 주장이다.

① (가)는 정부의 역할을 국방·치안 등 최소한의 분야에 국한하고, 최소의 정부를 최선의 정부로 간주한다.

오답풀이

② (나) 적극적 국가관은 국가에 의한 인간다운 삶의 보장 등 국가의 역할을 강조한다.

③ (가)보다 (나)를 따를 때 행정부의 역할이 강화되는 행정국가화 현상이 나타날 수 있다.

④ (가)는 작은 정부를 지향하고, (나)는 큰 정부를 지향한다.

※ 국가기능과 국가관

소극적 국가관	적극적 국가관
• 근대 시민혁명 이후 20세기 초까지의 국가관 • 자유방임주의 사상에 입각하여 정부역할을 국방·치안 등 최소한의 분야에 국한되어야 한다. → 중립적 조정자로서의 기능 • 최소의 정부(가장 적게 정치하는 정부)가 최선의 정부(가장 좋은 정부)이다. • 야경국가 = 자유방임주의 국가 = 작은 정부 = 값싼 정부	• 20세기 이후에 등장한 현대 민주주의 국가의 국가관 • 사회문제해결, 국민복지 증진을 위해 정부가 적극적으로 국민생활에 개입해야 한다. → 가장 많이 공급해 주는 정부가 가장 좋은 정부이다. → 행정부의 비중이 커짐 • 복지국가 = 수정자본주의 국가 = 행정국가 = 큰 정부 = 문화국가 = 사회국가 (※ 사회주의국가×)

15 ①

[상대적·비례적 평등]

핵심풀이

• 상대적·비례적 평등 : 선천적·후천적 차이를 인정하고, 이 차이를 극복하기 위하여 적극적으로 배려하고 합리적 차별을 허용하는 것
• 상대적·비례적 평등을 중시하는 입장 – ㉠㉡㉣

오답풀이

• 절대적·획일적 평등 : 선천적·후천적 차이를 고려하지 않고, 모든 사람을 절대적으로 동등하게 대우하는 것
• 절대적·획일적 평등을 중시하는 입장 – ㉢㉤㉥

	형식적 평등 = 절대적 평등 = 획일적 평등	실질적 평등 = 상대적 평등 = 비례적 평등
의미	선천적·후천적 차이를 고려하지 않고, 모든 사람을 절대적으로 동등하게 대우하는 것	• 선천적·후천적 차이를 인정하고, 이 차이를 극복하기 위하여 적극적으로 배려하고 합리적 차별을 허용하는 것 → 사회적 약자 보호 • '같은 것은 같게, 다른 것은 다르게 대우

	• 인간적 가치에 있어서의 평등	
사례	• 선거권(1인 1표 ; 재산, 지위, 나이, 성별, 종교 등과 무관하게 성인이면 누구나 1표), 피선거권(공무담임권)에서의 평등	• 누진세 부과 • 성과급(상여금) 지급
주된 영역	정치적 · 시민적 권리에 있어서의 평등	사회적 · 경제적 생활에 있어서의 평등

16 ①

[자유 의미의 변천]

① (나)는 소극적 의미의 자유, (가), (다)는 적극적 의미의 자유로 분류된다.

② 천부적인 자유(천부인권)를 강조하는 자연권 사상과 관련된 자유는 (나)이다.
③ 복지국가에서 강조되는 자유는 (다)이다.
④ 신자유주의는 국가의 간섭을 최소화하는 것을 강조하므로 (나)를 옹호한다.
※ 자유 의미의 변천 : 자유권→참정권→사회권 순

소극적 의미의 자유(18세기)	적극적 의미의 자유(19세기)	적극적 의미의 자유(20세기)
• 외부로부터의 구속이나 강제를 받지 않을 자유→국가로부터의 자유 • 자유권의 보장을 통해 실현	• 공동체나 국가 운영에 참여할 수 있는 자유→국가에(로)의 자유 • 참정권의 보장을 통해 실현	• 국가에 대해 인간다운 생활을 요구할 수 있는 자유→국가에 의한 자유 • 사회권의 보장을 통해 실현

*신자유주의(20세기 후반)→국가로부터의 자유(자유권) 중시

17 ④

[권력 분립의 원리]

ⓒ 중앙정부와 지방자치단체간의 권력분산은 수직적 권력분립에 해당된다.
ⓔ 현대국가에서 정부의 역할이 확대·강화됨에 따라 입법부, 사법부에 비해 행정부가 상대적으로 우월한 지위를 갖게 되는 현상이 나타났다.
ⓜ 국가권력을 여러 기관에 분산시킴으로써 오히려 정책의 효율성은 널어질 가능성이 있다.

㉠ 권력분립이란 국가권력을 나누어 각각 다른 기관에 분담시켜 서로 견제·균형하게 함으로써 독재와 권력 남용을 방지하고 국민의 자유와 권리를 보장하려는 조직원리이다.
㉡ 17세기 말 영국의 로크에 의하여 입법권과 집행권의 2권분립론이 주장되어 그것이 18세기 초에 프랑스의 몽테스키외에 의하여 3권분립론으로 완성되었다.

구분	2권 분립	3권 분립
사상가	로크	몽테스키외
내용	국가 권력을 입법권, 집행 · 동맹권(외교권)으로 나누고, 입법권은 의회가 집행 · 동맹권은 군주가 담당	국가 권력을 입법권, 집행권, 재판권으로 나누고, 입법권은 의회, 집행권은 행정부, 재판권은 사법부가 담당
특징	• 입법권을 집행 · 동맹권보다 우위에 둠 • 의원내각제 국가에 영향을 미침	• 대통령제 국가에 영향을 미침

▷권력 분립 : 견제와 균형(원리) → 권력남용 방지(목적) → 기본권 보장(궁극적 목적)

▷견제와 균형의 원리 : 권력의 남용을 방지하기 위해서 입법권, 행정권, 사법권을 담당하는 기관끼리 서로 견제하고 균형(check and balances)을 유지해야 한다는 원리 (예) 대통령의 법률안거부권, 의회의 대통령탄핵소추권

▷행정국가화 경향 : 현대국가에서 정부의 역할이 확대·강화됨에 따라 입법부·사법부에 비해 행정부가 상대적으로 우월한 지위를 갖게되는 현상

▷권력분립의 유형
• 수평적 의미의 권력분립(횡적인 권력 분립) : 입법권, 행정권, 사법권의 분립
• 수직적 의미의 권력분립(종적인 권력 분립) : 중앙정부와 지방정부 간의 권력분립

▷입헌주의(법치주의)와 권력분립의 공통된 목적 : 국민의 기본권보장

▷19세기 영국의 액튼경 '권력은 부패하기 쉽다. 절대권력은 반드시 부패한다.' → 국가권력이 어느 한 곳에 집중될 경우 권력이 남용되기 쉽다는 뜻

18 ①

[주권이론]

근대 초기 시민계급이 절대군주의 전제권력을 타도하기 위한 이론으로 국민 주권론이 등장하였다. 곧

시민계급이 시민혁명을 통해서 왕권신수설을 부정하고 국민주권을 주장하였다.

	군주주권설	국민주권설
의미	주권은 군주에게 있음	주권은 국민에게 있음
사상적 배경	왕권신수설	사회계약론
등장 배경	절대군주의 중앙집권적 국가의 형성을 합리화하기 위한 이론	절대군주에 대항한 시민혁명의 사상적 기반, 근대 민주 정치 확립의 기초가 됨
사상가	보댕(J. Bodin)	알투지우스 (J. Althusius), 로크, 루소

▷주권이론의 시작→군주주권설(론)

▷홉스 : 왕권 민수설 주장→군주의 권력은 시민들의 계약에 의해 부여됨

▷**주권 개념의 변천** : 군주 주권론→국민 주권론

▷**사회계약설과 국민주권사상** : 자연상태에서 자유와 평등을 보장받기 위해 계약을 통해서 국가를 구성했다고 보는 사회계약설은 국민을 계약의 주체로 보는 것이므로, 곧 국민을 국가의 주인으로 보는 국민주권사상을 취하고 있는 것이다. 근대 초기 절대군주의 권력에 대항한 시민혁명은 이러한 사회계약설과 국민주권사상을 토대로 하고 있다.

▷**국민주권론** : 독일의 사회계약설의 선구자인 알투지우스(Althusius,J.)에서 시작되어 로크(Locke,J.)를 거쳐 루소(Lousseau,J.J.)의 「사회계약론(민약론)」에서 완성되었다.

19 ③

[지방 자치제]

지방자치제 : 지방 자치는 일정 지역의 주민이 그 지역의 일을 스스로 처리하도록 하여 자치의 원리와 지방분권을 실현하는 정치제도이다.
ⓛ 지역주민들이 자기 지역 중심으로 정책을 결정할 때 국가 전체의 의사 결정에서는 효율성이 저하될 수 있다. 지역 주민과 지방자치단체의 지나친 지역이기주의는 중앙정부의 광역행정에 큰 어려움과 비효율성을 주고 있다.
ⓐ 지방 자치는 횡적인 권력 분립이 아니라 종적인 권력 분립이다.

지방 자치는 주민이 그 지역의 일을 직접 처리하도록 함으로써 대의정치의 한계를 극복하고 지역의 특성이 반영된 다양한 정책의 실시가 가능하며, 지역주민들의 참여가 활성화되고 풀뿌리 민주주의가 실현될 수 있다. 즉 정치적 다원주의를 실현하고, 유능한 국가 지도자의 배출 통로로, 주민들의 민주주의 훈련장이 될 수 있다. 또한 지방 분권을 통해 중앙 정부의 권력 남용을 억제하고, 중앙 정부로 권력이 집중되는 것을 방지할 수 있다.

※ **지방자치의 원리**

의의	소극적 의의	지방 분권(정책결정권의 분산)을 통해 중앙 정부의 권력 남용을 억제하고, 중앙 정부로 권력이 집중되는 것을 방지할 수 있다→수직적 의미의 권력 분립(종적인 권력 분립)
	적극적 의의	• 민주주의 이상인 자치의 원리에 충실한 제도→다스리는 동시에 다스림을 받는다는 자치의 원리 실현 • 지역주민들이 지역의 정치에 직접 참여함으로써 정치적인 훈련과 경험을 쌓을 수 있다→민주주의 학교(훈련장), 풀뿌리 민주주의 실현
목적		자치의 원리와 지방분권의 실현, 중앙집권으로 인한 권력남용의 억제, 지역의 특성에 맞는 정책 실시로 지역주민의 복지증진

20 ②

[민주정치의 원리]

제시문은 대의 정치(간접민주정치)의 원리에 대한 설명이다.
② 대의 정치 원리는 국민자치를 간접적으로 실현하기 위한 원리이다.

① 민주정치에서는 직접민주정치든 간접민주정치든 치자와 피치자가 동일하다. 즉 모든 국민이 치자인 동시에 피치자이다.
③ 입법부, 행정부 모두 적용된다.
④ 루소는 직접민주정치를 주장했다. 대의제(의회정치) 원리는 로크가 주장하였다.

21 ③

[직접 민주 정치의 요소]

현대 민주 국가들이 원칙적으로 간접민주정치를 채택하면서 〈보기〉와 같이 직접 민주 정치의 요소를 가미한다. 이것은 대의제의 문제점을 보완하기 위함이다. 즉 국민의 의사가 국정에 정확히 반영될 수 있도록 하고, 국민의 정치적 무관심을 줄이기 위해서 직접 민주 정치의 요소를 가미한다.

※ 대의제의 문제점과 보완책

문제점	국민 의사에 어긋나는 정책 결정	대표가 국민의 의사를 정책에 정확히 반영하지 못함 ☞ 루소 : '의사는 대표될 수 없다.' '영국인은 자유롭다고 생각하고 있지만, 자유롭다는 것은 투표할 때 뿐이고, 일단 투표가 끝나면 다시 노예가 된다.'→ 대의제를 비판, 직접민주주의를 주장
	정치적 무관심의 확산	정치는 소수의 대표자가 맡아서 하는 것이라는 인식
	행정국가화 현상	행정부로 권한이 집중되고 의회의 기능은 약화됨
	정당의 비민주적 운영	정당수뇌부에 의해 결정되는 당론에 의해 의원들의 의사가 구속됨
보완책	국민의 감시와 견제, 권력기관 상호간의 견제, 직접민주제요소(국민투표, 국민발안, 국민소환 등)의 도입	

22 ④

[우리나라 헌법의 민주 정치 원리]

② 권력 분립의 원리 : 국가 권력을 입법권, 행정권, 사법권 등으로 분리하여 서로 독립된 기관에 맡겨 행사하도록 하는 원리이다. 국가권력을 복수의 기관에 분산시킴으로써 서로 견제와 균형을 통해 권력의 남용을 막아 국민의 기본권 보장을 보장하는데 그 목적이 있다.

㉠ 국민 주권의 원리 : 국가의 의사를 최종적으로 결정할 수 있는 최고 권력인 주권이 국민에게 있다는 원리이다.
㉡ 대의제의 원리 : 국민이 선거를 통해 대표자를 선출하고 선출된 대표자가 국민을 대신하여 국정을 처리하는 원리이다.

☞ 대의 정치(제) = 간접 민주 정치(제) = 대표 민주 정치(제) = 의회 정치(제) = 정당 정치 = 여론 정치 = 책임 정치

© 입헌주의의 원리 : 국민의 기본권보장과 권력분립 등 민주정치의 주요 원리를 헌법에 명시하고 이에 입각하여 통치하는 원리이다. (법치주의)

23 ④

[전자 민주주의]

메시지의 쌍방향성을 특징으로 하는 사이버 공간은 시간·공간적 제약을 해소시켜 대량의 쌍방향 의사소통 전개를 가능케 해준다.

※ 전자 민주주의(사이버 민주주의, 정보 민주주의, 원격 민주주의) : 시민이 정보 통신 매체(인터넷, SNS, 스마트폰 등)를 이용하여 자신의 의사를 표출할 수 있는 민주주의의 한 형태이다. → 직접 민주 정치의 실현

장점	단점
• 시민의 정치 참여 기회 확대 → 다양한 의견 수렴 가능 → 정치적 관심이 높아진다(특히 20~30대) → 정치권력의 정당성을 강화시키는 역할 • 정치 참여에 소요되는 시간과 비용 감소, 투·개표 비용 감소	• 정보 통신 기술을 이용한 여론 조작 • 익명성을 악용한 무책임한 의견 표출(대면 정치의 비중 약화) • 정보 격차로 인한 계층 간 정치적 영향력 차이

© 국민의 다양한 의견 수렴이 가능하게 된다.
② 정보 통신 기술을 이용한 여론 조작, 전자적 조작이 가능할 수 있으며, 이런 문제를 해결하기 위해 개인의 정보를 남길 경우 비밀선거 원칙이 훼손될 수 있다.
⑩ 익명성을 악용한 무책임한 의견 표출 등의 문제점이 나타난다.

㉠ 국민의 정치적 무관심이 줄어들 것이다.
㉡ 국민의 정책 결정 참여 기회가 확대될 것이다.

24 ④

[아리스토텔레스의 정치형태]

아리스토텔레스는 민주주의가 변질될 경우 나수의 우둔한 무리가 이끄는 중우 정치〈폭민정치(플라톤), 빈민정치(아리스토텔레스)〉로 전락할 수 있다고 보았다.

참주정(폭군정) : 우선 공익을 목적으로 한 명이 권력을 독점하면 왕이 나라를 다스리는 것과 같은 군주정치이고, 이에 반해 사익을 앞세우면 독재자가 나라를 다스리는 것과 같은 참주정이 된다고 했다.

※ 아리스토텔레스의 정치형태

지배자의 수	국가 및 구성원의 이익추구(순수한 형태)	소수(통치자)의 이익추구(타락한 형태)
1인	군주정	폭군정
소수	귀족정	과두정
다수	공화정	중우정(빈민정)

25 ①

[그리스 아테네의 민주 정치]

㉠ 참정권을 가진 모든 시민이 민회에 직접 참여하여 국가정책을 토론하고 결정하였다.
㉢ 민회, 평의회, 재판소가 따로 있었던 것으로 보아 오늘날과 같은 엄격한 권력 분립은 아니지만 어느 정도의 권력분립이 이루어졌다고 볼 수 있다.

㉡ 일정 연령에 도달한 남자들에게만 시민권이 부여되었다. 노예, 여자, 외국인들은 정치에 참여시키지 않는 제한적 민주정치였다. 시민은 일종의 특권계급이었다.
㉣ 정치형태로서의 민주주의가 실현되었다.
㉤ 아테네의 공직자들은 추첨제와 윤번제를 통해 선출되었다. 그래서 아테네 시민들은 대부분 일생에 한 번 정도는 공직을 맡을 수 있었다.

26 ②

[고대 아테네 직접민주정치]

㉠ 아테네는 규모가 작고 인구가 많지 않은 소규모의 공동체 사회였고, 노예들이 농토 경작을 담당했기 때문에 시민들이 직접 도시국가를 운영할 수 있었다.
㉢ 모든 시민이 직접 국가 운영에 참여하는 아테네의 직접민주정치 형태는 국민자치의 원리를 가장 충실하게 실현하는 방식이라 할 수 있다.

㉡ 추첨제를 통해서 선출되었기 때문에 능력, 재산이 공직 선출에 영향을 주지 못했고, 시민이라면 누구에게나 공직자가 될 기회가 주어졌다.
㉣ 현대 민주정치의 특징이다. 고대 아테네에서는 노예, 여자, 외국인들은 정치에 참여시키지 않았다.
㉤ 민회는 모든 시민이 참여하여 입법, 행정, 군사에 관한 국가 중요 정책을 결정하는 최고의결기관이다.
※ 성인 남자에게만 시민권을 주어 민회에 참여할 수 있었다는 점에서는 '성별과 신분에 따른 차별이 있었다'고 할 수 있으나, 모든 시민이 추첨을 통해서 공직을 담당(공무 담임권)할 수 있었다는 점에서 '능력, 재산, 신분에 따라 공직에 선출되었다'고 할 수 없다. 이것은 통치의 능률을 위한 것이었다기보다 모든 시민의 참여와 의사를 존중하는 민주주의의 원리의 구현에 있었다고 할 수 있다.
※ 고대 아테네의 직접민주정치에 대하여 '모든 시민에게 참정권이 주어졌다.'는 옳은 설명이지만 '모든 사회 구성원에게 참정권이 주어졌다.' '모든 주민이 정치에 참여했다.'라고 한다면 옳지 않은 설명이다.

27 ②

[도편 추방(오스트라키스모스)]

고대 그리스 민주정 시대에 참주(독재자)의 출현을 막기 위하여 시행되었던 도편 추방(오스트라키스모스)에 대한 설명이다.
② 모든 시민이 참여한 직접 민주주의 방식이었다.

① 오늘날의 국민소환과 유사한 제도이다.
③ 충분한 토론의 과정을 거치지 않고 결정이 이루어졌으며, 후에 공직을 맡은 사람들이 자신들의 정적을 제거하기 위한 수단으로 악용되었다.
④ 비밀투표를 통해 위험 인물을 국외로 추방하였다.

28 ①

[각 시대의 시민]

㉠ 노예와 외국인은 제외되었다.
㉡ 시민혁명으로 신분제는 철폐되었지만 가난한 무산계급(노동자, 농민)이나 여성은 제외되었다.
㉢ 정치에 참여할 수 있는 시민의 범위가 제한적인 것은 (A)와 (B)이다.

ⓒ 20세기 이후 보통선거가 실시되어 일정 연령 이상의 모든 대중이 정치 주체로 부상하였다(대중민주주의 실현).

ⓔ (A), (B), (C) 모두 공동체 의사 결정에 참여한 각 시대의 시민이다.

● 2. 민주 정치의 과정과 참여

1 ②

② 우리나라는 지방자치단체 기초의회의원 선거에서는 중선거구제를 적용하고 있다.

2 ①

㉠ 보통 선거 원칙에 따라 일정 연령 이상의 모든 국민에게 선거권을 부여한다.

ⓒ 게리맨더링이란 용어는 1812년 미국 매사추세츠 주지사 게리가 선거구 법정주의를 위배하여 자의적으로 선거구를 획정한 데에서 나왔다.

ⓔ 현행 국회의원 선출방식에서 한 유권자가 행사하는 지역구 1표의 가치는 그가 행사하는 비례대표 1표의 가치보다 작다고 볼 수 없다.

ⓜ 표 등가성 원리에 어긋난 선거구는 선거구 획정위원회에서 획정안을 만들어 국회에 제출하면 국회에서 법률로서 다시 획정한다.

3 ④

(개)는 비례대표제, (내)는 상대 다수 대표제이다.

④ 상대 다수 대표제에서는 최다 득표를 한 후보자 이외의 후보에게 투표를 한 표는 모두 사표가 된다.

① 국회의원은 상대 다수 대표제(지역구)와 비례대표제(비례대표)로 선출하며, 광역 지방자치단체의 장, 기초자치단체의 장은 모두 상대 다수 대표제로 선출한다.

② 비례대표제는 각 정당별 득표수에 따라 의석을 배분하는 제도로 군소정당들의 국회 진출에 긍정적인 영향을 미친다.

③ 상대 다수 대표제는 거대 정당에게 유리하다. 따라서 다원적인 정치적 의사를 충분히 반영하지 못한다.

4 ①

① 향리형 정치문화에서는 국가의 정치체제에 대한 인지가 낮게 나타나고 신민형 정치문화에서는 권위에 복종하게 되는 정치문화가 나타나므로 두 정치문화에서는 시민들의 정책결정과정에 대한 참여 의지가 약하다고 볼 수 있다.

5 ③

③ 기초의원선거는 중대 선거구제이고 광역의원선거는 소 선거구제이므로 기초의원선거가 광역의원선거보다 사표가 줄어든다.

6 정답 없음

② 국회의원선거구획정위원회는 중앙선거관리위원회에 두되, 직무에 관하여 독립의 지위를 가진다.

※ 원래 정답은 ②번이었으나 법이 개정되었다.

7 ②

② 비례대표국회의원은 전국을 하나의 선거구로 하여 선출하고 있기 때문에 지역대표성이 약하다.

8 ④

ⓒ 20대 국회 제출 발의안 가결수는 $10,867 \times 0.51 = 5542$건 정도이며, 정부 제출 발의안 가결수는 $16,542 \times 0.39 = 6,451$건으로 정부 제출 발의안 가결수가 더 많다.

ⓔ 여대야소인 경우는 21대 국회로서 가결률이 58% 이므로 여소야대인 19대, 20대보다 더 높다.

㉠ 20대 국회가 여당의석률이 두 번째로 높지만 가결률은 제일 낮다.

ⓒ 갑국은 19대, 20대 국회 시기에 여소야대가 나타났으므로 대통령제 정부형태이다.

9 ①

① 서초구의 지방의회 의원 선거는 기초의회 의원 선거로 중선거구제, 소수 대표제 방식으로 진행된다.

② 우리나라 대부분의 선거는 소선거구제를 채택하고 있다.

③ 서울시 지방의회 의원 선거에서는 1인 2표제와 정당명부식 비례대표제를 병행하고 있다.

④ 대통령의 임기는 5년이다.

10 ③

(가) 합의형 여론, (나) 분산형 여론
③ 분산형 여론은 찬성과 반대가 양극화되어 심한 의견대립을 나타낼 수 있다.

11 ②

① 보통선거(universal suffrage) : 사회적 신분 · 재산 · 인종 · 성별 등에 의한 자격요건의 제한 없이 일정한 연령에 달한 모든 국민에게 원칙적으로 선거권을 인정하는 것으로서, 제한선거에 대응되는 말이다.
② 평등선거(equal suffrage) : 모든 유권자에게 동등하게 1인 1표의 투표권을 인정하는 것이다. 신분에 따라 특권층에 2표의 투표권을 주는 복수투표제 또는 재산의 다과에 따라 선거인을 등급으로 나누어 각각 같은 수의 의원을 선출하는 등급별선거제 등의 불평등 선거와 대응된다.
③ 비밀선거(secret vote) : 선거인이 어느 후보자를 선출하는지 알 수 없게 하는 것으로 공개선거에 대립되는 말이다.
④ 직접선거(direct vote) : 선거권자가 중간선거인을 선정하지 않고 직접 피선거권자를 선출하는 것으로, 간접선거에 대응하는 말이다.

12 ⑤

〈보기〉는 시민단체에 대한 설명이다.
⑤ 시민단체는 공식조직에 속한다.
※ 공식조직과 비공식 조직

구분	공식조직	비공식 조직
발생	공적인 목표를 추구하기 위한 인위적 조직으로서 제도화된 공식 규범의 바탕 위에 성립한다.	구성원 상호 간의 상호작용에 의하여 자연 발생적으로 성립된다.
특징	권한의 계층, 명료한 책임분담, 표준화된 업무 수행, 몰인정적인 인간관계를 특징으로 한다.	혈연, 지연, 학연, 취미, 종교 등의 기초 위에 형성한다.
성격	외면적이고 가시적이다.	내면적이고 비가시적이다.
구성 · 운영	능률이나 비용의 논리에 의해 구성 · 운영된다.	감정의 논리에 의해 구성 · 운영된다.
대상	전체 조직이 인식의 대상이다.	공식조직의 일부를 점유하며 산재해 있다.
형태	계속 확대되는 경향이 있다.	친숙한 인간관계를 요건으로 하여 소집단 형태를 유지한다.

13 ⑤

① 의회와 정부를 매개하는 것은 정당이다.
② 정당은 선거에 후보자를 배출한다.
③ 정치 사회화 기능은 정당, 이익집단, 시민단체 모두가 할 수 있다.
④ 이익집단은 영리를 추구하는 집단이다.

14 ②

헌법소원은 공권력으로 인해 기본권을 침해받은 경우 이를 회복시켜 달라고 헌법재판소에 청구하는 일을 말한다. 국가기관의 공권력 행사 또는 불행사로 국민이 헌법상 보장된 기본권을 침해받은 경우 국민은 이를 회복하기 위해 헌법재판소에 헌법소원심판을 청구할 수 있다.
② 헌법상 기본권인 통신의 자유를 침해당한 경우이다.
①③④⑤ 법원에 소송을 청구할 수 있는 사례이다.

15 ④

[대통령제와 의원 내각제]

핵심풀이

행정부와 입법부의 관계가 유기적 관계, 권력 융합의 형태이면 의원내각제이고, 엄격한 권력 분립의 형태는 대통령제이다.
※ 정부 형태의 구분 기준 : 입법부와 행정부의 관계, 행정부를 구성하는 방식

구분기준(차이점)	대통령제	의원 내각제
㉠ 입법부와 행정부의 관계	입법부와 행정부의 엄격한 분립〈권력 분립〉 (이론적 근거)몽테스키의 3권분립론	입법부와 행정부의 융합〈권력융합〉 → 의회 중심주의 (이론적 근거)로크의 2권분립론
㉡ 행정부를 구성하는 방식	국민이 선출한 의원으로 의회가 구성되고, 별도의 선거에 의해 선출된 대통령이 행정부 구성	국민이 선출한 의원으로 의회가 구성되고, 의회에 의해 내각 구성

※ 공통점 : 사법부의 독립을 엄격히 보장

16 ②

[대통령제의 특징]

핵심풀이

※ 대통령제의 특징
　㉠ 입법부와 행정부의 엄격한 권력 분립형으로, 견제와 균형의 원리에 충실하다.
　㉡ 대통령은 국가원수이며 행정부 수반이다(행정부 구성의 1원성).
　㉢ 정부 각료는 의회 의원을 겸할 수 없다.
　㉣ 정부는 법률안 제안권이 없으며, 정부 각료의 의회출석발언권도 없다.
　㉤ **상호견제 수단** : 대통령은 법률안거부권을 행사할 수 있고, 의회는 대통령에 대한 탄핵소추권이 있다.
　㉥ 행정부의 수반인 대통령이 국민에 대하여 책임을 지고(의회에 대해서는 책임을 지지 않음) 모든 정책을 수행한다.
　㉦ 내각은 의결기관이 아니라 정책의 심의기관이다.

오답풀이

의원 내각제의 특징 : ㉡㉣㉤㉥

17 ③

[정부 형태와 의석수]

핵심풀이

국민에 의해 선출된 의회에서 정부를 구성했습니까?
→ 예(의원내각제)
의원내각제에서 제1당이 과반수를 차지하지 못하여 군소정당이 난립할 경우 연립내각이 구성될 가능성이 크다. 따라서 책임 소재가 불분명한 정부가 구성되고 정국의 불안정을 가져오게 된다.

※ 선거 후 제1당의 과반수(절반이 넘는 수) 확보 여부에 따른 영향

의원 내각제	제1당이 과반수를 차지하지 못함(군소정당이 난립함)	정국의 불안정, 연립내각 구성
	제1당이 과반수를 차지함(단독 내각을 구성함)	다수당의 횡포 견제 곤란
대통령 제	제1당이 과반수를 차지하지 못함(여소야대가 나타남)	• 국회를 주도하는 야당과 대통령이 속한 행정부의 정면 충돌이 발생 • 대통령의 거부권 행사 가능성 높음
	제1당이 과반수를 차지함(여대야소가 나타남)	정책결정과 집행이 원활하게 이루어질 가능성

18 ③

[이원정부제]

핵심풀이

프랑스 이원정부제의 정부 형태이다.
③ 평상시에는 행정부가 총리 중심으로 운영되고, 대통령은 외교·국방에만 전념한다.

오답풀이

① 이원정부제에 대한 설명이다.
② 행정권을 대통령과 총리가 공유한다.
④ 의회 다수당의 추천을 받아 대통령이 총리를 임명하기 때문에 대통령과 총리의 소속 정당이 다를 수 있다. 대통령과 총리의 소속 정당이 다른 경우 '동거 정부'라고 한다.

19 ②

[선거의 의의]

핵심풀이

㉠ 선거는 대표자의 정치행위를 평가하고 대표자를 통제한다.
㉢ 공정한 절차와 국민의 의사에 따라 선출된 정권에 정당성과 합법성을 부여(정권의 정통성 부여)한다.

오답풀이

㉡ 선거는 대의제를 전제로 국민이 정치에 참여하는 대표적인 수단이 된다. 대의제의 문제점을 해결하는 방법이 될 수 없다.
㉣ 선거는 정치 과정에서 산출보다는 투입, 환류 과정에 해당된다.
㉤ 대의 민주제 보다는 직접 민주제가 국민 자치의 원리나 치자와 피치자의 동일성 원리에 가장 충실하다.
㉥ 선거는 대표자를 통해 간접적으로 정책 결정에 영향을 끼친다.

20 ②

[헌법 재판소의 판결]

핵심풀이

선거구별로 선거인 수의 차이가 클 경우, 1표의 가치가 선거 결과에 기여하는 정도가 달라질 수 있으므로 헌법의 평등 선거 원칙에 위배된다고 판결하고 있다.

평등 선거	한 사람에게 다 같이 한 표(1인 1표)를 주고, 그 한 표의 가치에 차등을 두지 않는 것 ↔ 차등 선거	표의 등가성(等價性) 원리에 기초함
직접 선거	선거권자가 대리인을 거치지 않고, 본인이 직접 투표하는 것 ↔ 대리 선거	부재자투표나 거소 투표 등도 인정
비밀 선거	선거권자가 누구에게 투표했는지 알 수 없게 하는 것 ↔ 공개 선거	선거인이 외부의 압력을 받지 않고 자유 의사에 따라 투표하도록 함

23 ③

[민주선거 원칙 위반]

■ 핵심풀이

③ (B)는 평등 선거의 원칙 위반이다. 즉 1인 1표의 원칙(표의 등가성의 원리)에 위반된다.

■ 오답풀이

①② (A)는 제한 선거로서, 보통 선거의 원칙 위반이다.
④ (B)는 차등 선거이다.
※ 민주선거 원칙 위반 사례
• 세계 각국에 나가있는 재외 국민들이 주민등록이 없다는 이유로 투표권을 부여하지 않은 경우→제한선거(보통선거 위반)
• 여자에게 선거권을 주지 않고, 남자에게만 선거권을 주는 경우→제한선거(보통선거 위반)
• 여자에게 1표를 주고, 남자에게는 2표를 주는 경우→차등선거(평등선거 위반)
• 노동자, 농민, 빈민에게는 투표권을 주지 않는 경우→제한선거(보통선거 위반)
• 국교를 믿지 않는 사람들의 선거 참여를 제한하는 경우→제한선거(보통선거 위반)
• 유권자수가 10만인 선거구와 50만 명인 선거구에서 똑같이 1인의 대표자를 선출하는 경우→차등선거(평등선거 위반)
• 본인뿐만 아니라 대리인으로 하여금 투표를 할 수 있도록 한 경우→대리선거(직접선거 위반)
• 공개된 장소에서 기표하게 하여 누구에게 투표했는지 알 수 있게 하는 경우→공개선거(비밀선거 위반)
• 1922년까지 벨기에 선거법에서는 일정액 이상의 세금을 낸 사람, 일정 교육수준의 사람에게는 2~3표의 투표권을 주었다. →차등선거(평등선거 위반)
• 미국은 건국 초기에 헌법 해독 능력, 영어 독서 능력, 작문 능력 등을 선거권 부여 조건으로 설정하였다. →제한선거(보통선거 위반)

■ 종료 ▷ 더 알아가기

국회의원 선거구 획정 규정 헌법 불합치 결정
(2001. 10. 25. 2000헌마92)
헌법재판소는 2001년 10월25일 '최대 선거구와 최소 선거구간 인구편차가 3.88대1에 달하는 현행 선거구 구역표와 근거규정인 선거법 25조는 선거권의 평등을 침해하는 것'이라며 위헌 결정을 내렸다. 재판부는 "헌법소원이 청구된 경기 안양시 동안구의 경우 최소 선거구인 경북 고령·성주군과의 인구편차가 3.65대1이며, 최대 선거구인 경기 의정부시는 3.88대1에 달하는 등 국민 한 사람의 투표가치가 선거구에 따라 크게 달라 헌법의 평등선거 정신에 어긋난다"며 "위헌의 기준이 되는 인구편차는 3대1"이라고 밝혔다.

21 ③

[보궐선거의 결과]

■ 핵심풀이

③ 사표(낙선자에게 던진 표)의 비율은 (가)선거구는 42.8%, (나)선거구는 60.4%이다.

■ 오답풀이

① 선거구별로 최고 득표자 1명만 대표자로 선출하고 있다.
② 정치적 무관심은 투표율을 가지고 파악할 수 있으므로, 정치적 무관심은 투표율이 낮은 (가)선거구가 더 높다.
④ 결선 투표제는 과반수의 지지를 받는 후보자가 없는 (나)선거구이다.

22 ①

[대중 민주주의의 확립]

■ 핵심풀이

대중 민주주의는 대중 사회의 토대 위에서 대중을 정치의 주체로 하는 민주주의를 말한다. 대중 민주주의의 확립은 시민의 정치 참여가 확대되면서 나타났는데, 이와 관련된 선거 원칙은 보통 선거 원칙이다.
※ 민주 선거의 4원칙

구분	내용	특징
보통 선거	일정 연령 이상의 국민에게는 성별, 재산, 학력, 직업 등에 관계없이 누구에게나 제한을 두지 않고 선거권을 부여함 ↔ 제한 선거	대중 민주주의의 기반이 됨

24 ①

[재외국민 선거권]

핵심풀이

헌법재판소는 2007년 재외국민(국외거주자)에게 선거권을 부여하지 않는 공직선거법에 대해 국외거주자의 선거권과 평등권을 침해하고 보통선거원칙에도 위반된다고 헌법불합치 결정을 내렸다. 이에 따라 국회는 2009년 대한민국 국적을 가진 19세 이상 외국 영주권자와 체류자에게 대선과 총선 투표권을 부여하도록 공직선거법을 개정했다.

재외국민 선거권(헌재 2007.06.28, 2004헌마644)
'선거인명부에 오를 자격이 있는 국내거주자에 대해서만 부재자신고를 허용함으로써 재외국민과 단기해외체류자 등 국외거주자 전부의 국정선거권을 부인하고 있는 법 제38조 제1항은 정당한 입법목적을 갖추지 못한 것으로 헌법 제37조 제2항에 위반하여 국외거주자의 선거권과 평등권을 침해하고 보통선거원칙에도 위반된다.'

25 ②

[1인 1표제에 의한 비례 대표제]

핵심풀이

'지지 정당에 대한 별도의 투표과정 없이 정당명부에만 의존하는 1인 1표제에 의한 비례 대표제는 직접 선거의 원칙에 어긋나며, 평등선거의 원칙에도 어긋난다'는 헌법재판소 위헌 판결 이후 새로운 전국구 의석 배분 제도로 도입된 것이 '1인 2표제'의 정당 명부식 비례 대표제이다.

전국구의원 선출방식(1인 1표에 의한 전국구 의석 배분) 위헌 판결(2001.7.19.2000 헌마 91)
'헌법재판소는 현행 선거법상 지역구 <u>정당 후보자들의 득표비율을 기준으로 전국구 의석을 배분하는 1인 1표제</u>는 지역구 후보자와 지지정당이 다른 경우 국민의 의사가 제대로 반영되지 못하고, 지지 정당에 대한 별도의 투표과정없이 정당명부에만 의존하는 비례대표제는 <u>직접 선거의 원칙</u>에 어긋난다며, 재판부는 또 유권자가 무소속 후보자에게 투표할 경우 그 유권자는 비례대표 선출에서 배제되는 결과가 되어 정당 후보를 선택한 유권자에 비해 투표가치가 떨어지게 되므로 <u>평등선거의 원칙에도 어긋</u>난다고 밝혔다.'

※ '1인 2표제'의 정당 명부식 비례 대표제

도입 배경	정당 명부식 비례 대표제는 2001년 헌법재판소가 '후보자에게만 투표하는 1인1표 제도'를 통한 비례 대표 의석 배분방식은 위헌이라는 결정을 내림에 따라 도입되었다. 즉 후보자와 정당을 분리시키지 않고 한꺼번에 투표하는 '1인 1표제' 방식의 비례 대표제에서는 유권자의 지지 후보와 지지 정당이 다를 경우 유권자의 의사가 제대로 반영되기 어렵다는 것이다. 이후 새로운 전국구 의석 배분 제도로 도입된 것이 '1인 2표제'의 정당 명부식 비례 대표제이다. 이미 2003년 지방 의회 선거에 도입되었으며, 17대 국회 의원 선거에서도 도입되었다.
의미	유권자는 지역구 후보에 한 표를 행사하는 것과는 별도로 정당에도 한 표를 행사하는 방식으로, 각 정당이 얻은 득표율에 따라 비례 대표 의석을 배분함
효과	• 비례 대표 선출에서 유권자의 의사를 정확하게 반영할 수 있음 → '<u>직접 선거</u>' 구현 • 무소속 후보를 지지하는 유권자의 표가 비례 의석 배분에서 배제되지 않으므로 '1인 1표제'에 비해 <u>사표가 줄어 듦</u>

26 ③

[소선거구제의 특징]

핵심풀이

③ 소선거구제는 국민의 다양한 의사가 정치에 반영되기 어렵다는 단점이 있다.

오답풀이

① 양대 정당의 출현이 용이하여 정국 안정을 기할 수 있을 것이다.
② 선거를 관리하는 비용이 절약될 수 있을 것이다.
④ 선거 관리가 용이해질 것이다.

※ 각 선거구제의 장단점

구분	소선거구제 (다수대표제)	중·대 선거구제 (소수대표제)
장점	• 다수당 유리(양대 정당의 출현 용이)→ 정국 안정 • 유권자의 후보 파악 유리 • 선거 관리 용이 및 선거 비용 절약 • 유권자의 선거참여와 관심이 높아 투표율이 제고됨	• 사표가 적게 발생함 • 소수당 유리(신진세력, 소수파의 정계진출 용이) → 다당제 가능성 높음(다양한 국민의 의사 반영) • 인물 선택의 범위가 넓고, 전국적으로 지명도 있는 인물의 당선 가능성이 높음 • 지연, 혈연, 학연 등 연고주의에 의한 당선 가능성은 줄어듦

단점	• 사표가 많이 발생 • 소수당 불리 → 다양한 의사 반영 곤란(소수 집단의 의사 반영 곤란) • 인물 선택의 범위가 좁고, 전국적 인물의 당선 불리(지역적 인물의 당선 용이) • 선거부정용이 → 선거 인매수, 관권개입	• 한 지역구 내에서 투표 가치의 차등 문제 발생 • 군소 정당 난립으로 정국 불안이 우려됨 • 선거관리가 어렵고 선거 비용이 많이 듦 • 거에 대한 무관심이 우려됨 • 후보자 인물 파악이 어렵다.

27 ③

[소선거구제의 단점]

핵심풀이

㉠㉢㉣ 소선거구제의 단점

오답풀이

㉡ 중·대 선거구제의 단점
㉤ 중·대 선거구제의 단점

28 ①

[직능 대표제]

핵심풀이

㉠ 직능 대표제는 직업별 이익을 대표하는 직업 단체별 전문가를 대표로 선출하는 제도로, 이익 단체의 활동이 정당 내의 활동으로 제도화된다.
㉡ 해당 분야의 전문성을 가진 사람이 국회에 진출하므로 국회의 전문성을 강화할 수 있다.

오답풀이

㉢ 양당제 정착하고는 관계없다.
㉣ 다양한 직업의 이익이 국정에 반영될 수 있다.

29 ②

[비례 대표제]

핵심풀이

㉡ 소수파의 당선 가능성이 높아져서 다수당의 횡포를 견제할 수 있다.
㉤ 군소정당의 난립으로 정국 불안을 초래할 수 있다.

오답풀이

㉠ 소수당도 당선자를 낼 가능성이 높아진다.
㉢ 개인보다 정당 위주의 투표로 정당 정치의 발전에 기여할 수 있다.

㉣ 정당 내에서 비례대표제로 당선될 후보자를 정하기 때문에 정당 간부의 당선을 확보할 수 있다.
㉤ 사표를 방지하여 국민 여론의 왜곡을 막고 국민의 의사를 정확히 반영한다.

30 ③

[게리맨더링 방지]

핵심풀이

본문은 게리맨더링에 대한 내용이다. 게리맨더링을 방지하기 위해 선거구 법정주의가 채택되고 있다.
※ **선거구 법정주의** : 선거구를 임의로 정함으로써 생길 수 있는 폐단을 막기 위해 선거구(선거인 수 및 의원 수)를 국회에서 법률로 정하도록 하는 것 → 행정부의 선거구 개입 방지, 게리맨더링 방지

31 ①

[선거관리위원회]

핵심풀이

본문의 헌법 기관은 선거관리위원회이다. 선거관리 위원회 임무는 ㉠㉡㉢㉣선거와 국민 투표, 정당에 관한 사무 처리, 국민에 대한 홍보 및 계도를 통한 공명 선거 풍토 정착, 선거관리 체계의 합리화 노력 등이다.

오답풀이

㉤ 선거구 획정은 선거구 법정주의에 따라 국회에서 법률로 한다.
㉥ 선거법은 법률이므로 선거법 제정은 국회에서 한다.

32 ④

[대표결정방법]

핵심풀이

④ D국은 대선거구제(소수대표제)를 채택하고 있으며, 다당제 가능성 높고 국민의 다양한 의사를 반영될 것이다.

오답풀이

① A국은 대선거구제(소수대표제)를 채택하고 있으며, 선거결과는 소수당이 유리할 것이다.
② B국은 소선거구제(다수대표제)를 채택하고 있으며, 양대 정당의 출현이 용이할 것이다.
③ C국은 소선거구제(다수대표제)를 채택하고 있으며, 사표가 많이 발생하고, 양대 정당의 출현 가능성이 높다.

33 ③

[비례대표제]

D정당은 득표율에서는 11.2%를 얻었음에도 불구하고, 의석은 5.0%밖에 얻지 못했고, A정당이 득표율은 34.5% 얻었음에도 불구하고 의석은 46.5%나 얻었다. 따라서 D정당은 정당별 득표 수에 따라 대표를 선출하여 사표를 방지할 수 있는 비례대표제의 확대 실시를 주장할 가능성이 가장 높다.

비례대표제는 사표를 줄이는 효과를 가져와 득표율과 의석율의 차이를 줄여준다. 다수대표제는 사표가 많이 발생하므로 도입을 반대할 것이다.

34 ③

[직능 대표제]

현대 사회에서는 이해관계가 복잡하고 다양하다. 그런데 여전히 지역을 중심으로 대표를 선출한다면 이러한 다양한 요구를 국정에 반영하기 어렵다. 따라서 이러한 문제를 극복하고 직업에 따르는 이해관계를 국정에 제대로 반영하기 위해서는 직능 대표제의 시행이 필요하다.

35 ②

[우리나라의 선거]

ⓒ 지방 자치제 선거(5개)는 동시 실시, 대통령과 국회의원 총선거는 별도 실시하고 있다. 즉 8개 선거에서 총 11개표를 행사한다. 대통령, 광역 자치 단체장, 기초 자치 단체장 선거에서 각각 1표를 행사하고, 국회의원, 광역 의회 의원, 기초 의회 의원 선거에서 각각 2표를 행사한다. 교육감(교육의원×) 선거에서는 각각 1표씩 행사한다. 옳음
ⓔ 지방 자치제 선거에서 7장의 투표용지를 받게 된다. 행정 기관에 대한 것이 3장(광역자치단체장, 기초자치단체장, 교육감), 입법 기관에 대한 것이 4장(광역의회 지역구 대표 및 비례대표, 기초의회 지역구 대표 및 비례대표)이다.

㉠ 대통령 임기는 5년이고, 상대 다수 대표제에 따라 선출한다.
㉡ 국회의원과 지방 자치 단체장, 지방 의회 의원 임기는 4년이다.

ⓜ 지방 선거에서 기초의회의원은 중선거구제를 적용한다.
ⓗ 시·도지사와 교육감은 광역 행정 단위를 선거구로 한다.
ⓢ 광역단체장(특별시장, 광역시장, 도지사), 기초단체장(시장, 군수, 구청장), 교육감은 행정 기관이다.

※ 우리나라의 선거 제도

선거		선출방식	임기	피선거권
대선 (대통령선거)	대통령 (1표)	• 국민의 직접 선거로 선출 • 다수 대표제(상대 다수제)	5년 (단임제)	40세 이상
총선 (국회의원 선거)	국회 의원 (2표)	지역구 의원과 전국구 의원으로 구성 • 지역구 의원(지역대표) : 소선거구제, 다수 대표제(상대 다수제) • 전국구 의원(비례대표) : 정당 명부식 비례 대표제(정당이 얻은 득표수에 비례하여 의석을 배분)	4년 (연임 가능)	24세 이상
지방 선거	지방 자치 단체장 (2표)	• 광역 자치 단체장(특별시장, 광역시장, 도지사) : 다수 대표제(상대 다수제) • 기초 자치 단체장(시장, 군수, 구청장) : 다수 대표제 (상대 다수제)	4년 (연임 3회까지)	
	지방 의회 의원 (4표)	• 광역 의원(시·도의회) : 소선거구제, 다수 대표제(상대 다수제) + 정당 명부식 비례 대표제 • 기초 의원(시·군·구의회) : 중선거구제 + 정당 명부식 비례 대표제	4년 (연임 가능)	
	특별자치제선거(2표)	교육감 : 광역행정단위 선거구, 다수 대표제(상대 다수제)	4년 (교육감 연임 3회까지)	

※ • 유권자는 대선 1표, 총선 2표, 지방선거 7표 총10표를 행사하게 된다.
• 지방 자치제 선거에서 7장의 투표용지(광역단체장 1표, 기초단체장 1표, 광역지방의원 2표, 기초지방의원 2표, 교육감 1표)를 받게 된다. 교육의원 선거는 2010년 개정된 지방교육자치법에 따라 폐지되어 2014년 6.4 지방 선거부터 실시되지 아니한다.

36 ①

[형식적 법치주의, 실질적 법치주의]

① 잘못된 법을 차기 선거를 통해 평가되고 시정되어야 한다고 보는 견해는 법(실정법)이 보장하는 방식을 중시하는 (나)의 입장에 해당된다.

② 법이 보장하는 방식으로 잘못된 법을 시정하는 것은 시간이 많이 걸려 폐해가 커지기 때문에, 비폭력적인 저항을 인정해야 한다는 주장으로 (가)의 입장이다.
③ 잘못된 법을 개정하기 위해서는 법이 보장하는 입법 절차를 거쳐야 한다는 주장은 (나)의 입장이다.
④ 잘못된 법에 대한 판단을 개인의 주관에 맡기는 것을 비판하는 것은 (나)의 입장이다.

37 ②

[형식적 법치주의, 실질적 법치주의]

• 지섭 : 형식적 법치주의
• 동엽 : 실질적 법치주의
② 법률이 국민의 동의와 지지를 얻었는지, 법의 목적과 내용도 정의에 부합하는 정당성이 있는지를 특히 중시하는 입장은 실질적 법치주의이다.

① 형식적 법치주의는 의회가 제정한 법에 따라 통치가 이루어지기만 하면 되고, 법의 목적이나 내용은 문제 삼지 않는다.
③ 실질적 법치주의는 통치의 합법성과 정당성 모두를 중시한다.
④ 실질적 법치주의는 행정·사법·입법권 등 모두를 구속한다고 주장한다.

38 ③

[여론 유형]

A : 분산형 여론, B : 합의형 여론, C : 합의형 여론
③ B지역의 경우 합의형 여론 유형에 해당되고, 주민들의 의견이 대체로 반대하고 있어서 계획 수정이나 국민 설득이 필요하다. 옳음

① A지역의 경우 분산형 여론 유형에 해당되고, 주민들의 의견이 분명하게 나뉘어져 있어서 갈등과 혼란이 야기될 가능성이 높다.
② B지역의 경우 합의형 여론 유형에 해당되고, 주민들의 의견이 대체로 찬성하고 있어서 계획대로 뉴타운 건설이 추진될 가능성이 높다.
④ 뉴타운 건설이 추진될 가능성이 높은 지역은 B지역이다.

● 3. 우리나라의 헌법

1 ①

① 탄핵 소추 의결권은 국회의 권한이다. 헌법재판소는 탄핵 심판권을 가진다.

2 ③

③ 법률이 헌법에 위반되는지 여부가 재판의 전제가 된 경우에는 당해 사건의 법원만이 헌법재판소에 위헌법률심판을 제청할 수 있다. 당사자는 법원에 위헌법률심판을 제청할 수 있다.

3 ④

④ 국회는 대통령에 대한 탄핵소추권을 갖는다. 탄핵 심판권은 헌법재판소의 권한이다.

4 ④

④ 사생활의 비밀과 자유는 자유권적 기본권에 해당한다. 자유권적 기본권은 '국가로부터의 자유'이다. 국가에 의한 자유는 사회권적 기본권이다.

5 ④

④ 대통령은 국회에서 재의결된 법률안을 지체 없이 공포하여야 한다. 다만 확정법률이 정부에 이송된 후 5일 이내에 대통령이 공포하지 아니하면 국회의장이 이를 공포한다.

6 ④

④ 국회의 임시회는 대통령 또는 국회재적의원 4분의 1 이상의 요구에 의하여 집회된다.(헌법 제47조 제1항)

7 ④

우선 갑의 흡연권과 을의 혐연권은 모두 헌법상으로 보장되는 기본권에 해당하며 위 사례는 ○○시 조례에 의해 갑과 을의 이러한 기본권이 충돌하고 있는 상황이다. 따라서 갑은 위 조례에 의해 자신의 기본권이 침해될 경우 기본권 보장을 위해 헌법소원을 청구할 수 있다.

8 ①

① 법무부장관, 국가정보원장 임명과는 달리 대법관의 임명에는 국회의 동의가 필요하다.

9 ④

제시된 헌법조항에서 공통으로 나타나는 기본권은 사회적 기본권이다.
④ 자유권적 기본권에 대한 설명이다.

10 ①

(가) 국무총리, 대법원장, 헌법 재판소장, 감사원장에 대한 임명 동의권은 국회의 국가 기관 구성 기능이다.
(나) 국회 대정부질문은 국정 감시 통제 기능에 해당한다.

11 ①

① 소액사건은 제소한 때의 소송목적의 값이 2,000만 원을 초과하지 아니하는 금전 기타 대체물이나 유가증권의 일정한 수량의 지급을 목적으로 하는 제1심의 민사사건으로 한다〈소액사건심판규칙 제1조의2〉.

12 ④

④ A는 헌법재판소이다. 헌법재판소는 위헌법률심판, 헌법소원심판, 탄핵심판, 정당해산심판, 권한쟁의심판의 권한이 있다.

13 ①

① 국가인권위원회가 언급한 기본권은 사생활의 자유에 관한 기본권으로 자유권이다. 자유권은 소극적이고 방어적인 성격을 가진다.
② 사회권 ③ 청구권 ④ 참정권

14 ②

② 우리나라 국회는 내각 불신임권을 가지고 있지 않다.

15 ④

민원사무 처리에 관한 법률 제15조(처리 결과의 통지) 제1항 … 행정기관의 장은 민원인이 신청한 민원사항의 처리 결과를 민원인에게 문서로 통지하여야 한다. 다만, 대통령령으로 정하는 경우에는 구술 또는 정보통신망으로 통지할 수 있다. 이 경우 민원인이 요청할 때에는 지체 없이 처리 결과에 관한 문서를 내주어야 한다.

16 ③

③ 헌법 제31조 제①항에 따르면 모든 국민은 능력에 따라 균등하게 교육을 받을 권리를 가진다. 여기서 교육은 초등교육과 법률이 정하는 의무교육으로 특정한 교육제도나 교과과정을 요구할 수 있는 권리는 아니다.

17 ①

형법은 제20조에서 제24조까지에서 정당행위, 정당방위, 긴급피난, 자구행위, 피해자의 승낙 등을 위법성조각사유로 규정하고 있다.
① A는 자신 소유의 자동차에 불을 질러 공공의 위험을 발생시켰으므로 형법 제166조(일반건조물 등에의 방화)에 따라 처벌된다.
※ 형법 제166조 일반건조물 등에의 방화
  ㉠ 불을 놓아 전2조에 기재한 이외의 건조물, 기차, 전차, 자동차, 선박, 항공기 또는 광갱을 소훼한 자는 2년 이상의 유기징역에 처한다.
  ㉡ 자기소유에 속하는 ㉠의 물건을 소훼하여 공공의 위험을 발생하게 한 자는 7년 이하의 징역 또는 1천 만 원 이하의 벌금에 처한다.

18 ③

① 감사 및 조사는 공개로 한다. 다만, 위원회의 의결로 달리 정할 수 있다.〈국정감사 및 조사에 관한 법률 제12조〉
② 조약 체결 및 비준 권한은 대통령이 가진다.
④ 법률안 의결은 재적의원 과반수의 출석과, 출석의원 과반수 이상 찬성이 필요하다.
⑤ 예산안 처리에 대해 대통령은 거부권을 행사할 수 없다.

19 ②

[우리나라의 헌법 개정]

제헌헌법(대통령 국회 간선제) → 1차 개헌(직선제) →
3차 개헌(의원내각제채택, 대통령 국회 간선제) → 5
차 개헌(대통령제환원, 직선제) → 7차 개헌(유신개헌,
간선제) → 9차 개헌(직선제)

② 5차 개헌(5·16 군사정변)에 의하여 내각 책임제
에서 대통령 중심제로 바뀌면서 대통령 간선제에
서 직선제로 전환되었다.

① 1차 개헌에 의하여 간선제(제헌헌법)에서 직선제
로 전환되었다.
③ 6차 개헌에 의하여 대통령 3선이 처음으로 허용되
었다.
④ 8차 개헌에 의하여 단임제(임기 7년)로 개정되었
고, 선거인단에 의한 간선제가 채택되었다.

> • 간선제에서 직선제로의 개헌 → 1차, 5차, 9차
> • 직선제에서 간선제로의 개헌 → 3차, 7차(*제헌
> 헌법 : 대통령 국회 간선제)

※ 정부 형태의 변화 : 중요한 정치제도 변혁이 이루어진
개헌 → 3차(2공), 5차(3공), 7차(4공), 8차(5공),
9차(6공) 개헌

구분	정부형태	개헌내용	비고
제1공화국 (헌법제정)	대통령제	• 제헌헌법 : 대통령 국회 간선제 • 1차 개헌 : 대통령 직선제(발췌개헌) • 2차 개헌 : 초대 대통령에 한해 3선 제한 철폐(사사오입개헌) - 대통령 직선제 유지	초대 대통령의 영구 집권이 가능한 독재 체제
제2공화국 (3차 개헌)	의원내각제	• 3차 개헌 : 의원내각제채택, 대통령 국회 간선제, 양원제(민의원과 참의원), 국무 총리가 실권 장악 • 4차 개헌 : 3.15부정선거 관련자 처벌을 위한 소급입법 허용	4.19혁명으로 이승만 정권 종식. 민주주의에 대한 경험부족으로 사회적 혼란 심화
제3공화국 (5차 개헌)	대통령제	• 5차 개헌 : 대통령 직선제(대통령 재임 2기로 한정, 임기 4년), 의원내각제 폐지, 양원제 국회를 단원제로 환원 • 6차 개헌 : 3선개헌(3선 허용), 직선제 유지	5·16 군사정변으로 군부가 정권 장악, 국회가 해산된 상태에서 국가재건최고회의의 의결로 국민투표 실시
제4공화국 (7차 개헌)	(신)대통령제	7차 개헌 : 유신헌법, 대통령 통일주체국민회의 간선제(임기 6년, 중임 제한 폐지), 국민의 기본권 제한, 대통령 권한 확대	헌정질서를 중단시킨 상태에서 대통령의 독재 정권 유지를 위한 개헌
제5공화국 (8차 개헌)	대통령제	8차 개헌 : 대통령 단임제(임기 7년), 선거인단 간선제, 행복추구권, 환경권 신설	박정희 대통령 사망(79년 10.26사태)후 국보위(국가보위비상대책위원회)가 추진한 개헌 12.12쿠데타에 성공한 신군부집권(전두환 정권)
제6공화국 (9차 개헌)	대통령제	9차 개헌 : 대통령 직선제, 대통령 단임제(임기 5년), 대통령의 권한 약화, 국회의 권한 강화, 헌법재판소 부활, 적법절차원리 도입	1987. 6월 민주항쟁, 6.29 선언 → 최초 여야 합의에 의한 개헌

20 ④

[복지 국가의 원리]

제시문에 나타난 헌법 원리는 복지 국가의 원리이다.
복지 국가의 원리와 관련된 내용에는 사회권 보장,
최저 임금제, 사회 보장 제도(사회 보험, 공공 부조,
기초 생활 보장), 국민 생활의 균등한 향상, 최저 임
금제, 인간다운 생활, 시장의 지배와 경제력의 남용
을 방지, 경제에 관한 규제와 조정 등이 있다.

㉠ 개인의 통신비밀이 침해를 받지 않고 보장되는
것은 통신의 자유로, 자유권에 속한다. 자유권적
기본권의 보장은 자유 민주주의와 관련이 있다.
㉡ 상향식 의사 결정 과정의 보장은 자유 민주주의
원리의 내용이다.

21 ①

[국제 평화주의 원리]

핵심풀이

제시문의 헌법 규정은 국제 평화주의 원리에 대한 내용이다.
㉠ 일체의 전쟁을 금지하는 것이 아니라, 영토의 확장 등의 수단으로서 행해지는 침략적 전쟁만을 부인하고 방위전쟁(자위전쟁)은 허용한다.

오답풀이

㉡㉤ 세계 평화와 인류 공영을 위한 국제 협조와 지원 등도 국제평화주의 원리에 포함된다.
㉢㉣ 국제법규를 국내법과 같은 효력을 인정하는 국제법 존중, 상호주의에 입각하여 외국인의 신분과 지위 보장 모두 국제평화주의를 실현하기 위한 것이다.
• 헌법 제6조 ①항 「헌법에 의하여 체결·공포된 조약과 일반적으로 승인된 국제법규는 국내법과 같은 효력을 가진다.」
• 헌법 제6조 ②항 「외국인은 국제법과 조약이 정하는 바에 의하여 그 지위가 보장된다.」

22 ④

[우리나라 헌법상의 기본권 사상]

핵심풀이

④ (A)와 (B)에 의할 때 우리나라 헌법상의 기본권 사상은 천부 인권 사상과 실정법 사상의 조화를 추구하고 있다. 즉 천부 인권 사상을 바탕으로 하면서도 국가에 의한 기본권의 제한이 가능하다고 해석된다.

오답풀이

① (A)에는 개인의 기본권은 천부적인 권리(천부 인권, 자연권)라는 사상이 나타나 있다.
② (A)에 의하면 개인의 인권은 국가보다 우선하고, 국가는 국민의 기본권 보장을 위한 제도적 장치이다.
③ (B)에는 기본권도 국가의 법 테두리 안에서 인정되는 실정법상의 권리라고 보는 사상이 나타나 있다. 옳음

※ 기본권 사상

근대 사상	천부 인권 (자연권) 사상	• 인간은 태어나면서부터 양도하거나 빼앗길 수 없는 일정한 권리를 가진다는 사상이다. • 기본권은 국가 성립에 관계없이 존재하는 초국가적 권리이며, 실정법에 의해 침해될 수 없는 절대적 권리이다.
	입헌주의 사상	민주주의 국가는 천부적이고 초국가적인 기본적 인권을 보장할 의무를 지고 있으며, 이를 보장하기 위해서는 헌법을 만들고 기본적 인권에 대한 규정을 두어야 한다는 사상이다.
현대 사상	실정법 사상	• 기본권도 국가의 법 테두리 안에서 인정되는 실정법상의 권리라고 보는 사상(법실증주의) • 국가가 필요한 경우 실정법을 통해 기본권을 제한할 수 있음을 인정
	천부 인권(자연권) 사상과 실정법 사상의 조화	기본권을 단순한 천부인권이나 실정법상의 권리로만 보지 않고 이 두가지 사상의 조화로 파악하고자 하는 사상
우리나라 헌법상의 기본권 사상		기본권의 불가침성을 인정하면서도 실정법상 제한될 수 있는 권리로 규정 → 천부 인권 사상과 실정법 사상의 조화 추구

23 ③

[인간으로서의 존엄과 가치]

핵심풀이

인간으로서의 존엄과 가치 : 우리 헌법이 추구하는 최고의 가치를 선언, 천부 인권 사상의 수용, 모든 법령을 제정하고 해석하는 기준, 국가 권력의 한계 설정
㉡ 사회주의적 기본 질서의 확립와는 관계없다.

오답풀이

㉠ 인간의 존엄과 가치는 우리 헌법이 지향하는 최고 가치, 헌법 질서의 최고 구성 원리로서 인간의 존엄과 가치를 존중하는 방향으로 국가 권력을 행사해야 한다.
㉢ 우리 헌법이 지향하는 최고의 가치 규범이 나타나 있다.
㉣ 기본권을 천부인권으로 보고 있다.

24 ①

[적법 절차 조항]

핵심풀이

① 체포, 구속, 압수 또는 수색을 할 때에는 적법한 절차에 따라 검사의 청구에 의하여 관한 법관이 발부한 영장을 제시하여야 한다.

오답풀이

② 불리한 진술 거부권(묵비권)
③ 구속 적부 심사제
④ 변호인의 도움(조력)을 받을 권리

25 ②

[인간다운 생활 보장을 위한 기본권]

핵심풀이

현대 복지 국가에서 인간다운 생활을 보장하기 위하여 특히 강조되고 있는 기본권은 사회권이다.
ⓒ 인간다운 생활 보장을 위하여 국가에 대해 어떠한 보호나 생활 수단의 제공을 적극적 요구하는 권리이다.
ⓔ 직업 선택의 권리는 자유권이다.

오답풀이

㉠ 실질적 평등을 보장하여 인간다운 생활을 할 수 있도록 하기 위하여 사회권이 등장하였다.
ⓒ 사회권은 헌법에 개별적으로 열거된 권리만을 인정한다.
ⓜ 국가의 존재를 전제로 국가에 대해 인간다운 생활의 보장을 요구할 수 있는 권리, '국가에 의한 자유'이다.

오답풀이노트 대립교과서

- 다른 기본권을 보장하기 위한 수단적 권리 : 청구권
- 다른 기본권 보장을 실현하기 위한 전제 조건 : 평등권
- 청구권과 사회권의 공통점 : 국가에 대해 적극적으로 요구할 수 있는 권리(국가의 존재를 전제로 함), 실현할 구체적 법률 규정 및 예산 확보가 있어야 보장되는 권리
- 행복 추구권, 자유권, 평등권 : 천부인권적 성격을 가지는 포괄적 권리(국가의 존재를 전제로 하지 않음)

26 ④

[기본권 제한]

핵심풀이

④ 국가 긴급권(긴급 재정·경제 처분 및 명령권, 긴급명령권, 계엄선포권) 발동시 명령이나 처분으로도 기본권이 제한될 수 있다.

오답풀이

① 법률로써 제한할 수 있다.
② 본질적인 내용은 어떠한 경우에도 침해할 수 없다.
③ 국가 안전 보장, 질서 유지, 공공 복리를 위하여 필요한 경우에 법률로써 제한할 수 있다.

27 ①

[신체의 자유 보장 원칙]

핵심풀이

신체의 자유(자유권적 기본권) 보장을 위한 원칙이나 제도 : 죄형법정주의, 적법절차의 원리, 영장주의, 구속적부심사제, 자백의 증거능력제한, 형사피고인의 무죄추정원칙, 고문금지 및 묵비권 등

28 ④

[평등에 관련된 판결]

핵심풀이

④ (가)에서는 획일적 평등, (나)에서는 비례적 평등을 중시하였다.

오답풀이

① (가)의 판결에서는 후천적 차이를 인정하지 않았다.
② (나)에서는 정당과 다른 정치 단체와의 차이를 인정하고 있다.
③ (가)에서 모두 배분적 정의(개인의 능력이나 공헌한 정도에 따라 다른 대우를 받아야 한다는 것)가 아니라 평균적 정의(모든 사람이 동등한 대우를 받아야 한다는 것)을 중시하였다.

29 ②

핵심풀이

평등권에 대한 내용이다.
㉠ 다른 기본권 보장을 실현하기 위한 전제 조건. 모든 사람이 평등하다는 것이 전제되어야만 다른 기본권들도 제대로 의미를 가질 수 있다.
㉣ 선천적·후천적 차이를 고려한 합리적 차별을 허용한다.

오답풀이

㉡ 인간 존엄성 실현의 본질적 기본권이다.
㉢ 상대적·비례적·실질적 평등이다. 틀림
㉤ 평등권에 위배되는 법률은 위헌으로 효력을 상실하게 되므로 입법권을 구속한다고 할 수 있다.

30 ②

[기본권의 충돌]

핵심풀이

이 사례는 주민들이 쾌적한 환경에서 생활할 권리(환경권 또는 행복추구권)와 공원 부지 소유자의 재산권 행사가 충돌하는 경우이다.

오답풀이

환경권은 사회권이고 재산권 행사는 자유권이다. 따라서 사회권과 자유권의 충돌 또는 환경권과 자유권의 충돌, 행복추구권과 자유권의 충돌 등이 답이 될 수 있다.

더 알아보기

▶ 행복추구권의 내용 : 헌법재판소 판례에 의하면 행복추구권의 내용으로 보장되는 것은 일반적 행동의 자유권, 개성의 자유로운 발현권, 자기결정권, 평화적 생존권 및 신체불훼손권, 일조권, 휴식권 등이 있다.
▶ 행복추구권의 침해 사례(헌법재판소 판례)
• 동성동본금혼제는 혼인에 있어서 상대방을 결정할 수 있는 자유(혼인의 자유와 행복추구권 등)를 침해한다.
• 생수 판매 금지 조처는 깨끗한 물을 마실 권리(행복추구권)를 침해한다고 판시하였다.
• 결혼식 하객에게 음식물 접대를 금지하는 것은 행복추구권의 침해라고 판시하였다.
▶ '사생활의 비밀과 자유(프라이버시)' 침해 사례
• 주민센터 민원 서식대에 '홍길동'이 아니라 '개인 실명'을 드러낸 예시문을 놓아둔 경우

• 어떤 행사나 모임에서 다른 사람의 얼굴을 무단 촬영하여 인터넷 사이트(홈페이지, 블로그 등)에 게재한 경우
• 전화 도청하는 경우
▶ '양심의 자유'와 관련된 사례
• 자신의 신념에 반하여 자신의 행위가 비행이라고 사죄 광고를 하는 경우 '양심의 자유'가 침해된 경우이다.
• 양심적 병역거부자들은 양심의 자유를 근거로 하여 병역을 거부하고 있다.
▶기본권의 충돌(상충)
• 정치인이나 유명 연예인 등의 사생활이 언론에 보도됨으로써 사생활 비밀이 침해되거나 명예가 훼손되는 경우→'언론·출판의 자유'와 '사생활의 비밀' 간의 충돌
• 기업의 유해가스 배출이 인근 주민들의 생활환경을 오염시키는 경우→기업의 '영업의 자유'와 인근 주민의 '환경권' 간의 충돌
• 헌법재판소에서는 혐연권(담배를 피우지 않는 사람이 공공장소에서 담배 연기를 맡는 것을 거부할 수 있는 권리)이 흡연권(담배를 피울 수 있는 권리)에 대해서 상위에 있다고 판시한 적이 있으며 이로 인해서 흡연권 제한을 합헌이라고 판시한 적이 있다→'흡연권과 '혐연권' 간의 충돌
• 낙태 시술에 대한 찬성과 반대→'태아의 생명권'과 임산부의 행복추구권(자기 결정권)' 간의 충돌

31 ③

[자백의 증거능력 제한]

자백의 증거능력을 제한하는 것은 신체의 자유를 보장하기 위한 것이다. 신체의 자유는 자유권이다.
※ 헌법(제12조 1항) '모든 국민은 신체의 자유를 가진다'고 규정하여 신체의 자유를 보장하고, 다시 '누구든지 법률에 의하지 아니하고는 체포·구속·압수·수색 또는 심문을 받지 아니하며, 법률과 적법한 절차에 의하지 아니하고는 처벌·보안처분 또는 강제노역을 받지 아니한다'고 규정하여 구체적 방법도 열거하고 있다.

32 ④

[자백의 증거능력 제한]

제시문에서 ㉠은 국가구조청구권 ㉡은 형사보상청구권이다. 모두 청구권적 기본권에 해당한다. 청구권적 기본권은 국민이 자신의 권리나 이익이 침해되었을 때나 그 우려가 발생 하였을때 국가에 대하여 적극적으로 일정한 행위를 요구할 수 있는 권리이다. 우리 헌법은 청원권, 재판청구권, 형사보상청구권, 국가배상청구권, 범죄피해자국가구조청구권, 손실보상청구권 등을 인정하고 있다.

④ 청구권적 기본권은 자연권이 아니기 때문에 법률이 제정됨으로써 비로소 구체적으로 행사할 수 있는 권리이다. 따라서 법률의 규정이 없는 때에는 국민은 국가에 대하여 일정한 행위를 청구할 수 없다.

① 국가에 의한 자유는 사회권을 의미한다.
② 외국인에게도 인정된다. 외국인에게 인정되는 기본권을 보장하기 위한 청구권적 기본권은 인정된다고 본다. 단 국가배상청구권이나 범죄피해자 국가구조청구권은 상호주의하에서 인정된다.
③ 국가에 대해 적극적으로 요구할 수 있는 권리로, 국가의 존재를 전제로 한다.

◎ 돋보이〇더일바개

▶ 우리나라에 거주하는 외국인과 기본권
- 원칙 : 외국인도 가장 기본적인 인간의 권리는 우리나라 국민과 동등하게 누릴 수 있다. →인간의 존엄성을 존중받는 것·행복 추구권·평등권·신체의 자유·사생활의 비밀과 자유·양심의 자유·종교의 자유·학문의 자유 등 거의 모든 자유권은 내국인과 동등하게 누릴 수 있다.
- 제한 : 참정권, 사회권, 거주 이전의 자유, 언론·출판·집회·결사의 자유 등이 제한될 수 있다.
▶ 외국인과 선거권 : 헌법은 선거권을 갖는 주체를 대한민국 국민으로 명시하고 있고, 외국인은 원칙적으로 선거권을 갖지 못하지만 지방선거에 한해서만 일정 자격을 가진 외국인에게 투표를 하도록 하고 있다.
→19세 이상의 외국인으로서 「출입국관리법」 제10조의 규정에 따른 영주의 체류자격 취득일 후 3년이 경과한 자 중 당해 지방자치단체 관할구역의 외국인등록대장에 등재된 사람은 선거권을 가진다(공직선거법 제15조).

---

33 ③

[정치적 기본권]

정치적 기본권(참정권)에는 공무 담임권, 공무원 선거권, 국민투표권이 있다.

㈎, ㈐는 청구권이다.

34 ④

[헌법상 의무]

④ 납세의 의무와 국방의 의무는 근대 입헌주의 국가 성립 이전부터 존재하던 의무로 사회 유지를 위한 기본적 의무이다.

① 헌법에 의무를 규정하는 목적은 헌법에 규정된 의무 외에 새로운 의무를 국민에게 부과하지 못하게 하여, 기본권을 보다 적극적으로 보장하기 위함이다.
② 교육의 의무와 근로의 의무는 의무이면서 권리로서의 성격을 동시에 갖는다.
③ 교육의 의무, 납세의 의무, 국방의 의무 등은 위반시 법적 제재가 부과된다. 다만 근로의 의무는 도덕적 의무이기 때문에 법적 제재가 부과되지 않는다(다수설).

35 ②

[미란다 원칙]

미란다 원칙은 수사기관이 피의자를 체포하거나 자백을 받기 전 체포의 이유와 변호인의 도움을 받을 수 있는 권리, 진술을 거부할 수 있는 권리 등이 있음을 미리 알려 주어야 한다는 원칙이다. 미란다 원칙은 신체의 자유를 보장하기 위하여 법이 정한 적정한 절차를 준수해야 한다는 '적법절차 원리'를 강조하는 것이다.
※ 대법원은 미란다 원칙을 무시한 체포는 정당한 공무집행이 아니라는 판결을 내렸다(2000. 7. 4.). 경찰관이 현행범 체포 과정에서 사전 고지를 하지 않았을 경우 피의자가 경찰관과 마찰을 일으켰을 지라도 공무집행방해죄로 처벌할 수 없다고 판시하고 있다.

오답풀이

무죄 추정의 원칙은 피고인 또는 피의자는 유죄판결이 확정될 때까지는 무죄로 추정한다는 것으로 신체의 자유를 보장하기 위한 원칙이다.

36 ②

[국회의 능률적 운영을 위한 제도]

핵심풀이

㉠ 위원회제도, ㉣ 교섭단체, ㉤ 일사 부재의의 원칙은 국회의 능률적 운영을 위한 제도이고, ㉡ 일사부재리의 원칙, ㉢ 죄형 법정주의, ㉥ 적법 절차의 원리는 신체의 자유를 보장하기 위한 원칙이다.

오답풀이

㉡ 일사부재리(一事不再理)의 원칙은 동일한 범죄에 대하여 두번 처벌받지 아니한다는 원칙으로, 신체의 자유를 보장하기 위한 것이고, ㉤ 일사 부재의(一事不再議)의 원칙은 국회에서 일단 부결된 안건을 같은 회기중에 다시 발의 또는 제출하지 못한다는 원칙으로, 소수파에 의한 의사진행방해(필리버스터)를 방지하고 의사진행의 효율성을 보장하기 위한 것이다.

37 ③

[교섭단체]

핵심풀이

교섭단체는 20인 이상의 소속의원을 가진 정당으로 구성(정당이 다르거나 무소속 의원도 20인 이상이면 가능)하는 의원 단체로 국회의 의사 진행을 능률적으로 하려는 데에 그 목적이 있다.

38 ①

[의회주의의 위기]

핵심풀이

제시문은 의회주의 위기를 맞게된 원인을 묻는 문제이다. 의회주의의 위기는 국회의원의 전문성 부족으로 행정 관료에 의해 정책 결정이 주도되고 의회의 입법 기능이 약화된 점(행정 국가화 현상), 정당정치의 발달로 이익집단의 영향력 증대 등을 배경으로 한다.

※ 의회주의의 위기 배경

행정 국가화 현상 (국회의원의 전문성 부족)	복지 국가를 지향하는 과정에서 행정부의 기능이 강화되고 전문지식을 가진 관료에 의해 정책이 결정된다. → 의회의 입법 기능 약화
정당정치의 발달 (정당 국가화 현상)	정당의 소수 간부에게 권력이 집중되어 있어서 소속 당원인 국회의원은 국민의 의견을 대변하기 보다는 당의 결정(당론)에 따르게 된다.
이익집단의 영향력 증대	특정 이익집단의 이익을 대변하는 현상이 나타났다.

※ 극복 방안

국회의 전문성 확보	직업에 따라 전문지식을 지닌 사람을 국회의원으로 선출하는 직능대표제 도입, 의원보좌관제도 등 국회의원의 입법 지원 강화
정당 내부의 민주화 (당내 민주화)	국회의원의 대표성과 독립성 강화
국민들의 정치의식 제고	직접 민주정치 제도, 시민들이 입법과정에 적극적인 참여

오답풀이

㉢㉣ 국민 투표 제도, 직능대표의 의회 진출 제도화 등은 의회주의의 위기 극복을 위해 필요한 것이다.

39 ④

[국회의원의 활동]

핵심풀이

㉠ 현행범인 경우를 제외하고는 회기 중 국회의 동의 없이 체포 또는 구금되지 아니한다. 즉 현행범인 경우와 현행범인 경우라도 국회의 동의가 있으면 체포 또는 구금할 수 있다.
㉢ 국회의원은 선거구민의 대리인이 아니라 국민의 대표로서 국민전체의 이익을 우선해야 하기때문에 선거 구민의 의사와 다른 표결를 할 수 있다.

오답풀이

㉡ 국익 우선의 의무이다. 국회의원은 법률이 정한 직을 겸할 수 없고, 지위와 특권 남용 금지, 청렴의 의무, 국익 우선의 의무 등을 진다.
㉣ 면책 특권이다. 국민의 대표인 국회의원으로 하여금 그 맡은 바 직무를 성실히 수행할 수 있게 하기 위하여 불체포특권과 면책 특권을 인정한다.

40 ①

[국회의 회의]

① 회기 계속의 원칙의 예외 – 국회 의원의 임기 만료시

② 특별한 규정이 없는 한 가부 동수인 때에는 부결된 것으로 본다. 캐스팅 보트는 인정되지 않는다.
③ 일사부재의의 원칙 – 한번 부결된 안건은 같은 회기에 한하여 다시 제출할 수 없다.
④ 임시회는 대통령 또는 국회 재적의원 4분의 1 이상의 요구로 집회된다.

41 ②

[우리나라의 입법 과정]

㉠ A : 법률안은 국회 의원 10인 이상 또는 정부가 제안할 수 있다.
㉢ C : 재적의원 과반수 출석, 출석의원 과반수 찬성으로 의결된다.
㉤ E : 재적 의원 과반수의 출석과 출석의원 3분의 2 이상의 찬성으로 재의결을 하면 법률로서 확정한다.

㉡ B : 제출된 법률안은 소관 상임 위원회의 심사를 거쳐 본회의에 부의된다.
㉣ D : 의결된 법률안은 정부에 이송되어 15일 이내에 대통령이 공포한다. 공포된 법률안에 특별한 규정이 없는 한 공포된 날로부터 20일을 경과함으로써 효력이 발생한다.

42 ③

[법률 개정 절차]

③ 시행령은 법률에 근거하여 행정 각부가 제정하는 것으로 국회의 의결과정을 거치지 않는다.

① 대통령제에서 국무회의는 의결기관이 아닌 심의기관이므로 심의 결과는 대통령을 구속하지 못한다.
② 법률안은 특별 규정이 없는 한 공포한 날로부터 20일을 경과함으로써 효력을 발생한다.

④ 거부권이 행사된 법률안은 국회에서 재의결하려면 재적의원 과반수가 출석하고, 출석의원 2/3이상이 찬성해야 한다.

43 ③

[헌법 개정 절차]

㉡ 우리나라는 국민발안권을 인정하지 않아 일반 국민은 헌법 개정을 청원할 수 있지만 직접 개정안을 제안할 수는 없다.
㉣ 국회 재적의원 2/3 이상의 찬성으로 의결한다.
㉥ 대통령은 거부권을 행사할 수 없다.

㉠ 국회 재적의원 과반수 찬성으로, 대통령은 국무회의 심의를 거쳐 헌법개정안을 제안한다.
㉢ 자유로운 의견 교환을 통하여 국민적 합의를 형성하기 위한 것이다.
㉤ 의결 후 30일 이내에 국민투표 실시, 총 유권자(국회의원 선거권자) 과반수의 투표와 투표자 과반수의 찬성을 얻어 확정된다.

44 ①

[국무회의]

제시문은 국무회의에 대한 내용이다.
㉠ 자문기관과 의결기관의 중간적 성격을 가지는 심의 기관이다.
㉡ 대통령이 의장이 되고, 국무총리가 부의장이 된다.

㉢ 국무회의는 헌법상 필수기관(헌법상 반드시 있어야 하는 기관)이므로, 헌법개정에 의하지 아니하고는 폐지할 수 없다.
㉣ 국무 위원 임명에 대한 제청권은 국무총리가 가진다.
㉤ 모든 사항이 아니라 일정한 사항(헌법 제89조에 열거한 사항)에 대해서는 필수적으로 심의를 거쳐야 한다.
㉥ 국무회의는 대통령까지도 그 구성원으로 하는 대통령과는 별개의 정부 기관으로서 정부 중요 정책의 심의 기관이다.
㉦ 부령은 행정 각부의 장관이 제정한다.

45 ③

[국무총리, 국무회의]

핵심풀이

제시문에서 ㉠은 국무총리, ㉡은 국무회의이다.
③ ㉡은 의결기관이 아닌 심의기관으로, 정책결정기관이 아니다. 틀림

오답풀이

① 헌법상 필수 기관은 헌법의 규정에 따라 설치된 국가의 기관으로, 국회(국회의원), 정부(대통령, 국무총리, 국무회의, 행정부), 법원(대법원과 각급 법원), 감사원, 헌법재판소, 중앙선거관리위원회 등이 있다. 국무총리, 국무회의는 모두 의원내각제적 요소이다.
② 대통령의 국법상 행위는 문서로써 하고, 그 문서에는 국무총리와 관계 국무 위원이 부서(副署)하도록 한다.
④ 대통령은 일정한 사항(헌법 제89조에 열거한 사항)에 대하여서는 반드시 국무 회의의 심의를 거쳐야 한다. 다만 국무회의의 심의 결과에 구속을 받지 않고, 대통령은 얼마든지 다른 결정을 할 수 있다.

46 ①

[감사원]

핵심풀이

제시문은 감사원에 대한 설명이다.
① 대통령 직속의 헌법 기관이지만 직무상 독립 기관이다. 감사원은 형식상으로는 대통령에 속해 있지만, 직무에 관해서는 누구의 지시나 간섭도 받지 않는 독립적인 기관이다.

오답풀이

② 세입·세출 결산(검사)권 – 국가의 세입·세출을 결산한다.
③ 감사원장은 국회의 동의를 얻어 대통령이 임명하고, 감사위원은 원장의 제청으로 대통령이 임명한다.
④ 국가 및 법률이 정한 단체의 회계 검사권, 행정기관 및 공무원의 직무 감찰권 – 행정 권력의 남용과 부패를 방지하는 기능을 담당한다.

47 ④

[대통령의 국정조정권]

핵심풀이

대통령이 입법·행정·사법을 통합하고 국정을 조정할 수 있는 권한은 국가 원수로서의 권한 중 국정조정권이다.
㉡ 법률안 거부권, ㉣ 헌법 개정안 제안권, ㉻ 국회의 임시회 집회 요구권 – 국정 조정권

오답풀이

㉠ 국군 통수권 – 행정부 수반으로서의 권한
㉢ 대법원장 임명권 – 헌법기관 구성권
㉺ 위헌 정당 해산 제소권 – 국가와 헌법 수호권

※ 대통령의 권한

국가 원수로서의 권한	국가 대표권	외국과의 조약 체결·비준권, 외교 사절 신임·접수·파견권, 선전 포고와 강화권, 외국 승인권
	국가와 헌법 수호권	긴급 재정·경제 처분 및 명령권과 긴급 명령권, 계엄 선포권, 위헌 정당 해산 제소권
	국정 조정권	입법·행정·사법을 통합하고 조정함으로써 국정을 조정할 수 있는 권한 – 헌법 개정안 제안권, 국민 투표 부의권, 임시 국회 소집 요구권, 국회 출석 발언권(국회에서의 의견 발표권), 법률안 거부권 및 공포권
	헌법기관 구성권	대법원장, 국무 총리, 감사원장, 헌법 재판소장 등 헌법기관 구성(임명)할 권한
행정부 수반으로서 의 권한		• 행정부의 지휘·감독권 • 국군 통수권 • 공무원 임면권(임명·해임권) • 대통령령 발포권, 법령 집행권

48 ①

[대통령의 특권]

핵심풀이

대통령의 형사상 특권 : 대통령은 내란 또는 외환의 죄를 범한 경우를 제외하고는 재직 중 형사상의 소추를 받지 않는다.
㉠ 내란 또는 외환의 죄를 범한 경우는 재직중이라도 형사상의 소추(형사처벌)를 받는다.

ⓛ 퇴직(퇴임) 후에는 형사상 소추를 받는다.
ⓒ 내란·외환죄를 범한 경우 이외에는 재직 중 형사상 소추를 받지 않는다.
ⓔ 민사상 특권은 없다.
ⓜ 재직 중 헌법이나 법률을 위반한 때에는 탄핵 소추를 받을 수 있다. 대통령은 탄핵 결정에 의하지 아니하고는 파면되지 않는다.

49 ④

[대통령의 계엄 선포]

④ 계엄을 선포한 때에는 대통령은 지체없이 국회에 통고하고 승인이나 동의를 얻을 필요가 없다.

① 계엄은 비상계엄·경비계엄으로 나눈다.
② 비상계엄이 선포된 때에는 법률이 정하는 바에 따라 영장제도, 언론·출판·집회·결사의 자유, 정부나 법원(국회×)의 권한에 관하여 특별한 조치를 할 수 있다.
③ 계엄을 선포한 때에 대통령은 지체없이 국회에 통고해야 하며, 국회가 재적의원 과반수의 찬성으로 계엄해제를 요구한 때에는 대통령은 이를 해제해야 한다.

50 ②

[국회, 대통령]

② 예산안과 일반 법률은 일반 의결 정족수인 과반수 출석과 출석 의원 과반수 찬성으로 의결된다.

① 정기 국회는 매년 1회, 9월 1일 열린다(그 날이 공휴일인 때에는 그 다음날에 집회됨). 임시 국회는 필요에 따라 임시로 소집되는 국회로, 국회 재적의원 4분의 1 이상의 요구나 대통령의 요구에 의해 개최된다.
③ 대통령이 대법원장을 임명하는 것은 국가원수로서의 권한 중 헌법기관 구성권에 해당한다.
④ 대통령이 국무위원을 임명할 때는 국회의 동의를 거치지 않는다. 헌법 제87조 제1항에는 '국무위원은 국무총리의 제청으로 대통령이 임명한다'고 되어 있다.

● 4. 개인 생활과 법

1 ①

㉠은 권리능력이다.
① 미성년자도 권리능력이 있다.
② 법인도 권리능력을 가진다.
③ 권리능력은 출생신고가 아닌 출생으로 취득할 수 있다.
④ 제한능력자 제도는 행위능력이 없는 사람을 보호하기 위한 제도이다.

2 ③

제시된 글은 특수 불법행위에 대한 설명으로, ③은 일반 불법행위에 해당한다.
① 동물 점유자의 책임
② 사용자 배상 책임
④ 책임 무능력자의 감독자 책임

3 ④

④ 병과 정은 혼인신고를 하지 않은 사실혼 관계이다. 따라서 병과 정은 법원의 판결을 통해 이혼할 수 없다.

4 ②

② 피해자인 병의 책임능력 여부는 을의 손해배상 책임을 인정하기 위해 고려해야 할 사항에 포함되지 않는다.

5 ②

② 강행 법규란 당사자의 의사 여부와 관계없이 강제적으로 적용되는 법규로 강행 법규에 반하는 계약은 무효이다.

6 ③

③ 환경이나 제조물에 대한 책임은 무과실 책임이 인정되는 대표적 사례에 해당한다.

7 ③

③ 불법행위를 한 행위자에게는 재산적·비재산적 손해배상을 부과하는 것이 원칙으로, 개별법에 특별한 규정이 없는 한 징벌적 손해배상을 부과할 수 없다.

8 ②

ㄹ 특수 불법행위의 유형으로는 공동 불법행위 책임, 사용자 배상 책임, 책임무능력자의 감독자 책임 등이 있다.

9 ③

③ 확정일자를 받으면 이미 설정되어 있는 저당권에 대해서는 후순위가 되지만 그 이후의 후순위권리자에 대해서는 우선변제권이 인정된다.
① 임대차 기간은 보통 2년으로 하며, 입주와 전입신고를 통해 대항력을 갖출 수 있다.
② 저당권이 설정되어 있으므로 집이 경매에 넘어갈 경우 1순위로 저당권이 변제받기 때문에 임차보증금을 반환받지 못할 수도 있다.
④ 최우선 변제권은 보증금 중 일정액을 다른 담보물권자보다 최우선적으로 변제받을 권리를 말하는데 소액임차인에 해당하는 경우 일부 금액에 대하여 최우선으로 변제받을 수 있다. 서울시의 경우 임차보증금 9,500만원 이하는 최우선변제권이 인정되어 3,200만원까지 최우선 변제받을 수 있다.

10 ④

① 부동산등기부는 누구나 열람할 수 있다.
② 주택임대차계약서를 작성할 때 반드시 부동산 중개업자가 필요한 것은 아니다.
③ 보증금 우선변제권을 행사하기 위해서는 주택의 인도와 전입신고, 확정일자를 갖추어야 한다.

11 ②

② 배수관이 설치된 여관 앞 골목길은 평소에 여관 내부를 엿보려고 하는 행인들이 있었고 그러한 사람들이 배수관을 잡고 올라가는 경우가 있어 배수관이 자주 훼손되므로 여관 주인이 이를 방지하기 위하여 보호벽을 설치하게 되었으며, 보호벽을 설치하면서 보호벽의 맨 윗부분에 여러 개의 못까지 박아 두었는데, 행인이 음주를 한 상태에서 여관의 내부를 들여다보기 위하여 그 보호벽을 타고 올라가다가 보호벽이 무너지는 바람에 사고를 당하게 된 경우, 그 보호벽의 본래의 용도는 어디까지나 배수관이 훼손되는 것을 방지하기 위한 것이므로, 보호벽이 스스로 넘어지지 않을 만큼의 견고성을 갖도록 설치하였다면 이로써 보호벽은 일단 본래의 용도에 따른 통상적인 안전성을 갖추었다고 할 것이고, 그와 같이 보호벽 윗부분에 못을 박아 사람들이 보호벽 위로 올라가서 여관방을 들여다보는 것을 방지하는 조치까지 취하였음에도 불구하고 행인들이 윗부분에 꽂혀 있는 못에 찔려 다칠 위험을 무릅쓰고 보호벽에 올라가 여관 내부를 들여다보는 부정한 행위를 저지를 것까지 예상하여 보호벽을 설치·관리하는 여관 주인에게 이러한 경우까지 대비한 방호조치를 취할 의무는 없다〈대판 1998.01.23. 선고 97다25118〉.

12 ⑤

갑이 유언도 남기지 못한 채 사망하였기 때문에 법정 상속이 진행된다. 배우자와 직계비속이 1순위로 상속받으며, 5할이 가산되는 배우자가 3억 원, 나머지 자녀들이 각각 2억 원씩 상속받는다.
⑤ 직계존속인 노모는 2순위이기 때문에 상속받지 못한다.

13 ④

불법행위 성립에 있어서 우선적으로 확인해야 할 사항은 가해행위, 위법성, 고의 또는 과실, 손해의 발생, 인과관계, 책임능력 등이다.
④ 배상능력은 우선적으로 확인해야할 사항이 아니다.

14 ②

[근대 민법의 3대 원칙]

민법의 기본원리(원칙)

근대 민법의 기본원리(원칙)	현대 민법의 기본원리(원칙)
사유재산 보장의 원칙 (소유권절대의 원칙)	소유권 공공복리의 원칙
계약 자유의 원칙 (사적자치의 원칙)	계약 공정의 원칙
과실 책임의 원칙 (자기책임의 원칙)	무과실 책임의 원칙

15 ④

[권리와 의무의 주체]

핵심풀이

④ 태아는 손해배상 청구권과 상속 순위에 관해서는 이미 출생한 것으로 간주한다. '간주한다(=본다)'는 반대의 증거(반증)가 있어도 그것만으로 법률효과가 번복되지 않지만, '추정한다'는 반증을 가지고 그 효과를 번복시킬 수 있다.

오답풀이

① 민법상 출생시기는 완전노출설이 우리나라 통설이다.
② 태아는 상속 순위에 관해서는 이미 출생한 것으로 보므로, 교통사고로 아버지를 잃은 태아는 어머니와 공동 상속권을 가진다.
③ 사람은 손해배상 청구와 상속의 경우를 제외하고는 출생한 이후에 권리능력을 가지므로 어머니가 권리능력이 없는 태아를 대리하여 계약을 체결할 수 없다.

16 ④

[제한능력자 제도]

핵심풀이

ⓒ 금치산제도를 성년후견제도로 대체하여 일용품 구입 등 일상 행위나 가정법원에서 정한 법률행위를 독자적으로 할 수 있도록 하였다.
ⓓ 한정치산제도를 한정후견제도로 대체하여 원칙적으로 온전한 행위능력을 인정하되, 거액의 금전 차용이나 보증 등 가정법원이 정한 중요 법률행위에 대해서만 예외적으로 후견인의 동의를 받도록 하였다.
ⓔ 장래의 정신능력 악화에 대비하여 본인이 직접 후견인과 후견의 내용을 정할 수 있는 후견계약제도를 신설하였다.

오답풀이

㉠ 제한능력자 제도는 1차적으로는 제한능력자 본인을 보호하고 2차적으로는 거래 상대방의 이익을 보호하기 위한 제도이다.
ⓑ 성년 나이가 만 19세 미만으로 바뀌었다.

17 ③

[계약의 무효]

핵심풀이

㉠ⓒⓔ 반사회적 내용의 계약, 지나치게 불공정한 계약, 실현 불가능한 계약 등은 처음부터 무효이다.

오답풀이

ⓒ 공증을 받은 계약서는 분쟁 발생시 법정에서 유력한 증거로 활용되며, 재판을 거치지 않고 강제 집행을 할 수 있다. 그러나 모든 계약이 공증을 받아야 효력이 발생하는 것은 아니라, 일반적으로 공증을 받지 않아도 정당하게 성립된 계약은 효력이 있다.
ⓓ 미성년자가 단독으로 체결한 계약이므로 미성년자 본인이나 법정 대리인이 취소할 수 있다.
- 계약의 무효 : 효력이 처음부터 발생하지 않는 것) – 실현 불가능한 계약, 반사회적 내용의 계약, 지나치게 불공정한 계약
- 계약의 취소 : 일단 유효하게 성립한 법률행위의 효력을 행위시에 소급하여 소멸시키는 것 – 미성년자가 단독으로 행한 계약, 착오나 사기 또는 강박에 의한 계약

18 ②

[행위무능력자의 거래]

핵심풀이

② 단독으로 행해진 미성년자의 법률행위는 미성년자 본인이나 법정대리인이 취소할 수 있다. 단, 법정대리인이 추인하면 유효한 법률행위가 될 수 있다.

오답풀이

① 미성년자가 단독으로 행한 행위이므로 미성년자 본인이나 부모가 취소할 수 있다.
③ 행위무능력자가 사술로 법률행위를 한 경우 행위무능력자 측의 취소권이 배제된다. 따라서 위조된 동의서를 제시하여 부모의 동의를 얻은 것처럼 속인 경우에는 미성년자 측에서 계약을 취소할 수 없다.
④ 거래 상대방은 철회권을 행사할 수 있다.
※ 민법상 행위무능력자와 거래한 상대을 보호하기 위한 제도

철회권	거래 상대방은 행위무능력자 측의 조치를 기다리지 않고 거래 자체를 없던 일로 만들 수 있다.
최고권	거래 상대방은 행위 무능력자 측(미성년자의 법정 대리인)에 대하여 취소 또는 추인 여부의 확답을 촉구할 수 있다. → 기한 내 확답이 없으면 추인(사후 동의)으로 간주되어 거래 확정
취소권의 배제	행위무능력자가 사술(속임수)로 법률행위를 한 경우 행위무능력자 측의 취소권이 배제된다. 예컨대, 위조된 동의서를 제시하여 법정대리인의 동의를 얻은 것처럼 속인 경우에는 행위무능력자측에서 계약을 취소할 수 없다.

19 ③

[불법행위 성립 요건]

핵심풀이

불법 행위의 성립 요건 : ⓐ가해 행위 ⓑ위법성 ⓒ고의 또는 과실 ⓓ손해 발생 ⓔ인과 관계 ⓕ책임 능력
ⓒ 가해 행위가 가해자의 고의 또는 과실에 의한 것이어야 한다. 고의가 없더라도 과실이 있으면 불법 행위가 성립한다.
ⓗ 특수 불법 행위는 고의나 과실이 없더라도 책임이 인정되는 경우이고, 가해 행위와 손해 사이에 인과 관계가 있어야 불법 행위가 성립한다.

㉠ 위법성
㉢ 손해 발생
㉣ 책임 능력
㉤ 인과 관계

20 ③

[사용자의 감독의무]

제시된 사례는 피용자(종업원)을 고용한 사용자는 피용자가 그 사무나 업무 수행으로 제3자에게 손해를 가한 경우의 배상책임의 문제이다. 사용자가 감독의무를 소홀히 하지 않았음을 입증하면 책임을 지지 않는다. 피해자는 종업원에 대해서는 일반 불법행위 책임을, 사용자에게는 사용자의 배상 책임을 물을 수 있다. 피용자에게 고의 또는 중대한 과실이 있으면 사용자는 피용자에게 구상권을 행사할 수 있다.
③ 사용자가 피용자의 선임 및 그 사무감독에 상당한 주의를 하여도 손해가 있을 경우에는 책임이 없다. 다만 이러한 주의를 다했다는 입증은 사용자가 해야 하므로 피자가게 주인 병은 감독에 최선을 다했다는 입증을 못하면 피해자에 대한 손해배상책임이 있다.

① 갑은 을에게 불법행위를 이유로 손해배상을 청구할 수 있다.
② 갑이 병에게 배상책임을 묻기 위해서는 을과 병 사이에 사용자 관계 또는 사무감독 관계가 있어야 한다.
④ 특수 불법행위이든 일반 불법행위이든 가리지 않고 가해 행위와 손해 발생 간에 인과 관계가 있어야 한다. 정의 재촉 행위와 을의 사고 발생은 인과관계가 성립하지 않는다. 따라서 정에게 손해배상 책임이 존재하지 않는다.

21 ③

[특수 불법 행위]

③ 공작물의 설치 또는 보존의 하자로 인하여 타인에게 손해를 가했을 때에는 공작물 점유자(세입자 무)가 1차적으로 책임을 져야 한다.

① 길에서 애완견에 물려 상처를 입었다면 그 애완견을 관리·감독할 의무가 있는 점유자(애완견을 길거리에 데리고 나온 사람) 갑에게 책임을 물을 수 있다.
② 갑은 애완견을 관리·감독할 의무가 있으므로 책임을 진다.
④ 점유자 무가 주의를 다했음을 입증하여 책임을 면제 받는 경우, 2차적으로 소유자(집주인 정)이 손해 배상 책임을 진다(소유자의 무과실 책임).

22 ④

[대안적 분쟁 해결 방식]

㉢ 중재는 제3자에게 결정을 맡기는 해결 방식으로, 중재안은 법적인 구속력이 있어 중재안에 따라야 한다.
㉣ 조정과 중재는 제3자가 개입하여 분쟁을 해결한다는 점이 공통이다.

㉠ 협상은 당사자들이 대화를 통해 자율적으로 분쟁을 해결하는 방식이다.
㉡ 조정은 분쟁 당사자 사이에 제3자가 중개하여 화해에 이르도록 하는 분쟁의 해결방식으로, 조정안은 법적인 구속력이 없어 조정안을 수용하지 않을 수 있다.

23 ②

[혼인의 효력]

㉠ 혼인, 인지, 입양에 의해 가족관계가 형성된다.
㉤ 사실혼 부부간에는 동거·부양·협조·정조 의무가 발생하고, 일상가사 대리권과 이로 인한 채무에 대해서 연대책임이 발생한다.

㉡ 동거의무, 부양의무, 협조의무, 정조의무 등 부부 간의 의무가 발생한다.
㉢ 미성년자가 혼인하면 민법상 성인으로 간주되어 단독으로 법률 행위가 가능하다.
㉣ 부부는 일상가사에 관하여 서로 대리권이 있고 부부의 일방이 일상가사에 관하여 제3자와 법률행위를 한 때에는 다른 일방은 이로 인한 채무에 대하여 연대책임을 진다.

ⓜ 우리 민법은 부부별산제를 취하고 있다. 즉 부부가 각각 혼인하기 전부터 가졌던 재산 및 혼인생활 중에 자기 명의로 취득한 재산을 그의 특유재산(特有財産)으로 하여, 각자가 관리·사용·수익하게 하는 것이 원칙이다. 다만, 부부의 누구에게 속한 것인지 분명하지 않은 재산은 부부공유재산으로 추정한다.

24 ③

[유언 방식]

■ 핵심풀이 ■

ⓛ 유언은 유언자의 사망과 동시에 효력이 발생한다.
ⓒ 민법상 효력 있는 유언 방식은 자필 증서, 녹음, 공정 증서, 비밀 증서, 구수 증서 5가지이다.
ⓜ 구수 증서에 의한 유언은 질병 기타 급박한 사유로 인하여 다른 유언방식이 불가능한 상황에서 인정된다. 즉 자필증서·비밀증서·공정증서·녹음 방식의 유언을 할 수 없는 급박한 경우에 유언자가 말로 유언을 하고 증인이 이를 필기 낭독하여 확인한 후 각각 서명 또는 기명날인하는 등의 요건을 갖춘 경우에야 법적 효력이 인정된다.

■ 오답풀이 ■

ⓐ 유언의 형식에는 제한이 있다. 즉 법에서 정한 형식이나 절차에 맞게 한 유언만 효력을 인정한다.
ⓔ 유언이 없거나 유언에서 언급되지 않은 재산은 법에 정해진 대로 상속이 이루어진다.

25 ①

[상속]

■ 핵심풀이 ■

① 1순위 상속인은 자녀(직계비속)와 배우자이다. 즉 A의 배우자 C, 혼인한 아들 D, 혼인한 딸 F이다.

■ 오답풀이 ■

② 자녀들은 똑같은 비율로 상속을 받고, 배우자는 자녀들보다 50%를 가산받는다.
③ B는 A의 직계존속이므로 2순위상속인이다. 1순위 상속인이 있으므로 2순위상속인은 상속을 받지 못한다.
④ 상속분은 갑의 배우자 C 3/7, 혼인한 아들 D 2/7, 혼인한 딸 F 2/7이므로, C는 3억원, D와 F는 2억원이다.

26 ②

[상속분]

■ 핵심풀이 ■

② 갑의 외아들 B는 단독으로 상속을 받을 수 있다. 상속분은 5억원 전액이다.

■ 오답풀이 ■

① A는 혼인생활은 하고 있으나 혼인신고가 없었기 때문에 혼인의 형식적 요건을 결여한 사실혼 배우자이며, 상속권이 없다.
③ C는 피상속인의 직계존속이므로 상속 2순위에 해당한다. 상속 1순위인 B가 있으므로 C는 상속인이 되지 않는다.
④ 유류분은 피상속인이 생전에 자신의 재산을 제3자에게 증여하겠다는 유증을 하였을 경우에 유가족이 찾아갈 수 있는 부분으로, 이 사례에서는 유증했다는 내용이 없으므로 유류분의 문제가 생기지 않는다.

27 ①

[등기부]

■ 핵심풀이 ■

ⓐ 등기부는 부동산에 관한 권리관계를 기재하는 공적 장부로서, 표제부, 갑구, 을구로 구성된다.
ⓔ 토지나 건물의 소재지, 면적, 용도, 구조 등은 표제부에 기재된다.

■ 오답풀이 ■

ⓛ 소유권에 관한 사항은 갑구에 기재되어 있다.
ⓒ 저당권, 전세권 등 소유권 이외의 권리에 관한 사항은 을구에 기재되어 있다.
ⓜ 부동산에 대한 권리는 등기부에 기재되어야 효력이 발생한다.
ⓗ 등기부는 여러 사람에게 알리는 것이 목적이므로 등기부 등본은 누구든지 자유롭게 열람하거나 발급받을 수 있다.

28 ②

[법 해석 방법]

■ 핵심풀이 ■

㈎ 공적 구속력이 가장 강한 해석 → 입법 해석
㈏ 최종적인 유권해석 → 사법 해석
㈐ 법해석의 최초단계 → 문리 해석

법 해석의 방법

유권해석	입법 해석	국회가 법률을 제정하는 형식을 빌어 법률 조문 안에 어떤 법률 용어의 의미를 정하는 것→공적 구속력이 가장 강한 해석 예본법에서 물건이라 함은 유체물 및 전기, 기타 관리할 수 있는 자연력을 의미한다.' (민법 제98조)
	행정 해석	행정 관청이 법을 집행하는 과정에서 내리는 해석
	사법 해석	법원이 판결의 형식으로 행하는 해석→최종적인 유권해석
무권(학리) 해석	문리 해석	법규정의 문구나 문장을 그대로 충실하게 해석하는 입장→가장 일반적인 해석방법, 법해석의 최초단계
	논리 해석	법규정의 문구에 구애받지 아니하고 입법의 취지나 전체적인 문맥 등을 고려하여 논리적 추리에 의해 행하는 해석방법 예확장·축소·반대·유추해석 등

29 ①

[행정 심판 재결의 종류]

(가) 심판청구의 요건에 흠이 있어 심리를 거절하는 재결은 각하 재결이다.

(나) – 기각 재결, (다) – 인용 재결, (라) – 사정 재결
※ **재결(심의하여 결정을 내리는 것)의 종류**

각하 재결	심판청구의 제기요건에 흠이 있어 그 심판청구가 적법하지 못한 경우 이를 이유로 본안에 대한 심리를 거절하는 재결 예 심판기간 경과 등
기각 재결	심판청구는 적법하게 되었으나 이유가 없다고 인정하여 심판청구의 취지를 배척하는 재결 – 심판청구자의 요구가 받아들여지지 않는 것
인용 재결	심판청구가 적법하게 되었고 이유가 있어 행정심판의 대상인 처분이나 부작위가 위법 또는 부당하다고 인정하여 심판청구의 취지를 받아들이는 재결
사정 재결	심판청구가 이유 있다고 인정되나, 그 처분을 취소·변경하는 것이 공공복리에 크게 위배된다고 인정될 때 그 심판청구를 기각하는 설성 – 행정청은 당사자에게 상당한 구제방법을 강구해야 한다.

30 ④

[주택 임대차]

ⓛ 2011. 2. 1. B는 이 주택에 이사를 하여 입주했고 다음날 2월 2일 오후 2시 주민센터에 전입신고를 하였으므로, 2011년 2월 3일 0시부터 임차인의 대항력이 발생한다.

ⓒ 2011년 2월 3일 0시부터 임차인의 대항력이 발생하므로 그 후에 이 주택이 타인에게 양도되더라도 새로운 양수인(바뀐 주인)에게 계속해서 기존의 임대차를 주장하여 임대차기간이 만료될 때까지 거주할 수 있고, 임대차기간이 끝나더라도 임대차 보증금의 반환을 받을 때까지 주택을 명도하지 않을 수 있다.

ⓔ 대항력과 임대차계약증서상의 확정일자를 갖춘 임차인은 임차주택이 경매되었을 경우에 임차주택(대지를 포함)의 환가대금에서 후순위권리자보다 우선하여 보증금을 변제 받을 권리가 있다. 옳음

ⓐ 세입자에게 임대차 기간은 2년 이상을 보장해 준다. 임대차기간의 정함이 없거나 기간을 2년미만으로 정한 임대차는 그 기간을 2년으로 본다. 따라서 B는 2013년 1월 31일까지 거주할 수 있다.

> ○록○ ○ 더알○기까지
> ▶**대항력** : 임차인이 제3자에게 자신의 임대차관계를 주장할 수 있는 권리. 즉 일반매로로 집주인이 바뀌거나, 경매로 주인이 바뀌더라도 임대차약기간동안 거주할수 있고, 추후 임대계약 만료시 임차보증금을 돌려받을 수 있는 권리
> •**대항력의 요건(대항 요건)** : 주택의 인도(이사·입주) + 주민등록(전입신고)
> ▶**임차인의 우선변제권** : 임차주택이 경매되었을 경우에 임차주택(대지를 포함)의 환가대금에서 후순위권리자보다 우선하여 보증금을 변제 받을 권리.
> •**우선변제권의 요건** : 주택의 인도(이사·입주) + 주민등록(전입신고) + 확정일자

31 ①

[임대차기간]

㉠ 임대차기간의 정함이 없거나 기간을 2년 미만으로 정한 임대차는 그 기간을 2년으로 본다. 따라서 임대차 기간을 1년으로 정했을 때 그 기간을 2년으로 본다.
㉡ 임대차 기간을 2년 미만으로 정했을 때 임차인은 2년 미만으로 정한 기간이 유효함을 주장할 수 있다. 따라서 임대차 기간을 1년으로 정했을 때 임차인은 1년으로 정한 기간이 유효함을 주장할 수 있다.

㉢ 임대차기간의 정함이 없거나 기간을 2년 미만으로 정한 임대차에 관하여 세입자의 최소거주기간 2년을 보장하려는 규정으로, 2년 이상의 기간인 3년을 임대인과 계약하였다면 약정내용이 우선이다. 따라서 임대차 기간을 3년으로 정했을 때 그 기간은 3년이 된다.
㉣ 계약 만료 1개월 전까지 아무런 말이 없으면 같은 조건으로 다시 임대차한 것으로 본다.
㉤ 임차인의 대항력은 주택의 점유(이사·입주)와 전입신고를 모두 마친 다음날부터 발생한다.

32 ②

[사회법]

㉠ 노동법 ㉡ 경제법 ㉢ 사회보장법 등은 사회법이다.
② 사회적 약자를 보호하고 실질적 평등의 구현, 사회적 정의의 실현을 위해 개인 간 법률관계에 국가가 개입함으로써 등장한 법이 사회법이다.

노동법, 경제법, 사회보장법이 공통으로 추구하는 목적은 ①③④를 포괄하는 ②를 답으로 해야 한다.
① 노동법(근로기준법, 노동조합 및 노동관계조정법)은 근로자들의 근로조건과 기타의 생활조건 개선을 목적으로 한다.
③ 사회보장법(산업재해보상보험법, 의료보험법)은 국민의 인간다운 생활을 도모하기 위한 사회보장제도의 확립을 위하여 제정된 법이다.
④ 경제법(공정거래법, 독과점금지법)은 자본주의 경제에서 생겨나는 모순과 폐해를 국민 경제 전체의 입장에서 정책적으로 규제하거나 조정하기 위한 것이다.

33 ④

[청소년의 근로]

㉢ 임금의 청구는 법정 대리인의 동의가 없더라도 단독으로 청구할 수 있다. 법정 대리인의 대리수령은 금지된다.
㉣ 연소근로자(만 18세 미만의 근로자)는 도덕적으로 유해하거나 보건상 위험한 업종에서 근로할 수 없다.

㉠ 원칙적으로 만 15세 미만의 미성년자를 기업주는 고용할 수 없다.
㉡ 만 15세 이상 19세 미만의 미성년자는 부모 동의를 얻어 취업이 가능하다. 법정대리인은 동의만 해줄 수 있을 뿐이며 단독으로 미성년자의 근로계약을 대리 체결할 수는 없다.
㉤ 근로 시간은 1일 7시간, 1주 40시간으로 제한된다. 합의시 1일 1시간, 1주 6시간 연장이 가능하다.

34 ②

[성년의제]

미성년자가 혼인을 하여 성년으로 간주되는 제도인 성년의제에 대한 내용이다.
② 민법 이외의 청소년보호법, 근로기준법, 공직선거법 등에서는 성년의제가 적용되지 않는다.

① 성년의제되기 위한 혼인은 혼인신고까지 마친 법률혼을 말하고, 혼인신고를 하지않고서 사실상 혼인생활을 하며 동거하고 있는 남녀관계인 사실혼인 경우는 성년의제의 효과를 발생시키지 않는다.
③ 미성년자라도 혼인을 하여 성년으로 의제되면 민법상 성년자가 할 수 있는 법률행위를 모두 할 수 있다. 성년의제되면 자식에 대한 친권을 행사할 수 있다.
④ 성년의제의 효력은 미성년자가 이혼을 하더라도 지속된다.

35 ②

[법 해석의 방법]

핵심풀이

(갑) **축소 해석** : 법규의 문자가 갖는 보통의 의미보다 축소해서 해석하는 방법
(을) **반대 해석** : 법조문이 규정하고 있지 않은 경우 원래 법조문에 규정되어 있는 것과 반대로 해석하는 것
(병) **당연(물론) 해석** : 법이 일정한 사항에 관해 규정하고 있는 경우, 그 입법 취지나 사물의 성질로 보아 법에 명시되어 있지 않은 사항도 당연히 이에 포함되는 것으로 해석하는 것

※ 논리 해석의 방법

	의미	사례
확장 해석	법조문의 의미를 통상의 관념보다 넓게 해석하는 것	예 밥그릇에 대한 방뇨 행위를 재물 '손괴'로 보는 경우, 여성에 대한 현저한 모발 절단을 신체에 대한 '상해'로 보는 경우
축소 해석	법조문의 의미를 통상의 관념보다 좁게 해석하는 것	예 절도죄에서 '재물'의 의미를 동산으로만 한정하고 부동산은 포함하지 않는 경우
반대 해석	법조문이 규정하고 있지 않은 경우 원래 법조문에 규정되어 있는 것과 반대로 해석하는 것	예 '사람은 생존하는 동안 권리와 의무의 주체가 된다'는 규정을 사망하면 주체가 될 수 없다고 해석하는 경우
당연(물론) 해석	법이 일정한 사항에 관해 규정하고 있는 경우, 그 입법 취지나 사물의 성질로 보아 법에 명시되어 있지 않은 사항도 당연히 이에 포함되는 것으로 해석하는 것	예 '담배 꽁초를 버리지 마라'는 것을 담배 또한 버리지 말라는 것으로 해석하는 경우(입법 취에 비추어 담배버리는 것도 당연히 금지), '자동차 통행 금지'의 경우 이보다 무거운 중장비 차량도 통행이 금지된다고 해석하는 경우(도로 보호라는 입법 취에 비추어 중장비 차량도 통행도 당연히 금지)
유추 해석	법령에 규정이 없는 사항에 대하여 그와 유사한 성질의 사항에 관한 규정을 적용하는 것	예 '소, 돼지, 말, 양을 위생 처리 시설이 아닌 장소에서 도축한 자는 처벌한다'는 규정을 야산에서 흑염소를 도축한 행위에도 적용하는 경우(소, 돼지, 말, 양과 유사한 흑염소)

36 ③

[권리 남용 금지의 원칙]

핵심풀이

권리 남용 금지의 원칙 : 외형상으로는 권리의 행사처럼 보이나, 실질적으로는 권리행사가 사회질서에 위반한 경우에는 정당한 권리행사라고 인정할 수 없으며, 이런 권리행사는 권리의 남용이다(민법 제2조 제2항).

오답풀이

※ 친딸에게 건물 신축을 승낙했던, 토지소유자가 그 건물을 경락받은 제3자에게 그 철거를 요청하는 것은 신의성실의 원칙에 위반된다고 판시한 사건 (대법원 판결 1991. 6. 11)
'토지 소유자가 자신의 친딸에게 그 소유의 대지 위에 건물을 신축하도록 승낙하여 딸이 건물을 짓고 소유권 보존 등기를 하였는데, 그 딸의 채권자의 강제 경매 신청에 의하여 그 건물을 경락받은 제3자에게 토지 소유자의 지은 지 얼마되지 않은 건물의 철거를 요구하는 것은 특별한 사정이 없는 한 이 원칙에 어긋난다.'
※ 근소한 미지급액을 이유로 계약 전체를 해제하는 것은 신의성실의 원칙에 위반된다고 판시한 사건 (대법원 판결 1971. 3. 31)
'甲은 자신의 부동산을 2,000만원에 乙에게 매각하였으나 乙이 대금 중 10만 5,000원을 지급하지 않아 이 미지급액에 대해 월 5%의 이자를 지급하기로 하였다. 그런데 그후 甲은 위의 미지급액이 있다는 이유로 매매 계약을 해제하는 것은 신의성실의 원칙에 위배되는 것이므로 계약해제는 효력이 없다.'

37 ③

[사전적 구제수단]

핵심풀이

ⓒ 분쟁을 예방하므로 사전적 구제수단이 된다.
ⓔ 행정의 신속성을 오히려 떨어뜨릴 수 있다.

오답풀이

ⓐⓑⓓ 행정에 대한 시민 참여방법으로, 분쟁을 예방하고 효율적이고 합리적인 행정 작용을 도모할 수 있다.
※ 행정에 대한 시민 참여 방법
• 청문(聽聞) : 행정청이 처분을 하기에 앞서 당사자 등의 의견을 직접 듣고 증거를 조사하는 절차
• 공청회 : 행정청이 공개적인 토론을 통하여 당사자, 전문가, 기타 일반인으로부터 널리 의견을 수렴하는 절차

- 의견 제출 : 행정청이 어떠한 행정작용을 하기에 앞서 당사자 등이 의견을 제시하는 절차로서, 청문이나 공청회에 해당하지 않는 절차
- 정보 공개 제도 : 정부 또는 행정기관이 보유하고 있는 정보를 국민의 청구에 따라 공개하는 것

38 ④

[분쟁조정 제도]

핵심풀이

④ 재판을 하기 전에 반드시 거쳐야 하는 것은 아니다. 조정없이 바로 정식 재판에 들어갈 수도 있다.

오답풀이

분쟁조정 제도 : 당사자의 사정을 배려하고 상호 양보를 통한 해결 방안을 제시함으로써 법률에 의해 엄격한 판단을 내리는 소송보다 유연하게 분쟁을 처리할 수 있고, 분야별 전문가가 직접 참여함으로써 전문성을 확보할 수 있으며, 비용이 거의 들지 않는 등의 장점이 있다.

39 ③

[소유권이전 등기]

핵심풀이

부동산에 대한 권리 변동은 등기부상에 등기함으로써 법적 효력이 발생한다. 따라서 소유권이 갑에게서 을에게로 이전되는 시기는 소유권이전 등기를 한 날이다.

※ 공시의 방법

부동산	등기 – 등기부라는 공적 장부에 일정한 권리관계를 기재
동산	점유(占有) – 물건을 갖고 있는 것, 사실상 지배
동산에 관한 권리의 변동	인도(引渡) – 동산의 점유를 이전하는 것

40 ①

[등기사항증명서]

핵심풀이

① 갑구에서 소유권의 변동을 확인할 수 있다.
※ 등기사항증명서(구, 등기부 등본)의 구성 : 크게 표제부, 갑구, 을구로 구성된다.

표제부	토지나 건물의 소재지, 면적, 용도, 구조 등이 변경된 순서대로 기재
갑구	소유권에 관한 사항이 접수된 날짜순으로 기재 – 압류, 가압류, 가등기, 가처분, 경매신청 등
을구	소유권 이외의 권리에 관한 사항이 기재 – 저당권, 전세권, 지역권, 지상권 등

오답풀이

② 현재의 소유권자는 임거정이다.
③ 김길동이가 매도인(파는 사람)이고, 임거정이가 매수인(사는 사람)이다.
④ 김길동에게서 임거정으로의 소유권이전의 효력은 등기가 접수된 날짜인 2005. 2. 1.에 발생하였다.

● 5. 사회생활과 법

1 ④

① 관할경찰서장 또는 관할해양경비안전서장이 관할 법원에 청구한다.
② 20만 원 이하의 벌금, 구류 또는 과료에 처하는 가벼운 범죄사건에 활용된다.
③ 형의 집행은 경찰서장이 하고, 그 집행결과를 지체 없이 검사에게 보고하여야 한다.

2 ②

- 갑 : 구속되었지만 검찰에서 혐의없음 처분을 받았으므로 형사보상을 받을 수 있다.
- 을 : 재심을 통해 무죄를 선고받았으므로 「형사보상 및 명예회복에 관한 법률」 제2조 제2항에 의하여 형사보상을 받을 수 있다.
- 병 : 기소유예는 유죄 판결이므로 형사보상을 받을 수 없다.
- 정 : 징역, 집행유예는 유죄 판결이므로 형사보상을 받을 수 없다.

3 ②

정당방위, 긴급피난, 자구행위에 대한 사례이다. 따라서 갑, 을, 병의 행위는 위법성조각사유에 해당한다.

4 ③

제시된 사례는 공중도덕상 유해한 업무에 취직하게 할 목적으로 직업소개나 근로자 모집을 한 사람을 처벌하도록 하였는데, 공중도덕상 유해한 업무가 무엇인지에 대한 명확한 정의가 없어 '명확성의 원칙'을 위반하였다고 할 수 있다.

5 ①

① 죄형법정주의의 파생원칙(관습형법의 배척, 형벌 불소급의 원칙, 유추해석의 금지, 절대적 부정기형의 금지)에 따라 관습법과 같은 불문의 법률은 법관이 적용할 수 있는 형벌에 관한 법에 포함되지 않는다.

6 ④

①②③ 규범적 구성요건요소로 법해석을 필요로 한다.

7 ②

② 행정소송은 행정심판과 달리 행정행위의 위법성만 판단할 수 있다.

8 ③④(복수정답)

㉠은 집행유예, ㉡은 선고유예이다.
②④ 선고유예는 경미한 범죄에 대하여 일정한 기간 형의 선고를 유예하고 그 유예기간을 사고 없이 지내면 형의 선고를 면하게 하는 제도로, 선고유예를 받은 날로부터 2년을 경과한 때에는 면소된 것으로 본다. 즉, 유죄판결의 선고가 없었던 것과 같은 효력이 있다.
① 형의 집행을 유예하는 경우에는 보호관찰을 받을 것을 명하거나 사회봉사 또는 수강을 명할 수 있다〈형법 제62조의2 제1항〉.
③ 3년 이하의 징역 또는 금고의 형을 선고할 경우에 제51조의 사항을 참작하여 그 정상에 참작할 만한 사유가 있는 때에는 1년 이상 5년 이하의 기간 형의 집행을 유예할 수 있다〈형법 제62조 제1항〉. 집행유예의 선고를 받은 자가 유예기간 중 고의로 범한 죄로 금고 이상의 실형을 선고받아 그 판결이 확정된 때에는 집행유예의 선고는 효력을 잃는다〈형법 제63조〉.

9 ③

③ 국민참여재판에서 배심원의 평결은 법원을 기속하지 않는다〈국민의 형사재판 참여에 관한 법률 제46조〉.

10 ④

④ 책임조각사유에 해당한다. 현행 형법에서는 저항할 수 없는 폭력 등으로 인해 강요된 행위, 과잉방위, 과잉피난, 과잉자구행위, 친족간의 증거인 멸·은닉·위조 또는 변조 등이 책임조각사유에 해당된다.
① 정당방위에 의한 위법성 조각사유이다.
② 정당행위에 의한 위법성 조각사유이다.
③ 피해자의 승낙에 의한 위법성 조각사유이다.

11 ③

㉠ 대한민국에서 선거연령은 만 19세 이상이다.
㉢ 만 19세 미만의 청소년은 술을 구매할 수 없다.

12 ③

③ 행정상 손실보상 : 적법한 공권력의 행사로 사유재산권에 가해진 특별한 희생에 대한 사유재산권의 보장과 공평부담의 견지에서 행할 수 있는 조절적인 재산적 전보를 말한다.

13 ③

③ 대법원은 제조물로 인해 피해가 발생할 경우 제품의 결함과 손해 발생과의 관계에 대한 인과관계의 추정을 인정하여 소비자측의 입증책임을 완화시키고 있다.

14 ③

③ 행정 기관의 재량권은 약화된다.
※ 공공기관의 정보공개에 관한 법률 제1조(목적) … 이 법은 공공기관이 보유·관리하는 정보에 대한 국민의 공개 청구 및 공공기관의 공개 의무에 관하여 필요한 사항을 정함으로써 국민의 알권리를 보장하고 국정(國政)에 대한 국민의 참여와 국정 운영의 투명성을 확보함을 목적으로 한다.

15 ①

[착한 사마리아인의 법]

핵심풀이

㉠ 법과 도덕은 차이가 있어서, 법과 도덕을 법으로 강제할 수 없고 '법은 도덕의 최소한이어야 한다는 주장은 법 제정에 반대하는 입장이다.
㉡ 법은 인간의 자율성을 침해하고 인간을 타율적으로 만든다는 주장은 법 제정에 반대하는 입장이다.
㉢ 처벌의 기준이 애매하고 많은 사람들이 범법자로 되어 전과자만 양성하게 된다는 것은 법 제정에 반대하는 입장이다.

ⓒⓐ 도덕이 정의로운 사회 실현에 제 기능을 다하지 못하기 때문에 법을 제정하고 국가가 개입해야 한다는 것은 법 제정에 찬성하는 입장이다.

16 ③

[형사 소송 절차]

(가)는 공소제기(기소), (나)는 법원의 선고이다.
ⓒ (가) 공소제기로 피의자가 피고인의 신분으로 바뀐다. 구속 적부 심사 청구권은 피의자에게만 인정되고 피고인에게는 인정되지 않는다.
ⓜ 검사의 불기소 처분을 받았다고 모두 형사보상청구권을 가지는 것은 아니다. 피의자로서 구금(구속)되었다가 불기소 처분을 받거나 피고인으로서 구금(구속)된 사람이 무죄 판결을 받은 경우에 청구할 수 있다.

㉠ (가)는 검사가 사건을 법원으로 보내는 절차로서, 우리나라에서는 검사만이 공소제기(기소)를 할 수 있도록 한 기소독점주의가 원칙이다.
㉡ (가) 공소제기 여부는 검사의 재량이므로 검사가 범인의 연령, 성향, 지능, 환경 등을 이유로 공소를 제기하지 않는 기소 유예 처분을 내릴 수 있다.
㉣ (나)에 대해 이의가 있을 경우 검사와 피고인 모두 상급 법원에 불복을 신청(상소)할 수 있다.

17 ①

[형사 소송 절차]

① 공판 절차는 '기소(공소 제기)→법원 구성→재판의 시작→판사의 진술거부권 고지와 인정신문→검사의 기소요지 진술(모두 진술)→피고인 신문, 증거 조사→검사의 논고 및 구형→법원의 선고이다.

② 집행유예는 (라) 형의 선고 단계에서 법원이 내리는 판결이다. 집행유예는 일단 유죄를 인정하여 형을 선고하되 일정한 요건 하에 일정 기간 형의 집행을 유예(미루는 것)하는 제도이다.
③ 가석방은 형을 집행하는 단계인 (바)의 단계에서 이루어진다. (틀림)
④ 보석은 (다) 공판 단계에서 법원이 피고인(기소 후 확정판결 전 공판단계에 있는 자) 석방하는 것이다.

18 ①

[범죄 성립]

㉠ 흉기를 소지한 강도에 대항하여 격투 과정에서 강도를 폭행을 가한 경우는 정당방위에 해당되어 위법성 조각사유로 범죄가 성립하지 않는다.
㉡ 소방관이 화재 진압을 위해 건물의 유리창을 깨는 행위는 정당행위에 해당되어 위법성 조각사유로 범죄가 성립하지 않는다.

※ **범죄의 성립요건**: 범죄가 성립하려면 구성요건해당성, 위법성, 책임성 3요건이 모두 갖추어져야 한다.

구성요건 해당성	어떤 행위가 형법에서 규정하고 있는 구성요건(법률로 정해 놓은 범죄 행위의 유형)에 해당되어야 한다. • 구성요건 : '사람을 살해~', '남의 재물을 절취~'과 같이 형법에서 금지 또는 요구되는 행위가 무엇인가를 추상적, 일반적으로 규정해 놓은 것.
위법성	법질서 전체의 관점으로 보아 부정적인 행위라는 가치 판단이 가능해야 한다는 것. → 정당행위, 정당방위, 긴급피난, 자구행위, 피해자의 승낙에 의한 행위 등을 규정하고 있다.
책임성	위법행위를 이유로 행위자가 위법 행위를 판단하여 구분할 수 있는 책임 능력, 사회적으로 비난받을 만한 가능성이 있어야 한다. → 만 14세 미만인 자와 심신 상실자 등은 책임 능력이 없다고 보아 범죄가 성립되지 않음

19 ③

[위법성 조각 사유]

(가) 아버지를 구하기 위해 강도를 때려 상해를 입힌 행위는 자신이나 타인에 대한 급박하고 부당한 침해를 막기 위해 어쩔 수 없이 취한 방어행위인 정당방위에 해당된다.
(나) 피할 수 있는 다른 방법이 없는 상황에서 가정집에 뛰어든 행위는 자기 또는 타인의 법익에 대한 현재의 위난을 피하기 위해 행한 부득이 타인의 법익을 침해하는 행위인 긴급피난에 해당된다.

자구행위 : 권리자가 자신의 권리를 침해당했을 때 법정 절차에 의하지 않고 자력에 의해 권리를 구제·실현하는 행위

※ **위법성 조각사유** : 위법성이 있다고 인정되지 않는 사유로서, 위법성조각사유가 있으면 범죄가 성립하지 않는다. 형법은 정당행위, 정당방위, 긴급피난, 자구행위, 피해자의 승낙에 의한 행위 등을 규정하고 있다.

• **정당행위** : 정당행위는 크게 법령에 의한 행위, 업무로 인한 행위, 기타 사회상규(社會常規)에 위배되지 않는 행위로 나눌 수 있다. 예 공무원의 직무집행행위(사형집행, 구속 등), 학교장의 징계행위, 사인의 현행범인 체포행위
• **정당방위** : 자신이나 타인에 대한 급박하고 부당한 침해를 막기 위해 어쩔 수 없이 취한 방어행위. 예 강도와 격투하는 경우, 인적이 드문 심야에 폭행을 하고 억지로 키스를 하려는 강제추행범의 혀를 깨물어 절단이 된 경우(대법원 판결)
• **긴급피난** : 자기 또는 타인의 법익에 대한 현재의 위난(위급한 상황)을 피하기 위해 부득이 행한 상당히 이유있는 행위. 예 임부의 생명을 보호하기 위한 낙태, 환자의 생명을 구조하기 위한 도로교통법위반
• **자구행위** : 권리자가 자신의 권리를 침해당했을 때 법정 절차에 의하지 않고 자력에 의해 권리를 구제·실현하는 행위 예 채무를 갚지 않고 외국으로 도주하려는 채무자를 공항에서 비행기에 오르지 못하도록 붙잡는 경우, 여관 숙박비를 지불하지 않고 도주하는 손님을 붙잡아 대금을 받는 경우
• **피해자의 승낙** : 가해자가 피해자의 허락을 받고 피해자에게 피해를 주는 경우 예 의사의 진료행위

20 ②

[형사 소송 절차]

(가)는 수사 단계, (나)는 공판 단계이다.
② 구속 적부심사 제도는 기소 전 수사 단계에서 피의자를 석방하는 제도이다. 따라서 구속 적부 심사 청구권은 (가) 단계에서 구속된 피의자(기소 전)에게 인정되고 피고인(기소 후)에게는 인정되지 않는다.

① (가) 단계에서 검사는 법원에 공소를 제기하거나, 아니면 불기소 처분을 내릴 수 있다.
③ 형사 피고인은 무죄추정의 원칙에 의하여 형이 확정될 때까지는 무죄로 추정된다.
④ (나) 단계에서는 증거 조사, 증인 신문, 검사의 논고와 구형 등이 이루어진다.

21 ①

[구속 적부심사, 보석, 가석방]

① 구속 적부심사 제도는 기소 전 수사 단계에서 피의자를 석방하는 제도이다. 피의자에 대한 구속의 적부를 법원이 심사하여, 그 구속이 위법·부당하다고 판단되는 경우 구속된 피의자를 석방하는 제도이다. 피의자(기소 전)에게만 인정되고 피고인(기소 후)에게는 인정되지 않는다.

② 보석은 보증금의 납부를 조건으로 법원이 구속된 피고인을 석방시키는 제도로, 구속된 피고인을 불구속상태에서 재판받을 수 있게 하는 제도이다.
③ 가석방은 자신의 잘못을 뉘우치고 모범적인 생활을 하는 경우 형기 만료 전에 수형자를 임시로 석방하는 제도이다. 법무부 장관의 행정처분으로 행해진다.
④ 구속 적부심사 제도, 보석, 가석방 모두 인권 보장을 위한 제도들이다.
• 피의자(기소 전 수사단계에 있는 자) 석방→구속 적부심
• 피고인(기소 후 확정판결 전 공판단계에 있는 자) 석방→보석
• 수형자(확정판결 후 교도소 수감되어 형집행단계에 있는 자) 석방→가석방

22 ④

[형사 절차]

④ 선고유예는 선고자체를 미루는 것이고 집행유예는 선고는 하지만 형의 집행을 미루는 것으로, 집행유예와 선고유예는 둘 다 유죄판결에 해당된다.

① 고발은 범인 또는 피해자 이외의 제3자가 수사 기관에 범죄 사실을 신고하여 소추를 요구하는 의사표시이다. 범죄의 피해자나 그 법정 대리인이 수사 기관에 범죄 사실을 신고하여 소추(처벌)을 요구하는 의사표시는 고소이다.
② 형사사건에서 수사기관으로부터 범죄의 혐의를 받고 수사 중에 있으나 아직 공소 제기(기소)가 되지 않은 사람은 피의자이다.
③ 진술거부권이 있음을 알려주지 않고 받아낸 진술조서는 위법하게 수집된 증거로서, 증거능력이 없어 유죄의 증거로 쓸 수 없다(대법원 판결).

23 ②

[형벌의 종류]

② 재산형 – 벌금, 과료, 몰수
과태료는 형벌(형법상의 제재)이 아니라 행정질서벌
(행정법상의 제재)이다.

※ 형벌의 종류

생명형	사형	범죄자의 생명을 박탈하는 최고형
자유형	징역	교도소에 가둠(신체적 자유박탈) + 노역(작업)을 하게 함〈30일 이상〉
	금고	교도소에 가둠(신체적 자유박탈) + 노역(작업)을 시키지 않음〈30일 이상〉
	구류	교도소 등 수용시설에 가둠(신체적 자유박탈) + 노역(작업)을 시키지 않음〈1일 이상 30일 미만〉
재산형	벌금	일정 금액의 지급의무를 강제적으로 부과하는 형벌 – 5만원 이상
	과료	일정 금액의 지급의무를 강제적으로 부과하는 형벌 – 2,000원 이상 5만원 미만
	몰수	범죄에 이용하거나 이용하려고 했던 물건 등 범죄 행위와 관계된 물건의 소유권을 국가로 귀속시키는 형벌 – 다른 형을 선고할 때 부가하여 과하므로 부가형이라고 한다.
명예형	자격상실	사형, 무기 징역, 무기 금고의 판결을 받은 사람에게 일정한 자격을 가지지 못하게 하는 형벌
	자격정지	무기 징역, 무기 금고의 판결을 받은 사람에게 당연히 또는 특별한 선고로써 일정기간 동안 자격의 전부 또는 일부를 정지시키는 형벌

• 형의 경중순서 : 사형〉징역〉금고〉자격상실〉자격정지〉벌금〉구류〉과료〉몰수
• 부가형적 성격 : 자격상실, 자격정지
• 우리나라는 신체형(태형, 절단형)을 인정하지 않는다.

24 ④

[즉결심판 제도]

즉결심판 제도는 죄질이 경미한 범죄사건에 대하여 형사소송법에 규정된 통상의 공판절차에 의하지 않고 간단하고 신속한 절차에 의하여 형을 선고하는 절차이다.
④ 신속하고 간편한 심리를 위해 경찰의 조서만을 증거로 삼아 유죄를 선고할 수 있다.

① 경찰서장의 청구에 의해 재판이 시작된다. 틀림
② 가벼운 범죄 사건의 경우 정식 재판보다 절차가 간단하다.
③ 벌금·과료 선고나 피고인의 불출석 심판을 법원이 허가한 경우 피고인 불출석으로 진행된다.
※ 즉결 심판
  ㉠ 의의 : 판사가 죄질이 경미한 범죄사건에 대하여 형사소송법에 규정된 통상의 공판절차에 의하지 않고 간단하고 신속한 절차에 의하여 형을 선고하는 절차
  ㉡ 대상 : 20만원 이하의 벌금, 구류, 과료에 처할 범죄사건
  ㉢ 청구권자 : 관할 경찰서장이 서면으로 청구
  ㉣ 심판절차
    • 즉결심판은 판사의 주재하에 경찰서가 아닌 공개장소에서 열린다. 피고인은 출석하는 것이 원칙이지만 벌금, 과료를 선고하는 경우나 피고인이 불출석 심판을 청구하여 이를 허가한 경우에는 불출석재판도 있다.
    • 즉결심판에 있어서는 피고인의 자백만으로써 유죄를 인정할 수 있고, 피고인이 피의자 신문 조서의 내용을 부인하더라도 유죄로 인정할 수 있도록 증거조사의 특례가 인정된다.
    • 즉결심판에 불복하는 경우, 피고인은 고지를 받은 날로부터 7일 이내에 소관 지방법원 또는 지방법원 지원에 정식재판을 청구할 수 있다. 정식 재판의 판결이 나면 즉결심판은 효력을 잃는다.

25 ④

[배상 명령 제도]

④ 배상 명령 제도는 피해자가 형사 재판 과정에서 간단한 신청 절차만으로 민사상 손해 배상 명령까지 받아낼 수 있는 제도이다.

① 보호관찰 : 죄가 인정되거나 보호처분의 필요성이 인정된 자에 대해 교도소나 소년원 등에 구금하지 않고 일정한 의무사항을 지킬 것을 조건으로, 자유로이 사회생활을 하게 하면서 일정한 감독과 지도 등을 받게 하는 처분
② 구속영장실질심사제(구속전 피의자심문제도) : 검사로부터 구속영장의 청구를 받은 판사가 구속영장을 발부하기 전에 피의자를 직접 심문하여 구속사유를 판단하는 제도
③ 보안처분 : 형벌을 대체·보완하기 위한 수단으로 범죄자의 사회복귀와 사회 질서의 보호가 목적이다. 치료 감호, 보호 관찰, 소년범의 보호 처분(보호 관찰, 소년원 송치 등) 등

26 ③

[책임성조각사유]

> **핵심풀이**

책임성조각사유가 있으면 범죄가 성립하지 않는다. 형법은 책임무능력자(형사미성년자, 심신상실자), 강요된 행위 등을 규정하고 있다.

※ **책임성 조각사유** : 책임성이 있다고 인정되지 않는 사유로서, 책임성조각사유가 있으면 범죄가 성립하지 않는다.
- 형사미성년자 : 만 14세 미만자
- 심신상실자 : 심신장애로 인하여 사물을 변별하거나 의사를 결정할 능력이 없는 자
- 강요된 행위 : 저항할 수 없는 폭력이나, 자기 또는 친족의 생명, 신체에 대한 위해를 방어할 방법이 없는 협박에 의해 강요된 행위 등

☞ 단, 심신미약자, 농아자는 책임무능력자가 아니므로 그의 행위는 범죄가 성립하고 다만 형을 감경할 뿐이다.

27 ①

[행정심판]

> **핵심풀이**

㉠㉡ 처분 행정청에 스스로 시정할 기회를 주어 행정청 자체의 전문적·기술적 지식을 활용하고 행정소송보다 간편한 방법으로 분쟁을 해결할 수 있어 시간과 비용을 절약할 수 있는 제도이다. 모두 옳음

> **오답풀이**

㉢ 사법국가주의는 행정상 분쟁을 행정기관이 아닌 독립된 법원에서 해결하는 것이다. 행정심판은 법원이 아닌 행정 기관에서 심판을 한다.
㉣ 사후 구제 절차이다.

※ 행정심판과 행정소송의 비교

	행정심판	행정소송
성격	행정절차(행정처분)	사법절차(판결)
쟁송대상	위법·부당한 처분 또는 부작위	위법한 처분 또는 부작위
재판기관	행정심판위원회	법원
심리절차	서면·구술 심리 병행, 비공개주의	구술심리주의, 공개주의

28 ②

[손해배상청구]

> **핵심풀이**

② 공무원의 위법한 직무행위, 공공시설의 설치·관리의 잘못(하자)으로 인하여 손해를 입은 국민은 국가나 공공단체에 대하여 그 손해를 배상해달라고 청구할 수 있다.

> **오답풀이**

① 국가나 지방 자치 단체가 공공의 필요에 의하여 적법하게 개인의 재산에 대한 특별한 희생을 가하는 경우 그 과정에서 발생한 손실을 보상해 주는 제도
③ 행정심판은 행정청의 위법 또는 부당한 공권력의 행사(처분) 또는 불행사(부작위)로 인한 국민의 권리 또는 이익의 침해를 구제하기 위한 행정기관에 의한 쟁송절차
④ 행정소송은 행정 관청의 위법 처분이나 부작위에 따라 권리를 침해받은 사람이 그 처분의 취소나 변경을 요구하는 쟁송절차

29 ③

[청소년 범죄 사건]

> **핵심풀이**

㉠ 만 14세 미만 자는 만14세 미만인 자는 형사미성년자(형사책임무능력자)라 하여 형사처벌을 하지 않는다.
㉤ 소년부의 보호처분은 형사처벌과 달라서 소년원에 송치된다 하더라도 전과자가 되는 것은 아니며 전과기록이 남지 않는다.

> **오답풀이**

㉡ 촉법소년(만 10세 이상, 14세 미만)은 형사처벌 대신에 보호처분을 할 수 있다.
㉢ 범죄소년(만 14세 이상, 19세 미만)이 금고이상의 중범죄를 범한 경우에는 일반법원에 공소가 제기되고 성인범과 유사한 형사처벌을 받게 된다.
㉣ 죄를 범할 당시 18세 미만인 소년에 대하여 사형 또는 무기형으로 처할 경우에는 15년의 유기징역으로 한다(소년법 제59조). 즉 18세 미만인 소년에 대해서는 사형을 부과할 수 없다.

30 ④

[범죄소년]

ⓒ 검사가 사건의 처분을 결정하기에 앞서 피의자의 주거지 또는 검찰청 소재지를 담당하는 보호관찰소의 장, 소년 분류 심사원장, 소년원장 등에게 피의자의 품행, 경력, 생활환경이나 그 밖에 필요한 사항을 조사할 수 있다.

ⓔ 만 14세 이상이라도 검사가 소년부로 송치한 경우에는 보호처분을 받을 수 있다.

㉠ 검사는 재범 가능성이 낮다고 판단되면 공소를 제기하지 않고 선도위원의 선도를 받을 것을 조건으로 기소를 유예할 수 있다.

ⓒ 검사는 일반형사법원에 공소를 제기한다면 갑은 형사 처벌을 받을 수도 있다.

ⓜ 보호처분을 받은 소년범은 소년원에 수감되고, 형사처분이 내려지면 소년교도소에 수감된다.

> **선도조건부 기소유예제도**(19세 미만의 청소년 대상) : 검사가 계속 선도할 필요가 있다고 판단되는 범죄소년에 대하여 일정한 기간동안 준수사항을 이행하고 선도위원의 선도를 받을 것을 조건으로 기소를 유예하는 제도를 말한다.

31 ④

[청소년의 연령대별 행위능력]

ⓒ 부모 동의를 얻어 혼인할 수 있는 연령은 18세 이상이다.

ⓜ 자동차운전면허 취득이 가능한 연령은 18세 이상이다.

14세	형사상 책임능력 있음
15세	제한적으로 취업가능
16세	원동기장치 자전거 운전면허 취득 가능
17세	주민등록증 발급, 단독유언 가능
18세	부모의 동의를 얻어 혼인 가능, 자동차운전면허 취득 가능

32 ②

[청소년 보호법]

② 갑은 처분의 취소나 경감을 요구하는 행정심판을 청구할 수도 있고, 바로 법원에 행정소송을 제기할 수도 있다. 이때 행정소송은 과징금부과처분 취소소송에 해당한다.

① 갑은 처분 행정청에 행정심판을 청구한다.

③ 을이 청소년인지 여부를 확인하지 않고 술과 담배를 판매한 것은 갑의 잘못이므로 갑은 을의 부모를 상대로 손해배상을 청구할 수 없다.

④ 청소년에 대한 술·담배 판매의 제한은 근로의 권리가 아니라 직업의 자유를 제한하는 것이다. 이는 청소년 보호에 우선 가치를 둔 기본권 제한이라 할 수 있다.

> **※ 청소년 보호법**
> ▶ 청소년 보호법은 청소년에게 술과 담배를 판매하거나, 청소년을 유해 업소에 출입하게 하는 행위 등을 처벌하고 있다.
> ▶ 청소년 보호법의 적용 대상이 되는 청소년 : 19세 미만의 미성년자(다만, 미성년자가 19세 되는 해의 1월 1일부터는 청소년에서 제외)
> 예 2015년 8월 15일에 19세가 된다면 2015년 1월 1일부터 청소년에서 제외된다. 따라서 18세의 미성년자라도 청소년 보호법의 적용 대상 청소년이 아닌 경우가 있다.
> • 만 19세인 청소년에게 술이나 담배를 판매한 가게 주인은 처벌되지 않는다(만 19세인 미성년자는 청소년 보호법의 적용 대상이 되는 청소년이 아니므로 술이나 담배를 살 수 있음).
> • 만 17세인 미성년자에게 술이나 담배를 판매한 가게 주인은 처벌된다(만 17세인 미성년자는 청소년 보호법의 적용 대상이 되는 청소년임. 다만 이때 술이나 담배를 판매한 가게 주인만 처벌되고 청소년은 처벌되지 않음).

33 ③

[행정의 기본원리]

(가) 세금 부과는 법률에 근거가 있어야 함은 법치 행정의 원리와 관련이 있다.

(나) 과다 납부한 세금에 대한 행정소송은 사법 국가주의와 관련이 있다.

(다) 모든 국민의 인간다운 생활 보장은 복지 행정의 원리와 관련이 있다.

오답풀이

※ 행정의 기본원리

법치 행정의 원리	• 법치 국가의 원리가 행정에 적용된 것으로 행정은 법률이 정한 범위에서 이루어져야 한다는 것 • 국민을 위해 필요한 행정 작용을 법으로 규정하여 적극적인 행정이 이루어지도록 하기도 함
민주 행정의 원리	국민 모두의 이익과 의사가 반영되는 방향으로 이루어져야 한다는 것
복지 행정의 원리	모든 국민이 최소한의 인간다운 생활을 할 수 있도록 적극 노력해야 한다는 것
사법 국가주의	행정에 대한 재판을 독립된 법원에서 다루어져야 한다는 것
지방 분권주의	각 지방의 자치 단체들이 권한을 가지고 각 지방의 살림을 맡아서 해야 한다는 것

34 ①

[행정상 손해배상 청구]

핵심풀이

① 적법하게 개인의 재산에 대한 특별한 희생을 가하는 경우이므로 행정상 손실 보상 청구의 대상이다.

오답풀이

②③④ 공무원의 위법한 직무행위, 공공시설의 설치·관리의 잘못(하자)으로 인하여 손해를 입은 국민은 국가나 공공단체에 대하여 그 손해를 배상해달라고 청구할 수 있다.

35 ④

[정보공개 제도]

핵심풀이

④ 공공기관의 정보는 공개를 원칙으로 하되 예외적으로 공개할 수 없는 정보도 있다.

오답풀이

①② 모든 국민은 공공기관에 정보공개를 청구할 권리를 가진다. 국민의 알 권리를 보장하고, 행정의 민주화와 공정화를 실현하게 한다.
③ 정보 공개는 공공 기관에만 청구할 수 있으니 일반 회사에 대해서는 청구할 수 없다.

36 ②

[환경오염에 대한 구제 수단]

핵심풀이

② (나)는 환경 분쟁 조정 제도로서, 환경관련분쟁이 생겼을 때 신속하고 간편한 절차에 따라 분쟁을 해결하는 절차법적 구제수단이다.

오답풀이

① (가)는 사전적 조치이다.
③ (다)는 피해발생시 사후적 구제수단이다.
④ (다)는 일반적으로 민사재판이다.

37 ③

[제조물 책임]

핵심풀이

③ 제조물 책임은 제조업자가 손해배상의 책임을 지는 것이 원칙이지만 제조업자를 알 수 없는 경우에는 유통에 관여한 자(제조물 판매·대여자 등)가 책임을 진다.

오답풀이

① 제조물 책임법은 제품의 결함이 있고 그 결함으로 인하여 피해가 발생한 사실만 증명하면 손해배상을 받을 수 있게 되었다.
② 제조물의 결함이 존재 한다는 사실과 제조물이 손해를 유발하였음을 증명하면 책임이 성립한다.
④ 제조업자가 당해 제조물을 공급한 때의 과학·기술수준으로는 결함의 존재를 발견할 수 없었다는 사실, 제조물의 결함이 제조업자가 당해 제조물을 공급할 당시의 법령이 정하는 기준을 준수함으로써 발생한 사실 등을 입증한 경우에는 손해배상책임이 면제될 수 있다.

38 ③

[무과실 책임의 원칙, 계약 공정의 원칙]

핵심풀이

(A) 공작물의 설치 또는 보존의 하자로 인하여 타인에게 손해를 가한 때에는 공작물점유자가 손해를 배상할 책임이 있다(민법 제758조). 이는 남에게 손해를 끼쳤을 때 고의나 과실이 없는 경우에도 일정한 상황에서는 관계있는 자에게 책임을 물을 수 있다는 무과실 책임의 원칙에 입각하고 있다.
(B) 사업장 등에서 발생되는 환경오염으로 인하여 피해가 발생한 경우에는 당해 사업자는 귀책사유가 없더라도 그 피해를 배상하여야 하는 것(환경정책

기본법 제44조)은 환경오염의 피해에 대하여 무과실책임의 원칙을 기본으로 하고 있는 것이다.
(C) 사회적 약자인 근로자에게 현저히 불리한 계약이므로, 계약 내용이 사회질서에 반하거나 지나치게 공정성을 잃어서는 안된다는 계약공정의 원칙이 적용되어 무효가 된다.

▶ 계약 공정의 원칙 적용
- 근로기준법 : 경제적·사회적으로 약자인 근로자들을 보호하기 위하여 근로조건의 최저 기준을 정한 법으로, 근로기준법에 위배되는 근로계약은 무효이다
- 주택임대차보호법 제4조 ①항 : '기간을 정하지 아니하거나 2년 미만으로 정한 임대차는 그 기간을 2년으로 본다. 다만, 임차인은 2년 미만으로 정한 기간이 유효함을 주장할 수 있다' (사회적 약자인 임차인 보호를 위한 규정)

▶ 무과실책임의 원칙 적용
- 환경정책기본법 제44조(환경오염의 피해에 대한 무과실책임) ① 환경오염 또는 환경훼손으로 피해가 발생한 경우에는 해당 환경오염 또는 환경훼손의 원인자가 그 피해를 배상하여야 한다.
- 민법 제758조에서 공작물(工作物)의 소유자에 대한 책임 : 공작물의 설치 또는 보존의 하자로 인하여 타인에게 손해를 가한 때에는 공작물점유자가 손해를 배상할 책임이 있다. 그러나 점유자가 손해의 방지에 필요한 주의를 해태하지 아니한 때에는 그 소유자가 손해를 배상할 책임이 있다.
- 제조물 책임법 : 어떤 제품의 안전성이 미흡해 소비자가 피해를 입었을 경우, 제조 기업이 손해배상책임을 부담하도록 규정한 법률. 제조물 책임법 제3조 ①항 '제조업자는 제조물의 결함으로 인하여 생명·신체 또는 재산에 손해(당해 제조물에 대해서만 발생한 손해를 제외한다)를 입은 자에게 그 손해를 배상하여야 한다.'
- 자동차손해배상 보장법 : 민법 제750조상 불법행위책임 규정에서는 고의 또는 중과실로 인하여 타인에게 손해를 가한 자는 그 타인의 손해를 배상할 책임을 진다고 하고 있다.

---

39 ②

[미성년자의 법률 행위]

핵심풀이

㉠ 사회경험이 적어 불리한 계약을 맺을 가능성이 높은 미성년자는 계약을 맺을 때 법정 대리인의 동의가 필요하다.
㉣ 미성년자라도 혼인을 하면 성년으로 의제되어 민법상 성년자가 할 수 있는 법률행위를 모두 할 수 있다.

오답풀이

㉡ 고용주에 대한 임금 청구는 미성년자가 단독으로 할 수 있는 법률행위이다.
㉢ 미성년자라도 만 17세 이상이고 의사능력이 있으면 유효한 유언을 할 수 있다.
※ 미성년자가 단독으로 유효한 법률행위를 할 수 있는 경우
  ㉠ 단순히 권리만을 얻거나 의무만을 면하는 경우
    예 부담없는 증여계약, 채무면제계약, 선물을 받는 경우
  ㉡ 일정한 범위를 정하고 허락받은 재산의 처분
    예 용돈, 세뱃돈 사용
  ㉢ 법정대리인의 허락을 받은 특정 영업행위
    예 부모의 부탁으로 가게에서 물건을 파는 행위, 인터넷 쇼핑몰을 운영하는 경우
  ㉣ 유언 : 만 17세 이상이어야 함, 법정대리인이 취소 불가
  ㉤ 고용주에 대한 임금 청구, 대리행위
  ㉥ 혼인 이후의 민법상 법률 행위

● 6. 국제 정치와 법

1 ④

④ 안전보장, 주권제약, 중대한 재정적 부담 등과 관련된 조약의 경우 국회의 동의를 필요로 한다.

2 ①

② 거부권은 안전보장이사회 상임이사국에게만 주어진다.
③ UN의 주요기구는 총회, 안전보장이사회, 경제사회이사회, 국제사법재판소, 사무국, 인권이사회로, 유네스코와 인권이사회는 안전보장이사회 산하기구가 아니다.
④ 국제사법재판소는 서로 국적이 다른 15명의 재판관으로 구성된다.

3 ③

서로 협력할 경우 혼자 할 때에 들던 수고보다 각각이 들이는 수고가 작아지고 모두가 얻는 총 효용이 커짐에도 불구하고 협력은 잘 일어나지 않는다. 국제사회는 국제 협력의 결과가 반대의 결과보다 모두에게 이익이 됨에도 불구하고 국제 협력이 잘 성사되지 않는 특징이 있다.

4 ①

위법성 조각 사유
- ㉠ **정당방위** : 자기 또는 타인의 법익에 대한 현재의 부당한 침해를 방위하기 위한 행위는 상당한 이유가 있는 때에는 벌하지 아니한다〈형법 제21조 제1항〉.
- ㉡ **긴급피난** : 자기 또는 타인의 법익에 대한 현재의 위난을 피하기 위한 행위는 상당한 이유가 있는 때에는 벌하지 아니한다〈형법 제22조 제1항〉.
- ㉢ **자구행위** : 법정절차에 의하여 청구권을 보전하기 불능한 경우에 그 청구권의 실행불능 또는 현저한 실행곤란을 피하기 위한 행위는 상당한 이유가 있는 때에는 벌하지 아니한다〈형법 제23조 제1항〉.
- ㉣ **피해자의 승낙** : 처분할 수 있는 자의 승낙에 의하여 그 법익을 훼손한 행위는 법률에 특별한 규정이 없는 한 벌하지 아니한다〈형법 제24조〉.
- ㉤ **정당행위** : 법령에 의한 행위 또는 업무로 인한 행위 기타 사회상규에 위배되지 아니하는 행위는 벌하지 아니한다〈형법 제20조〉.

5 ③

(가)는 현실주의, (나)는 이상주의적 관점이다.
① 국제 관계에서 국가 간 상호 의존적 관계를 중시해야 한다고 보는 것은 (나)이다.
② NATO, WTO 등은 (가)의 대표적인 사례이다.
④ 국제 관습법과 같은 국제법의 중요성을 강조하는 것은 (나)이다.

6 ②

제국주의에 기초한 유럽열강의 식민지 확보 경쟁→국제연맹 창설→국제연합 창설→다극체제의 과정을 거쳐 오늘날의 국제사회가 형성되었다.

7 ④

- 정부 간 기구의 예 : 세계무역기구(WTO), 북미자유무역협정(NAFTA), 유럽연합(EU), 국제통화기금(IMF) 등
- 비정부 간 기구의 예 : 국제사면위원회(AI), 국제인권연맹(ILHR), 국경없는 의사회(MSF) 등

8 ④

베스트팔렌조약 … 30년 전쟁을 끝마치기 위해 1648년에 맺어진 평화조약으로 가톨릭 제국으로서의 신성로마제국을 사실상 붕괴시키고, 주권 국가들의 공동체인 근대 유럽의 정치구조가 나타나는 계기가 되었다.

9 ④

④ 국제사법재판소는 국제연합의 사법기관이지만 가맹국만을 대상으로 하지는 않으며, 비가맹국도 재판의 당사국이 될 수 있다.
①② 안전보장이사회는 국제평화와 안전의 유지를 위한 전권을 가지고 있으며, 5개 상임이사국과 10개 상임 비상임이사국으로 구성되고 상임이사국은 거부권을 갖는다. 이는 국제 사회에서 힘의 원리가 지배하는 것을 나타내는 현실주의의 관점에서 접근할 수 있다.
③ 국제사법재판소의 판결 내용을 일방 당사국이 이행하지 않는 경우, 안전보장이사회는 판결의 이행권고 또는 필요한 조치를 할 수 있다.

10 ①

A : 국제연합, B : 안전보장이사회
② 국제연합은 정부간 국제기구이다.
③ 사법적 절차를 통해 국가 간의 분쟁을 해결하는 것은 국제사법재판소이다.
④ 안전보장이사회의 의결 시 상임 이사국만이 거부권을 행사할 수 있다.

11 ②

② 세계인권선언 : 1948년 12월 10일 국제연합 총회에서 당시 가입국 58개국 중 50개국이 찬성하여 채택된 인권에 관한 세계 선언문으로 360개 언어로 번역되어 가장 많이 번역된 유엔 총회 문건이며 비록 세계 인권선언은 국제연합의 결의로써 법적 구속력은 없지만 오늘 날 많은 국가의 헌법이나 기본법에 그 내용이 반영되어 있어 실효성이 크다.

12 ①

① 헌법 제60조 제①항에 따르면 국회는 상호원조 또는 안전보장에 관한 조약, 중요한 국제조직에 관한 조약, 우호통상항해조약, 주권의 제약에 관한 조약, 강화조약, 국가나 국민에게 중대한 재정적 부담을 지우는 조약 또는 입법사항에 관한 조약의 체결·비준에 대한 동의권을 가진다.
② 국제법은 통일된 입법기관에서 제정되는 것이 아니기 때문에 분쟁의 소지가 많다.
③ 국제법을 위반할 경우 국내법을 위반한 경우보다 이행을 강제하기 어렵다.
④ 헌법에 의해 체결·공포된 조약과 일반적으로 승인된 국제법규는 국내법과 같은 효력을 가진다.

13 ②

[국제사회의 특성]

핵전쟁, 인구 문제, 자원 문제, 환경문제 등은 인류공동의 문제로, 이를 해결하기 위하여 서로 협력해야 한다.

※ 국제사회의 특성

국제 사회는 주권국가를 기본단위로 구성 (주권평등의 원칙 추구)	• 원칙적으로 각국의 주권은 평등하다. → UN총회에서 1국가 1투표권 인정 • 현실적으로는 국력의 차이에 의해 주권행사의 불평등 존재
자국의 실리 추구와 힘의 원리 지배	• 각국은 국제관계에서 자국의 이익을 최우선으로 추구함 • 국가간 갈등을 조정할 수 있는 중앙정부가 없어서 실제로는 강대국의 힘의 논리에 의해 해결되는 경우가 많다. → UN안전보장이사회 상임 이사국의 거부권
강제력을 가진 중앙정부(통일된 통제기구)의 부재	• 국가 간 분쟁해결이 어렵고, 불법 행위를 저지른 특정 국가에게 적절한 제재를 가하기 어렵다. 국제 분쟁이 무력 충돌에까지 이르는 원인 • 국제연합이나 국제법이 국가를 강제하는 데는 한계가 있다.
공동의 이익을 위한 협력	• 국제 사회의 상호 의존성이 심화되면서 공동체적 성격이 강화됨 • 인류공동의 문제(환경문제, 인구문제, 자원고갈문제 등)를 해결하기 위하여 서로 협력한다.

14 ②

[국제 사회의 성격]

(가) 유엔 안전 보장 이사회에서 5개 상임 이사국에게 거부권을 인정하는 것은 힘의 원리가 지배하는 국제사회의 현실을 그대로 반영한 것이다. - ⓒ

(나) 국제 사회는 주권국가를 기본단위로 구성되었고 원칙적으로 각국의 주권은 평등하고 주권평등의 원칙을 추구한다. 그러나 현실적으로는 국력의 차이에 의해 주권행사의 불평등은 존재한다. - ⓒ

㉠ 국익을 추구하기 위해 다른 나라와 치열하게 경쟁하는 과정에서 갈등과 충돌이 발생하기도 하고, 한편 각국은 국제법, 세계여론, 도덕적 규범 등을 존중하며 다양한 국제기구(UN, EU 등) 및 국제

비정부 기구(그린피스, 국제사면위원회 등 NGO)들이 국제 질서유지와 발전을 위해 활발하게 활동을 한다.

㉣ 각국은 국제관계에서 자국의 이익을 최우선으로 추구한다. - '국제사회에는 영원한 적도 우방도 없다.'

15 ①

[국제정치 환경의 변화]

㉠ 닉슨 독트린 이후에 미국과 소련의 양극체제가 완화되기 시작하였다.

ⓒ 정치적 이념 대결은 약화되고, 경제적 실리 추구는 강화되고 있다.

ⓒ 닉슨 독트린 이후 냉전체제가 완화되었다.

㉣ 대결 구도에서 국가 간 화해분위기로 바뀌고 교류가 확대되었다.

16 ③

[IGO, INGO]

(가) 정부 간 국제기구(IGO) : 국제 연합(UN), 유럽 연합(EU), 세계무역기구(WTO), 국제통화기금(IMF), 국제노동기구(ILO), 아프리카 연합(AU) 등

(나) 비정부 간 국제 기구(INGO) : 국제 사면 위원회, 그린피스, 국제 올림픽 위원회(IOC), 국경없는 의사회 등

IGO(정부간 국제기구)는 각국 정부를 회원으로 하는 국제기구이며, INGO(비정부간 국제기구)는 국가내의 개인 또는 민간단체를 회원으로 하는 민간 국제기구이다.

※ 초국가적 행위체

㉠ 의미 : 국가를 구성원으로 하거나, 국가를 넘어서 국제적으로 영향력을 행사하는 행위 주체

ⓒ 종류

• 정부 간 국제기구(IGO) : 국제 연합(UN), 유럽 연합(EU), 세계무역기구(WTO), 국제통화기금(IMF) 등

• 비정부 간 국제 기구(INGO)=비정부기구(NGO) : 국제 사면 위원회, 그린피스, 국제 올림픽 위원회(IOC), 국경없는 의사회 등

• 다국적 기업(= 초국적 기업) : 여러 나라에 지사, 공장 등을 설립하고 경제활동을 하는 세계적 규모의 기업으로, 국가 간 상호 의존성을 심화시킴. 예) 칼텍스, GM, IBM, 모토롤라, 펩시, 코카콜라, 맥도날드

17 ④

[국제법의 법원]

핵심풀이

④ ㉠은 조약에 참가한 국가만 구속하지만, ㉡㉢는 대다수 국가를 구속한다.

오답풀이

① ㉠은 국가 간 명시적 합의이며, 문서의 형식으로 존재한다.
② 문명국에 의해 인정된 법의 일반 원칙은 ㉢이다.
③ 신의성실의 원칙, 권리남용금지의 원칙은 ㉢의 예이다.

18 ②

[국제사회의 전개 과정]

핵심풀이

㉡ 베스트팔렌 조약 체결→㉺ 제국주의→㉢ 제2차 세계 대전→㉠ 양극 체제→㉣ 다극 체제

오답풀이

국제 사회의 형성과 변천

베스트팔렌 조약 (1648)	독일의 30년 전쟁 후 체결, 민족단위의 독자적인 주권국가 등장, 오늘날과 같은 국제질서 형성
제국주의	유럽열강들의 식민지 확보 경쟁 과열, 유럽 중심의 국제사회의 무대가 전 세계 확대
제1차 세계대전과 국제 연맹(1920년)	제국주의 국가들 간에 식민지 쟁탈 경쟁으로 제1차 세계 대전 발발, 국제 연맹 창설
제2차 세계 대전과 국제 연합(1945)	전체주의 국가 등장으로 제2차 세계 대전 발발, 국제 연합 창설
양극 체제	미국 중심의 자유 진영과 소련 중심의 공산 진영 양분→냉전 시대
다극 체제	1970년 공산진영의 다원화와 제3세계의 등장, 1990년대 이후 냉전 종식
오늘날	이념보다 실리에 따라 협력·의존, 인종·종교·영토 분쟁

19 ②

[국제 사회의 행위 주체]

핵심풀이

㈎ 국가, ㈏ 초국가적 행위체, ㈐ 국가 내부적 행위체
㉡ 오늘날 국제기구, 다국적기업 등의 영향력 증가로 국가의 기능과 역할이 상대적으로 축소되고 있다.
㉢ ㈏에는 정부 간 국제기구(국제 연합, 유럽 연합 등), 비정부 간 국제 기구, 다국적 기업이 있다.

오답풀이

㉠ ㈎는 주권 평등의 원칙에 따라 국제법 앞에서 평등한 주체로 인정되는 것이 원칙이나, 실질적으로는 각 국가의 국력이나 영향력에 따라 주권 행사에 차별이 존재한다.
㉣ 중동 지역의 쿠르드족 등 소수 민족이나 인종은 ㈐에 속한다.
㉤ 다국적 기업은 ㈏에 속한다.
※ 국제 사회의 행위 주체

국가	국제사회의 기본적인 행위 주체
초국가적 행위체	국가를 구성원으로 하거나, 국가를 넘어서 국제적으로 영향력을 행사하는 행위 주체 • 정부 간 국제기구(IGO) : 국제 연합(UN), 유럽 연합(EU), 세계무역기구(WTO), 국제통화기금(IMF) 등 • 비정부 간 국제 기구(INGO)=비정부기구(NGO) : 국제 사면 위원회, 그린피스, 국제 올림픽 위원회(IOC), 국경없는 의사회 등 • 다국적 기업(=초국적 기업) : 칼텍스, GM, IBM, 모토롤라, 펩시, 코카콜라, 맥도날드
국가 내부적 행위체	한 국가의 일부분이지만 독자적 영역을 가지고 국제적으로 활동하는 행위 주체 : 지방자치단체, 소수 민족이나 인종(예, 중동 지역의 쿠르드족 등), 각종 사회세력(예, 시민단체, 이익집단 등)
국제적으로 영향력 있는 개인	강대국의 국가원수, UN사무총장 등

20 ②

[비정부 기구(NGO)]

- 특정 영역의 문제 해결을 목적(특별기구)
- 국제적인 활동을 하는 비정부 기구(NGO) : 자발적인 비영리 시민단체→그린피스, 국제 사면 위원회가 이에 해당된다.

- ⓛ 다국적 기업 : 영리를 추구하므로 비정부 기구(NGO)가 될 수 없다.
- ⓔ 국제 사법 재판소 : 국제 연합의 유일한 사법 기관으로서 국가를 회원으로 하는 정부 간 기구이다.

경제

● 1. 경제생활과 경제문제의 이해

1 ②

A 독점시장, B 완전경쟁시장
ⓛ 기업의 시장지배력은 독점시장이 높다.
ⓒ 기업 간 담합 발생은 과점시장에서 나타날 가능성이 높다.

2 ④

④ 총 만족감이 가장 크므로 뮤지컬 관람만 하는 것이 A의 합리적인 선택이다.
① B의 경우 뮤지컬 관람 1회(18), 고급 레스토랑 외식 2회(19)일 때의 총 만족감이 37로 가장 크다.
② 뮤지컬 관람 횟수를 1회에서 2회로 늘릴 때 A의 총 만족감 증가는 20, B의 총 만족감 증가는 13로 A가 B보다 크다.
③ 현재 뮤지컬 1회를 관람하기 위해서는 고급 레스토랑 외식 2회를 포기해야 한다. 그런데 고급 레스토랑에서 1회 외식할 때의 비용이 증가하면, 뮤지컬 1회를 관람하기 위해서 포기해야 할 고급 레스토랑의 횟수가 작아진다. 따라서 뮤지컬을 1회 관람할 때의 기회비용은 감소한다.

3 ④

④ Y재 추가 생산에 따른 기회비용은 C에서 B로 이동할 때 Y재 1개당 X재 $\frac{1}{20}$ 이지만 D에서 C로 이동할 때는 Y재 1개당 X재 $\frac{1}{25}$ 이다. 따라서 Y재 추가 생산에 따른 기회비용은 C에서 B로 이동할 때가 D에서 C로 이동할 때보다 더 크다.
① A~E는 갑국이 보유한 자원으로 생산할 수 있는 X재와 Y재의 최대 생산량 조합을 나타내므로 모든 점이 다 효율적이다.
② X재 추가 생산에 따른 기회비용은 B에서 C로 이동할 때 X재 1개당 Y재 20개로 A에서 B로 이동할 때와 같다.

③ B에서 A로 이동할 때 Y재 1단위 추가 생산에 따른 기회비용은 X재 $\frac{1}{20}$ 이다.

4 ②

ⓛ D는 생산이 비효율적인 점이다.
ⓒ A에서 C로의 이동은 X재의 추가 생산에 따라 포기하게 되는 Y재 생산량을 의미한다.

5 ④

① 균형가격은 1000원이 맞지만 균형거래량은 360개가 아닌 180개이다.
② 균형가격이 1600원일 경우 수요량은 150이 되므로 결국 모두 팔지 못하게 된다.
③ 수요의 법칙에 따르는 Y재가 X재의 대체재인 경우, Y재 가격이 하락하면 균형가격은 1000보다 작아진다.

6 ②

합리적 선택이 되기 위해서는 '편익＞비용'이 되어야 하며 이 때 비용은 크게 명시적 비용과 묵시적 비용으로 나뉜다.
이 문제에서 명시적 비용은 200만원×0.05=10만원이고, 묵시적 비용은 200만원×0.09=18만원이므로 결론적으로 연간수익률은 $\frac{28만원}{400만원}×100=7(\%)$이 되어야 한다.
※ 명시적 비용과 묵시적 비용
　ⓐ 명시적 비용 : 다른 사람들이 가진 생산요소를 사용한 대가로 지불하게 되는 비용을 말하며 회계적 비용과 같은 의미이다.
　ⓑ 묵시적 비용 : 흔히 잠재적 비용이라고도 하며 기업가 자신이 소유하고 있으면서 생산에 투입한 생산요소의 기회비용이라 할 수 있다.

7 ②

[경제 주체]

(A) 가계, (B) 기업, (C) 정부
② (A)와 (B)를 묶어 사경제 또는 민간 경제라고 하고, (C)를 공경제 또는 정부 경제라고 한다.

① 재정의 주체로서 공익(사회 후생 극대화)극대화를 추구하는 것은 (C)이다.
③ (C)는 소비와 생산을 동시에 담당한다. 소비뿐만 아니라 국방, 치안 등 공공재를 생산한다.
④ (A), (B), (C)를 합쳐 이루어진 경제를 국민경제 또는 폐쇄경제라 하고, 외국과의 무역이 이루어질 때 개방경제라 한다.

8 ②

[생산의 주체]

제시문의 활동들은 모두 생산 활동이며, 위의 생산 활동의 주체(농가, 은행, 부동산 중개업소, 인터넷쇼핑몰)는 이윤극대화를 추구하는 기업이다.
② 기업 : 생산 활동의 주체 → 이윤 극대화 추구

① 가계 : 소비 활동의 주체 → 효용(만족)의 극대화 추구
③ 정부 : 재정(정책)의 주체 → 공익(사회 후생 극대화) 추구
④ 외국 : 무역의 주체 → 자국 이익의 극대화 추구

9 ①

[민간 경제의 흐름]

A는 가계 : 생산 요소 시장에 실물(노동, 자본, 토지, 경영)을 공급하고, 생산물 시장에서 실물(재화와 서비스)을 수요한다.
B는 기업 : 생산 요소 시장에 실물(노동, 자본, 토지, 경영)을 수요하고, 생산물 시장에서 실물(재화와 서비스)을 공급한다.
㈎는 생산물 시장
① 생산물 시장에서 기업은 생산물(실물)의 공급자, 가계는 수요자이다.

② A는 생산 요소 시장에 실물(생산요소 ; 노동, 자본, 토지, 경영)을 제공하고 그에 따른 대가(요소소득 ; 임금, 이자, 지대, 이윤)를 받는다.
③ 조세를 거둬들여 공공재를 생산하는 경제 주체는 정부이다.
④ 노동 시장에서 노동의 공급자는 가계이다.

10 ④

[자유재, 경제재]

④ 희소성의 원칙이 적용되는 재화는 대가를 지불해야만 얻을 수 있는 경제재이다.

① 대가의 지불없이 얻을 수 있는 재화를 자유재, 무상재라고 한다.
② 대가를 지불해야만 얻을 수 있는 재화는 경제재이다.
③ 경제재와 자유재가 언제나 절대적으로 구분되는 것은 아니다. 시대나 장소, 환경에 따라 희소성은 다르게 나타날 수 있기 때문에 과거에는 자유재였던 것이 시간과 환경의 변화로 경제재로 변할 수 있다.

11 ③

[희소성의 원칙]

㉠ 대가를 지불해야만 얻을 수 있는 재화는 희소성의 원칙이 적용되는 재화이다.
㉡ 사람들은 살아가면서 항상 선택의 문제에 직면하게 되는데, 그것은 자원의 희소성 때문이다. 자원은 유한하기 때문에 하나의 경제적 선택을 위해서는 다른 하나를 포기할 수밖에 없다.

①② 경제재와 자유재는 희소성에 의한 재화의 구분이다. 경제재는 희소성과 무관하여 대가의 지불없이 얻을 수 있는 재화이고, 자유재는 희소성의 원칙이 적용되어 어떤 대가를 지불해야만 얻을 수 있는 재화이다. ㉡과는 직접 관계없다.
④ 매몰비용은 이미 지출되었기 때문에 합리적인 선택을 할 때 고려되어서는 안 되는 비용이다.

12 ④

[희소성과 가격]

> **핵심풀이**
>
> ⓒ 물은 유용성이 높아서 사용가치가 높지만 희소성이 낮아 가격(구매력, 교환가치)이 낮다.
> ⓔ 희소성은 사람들의 욕구에 비해 상대적으로 재화가 부족한 것이다.
> 희귀성은 절대적 개념으로 그 존재 자체가 별로 없는 것을 말한다.

> **오답풀이**
>
> ⓐ 재화의 가격은 그 재화의 유용성보다 희소성에 더 큰 영향을 받는다.
> ⓑ 물보다 다이아몬드의 가격이 비싼 이유는 다이아몬드가 물보다 원하는 사람에 비해 존재량이 적기 때문이다 즉 희소성이 더 크기 때문이다.

13 ①

> **핵심풀이**
>
> ⓐ 사람들이 원하는 양이 재화의 존재량보다 많아야 희소성이 있다고 할 수 있다.
> ⓑ 독버섯의 존재량은 적어서 희귀성은 있으나, 원하는 사람이 별로 없어서 희소성은 없다.

> **오답풀이**
>
> ⓒ 희소성은 욕망의 크기에 비례한다.
> ⓔ 재화의 절대량이 적은 것은 희귀성이고, 사람들의 욕구에 비해 상대적으로 재화가 부족한 것이 희소성이다.

14 ②

[3가지 경제문제]

> **핵심풀이**
>
> ⓐ 농민이 자신의 농토에 어떤 농작물을 심을 것인지 하는 문제는 '무엇을 생산할 것인가?' 생산물의 종류와 수량의 선택문제이다.
> ⓑ 자본(기계)과 노동(종업원)을 어떻게 결합할까하는 생산요소의 배합문제는 '어떻게 생산할 것인가?' 생산방법과 기술의 선택문제이다.
> ⓒ 기업이 주주들에게 이윤을 얼마나 배당할 것인지를 결정하는 문제는 '누구에게 분배할까?' 소득 분배문제이다.

15 ①

[효율성]

> **핵심풀이**
>
> 제시문의 내용 모두 최소의 비용으로, 최대의 효과(만족, 이윤)를 달성하려는 인간 행동의 원리인 효율성(=경제 원칙)을 추구하고 있다.
> ① 효율성 : 최소의 희생(비용)으로 최대의 효과(편익)를 얻으려는 것 = 경제원칙

> **오답풀이**
>
> ②③ 형평성(공평성) : 소득이나 부가 공평하게 분배되는 것→공공복리와 사회정의 실현
> ④ 생산성 : 어떤 재화를 생산하는 데 투입된 생산요소의 양에 대한 산출량의 비율
> 생산성 = 산출량 / 생산요소투입량

16 ②

[기회비용]

> **핵심풀이**
>
> 어떤 것(대안)을 선택했을 때 포기한 것(대안)의 가치가 기회비용이다. 본문에서 노트 1권을 더 사기 위하여 펜 2자루를 포기하였다. 즉 노트 1권의 기회비용은 펜 2자루이다.
> ※ 노트 1권의 기회비용은 펜 2자루라는 것은 노트 1권을 사는 비용으로 펜 2자루를 살 수 있다는 뜻이다.

17 ④

[경제문제 발생 원인]

> **핵심풀이**
>
> 제시문은 경제의 기본문제에 해당하는 사례이다.
> ⓐ 무엇을, 얼마나 생산할 것인가?(생산물의 종류와 수량의 문제)
> ⓑ 어떻게 생산할 것인가?(생산방법과 기술의 선택문제)
> 인간의 욕망은 무한하지만 그것을 충족시켜줄 수 있는 자원은 상대적으로 부족하다는 것이 희소성의 원칙이다. 이러한 자원의 희소성 때문에 경제 문제(선택 문제)가 발생한다.
> ※ 경제 문제는 선택의 문제이다.

18 ③

[기회비용의 변화]

핵심풀이

③ 아이스크림과 빵의 기회비용은 아이스크림과 빵의 가격에 따라 달라질 수 있으나, 용돈 액수와는 관계없다.

오답풀이

① 아이스크림 1개 사는 돈으로 빵 2개 살 수 있다.
② 빵 1개 사는 돈으로 아이스크림 1/2개 살 수 있다.
④ 아이스크림과 빵의 가격이 같은 비율로 오르거나 내리면 상대방 재화로 표시한 한 재화의 기회비용은 변함이 없다.

19 ③

[희소성의 파생 개념]

핵심풀이

제시문은 희소성의 원칙에 대한 내용이다.
㉠ 희소성의 원칙이 지배하는 재화를 경제재라 부르고, 이들 경제재만이 경제 문제의 대상이 된다.
㉡ 자원의 희소성으로 인하여 경제 문제(선택의 문제)가 발생한다.
㉢ ㉣ 최소의 희생으로 최대의 효과를 얻는다는 효율성(=경제 원칙)에 따라 선택(경제 행위)을 하게 된다.
㉥ 선택의 문제에 있어서 합리적 선택이 되기 위해서는 기회비용을 고려, 최소화한다.
※ 자원의 희소성→경제 문제(선택의 문제) 발생 → 선택의 기준(효율성, 경제원칙, 기회비용 고려)

오답풀이

㉤ 소득분배의 문제는 효율성 외에 형평성도 중요한 기준이 된다. 그러나 형평성은 공공복리와 사회 정의 실현이라는 가치가 내포된 개념으로 희소성과는 직접적인 관련이 없다.

20 ④

[일의 분업화, 전문화]

핵심풀이

일의 분업화, 전문화로 인한 생산의 효율성 증대라는 분업의 이익을 강조하고 있다.

> • 분업 : 생산과정을 여러 부문으로 나누어 여러 사람이 일을 분담하여 생산하는 것. 스미스(Smith, A.)는 그의 저서 '국부론'에서 분업의 이익을 주장하였다.
> • 분업의 이익과 문제점 : 분업은 기술개발과 생산성 증대라는 기능(이익)을 가진다. 그러나 지나친 분업으로 인해 인간의 기계화·부품화에 따른 인간 소외라는 문제점을 초래할 수 있다.

21 ④

[기회비용]

핵심풀이

기회비용 = 명시적 비용(회계적 비용, 눈에 보이는 비용) + 암묵적 비용(눈에 보이지 않는 비용)
• 4시간의 주유소 아르바이트(4 × 6,000만원 = 24,000원 수입)
• 4시간의 호프집 아르바이트(4 × 7,000만원 = 28,000원 수입)
• 4시간의 야구 경기 관람(입장료 7,000원)
  야구 경기 관람의 기회비용 = 명시적 비용〈입장료 7,000원〉 + 암묵적 비용〈포기한 것들 중 가장 가치 있는 것 ; 4시간의 호프집 아르바이트(4 × 7,000만원 = 28,000원 수입)〉 = 35,000원
※ 영화보기 위해서 포기한 것은 시간(다른 일을 할 수 있는 4시간)뿐만 아니라 돈(입장료)도 포기한 것이므로, 야구 경기 관람의 기회비용은 포기한 것들 중 가장 가치 있는 것〈4시간의 호프집 아르바이트 28,000원 수입〉뿐만 아니라 명시적 비용〈입장료 7,000원〉도 포함되어야 한다.

22 ①

[생산가능곡선]

핵심풀이

① 갑과 을의 커피 1단위 생산의 기회비용은 각각 설탕 1/3단위, 설탕 1단위이다. 갑은 을보다 커피생산의 기회비용이 작다.
▷갑
• 커피 300단위의 기회비용→설탕 100단위(커피 1단위의 기회비용→설탕 1/3단위)
• 설탕 100단위의 기회비용→커피 300단위(설탕 1단위의 기회비용→커피 3단위)

▷을
- 커피 200단위의 기회비용→설탕 200단위(커피 1단위의 기회비용→설탕 1단위)
- 설탕 200단위의 기회비용→커피 200단위(설탕 1단위의 기회비용→커피 1단위)

② 기회비용이 작은 재화에 특화하는 것이 유리하다. 따라서 갑은 커피, 을은 설탕 생산에 각각 특화한다.
③ 갑의 커피 생산기술, 생산성이 향상된다면 같은 비용으로 더 많이 생산할 수 있고, 커피생산의 기회비용은 감소한다.
④ 생산조합을 구성하는 수치들의 증가는 생산가능곡선의 오른쪽 이동을 말하고, 이는 곧 경제성장을 의미한다.

23 ④

[기회비용]

- 순편익 : 편익에서 비용을 뺀 것(= 편익 – 비용)

방안	순편익
(A방안) 오페라 관람	40,000원
(B방안) 소녀시대 공연	30,000원

오페라 관람(A방안)을 선택했을 때 기회비용 = 명시적 비용 70,000원 + 암묵적 비용 30,000원 = 100,000원
- 명시적 비용(오페라 관람 입장료) 70,000원
- 암묵적 비용(B방안을 선택했을 때의 순편익) = 기대되는 편익 80,000원 – 소녀시대 공연 입장료 50,000원 = 30,000원

24 ①

[교역조건]

㉠ 절대 우위는 특정 상품을 더 적은 생산요소를 투입해서 생산할 수 있는 능력이다. 따라서 갑국이 A재, B재 생산 모두에서 절대우위를 가지고 있다.
㉡ A재 1단위 생산의 기회비용은 갑국이 을국보다 높다.
※ 갑과 을의 A재와 B재 1단위 생산에 따른 기회비용

구분	갑국	을국
A재(1단위) 생산의 기회비용	B재 1/2단위	B재 1/4단위
B재(1단위) 생산의 기회비용	A재 2단위	A재 4단위

㉢ A재 1단위 생산의 기회비용은 갑국보다 을국이 적고, B재 1단위 생산의 기회비용은 을국보다 갑국이 적으므로, 갑국은 B재 생산에, 을국은 A재 생산에 비교우위가 있다. 따라서 갑국은 B재를, 을국은 A재를 특화, 생산하는 것이 유리하다.
㉣ A재 3단위와 B재 1단위가 교환되는 경우 두 나라 모두 무역의 이익을 얻을 수 있다.
※ 교역조건
- 갑국(B재 비교우위) : B재 1단위→A재 2단위 이상 받아야 이익 – B재 1단위〉A재 2단위(= B재 1/2단위〉A재 1단위)
- 을국(A재 비교우위) : A재 1단위→B재 1/4단위 이상 받아야 이익 – A재 1단위〉B재 1/4단위(= A재 4단위〉B재 1단위)

그러므로 'B재 1/2단위〉A재 1단위〉B재 1/4단위' 또는 'A재 4단위〉B재 1단위〉A재 2단위'의 범위에서 교환될 때 모두 이익이 발생함

25 ③

[경제 체제]

㈎의 방향(시장에 대한 정부 개입을 늘리는 것)
㈏의 방향(시장에 대한 정부 개입을 줄이는 것)
③ 기업에 대한 각종 행정 규제의 철폐는 ㈏의 방향이다.

㈎의 방향 – 토지거래 허가제, 독과점에 대한 규제
㈏의 방향 – 공기업의 민영화

● 2. 시장과 경제활동

1 ③

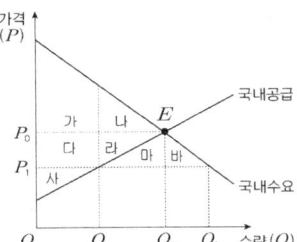

자유무역 실시 전 사회적 잉여는 가+나, 생산자 잉여는 다+라+사이며 사회적 잉여는 그 합이다. 자유무역 실시 후 소비자 잉여는 가+나+다+라+마+바, 생산자 잉여는 사이며 사회적 잉여는 그 합이다.
③ 사회적 잉여는 증가한다.

2 ①

① 소형 주택에 대한 선호도가 높아지면 수요곡선이 오른쪽으로 이동하고, 그로 인해 균형가격이 상승하면서 공급곡선상의 공급량이 증가한다. 공급곡선은 이동하지 않는다.

3 ③

수확량의 1/3을 폐기 처분한 것은 공급의 감소이며 이는 균형가격 상승을 가져온다. 가격이 상승하고 총수입이 증가하기 위해서는 배추의 수요의 가격탄력성이 비탄력적일 때이다.

4 ③

③ B집단은 가격이 10만원 하락할 때 가격 변화율은 −10%, 수요량 변화율은 5%이므로 수요의 가격탄력성은 0.5이며 비탄력적이다. 즉, 가격이 하락하면 판매 수입이 감소하고 가격이 상승하면 판매 수입이 증가하므로 가격 변동 방향과 판매 수입 변동 방향이 일치한다.
① A집단은 가격이 10만원 하락할 때 가격 변화율은 −10%, 수요량 변화율은 50%이므로 수요의 가격 탄력성은 $\frac{50}{10}=5$로, 1보다 크다.
② A집단은 가격이 10만원 하락할 때 가격 변화율을 −10%인데 수입 변화율은 35%로, 수입 변화율이 더 크다.
④ A집단은 수요의 가격 탄력성이 탄력적이고 B집단은 비탄력적이므로 판매 수입 증대를 위해서 A집단에 대해서는 가격 인하, B집단에 대해서는 가격 인상을 해야 한다.

5 ③

(가)는 외부경제, (나)는 외부불경제에 해당한다.
③ 공장 가동으로 인한 환경오염은 사적 효용을 위해 더 큰 사회적 비용을 발생시킨 생산의 외부불경제에 해당한다.
① (가)는 외부경제, (나)는 외부불경제에 해당한다.
② (가), (나)는 외부 효과로, 공공재 부족과는 관련 없다.
④ '누이 좋고, 매부 좋다'라는 속담은 둘 다에게 이익이 발생하는 것으로 외부불경제보다는 외부경제에 해당한다.

6 ④

④ 일반적으로 닭고기 가격이 상승하면 그만큼 닭고기 수요량이 감소하게 되면서 자연히 대체재인 돼지고기 수요는 증가하게 된다. 그리고 돼지고기 수요가 증가하게 되면 돼지고기 가격 또한 그에 걸맞게 상승하게 된다.

7 ③

③ 양적완화의 효과가 지나치면 통화량이 증가하여 물가가 상승하게 되고 실질 이자율은 낮아진다.
※ **양적완화** … 중앙은행이 국채 매입 등을 통해 시중에 통화를 직접 공급하여 경기를 부양하는 통화정책의 한 가지로 양적완화를 하게 되면 시중에 통화량이 증가하여 통화가치가 하락하게 된다. 따라서 양적완화는 수출을 증대시키는 효과를 가져오는 반면 인플레이션을 초래할 수도 있다.

8 ①

① 가격 하한제는 시장에서 형성되는 균형가격 수준이 너무 낮다고 판단하여 공급자를 보호할 목적으로 실시하는 제도이다. 이 제도가 실시될 때 하한가격이 유효하다면 시장에서 초과공급이 발생한다.

9 ①

② 사회적 잉여는 소비자 잉여(2.25)와 생산자 잉여(4)의 합으로, 시장균형일 때 사회적 잉여의 크기는 6.25이다.
③ 시장균형일 때 거래량은 3이다.
④ 시장균형일 때 생산자 잉여의 크기는 4이다.

10 ①

(가) 햄버거의 대체재인 라면 가격이 상승하면 햄버거의 수요가 증가한다.
(나) 햄버거 생산 공장의 부지 임대가격이 상승하면 햄버거 공급이 감소한다.
따라서 시장 균형거래량의 변화는 알 수 없지만 시장 균형가격은 반드시 상승한다.

11 ④

A재의 부품 가격의 하락으로 A재의 공급이 증가하여 A재의 가격이 하락하고 거래량은 증가한다.
④ A재의 수요의 가격탄력성이 1보다 작기 때문에 A재의 가격 하락으로 판매수입은 감소한다.
① A재의 가격하락으로 대체관계에 있는 B재의 수요는 감소하여 B재의 거래량은 감소한다.
② A재의 가격하락으로 보완관계에 있는 C재의 수요는 증가하여 가격은 상승한다.
③ A재와 B재 모두 가격은 하락한다.

12 ②

② B재의 수요는 가격에 대해 완전 비탄력적이다. 이 경우에는 가격이 인상되어도 판매량에 변화가 없다.
① A재의 수요는 가격에 대해 비탄력적이다.
③ C재의 수요는 가격에 대해 단위 탄력적이다.
④ D재는 가격이 인상될 경우 수요량도 증가하므로 판매수입은 증가한다.

13 ①

① 수요의 소득탄력성이 1.5이므로 소득이 10% 하락하면, 컴퓨터의 수요량은 15% 감소한다. 이전과 동일한 컴퓨터의 소비수준을 유지시키기 위해서는 수요량을 15% 증가시켜야 하는데, 수요의 가격탄력성이 1.0이므로 가격을 15% 하락시켜야 한다.

14 ④

① 위에 나와 있는 자료는 모두 비율을 나타낸 것으로 실업률만 가지고는 정확한 실업자 수를 알 수 없다.
② 명목 GDP의 증가율은 실질 GDP증가율과 물가상승률의 합으로 위의 자료에서는 B국이 가장 높은 것으로 나타난다.
③ 경제성장률 또한 비율이므로 정확한 실질 GDP 증가액을 알기는 힘들다.

15 ①

수요의 가격탄력성(Ed) = (수요의 변화율/가격의 변화율)

• 수요의 변화율 = $\dfrac{318}{300}$ = 1.06(6% 증가)

• 가격의 변화율 = $\dfrac{850}{1000}$ = 0.85(15% 하락)

∴ 수요의 가격탄력성(Ed) = $\dfrac{6}{15}$ = 0.4

16 ②

[소비자 잉여, 생산자 잉여]

핵심풀이

A는 소비자 잉여, B는 생산자 잉여이다.
▶ **소비자 잉여** : 소비자가 어떤 상품을 구입하기 위해 최대로 지불 할 의사가 있는 금액에서 실제로 지불한 금액을 뺀 것
 − 소비자 잉여는 수요 곡선과 밀접한 관계가 있으며, 시장 가격이 낮아질수록 소비자 잉여가 커진다.
 − 시장수요곡선의 높이는 각 구입량에서 소비자들이 지불하려는 최대 금액을 나타낸다.
 • 소비자 잉여 = 소비자의 최대지불용의 금액(소비자가 누리는 효용) − 실제로 지불한 금액
▶ **생산자 잉여** : 생산자가 어떤 상품을 공급하면서 실제로 받은 금액에서 그 물건을 제공하며 최소한 받고자 하는 금액을 뺀 것
 − 생산자 잉여는 공급 곡선과 밀접한 관계가 있으며, 시장 가격이 높아질수록 생산자 잉여가 커진다.
 − 공급곡선의 높이는 각 거래량에서 공급자가 받아들일 수 있는 최저가격을 나타낸다.
 − 공급자가 받아들이는 최저가격은 공급자의 기회비용이다.
 • 생산자 잉여 = 공급자의 총수입 − 공급자가 치르는 비용(기회비용)
▶ **사회적 잉여** : 시장에서 수요자와 공급자가 얻게 되는 소비자 잉여와 생산자 잉여를 합한 것
 ㉠ A와 B를 합한 것이 사회적 잉여이다.
 ㉣ 균형 거래량 Q_0일 때 사회적 잉여가 극대화된다. 시장 균형 : 시장에서 결정된 균형 가격과 균형 거래량 Q_0수준에서 사회적 잉여가 극대화된다. 사회적 잉여가 극대화될 때 시장의 효율성이 달성되며, 이때 자원배분이 효율적이라고 한다.

오답풀이

㉡ 소비자 잉여는 수요곡선과 밀접한 관계가 있다.
㉢ 시장수요곡선의 높이는 각 구입량에서 소비자들이 지불하려는 최대 금액을 나타낸다.

17 ②

[공급의 변동]

핵심풀이

기술 혁신은 공급 증가를 가져오고 공급의 증가는 균형 가격 하락, 균형 거래량 증가를 가져온다.

18 ②

[균형가격, 균형거래량]

• 정부가 소를 도살 처분할 경우 소고기의 공급은 감소한다.
• 소고기의 대체재인 돼지고기 가격이 하락할 경우 소고기의 수요는 감소한다.

소고기 시장에서 공급과 수요가 감소할 경우, 수요 곡선과 공급 곡선이 왼쪽으로 이동하게 되므로 균형 거래량이 감소한다. 그러나 균형가격은 불분명하다.

※ **수요 변동** : 재화 가격 이외의 요인들이 변함에 따라 수요 곡선 자체가 이동하는 것

수요 증가 요인	수요 곡선의 우측 이동 -〈원인〉인구 증가, 소득 증가, 기호 및 선호 증가, 대체재의 가격 상승, 보완재 가격 하락 등
수요 감소 요인	수요 곡선의 좌측 이동 -〈원인〉인구 감소, 소득 감소, 기호 및 선호 감소, 대체재의 가격 하락, 보완재 가격 상승 등

※ **공급의 변동** : 재화 가격 이외의 요인들이 변함에 따라 수요 곡선 자체가 이동하는 것

공급 증가 요인	공급 곡선의 우측 이동 -〈원인〉생산비 감소(생산 요소의 가격 하락), 기술 혁신, 수입 증가, 풍년 등
공급 감소 요인	공급 곡선의 좌측 이동 -〈원인〉생산비 증가(생산 요소의 가격 상승), 수입 감소, 흉년 등

19 ①

[수요량의 변동, 수요의 변동]

수요량의 변동 : 다른 모든 요인이 불변일 때 그 재화의 가격만이 변함에 따라 수요량이 변동하는 것 → 수요 곡선 상의 점의 이동
① 커피 가격의 하락은 수요량의 변동의 원인이다. 수요량의 변동은 수요곡선 자체의 이동이 아니라 동일한 수요 곡선상의 점의 이동이다.

수요의 증가(수요 곡선의 우측 이동)의 원인 : 인구 증가, 소득 증가, 기호 및 선호 증가, 대체재의 가격 상승, 보완재 가격 하락 등
② 홍차 가격의 상승(대체재 가격의 상승) → 수요 곡선의 우측 이동
③ 커피 소비 인구 증가 → 수요 곡선의 우측 이동
④ 커피 소비자들의 소득 증가 → 수요 곡선의 우측 이동

20 ④

[소비가능선(예산선)]

소비자가 E점에서 E'점으로 소비를 변화시켰다고 했을 때, 소비가능선(예산선)이 직선 AB에서 직선 AB'로 바뀌었음을 의미한다.
④ X재의 가격이 내려 X재와 Y재의 수요량을 증가시켰다.

• X재의 구입량은 OB에서 OB'으로 증가하였으나 Y재 구입량은 변화가 없음을 알 수 있다. 이는 X재 가격은 하락하였으나 Y재 가격은 불변임을 의미한다.
• 이 소비자는 X재의 가격 하락으로 실질적으로 소득이 증가한 효과를 보게 되어(실질소득 증가, 명목소득 불변) X재에 대한 수요와 Y재에 대한 수요 모두 증가시키고 있다.

21 ④

[보완재 · 대체재 관계]

ⓒ A재와 B재는 두 재화를 따로 소비할 때보다 함께 소비할 때 효용이 증가한다.
ⓔ '꿩 대신 닭'은 대체재 관계를 표현하는 속담이다.

㉠ A재와 B재는 보완재 관계이다. 커피와 홍차는 대체재 관계이다.
ⓒ A재의 공급이 증가하면 A재 가격 하락으로 A재의 수요는 증가하고, 대체재인 C재의 수요가 감소한다.
ⓜ B재와 C재의 관계는 알 수 없다.

22 ③

[자유재의 수요 · 공급 곡선]

그림은 자유재였던 재화가 경제재가 되었다. 즉 (가)에서는 희소성이 없는 재화로 가격이 영(0)이었으나, (나)에서는 경제적 가치 즉 가격이 형성되었다.
③ (나)에서는 희소성이 존재하여 가격이 형성되었다.

① (가)에서는 희소성이 없어서 공짜로 얻을 수 있는 자유재이다.
② (가)의 상태의 재화는 재화의 공급이 수요보다 많게 되어 시장거래가 이루어지지 않는다.
④ (나)는 경제재로서 대가를 지불해야만 얻을 수 있다. 대표적인 예로는 환경오염으로 인해 깨끗한 물이 부족해져 물을 사 먹게 된 경우이다.

23 ①

[공급의 가격 탄력성]

핵심풀이

공급의 가격 탄력성
= 공급량의 변동률(%)/가격의 변동률(%)
= (공급량의 변동분/원래의 공급량)/(가격의 변동분/원래의 가격)
공급의 가격 탄력성 = 공급량의 변동률(%)/가격의 변동률(%) = 5(%)/10(%) =0.5

24 ②

[수요의 가격 탄력성]

핵심풀이

수요의 가격 탄력성
= 수요량의 변동률(%)/가격의 변동률(%)
= (수요량의 변동분/원래의 수요량)/(가격의 변동분/원래의 가격)
• 수요량의 변동률(%) = 수요량의 변동분/원래의 수요량 × 100 = 50/250 × 100 = 1/5 × 100 = 20(%)
• 가격의 변동률(%) = 가격의 변동분/원래의 가격 × 100 = 10/100 × 100 = 10(%)
∴ 수요의 가격 탄력성 = 수요량의 변동률(%)/가격의 변동률(%) = 20(%)/10(%) = 2

한번 더 알고가자

• 수요량의 변동분 = 250(개) − 200(개) = 50(개)
수요량의 변동분은 200(개)이 아니라 50(개)이다.
• 가격의 변동분 = 110(원) − 100(원) = 10(원)
가격의 변동분은 110(원)이 아니라 10(원)이다.

25 ①

[완전 경쟁 시장의 특징]

핵심풀이

완전 경쟁 시장의 요건

다수의 거래자	수요자와 공급자의 수가 아주 많아야 하며, 개별 수요자나 공급자가 수요량이나 공급량을 변경하여도 전혀 시장 가격에 영향을 미칠 수 없다.
상품의 동질성 (동일성)	상품의 품질뿐만 아니라 판매조건도 같아야 한다.
자유로운 진입과 탈퇴 (자원의 완전한 이동성)	새로운 기업이 시장에 들어오는 것(진입)과 비능률적인 기업이 시장에서 견디지 못하여 나가는 것(탈퇴) 모두가 자유로워야 한다.
완전한 시장정보	상품의 가격, 품질 등 시장정보에 대하여 수요자와 공급자가 모두 잘 알고 있어야 한다. 거래 당사자(수요자, 공급자)가 완전한 시장정보를 가진다면 하나의 상품은 오직 하나의 가격으로만 시장에서 거래된다.→일물일가의 법칙

ㄹ 독점적 경쟁 시장의 특징
ㅁ 개별 기업은 시장가격에 영향을 끼칠 수 없고, 주어진 시장 가격에 따라서만 행동하게 된다.
ㅂ 독점 시장의 특징

26 ④

[수요 탄력성과 가계의 총지출]

핵심풀이

A재는 가격 탄력성이 1보다 큰 재화(탄력적인 재화)
B재는 가격 탄력성이 1인 재화(단위 탄력적인 재화)
C재는 가격 탄력성이 1보다 작은 재화(비탄력적인 재화)
④ 탄력적인 A재는 비탄력적인 C재보다 대체재가 더 많을 것이다.

① A재는 사치재일 것이다.
② B재는 단위 탄력적인 재화로서, 수요법칙의 예외에 해당되는지는 이 자료만 가지고는 알 수 없다.
③ 정상재란 소득이 증가했을 때 수요도 증가하는 재화로서, 비탄력적인 재화라 단정할 수 없다.

	가격	기업의 총판매 수입 (가계의 총지출)
Ed>1인 상품	상승	감소
	하락	증가
Ed=1인 상품	상승, 하락	일정
Ed<1인 상품	상승	증가
	하락	감소
Ed=0인 상품	상승	증가(가격상승률=기업의 판매수입증가율)
	하락	감소(가격상승률=기업의 판매수입감소율)

27 ④

[수요 탄력성과 기업의 판매수입]

핵심풀이

재화의 가격이 올랐을 때

	기업의 총판매 수입	판매 수입 증감률(%)
Ed>1	감소	−
Ed=1	일정	0
Ed<1	증가	+
Ed=0 (완전 비탄력적)	증가	+(가격상승률=기업의 판매수입증가율)
Ed=∞ (완전 탄력적)	0	−100%

• 수요의 가격탄력성이 탄력적인 재화는 가격이 올랐을 때 기업의 판매수입이 감소(−)하고, 수요의 가격 탄력성이 비탄력적인 재화는 가격이 올랐을 때 기업의 판매수입이 증가(+)한다.
• 수요의 가격탄력성이 단위탄력적인 재화는 가격이 오르든 내리든 관계없이 기업의 판매수입은 불변이다.
• 수요의 가격탄력성이 완전 탄력적인 재화는 가격이 올랐을 때 팔리지 않아서 기업의 판매수입이 0가(−100%) 되고, 수요의 가격탄력성이 완전 비탄력적인 재화는 가격이 올랐을 때 기업의 판매수입이 증가(가격이 변동해도 수요량은 변하지 않으므로, 기업의 판매수입도 가격 변화율 만큼 증가)한다.
④ C재는 가격이 올랐을 때 가격 변화율(10%) 만큼 기업의 판매수입이 증가(10%)하였으므로 수요는 가격에 대해 완전 비탄력적이다.

오답풀이

① A재는 가격이 올랐을 때 기업의 판매수입이 감소(10%)하였으므로 수요의 가격 탄력성은 탄력적이다.
② B재는 가격이 올랐을 때 기업의 판매수입이 불변이므로 수요의 가격 탄력성은 단위탄력적이다.
③ B재의 가격변화율과 수요량의 변화율이 같다.

28 ④

[수요의 교차탄력성]

핵심풀이

ⓒ 교차탄력성이 0이면 두 재화는 독립재 관계에 있다.
ⓔ X재와 교차탄력성이 −2인 재화(보완재)는 X재 가격이 오를 때 수요량은 감소한다.

오답풀이

ⓐ 교차탄력성 양의 값(+)이면 X재와 대체재이다.
ⓑ 교차탄력성 음의 값(−)이면 X재와 보완재이다.

29 ②

[농산물 탄력성과 농가의 소득]

핵심풀이

② 공산품에 비해서 생산기간이 길고, 기후조건에 영향을 받기 때문에 공급곡선은 매우 비탄력적이다.

오답풀이

① 농산물은 필수재(필수품)이므로 수요곡선이 매우 비탄력적이다.
③ 농산물의 수요와 공급이 비탄력적이기 때문에 농산물 가격은 폭등 또는 폭락하기 쉽다.
④ 풍년에는 오히려 농가의 총수입(소득)이 감소하고, 흉년에는 오히려 총수입(소득)이 증가하는 현상이 나타난다.
※ 농부의 역설(Farmer's paradox) : 풍년에는 오히려 농가의 총수입(소득)이 감소하고, 흉년에는 오히려 총수입(소득)이 증가하는 현상

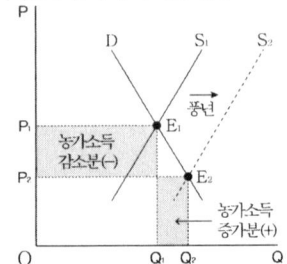

30 ④

[독과점 시장의 비효율적 자원배분]

핵심풀이

④ 완전 경쟁에 비해 가격은 높고 생산량은 적다. 즉 완전 경쟁에 비해 가격은 높고 생산량은 적게 되므로 자원의 비효율적 배분을 초래한다.

오답풀이

① 가격 차별화 : 독점시장에서 더 많은 이윤을 내기 위해 동일한 상품에 대해 서로 다른 시장에서 두 가지 이상의 가격으로 판매하는 것이다.
② 상품 차별화 : 독점적 경쟁시장의 특징으로, 의복의 맵시(디자인)와 색상, 주유소의 위치, 의사나 약사의 명성 등에서 상품의 차별화가 다양하게 이루어지는 것이다.
③ 담합 가능성 : 과점시장의 특징으로, 기업 간에 가격, 판매조건 등에 대하여 사전 합의하여 정함으로써 공정한 경쟁을 제한하는 것이다.

31 ①

[독점적 경쟁시장의 장점]

핵심풀이

① 의복의 맵시(디자인)와 색상, 주유소의 위치, 의사나 약사의 명성 등에서 상품의 차별화가 다양하게 이루어 지는 것은 독점적 경쟁시장의 장점이다.

오답풀이

② 독점 시장의 특징
③ 독점 시장의 특징
④ 과점 시장의 특징

32 ④

[배제성, 경합성]

핵심풀이

▶ A재 : 사적 재화(사유재) - 아이스크림, 햄버거
• 대가를 치르지 않으면 소비를 못하게 할 수 있는가? → 예 (배제성)
• 한 사람의 소비가 다른 사람의 소비를 줄어들게 하는가? → 예 (경합성)
▶ B재 : 공유재(공유 자원) - 연안어장, 지하자원, 호수에 있는 물고기
• 대가를 치르지 않으면 소비를 못하게 할 수 있는가? → 아니오 (비배제성)
• 한 사람의 소비가 다른 사람의 소비를 줄어들게 하는가? → 예 (경합성)

▶ C재 : 공공재 - 파출소의 치안활동, 등대
• 대가를 치르지 않으면 소비를 못하게 할 수 있는가? → 아니오 (비배제성)
• 한 사람의 소비가 다른 사람의 소비를 줄어들게 하는가? → 아니오 (비경합성)
▶ 배제성 : 대가를 치르지 않으면 재화와 서비스의 소비를 못하게 할 수 있는 속성. 아이스크림, 햄버거는 값을 치루지 않은 사람은 먹을 수 없다는 배제성을 갖는다. → 무임승차(공짜) 안된다.
▶ 비배제성 : 대가를 치르지 않더라도 재화와 서비스를 소비하려는 사람에 대해 소비를 못하게 할 수 없는 속성. 파출소의 치안활동, 등대 등은 세금을 내지 않은 사람만 뺄 수 없다는 점에서 비배제성을 갖는다. → 무임승차(공짜)가 가능하다.
▶ 경합성 : 한 사람의 소비가 다른 사람의 소비를 줄어들게 하므로, 서로 먼저 소비하려고 경쟁하는 것. 아이스크림, 햄버거는 한 사람이 먹으면 다른 사람은 그 아이스크림, 햄버거를 먹을 수가 없다는 점에서 경합성을 갖는다. 호수에 있는 물고기는 사적이익을 위하여 마구 잡는다면 자원이 고갈될 위험이 있다. → 다른 사람의 소비를 방해한다.
▶ 비경합성 : 한 사람의 소비가 다른 사람의 소비를 줄어들게 하지 않으므로 여러 사람이 동시에 소비할 수 있는 속성. 파출소의 치안활동, 등대와 같은 공공재는 한 사람이 혜택을 받는다고 해서 다른 사람이 그 혜택을 못받는 것은 아니다. 여러 사람이 동시에 혜택을 받을 수 있다는 점에서 비경합적이다. → 여러 사람이 동시에 소비한다.
• 유료 동영상 강의는 여러 사람이 동시에 접속하여 볼 수 있으므로 경합성이 없다. 즉 비경합적이다. 그러나 돈을 내지 않으면 볼 수 없다는 점에서 배제성을 갖는다.
④ 공공재로, 파출소의 치안활동 등이 그 예이다.

오답풀이

① 호수에 있는 물고기는 공유재(공유 자원)이다.
② 유료 동영상 강의는 요금제(비경합성, 배제성)이다.
③ 아이스크림은 사유재이다.

※ 배제성과 경합성

		배제성	
		있음(배제성) → 공짜 안됨	없음(비배제성) → 공짜 가능
경합성	있음(경합성) → 다른 사람의 소비 방해	사적 재화(사유재) - 음식, 맥주, 아이스크림, 옷, 장난감, 막히는 유료도로	공유자원(공동소유) - 물, 공기, 하천, 바다의 물고기(어족자원), 막히는 무료도로 - 과다 사용으로 고갈 또는 수명이 단축되는 경향이 있다.
	없음(비경합성) → 동시 소비 가능	자연독점재화(요금재) - 케이블 TV방송, 전력, 수도, 유료 공원 안막히는 유료도로	공공재 - 공중파 TV방송, 국방, 지안, 등대, 안막히는 무료도로

33 ②

[배제성, 경합성]

> **핵심풀이**

② B재는 공유자원(공동소유)으로, 배제성이 없어 공짜소비가 가능하기 때문에 필요 이상으로 과다하게 소비될 가능성이 크다.

> **오답풀이**

① A재는 사적 재화(사유재)로, 일반적으로 시장에서 거래된다.
③ C재는 자연독점재화(요금재)로, 배제성이 있어 무임 승차자의 문제가 발생하지 않는다.
④ D재는 공공재이다. 시장에서는 사회적으로 필요한 수준보다 과소 생산되는 경향이 있다.

34 ②

[공공재]

> **핵심풀이**

② 공공재 생산을 시장기능에 맡길 경우 사회적 필요만큼 충분히 공급되지 못한다.

> **오답풀이**

① 많은 사람들이 동일한 재화와 서비스를 동시에 소비할 수 있고, 한 개인의 소비가 다른 사람의 소비를 방해하거나 감소시키지 않는다(비경합성).
③ 어떤 사람이 공공재 사용에 대해 대가를 치르지 않는 경우에도 그 소비를 막지 못한다. 곧 무임승차(공짜)가 가능하다(비배제성).
④ 많은 자본이 소요되고, 수지가 맞지 않아 기업이 생산을 기피한다.

35 ②

[시장실패]

> **핵심풀이**

시장기구가 제대로 작동하지 못하여 효율적인 자원배분이 이루어지지 않는 경우가 발생하는데, 이를 시장실패라 한다.
㉠㉡㉢㉯ 시장실패의 원인에는 불완전한 경쟁 시장(독과점), 외부 효과(환경오염)의 발생, 공공재(공공시설) 생산 부족, 불량 식품, 과대광고 등 위법·탈법적인 개인의 이익 추구 행위, 정보의 부족 등이 있다.

> **오답풀이**

㉣㉲ 실업의 증가, 인플레이션 현상, 소득 분배의 불평등 등 자본주의의 문제점은 시장실패에 해당하지 않는다.
㉳ 공기업의 민영화는 정부실패에 대한 대책이다.

36 ②

[시장실패에 대한 사례]

> **핵심풀이**

시장 실패의 사례이다. 시장실패는 시장기구가 제대로 작동하지 못하여 효율적인 자원배분이 이루어지지 않는 것을 말한다.
② 정부가 개입하여 효율적인 자원 배분으로 유도할 필요가 있다.

> **오답풀이**

① 시장기구가 제대로 작동하지 못하여 효율적인 자원배분이 이루어지지 않을 수가 있다.
③ 정부의 규제로 효율적인 자원배분이 이루어지지 않는 경우를 정부실패라 한다. 제시된 사례는 시장실패에 대한 사례이다.
④ 정부 실패 해결을 위해 시장 기능의 확대가 이루어져야 한다는 것은 작은정부론의 견해이다. 제시된 사례는 정부 개입이 필요한 시장실패에 대한 사례이다.

37 ④

[정부실패의 원인]

> **핵심풀이**

정부 실패란 시장실패를 보완하기 위한 정부 개입(큰 정부)이 오히려 시장경제의 효율성(효율적인 자원배분)을 떨어뜨리는 현상을 말한다.
※ **정부 실패의 원인**: 정경 유착, 정부의 불완전한 지식과 정보(㉯), 정치적 제약(㉣), 근시안적 규제, 관료 집단의 비능률성(이기주의, 부정부패), 시장경제와 같은 유인동기 부족(㉲ 이윤 동기의 부족, 무사안일) 등

> **오답풀이**

㉠ 시장 실패는 시장 가격 기구(시장=가격=시장 기구)가 제대로 작동하지 못하여 효율적인 자원배분이 이루어지지 않는 것이다. 시장 가격 기구 자체는 시장실패의 원인이 아니며, 정부 실패의 원인과도 거리가 멀다.
㉡㉢㉯은 시장실패의 원인이다.

38 ③

[공공재의 특성]

ⓒ 모든 사람들이 같이 소비할 수 있기 때문에 가장 많이 소비하는 사람의 수요만큼만 생산하면 된다.
ⓒ 무임승차자가 존재하고 원칙적으로 수익자 부담의 원칙이 적용되지 않는다.
ⓔ 정부는 이 재화에 대한 민간 개개인의 수요를 정확히 파악하기 어렵다.

ⓖ 기업이 생산을 기피하므로, 정부가 주도하여 적정량을 생산한다.
ⓜ 대가를 치르지 않는 경우에도 그 소비를 막지 못하는 성질인 비배제성과, 한 개인의 소비가 다른 사람의 소비를 방해하거나 감소시키지 않는 성질인 비경합성이 있다.

3. 경제 주체의 역할과 의사결정

1 ①

② 경기과열 시 세율을 인상하는 긴축재정 정책이 요구된다.
③ 경기침체 시 국공채를 매입하는 양적완화 정책이 요구된다.
④ 경기침체 시 정부지출을 증가시키는 확장재정 정책이 요구된다.

2 ②

A상품은 경합성과 배제성이 없는 공공재였던 것이 정부가 특정 조치를 취하자 경합성은 없는데 배제성이 발생하는 요금재가 되었다. 따라서 밑줄 친 특정 조치는 유료화에 해당한다.

3 ④

A는 경기 침체기이다. 경기 침체기에 정부와 중앙은행은 확장 정책을 펼쳐 경기를 회복시켜야 한다.
④ 중앙은행이 국공채를 매각할 경우 통화량이 감소하고 이는 이자율 상승으로 이어져 경기가 더 침체되게 만들기 때문에 적절하지 않다.

4 ①

① (가)에서 가격 규제를 시행하면 $Q_1 \sim Q_2$만큼의 초과 공급이 발생한다.

5 ④

[노동 수요 공급, 임금]

ⓒ 노동 공급은 일반적으로 임금에 비례한다. 즉 임금이 오르면 노동 공급은 늘어난다.
ⓜ 노동은 생계에 필요한 소득을 획득한다는 의미 외에, 개인의 능력, 잠재력을 실현할 수 있는 자아 실현의 기회가 된다는 점에서 중요한 의미를 갖는다.

ⓖ 노동력을 고용하고자 하는 노동의 수요자는 기업이고 노동력을 제공하고자 하는 노동의 공급자는 가계이다.
ⓛ 노동 수요는 일반적으로 임금에 반비례한다. 즉 임금이 오르면 노동 수요(일자리)는 줄어든다.
ⓔ 임금은 노동 시장의 수요와 공급에 의해서만 결정되지 않고, 노동의 질, 해당 상품의 성격, 생계비를 고려한 최저임금제 등 경제적·법적 제도에 의해 영향을 받는다.

6 ④

[비합리적 소비 유형]

④ (라) - ⓒ 백로 효과(스노브 효과, 속물 효과)
• 스노브 효과(백로 효과): 다른 사람들이 어떤 상품을 많이 소비하기 때문에 소비를 하지 않거나 줄이는 행위

① (가) - ⓓ 과소비
• 과소비 : 자신의 소득 수준에 비해 과도한 소비지출
② (나) - ⓐ 과시 소비(베블렌 효과)
• 베블렌효과(과시 소비) : 자신의 부유함이나 경제적 지위를 타인에게 보여주려는 소비 행위로, 가격이 오를수록 소비가 늘어나는 현상이 발생함
③ (다) - ⓑ 모방 소비(밴드왜건 효과, 편승효과)
• 모방 소비(밴드왜건 효과) : 내게 꼭 필요하지 않으면서 남들이 사니까 나도 무작정 따라서 사는 식의 소비 행위. 상품시장에서는 어떤 상품이 유행함에 따라 그 상품의 소비가 촉진되는 현상

※ 비합리적 소비 유형

충동 구매	본래는 계획이 없었으나 가격, 디자인, 포장 등에 이끌려 충동적으로 구매하는 행위
투기소비(사재기)	장래의 가격 상승을 기대하고 가격상승에 따른 투기적 이익을 목적으로 미리 물건을 사두는 것
의존소비(의존효과)	소비자의 수요가 소비자 자신의 자주적 욕망에 의존하는 것이 아니라 생산자의 광고·선전 등에 의존하여 이루어진다는 현상 – 저축률이 감소
전시효과(시위효과;demonstration effect)	개인의 소비행동이 사회의 소비수준의 영향을 받아 타인의 소비행동을 모방하려는 소비성향

7 ④

[소득과 소비의 생애 변화]

> **핵심풀이**

ⓔ 생애 중기에는 소득이 소비보다 크므로 저축을 할 수 있는 시기이다.
ⓜ A점과 B점에서는 '소득=소비'이다. '소득=소비+저축'이므로 A점과 B점에서는 저축은 모두 영(0)이다. 따라서 A점과 B점의 저축 성향은 모두 영(0)이다.

> **오답풀이**

㉠ 생애 초기와 말기에는 소득이 상대적으로 낮고 중기에는 높다. 연령이 많아질수록 처음에는 소득이 증가하다가 일정 시점부터 감소한다.
㉡ 생애 초기에는 소득보다 소비가 많아서 부채를 지다가, 생애 중기가 되면 저축을 할 수 있게 되고, 생애말기에는 이 저축을 소비하기 시작한다. 연령이 많아질수록 저축액이 감소하는 것이 아니라, 생애 중기에는 저축액이 증가하다가 생애 말기에는 감소하기 시작한다.
㉢ 소비성향은 소득 중에서 소비가 차지하는 비중을 말한다. 따라서 소득이 높은 생애 중기에는 소비성향이 비교적 낮고, 소득이 낮은 생애 초기와 말기에는 소비성향이 비교적 높다. 주의할 것은 위 그림에서는 소비액은 꾸준히 증가하고 있다. 즉 소비증가율은 평생 일정하게 나타나고 있다.

8 ④

[저축의 역설]

> **핵심풀이**

④ 생산 설비가 완전히 가동되고 있는 경우에는 소비를 늘려 투자를 많이 해도 생산과 고용이 늘어나지 않고, 물가 상승만 초래한다.

> **오답풀이**

① 개발 도상국과 같이 자본 설비가 절대적으로 부족한 경우 저축을 통해 투자재원이 마련되고 생산활동에 투자하여 생산과 고용이 늘어난다. 곧 '저축이 미덕'이 된다.
② 소희의 주장은 케인즈의 '저축의 역설'과 일치한다. 케인즈는 국민들이 소비를 줄이게 되면, 기업들은 물건을 만들어도 팔리지 않기 때문에, 생산활동이 위축되게 되어 불황이 발생한다는 것이다. 곧 '저축이 악덕'이 된다는 것이다. 이를 '저축의 역설'이라 한다.
③ 저축을 많이 하고, 은행이 이 돈을 기업에 대출, 투자하고, 기업은 이 자금을 가지고, 생산활동에 투자되었을 때는 생산과 고용이 늘어난다. 곧 '저축이 미덕'이 된다.

9 ②

[기업 이윤 계산]

> **핵심풀이**

• 총수입(연간 예상) = 상품가격 × 판매량 = 1만원 × 3만개 × 12 = 36억원
• 총비용(연간 예상) = 대출 이자 100억원× 5%+임금 200만원 × 50명×12 + 1억원 × 12 = 5억원 + 12억원 + 12억원=29억원
• 이윤 = 총수입 – 총비용 = 36억원 – 29억원 = 7억원

10 ④

[기업가의 혁신]

> **핵심풀이**

슘페터는 기업가의 혁신에 대한 설명이다. 혁신(이노베이션)은 생산기술의 변화만이 아니라 새로운 상품의 개발, 새로운 경영기법의 도입, 새로운 시장개척, 새로운 생산 방법의 도입, 새로운 경영 조직의 결성 등을 포함하는 개념이다.

※ 슘페터의 기업가 정신

슘페터의 기업가 정신	불확실한 여건 속에서 자기 책임 아래 생산 활동을 전개하고, 경영 혁신으로 경쟁력을 갖추는데 주도적 역할을 다하는 기업가의 자세 −기업가는 '창조적 파괴'를 통하여 '혁신'을 일으킬 줄 아는 사람이어야 한다고 주장하였다.
혁신(innovation)	기업 활동에 새로운 방법이 도입되어 획기적인 새로운 국면이 나타나는 일. − 혁신은 생산기술의 변화만이 아니라 새로운 상품의 개발, 새로운 시장개척, 새로운 생산 방법의 도입, 새로운 경영 조직의 결성 및 경영기법의 도입 등을 포함하는 개념이다. − 슘페터는 혁신을 '창조적 파괴의 과정'이라고 정의하였다. − 혁신은 기업 이윤의 원천이며 경제성장의 원동력이다.
창조적 파괴	기업가가 기술 혁신을 통해 낡은 것을 파괴하고 새로운 것을 창조하여 변혁을 일으키는 과정

11 ④

[슘페터의 혁신]

> **핵심풀이**

ㄱㄴㄷㄹㅁ 새로운 기술 개발, 새로운 상품 개발, 새로운 경영 조직의 결성 및 경영기법의 도입, 새로운 시장 개척, 새로운 생산 방법의 도입

ㅂㅅㅇ 새로운 기술 개발이나 새로운 경영방식이 아니다.

12 ④

[재정과 국민 경제]

> **핵심풀이**

④ 세금을 적게 부과하면 가계의 지출이 증가하며, 경제 전체로 볼 때 수요가 늘어 경기가 호전된다.

> **오답풀이**

① 정부의 지출 규모가 커질수록 국민들의 유효 수요는 증가하여 경제 활동이 활성화된다.
② 정부의 지출이 증가하면 물가는 더 오른다.
③ 적자 예산을 편성하면 경기는 더 과열될 수 있다

13 ③

[재정 정책의 목적]

> **핵심풀이**

세입면에서는 정부가 고소득층에 대해서 누진 소득세를 부과하고 고급 승용차, 귀금속 등에는 높은 세율의 특별소비세(개별소비세)를 부과한다. 또한 세출면에서는 정부가 저소득층에 대하여 사회보장비를 지급하여 혜택을 줌으로써 소득분배의 불균형을 완화시키려고 한다. 이를 소득재분배 기능이라고 한다.

※ 정부의 3대 경제적 기능
▶ 자원의 효율적 배분

공공재의 공급	기업을 대신하여 공공재 생산 − 국방·치안 담당, 도로·항만 건설
외부 효과의 해결	• 긍정적 외부 효과 세금 감면, 정부 보조금 혜택→생산 증대 • 부정적 외부 효과 : 세금, 벌금 부과→생산 감소
독과점 규제	• 새로운 기업 육성 : 경쟁 유도 • 최고 가격 설정
바람직한 생산의 지원(효율적 자원 배분)	• 조세 측면 : 사치품의 세율을 인상하고(개별소비세 부과), 생활필수품세율을 인하함. • 정부의 지출 측면 : 정부의 공공주택건설 확대 등

▶소득의 공평한 분배(소득 재분배)

조세 측면	누진 소득세, 사치품에 개별소비세 부과
정부의 지출 측면	사회보장제도 실시 −저소득층에 대한 생계비 보조, 기초생활보장제도 등

▶경제의 안정적 성장

구분	경기 침체시	경기 과열시
경제 상황	실업 증가	인플레이션 발생
정부 정책	확장 재정·금융 정책 : 정부의 지출 증가, 세율 인하, 국채 발행	긴축 재정·금융 정책 : 정부의 지출 감소, 세율 인상
효과	경기 부양 및 회복	물가 및 경기 안정

14 ②

[조세 정책의 목표]

핵심풀이

사치품에 높은 세율의 개별소비세(특별소비세)를 부과하여 사치품 생산을 억제하고, 생활필수품의 세율을 인하함으로써 생활필수품의 생산을 촉진할 수 있다. 수질 오염의 주요 원인이 되는 합성 세제에 적절한 소비세를 부과하여 소비를 억제함으로써 환경 오염을 줄일 수 있다. 제시문의 사례 모두 바람직한 생산을 지원하는 효율적인 자원 배분의 기능을 한다.

개별소비세 → 소득 재분배 기능 + 자원의 효율적 배분

15 ④

[세금의 특성]

핵심풀이

그림은 과세 대상 금액과 세금이 비례하는 비례세다.
④ 과세 대상 금액과 세금이 비례한다. 즉 동일 세율을 적용된다.

오답풀이

① 누진세에 대한 설명이다.
② 직접세에 대한 설명이다.
③ 부가가치세는 비례세가 적용되나, 소득세는 누진세가 적용된다.
※ 직접세와 간접세

구분	직접세	간접세
특징	납세자와 담세자의 일치 (납세자 = 담세자) - 조세의 전가성이 없음	납세자와 담세자의 불일치(납세자 ≠ 담세자) - 최종부담자는 소비자이나, 납세는 사업자가 함 - 조세 전가 가능
과세 대상	소득의 원천(수입), 재산의 규모에 기준을 두고 부과	가계의 소비(소득의 지출)에 기준을 두고 부과
장점	• 누진세율이 적용되어 소득 재분배 효과 • 담세 능력에 다른 공평 과세 → 사회 정의에 부합	• 조세 저항이 약함, 징수 용이, 징수절차 간편 • 국가수입조달 편리, 국가자본축적에 유리-소비억제, 저축증대효과

단점	• 조세 저항이 강함, 탈세 우려, 징수절차 복잡 • 가계, 기업에 세금의 압박감을 줌 - 저축감소와 근로의욕 저하	• 조세의 역진성 - 비례세율의 적용으로 저소득층에 불리, 빈부 격차 심화 • 물가 상승 자극
종류	종합 소득세, 법인세, 상속세, 증여세, 재산세, 양도 소득세, 이자 소득세, 취득세, 등록세 등	부가 가치세, 개별 소비세, 주세, 전화세, 증권 거래세, 인지세 등

※ 개별소비세 : 간접세이면서 세금부담의 역진성을 보완〈소득재분배 효과〉하여, 고소득층의 사치품에 중과〈자원배분의 효과〉

16 ②

[직접세]

핵심풀이

제시된 조세는 직접세이다. ② 직접세는 조세 저항이 크다.

오답풀이

① 누진 세율이 적용되어 소득 재분배의 효과가 있다.
③ 납세자와 세부담자가 같아서 조세를 타인에게 전가시킬 수 없다.
④ 재산세는 지방 정부가 징수하는 지방세이나, 증여세·양도 소득세·상속세·종합 소득세는 중앙정부가 부과하는 국세이다.

17 ③

[조세 유형]

핵심풀이

(A) 유형 : 누진세 – 과세 대상 금액이 커질수록 세율을 높아지는 있음
(B) 유형 : 비례세 – 과세 대상 금액에 관계없이 동일 세율이 적용되고 있음
(C) 유형 : 비례세 – 과세 대상 금액에 관계없이 동일 세율(10%)이 적용되고 있음
(D) 유형 : 누진세 – 과세 대상 금액이 커질수록 세율을 높아지는 있음(5%→10%→15%→20%→25%)

※ 조세의 분류
• 조세의 전가 여부– 직접세와 간접세

직접세	세금을 내는 납세자와 세금을 실제 부담하는 담세자가 동일한 경우의 조세
간접세	조세 부담이 납세자(법률상의 납세 의무자)로부터 다른 사람에게 이전되어 납세자와 담세자(사실상의 조세 부담자)가 다른 조세

- 세율에 따른 분류 – 누진세, 비례세, 역진세

누진세	과세 대상 금액이 커질수록 세율을 높이는 조세
비례세	과세 대상 금액에 관계없이 동일 세율을 적용하는 조세
역진세	과세 대상 금액에 관계없이 세율이 낮아지는 조세

18 ③

[사회 개발비]

핵심풀이

보건, 환경, 복지 등에 필요한 경비는 사회 개발비이다.
※ 우리나라 세출의 기능별 분류

사회개발비	상·하수도 시설 확충, 주거환경개선, 공해 방지, 체육 및 문화예술 진흥 등에 필요한 경비
경제개발비	경제발전에 필요한 산업을 육성·지원하고 도로와 항만을 건설하는데 필요한 경비
방위비	국민이 생명과 재산을 지키기 위한 국토 방위에 쓰이는 경비
교육비	학교 교실의 증축 등 교육 환경 개선을 위한 비용
일반행정비	정부의 행정 업무와 공공 질서 및 안전을 유지하기 위하여 쓰이는 경비
지방재정 교부금	중앙 정부가 시·도 등 지방자치 단체의 살림을 돕기 위하여 나누어 주는 자금

19 ①

[정부의 가격 정책]

핵심풀이

제시된 정부의 가격 정책은 최고가격제이다.
㉠ 시장에서 자율적으로 형성되는 가격이 너무 높다고 판단했을 때 사용하는 방법으로, 소비자를 보호하기 위해 실시한다.
㉡ 공급 부족으로 더 높은 가격으로라도 사려는 사람들 때문에 암시장이 형성된다.
㉢ 과거 정부가 아파트 분양가의 상한선을 정하여 규제하는 것은 최고 가격제의 하나로 볼 수 있다.

오답풀이

㉣ 최저임금제는 가장 낮은 임금의 하한을 정한 것이므로 최저가격제에 해당된다.
㉤ 농산물이 과잉 생산으로 가격 폭락이 우려될 때 사용하는 정책(농산물가격 지지정책)은 최저가격제로 볼 수 있다.

20 ④

[배추의 수요곡선]

핵심풀이

$0P_1$의 농산물 가격을 유지하려면 공급량이 $0Q_1$이 되어야 한다. 따라서 생산량이 $0Q_2$이므로 정부가 $0Q_2 \sim 0Q_1$ (Q_1Q_2)만큼 수매하여야 한다.

※ **농산물 가격 지지 정책** : 농산물의 가격을 일정 수준으로 유지 → 농산물의 가격 안정 도모

풍년시(가격 폭락의 가능성)	정부가 적정량 수매(시장 공급량 감소) → 농산물의 가격 폭락 방지
흉년시(가격 폭등의 가능성)	수매한 농산물의 방출(시장 공급량 증가) → 농산물의 가격 폭등 방지

21 ②

[최고가격제]

핵심풀이

㉡ 선착순, 배급제 등이 있다.
㉣ 수요 곡선은 각 수량을 구입할 때 소비자가 지불할 용의가 있는 최대 가격을 표시한다.

오답풀이

㉠ 정부 최고 가격에서는 Q_1Q_2의 초과수요가 발생할 것이다.
㉢ 정부의 행정력이 약하면 시장의 '보이지 않는 손'에 의해 가격은 결국 P_0수준으로 되돌아 갈 가능성이 있다.
㉤ 규제 가격 (P_2)하에서는 수요자가 최대로 지불하려는 가격(Q_1의 수량에서 수요곡선과 만나는 가격 P_1)이 공급자가 최소로 받아내겠다고 생각하는 가격(Q_1의 수량에서 공급곡선과 만나는 가격 P_2)보다 높다.

22 ④

[비례세, 누진세]

핵심풀이

(가)는 비례세, (나)는 누진세
④ 누진세는 소득 재분배 효과가 크다.

오답풀이

① 재산세 및 소득세는 직접세로 누진세율이 적용된다.
② 부가가치세 등은 간접세로 비례세율이 적용된다.
③ 누진세를 부과하면 소득 격차를 줄일 수 있다.

1 ④

구분	A국	B국	C국
노동가능인구	10,000	12,000	9,000
경제활동인구	7,500	7,200	7,200
실업자 수	450	504	576
취업자 수	7,050	6,696	6,624
비경제활동인구	2,500	4,800	1,800

① 비경제활동인구 수는 B국이 가장 많다.
② 경제활동인구 수는 A국이 가장 많다.
③ 취업자 수는 A국이 가장 많다.

2 ②

② 확대 재정 정책을 시행한다면 총수요가 증가하므로 물가가 상승하며, 국민소득의 증대, 실업률 감소 등의 현상이 나타난다. 따라서 E에서 A로 이동할 것이다.

3 ③

③ 위 그래프를 보면 2012년 이후 실질 GDP는 계속 증가하는 반면 명목 GDP는 변동이 없다. 따라서 2014년으로 갈수록 GDP 디플레이터는 계속 낮아지므로 물가수준 또한 점점 하락하게 된다.

※ GDP 디플레이터 … 국민소득에 영향을 주는 모든 경제활동을 반영하는 종합적 물가지수로 명목 GDP를 실질 GDP로 나누고 100을 곱한 값 ($\frac{명목\,GDP}{실질\,GDP} \times 100 =$GDP 디플레이터)이다.

4 ④

- 경제활동참가율 $= \frac{경제활동인구}{노동가능인구} \times 100$
- 실업률 $= \frac{실업자}{경제활동인구} \times 100$
- 취업률 $= \frac{취업자}{경제활동인구} \times 100$
- 경제활동인구 = 취업자 + 실업자

① 남성 취업자 수는 감소했다.
② 여성 실업자 수가 증가한다.
③ A국의 비경제활동인구는 증가하게 된다.

5 ③

① 로렌츠 곡선이 완전평등선을 보이므로 A국의 소득분배가 가장 균등하다.
② B국은 하위소득 인구의 40%가 약 20%의 소득누적비율을 차지한다.
④ 4개 국가 중 D국의 지니계수 값이 가장 크다.

6 ③

③ 2009년 고용률 : $\frac{19,000}{30,000} \times 100 = 63.3\%$

2014년 고용률 : $\frac{18,000}{35,000} \times 100 = 51.4\%$

따라서 2009년보다 2014년에 고용률이 더 낮다.

① 2009년 실업률 : $\frac{1,000}{20,000} \times 100 = 5\%$

2014년 실업률 : $\frac{3,000}{21,000} \times 100 = 14.3\%$

따라서 2014년보다 2009년에 실업률이 더 낮다.

② 2009년의 취업자 수는 19,000명이고 2014년의 취업자 수는 18,000명이므로 2014년보다 2009년 취업자가 더 많다.

④ 2009년 대비 2014년 실업자 수는 1,000명에서 3,000명으로 증가하였으나, 2009년 대비 2014년 취업자 수는 19,000명에서 18,000명으로 감소하였다.

7 ③

③ 2012년 물가지수 : $\frac{400}{400} \times 100 = 100$

2013년 물가지수 : $\frac{400}{500} \times 100 = 80$

따라서 2013년의 물가는 전년도에 비해 하락했다.

① 2011년 물가지수 : $\frac{400}{300} \times 100 = 133.3$

② 2012년의 물가지수는 100이므로 전년도에 비해 하락했다.

④ 2012년 물가상승률 : $\frac{100-133}{133} \times 100 = -24.8\%$

2013년 물가상승률 : $\frac{80-100}{100} \times 100 = -20\%$

8 ②

㈎ 총수요 감소요인으로 물가는 하락하고, 국내총생산은 감소한다.
㈏ 총공급 증가요인으로 물가는 하락하고, 국내총생산은 증가한다.
② 총수요 감소가 총공급 증가보다 훨씬 크므로 물가수준 하락, 국내총생산 감소를 가져온다.

9 ②

2011년의 실질 GDP : $2 \times 1,500 = 3,000$
2011년의 GDP 디플레이터 : $(4,500 \div 3,000) \times 100 = 150$

10 ④

④ 2014년 경제성장률이 2014년 인구증가율보다 크므로 1인당 실질 GDP는 증가하였다.
① 물가상승률과 경제성장률이 모두 양수이므로, 총수요는 증가했다.
② 물가 상승으로 화폐가치는 하락했다.
③ 실업률만으로는 실업자 수는 알 수 없다.

11 ①

[자료분석, GDP 증가율]

■ 핵심풀이

GDP 증가율 추이
• 2003년의 GDP : 2002년의 GDP보다 5% 증가
• 2004년의 GDP : 2003년의 GDP보다 5% 증가
• 2005년의 GDP : 2004년의 GDP보다 3% 증가
• 2006년의 GDP : 2005년의 GDP보다 0% 증가 (=2005년의 GDP와 동일)
• 2007년의 GDP : 2006년의 GDP보다 0% 증가 (=2005년, 2006년의 GDP와 동일)
• 2008년의 GDP : 2007년의 GDP보다 −3% 증가 (=2007년의 GDP보다 3% 감소)
• 2009년의 GDP : 2008년의 GDP보다 0% 증가 (=2008년의 GDP와 동일)
(예) 2004년의 GDP : 100이라고 가정하면
• 2005년의 GDP: 2004년의 GDP보다 3% 증가 →103
• 2006년의 GDP: 2005년의 GDP보다 0% 증가 →103
• 2007년의 GDP: 2006년의 GDP보다 0% 증가 →103
• 2008년의 GDP: 2007년의 GDP보다 3% 감소 →99.91
• 2009년의 GDP: 2008년의 GDP보다 0% 증가 →99.91
따라서 ① 2004년의 GDP 규모(100이라고 가정)가 2008년의 GDP 규모(99.91)보다 크다.

■ 오답풀이

② 2005년의 GDP 규모와 2007년의 GDP 규모는 동일하다.
③ 2009년의 GDP 규모와 2008년의 GDP 규모는 동일하다.
④ 2004년의 GDP 규모는 2003년의 GDP 규모보다 5% 증가했다.

12 ③

[자료분석, 경제성장률]

■ 핵심풀이

③ 실질경제성장률이 양(+)이므로 GDP는 전년도에 비해 증가하였다. 옳음

■ 오답풀이

① 실질경제성장률이 양(+)이므로 경제 규모(GDP)는 지속적으로 증가하고 있다.
② 물가상승률이 양(+)이므로 물가는 상승하고 있다.
④ 물가는 상승하고, 실질경제성장률이 양(+)이므로 명목경제성장률도 양(+)이 된다.
(실질경제성장률 = 명목경제성장률 − 물가상승률, 명목경제성장률은 5%)

> • 실질경제성장률=명목경제성장률−물가상승률
> • 1인당 실질GDP증가율 = 실질GDP증가율(경제성장률)−인구증가율
> • 실질이자율=명목이자율−물가상승률

13 ④

[자료분석, 경제 지표]

■ 핵심풀이

④ B국은 경제성장률이 인구성장률보다 높으므로 1인당 실질GDP의 증가율은 높을 것이다. A국은 경제성장률이 인구증가율보다 낮고, C국은 인구성장률은 (+)인데 경제성장률이 (−)이므로 1인당 실질GDP의 증가율은 (−)일 것이다.
※ '1인당 실질GDP증가율 = 실질GDP증가율(경제성장률)−인구증가율'의 식을 이용하면 1인당 실질GDP의 증가율은 B국이 가장 높다는 것을 알 수 있다.

■ 오답풀이

① 실업률은 제시되었으나 실업자 수는 알 수 없다.
② 명목 GDP의 증가율은 B국이 가장 높다.
실질경제성장률 = 명목경제성장률 − 물가상승률
명목경제성장률 = 실질경제성장률 + 물가상승률
A국 명목경제성장률 = 4.5 + 5.0 = 9.5
B국 명목경제성장률 = 6.2 + 5.2 = 11.4
C국 명목경제성장률 = −2.3 + 10.4 = 8.1

③ B국의 경제규모는 알 수 없다.

구분	A국	B국	C국
경제성장률 (%, 전년대비)	4.5	6.2	-2.3
인구증가율 (%, 전년대비)	5.2	4.5	3.3
물가상승률 (%, 전년대비)	5.0	5.2	10.4
명목경제성장률	9.5	11.4	8.1
1인당 실질GDP증가율	-0.7	1.7	-5.6

14 ④

[경제 자료 해석]

■ 핵심풀이

④ A국의 경제 성장률이 B국의 경제 성장률보다 높다는 것은 A국의 경제 성장 속도가 B국보다 빠르다는 것을 의미한다.

■ 오답풀이

비율은 두 변수의 상대적 크기만을 비교할 뿐, 두 변수의 절대적 규모에 대해서는 어떤 정보도 주지 않는다.
① 저축률은 소득에 대한 저축의 비율을 나타낸 것이고, 저축액의 절대 규모는 알 수 없다.
② 경제 성장률을 가지고 경제성장속도의 빠르기를 알 수 있지만, 총생산 규모(GDP)의 크기를 비교할 수 없다.
③ A국과 B국의 방위비가 전체 예산에서 차지하는 비율을 비교할 수는 있으나, 방위비 지출의 절대 규모는 비교할 수 없다.

15 ②

[국민 소득 순환]

■ 핵심풀이

㉠의 흐름은 생산요소(노동, 자본, 토지, 경영)를 제공한 대가로 얻은 요소소득(임금, 이자, 지대, 이윤)의 합계 즉 분배 국민소득이다.

■ 오답풀이

① 생산 국민소득에 대한 개념이다.
③ 지출 국민소득에 대한 개념이다.
④ 국민 총생산(GNP)에 대한 개념이다.

16 ②

[국민 경제의 흐름]

■ 핵심풀이

㈎시장-생산물 시장, ㈏시장-생산요소 시장, A- 기업, B- 정부
㉠ 가계는 ㈏생산요소 시장에 노동을 제공하고 그 대가로 임금을 얻는다.
㉣ 기업에 보조금을 지급하면 생산물 시장에서 공급이 증가하므로 가격을 하락시키는 요인이 된다.

■ 오답풀이

㉡ A(기업)는 이윤극대화를 목표로 경제활동을 하고, B(정부)는 국민의 후생극대화를 목표로 경제활동을 한다.
㉢ 이전소득은 정부에 의해 무상으로 제공되는 소득이므로 생산요소 시장과 관계없다.

17 ③

[GDP와 GNP]

■ 핵심풀이

③ 갑국에서 활동하는 외국기업의 생산 증가는 갑국의 GDP를 증가시킨다.

■ 오답풀이

① GDP = 소비 + 투자 + 정부 지출 + 순수출, GNP = 임금 + 이자 + 지대 + 이윤
② 갑국의 GDP을 '지출국민소득', GNP를 '분배국민소득'으로 나타낸 것이다.
④ 수입재화에 대한 국내소비는 ㉠소비에 포함된다. 수입재화에 대한 지출이 증가하면 ㉠소비가 증가하지만 그만큼 순수출(수출-수입)에서 수입을 제외하기 때문에, 수입재화에 대한 지출이 증가해도 GDP의 크기는 변함이 없다.

18 ④

[국내 총생산(GDP)]

■ 핵심풀이

④ 세계화 추세에 따라 GNP보다 GDP를 국민 경제 지표로 더 많이 활용한다.

■ 오답풀이

① 1인당 GDP는 한 나라 국민들의 평균적인 생활 수준을 나타내는 지표가 되지만 그 나라 국민들의 소득분배 상황을 알 수 없다.

② 시장의 환율 조건까지 고려하여 교역 조건 변동에 따른 구매력을 반영하는 GNI와는 달리 GDP는 환율 변화를 반영하지 않는다.
③ 국적을 기준으로 한 GNP보다는 영토를 기준으로 한 GDP가 국내의 고용, 경기 등 국내 경제 사정을 더 잘 반영한다.

19 ③

[1인당 GNI, 그린GDP]

(A) 1인당 GNI는 단순한 생산량뿐만 아니라 시장의 환율 조건까지 고려하여 교역 조건 변동에 따른 구매력을 반영하기 때문에 한 나라 사람들의 생활 수준(복지 수준)을 정확히 반영할 수 있다는 장점이 있다.
(B) 그린GDP(녹색GDP) : 그린GDP는 경제활동이 천연 자원의 소비나 환경 파괴를 수반할 경우 그 가치만큼 빼고 산출한 국내총생산(GDP)을 말한다.
*그린GDP = GDP − 공해비용

▶ GDP : 한 나라의 경제활동 수준과 국민소득규모를 파악하는 지표가 된다.
▶ 1인당 GDP : 한 나라 국민들의 평균적인 생활 수준을 나타내는 지표가 된다.
  ※ 1인당 GDP = GDP ÷ 총인구
㉠ GDP는 공장의 생산 활동을 반영하지만, 생산으로 인한 환경오염은 감안하지 않는다. 환경오염방지를 위한 정부의 각종 지출은 GDP에 계상되어 국민경제가 발전된 것처럼 보인다.
㉡ 1인당 GDP도 한 나라 사람들의 생활 수준(복지 수준)을 나타내는 중요한 지표로서 답이 될 수 있지만, 본문처럼 1인당 GDP와 1인당 GNI 둘다 모두 제시되어 있을 때는 1인당 GNI를 답으로 해야 한다.
※ 본문에서 ③번 지문이 없을 때는 ④번이 답이 된다.

20 ②

[GDP, GNP]

자국민의 해외 투자(자국민의 해외생산, 해외 수취 요소 소득)가 많은 나라는 GDP<GNP, 외국인의 국내 투자(외국인 국내생산, 해외 지급 요소 소득)가 많은 나라는 GDP>GNP로 나타난다.
② B국은 GDP<GNP이므로 자국민의 해외 투자(해외 수취 요소 소득)가 많다.

① A국은 GDP>GNP이므로 외국인의 국내 투자가 많다.
③ 주어진 자료를 가지고는 알 수 없다.
④ A국은 GDP>GNP이므로 외국인의 국내 투자(해외 지급 요소 소득)가 많다.

21 ②

[총수요, 총공급]

• 총수요 = 민간 소비 + 민간 투자 + 정부 지출 + 순수출(수출 − 수입)
• 총공급 = 국내 총생산(GDP)
② 초과수요상태(총수요 > 총공급)일 때는 물가가 오른다.

①③④ 초과수요상태(총수요>총공급)일 때는 호황, 재고감소, 생산증가, 실업감소, 국민소득 증가, 물가상승 등이 나타날 것이다.

22 ④

[총공급 부족 대책]

• 총수요 = 민간 소비 + 민간 투자 + 정부 지출 + 순수출(수출 − 수입)
• 총공급 = 국내 총생산(GDP)
총수요가 총공급보다 클 때는 경기과열, 인플레이션 등의 문제가 발생한다.
그 대책으로는 총수요를 억제(민간 소비 감소, 민간 투자 감소, 정부 지출 감소, 수출감소, 수입증대) 하고 총공급을 증대(국내 총생산 증대)시키는 조치를 취해야 한다.
④ 정부 지출 증대는 총수요를 늘리게 되어 경기는 더욱 과열될 염려가 있다.

① 생산 증대, ② 수입 증대, ③ 수출 감소는 모두 총수요를 억제시키는 방법이 된다.

23 ①

[부가가치 계산]

① 농부가 원료구입비 80만원을 들여 200만원어치의 밀을 생산하였으므로 생산 과정에서 부가 가치로서 생산에 기여한 몫은 120만원이다.

② 제분업자가 생산 과정에서 새로이 창출한 부가가치는 300만원 - 200만원 = 100만원
③ 제빵업자가 생산 과정에서 새로이 창출한 부가가치는 450만원 - 300만원 = 150만원
④ GDP = 총생산물 - 중간생산물이다. GDP계산에서 중간 투입액은 중복 계산(이중계산)이 되므로 제외해야 생산 과정에서 새로이 얻어진 부가가치만을 산출할 수 있다.

24 ③

[GDP, GNP]

• A(자국민의 해외생산)
• B(자국민의 국내생산)
• C(외국인의 국내생산)
③ 외국기업이 국내에 공장을 설립했다면 C(외국인의 국내생산)이 커질 것이다.

① 폐쇄경제에서는 외국이라는 개념이 고려되지 않으므로 GDP = GNP이고 A(자국민의 해외생산), C(외국인의 국내생산) 모두 0이 된다.
② 한국기업이 해외에 공장을 설립했다면 A(자국민의 해외생산)이 커진다.
④ 한국인이 국내에서 일을 하고 벌어들였으므로 B(자국민의 국내생산)이 된다.

25 ③

[GDP와 GNP의 관계]

ⓒ C는 자국민 해외 소득이다.
② B가 줄어드는 이유 중의 하나가 세계화로 국제 거래가 활발해지면서 자국민이 국내에서 생산한 소득 비중이 줄어들었다는 뜻이다.

㉠ A는 외국인 국내 소득이다.
ⓒ 자국민 해외 소득인 C는 GNP에서 차지하는 비중이 늘어나고 있다.

26 ①

[총수요와 총공급]

균형점 E가 E'로 이동한 것은 총수요와 총공급이 모두 증가하였기 때문이다.
• 총수요 = 민간 소비 + 민간 투자 + 정부 지출 + 순수출(수출 - 수입)
• 총공급 = 국내 총생산(GDP)
㉠ 생산비 감소→총공급 증가→총공급 곡선 오른쪽 이동
ⓒ 통화량 증가→이자율 하락→투자 증가→총수요 증가→총수요 곡선 오른쪽 이동
ⓒ 해외경기 호황→수출 증가→총수요 증가→총수요 곡선 오른쪽 이동

② 세금인상→처분가능 소득 감소, 투자 감소→총수요 감소→총수요 곡선 왼쪽 이동

> 더 알아가기
>
> • 총수요 증가 원인 - 세금 인하, 장래 경기에 대한 낙관적인 전망, 통화량 증가에 따른 이자율 하락, 정부 지출, 해외 경기 호황, 환율 인상(수출 증가, 수입 감소) 등
> • 총공급 증가 원인 - 노동인구 증가, 생산 기술 발달, 임금 하락, 원자재 가격 하락 등

27 ③

[수요견인인플레이션]

수요견인인플레이션은 수요 증가에 따른 물가상승현상이다.
③ 수요견인인플레이션 : 물가상승, 생산(고용, 소득)증가

① 디플레이션 : 물가하락, 생산(고용, 소득)감소
② 스태그플레이션 : 물가상승, 생산(고용, 소득)감소
④ 비용인상인플레이션 : 물가상승, 생산(고용, 소득)감소

28 ②

[비용인상 인플레이션]

> **핵심풀이**

제시된 그래프는 비용인상 인플레이션(스태그플레이션)을 나타낸 것이다.
㉠ 경기가 침체되었음에도 불구하고 물가가 상승하는 현상인 스태그플레이션이 발생한다.
㉡ 스태그플레이션은 임금, 유가 인상, 원자재 가격 인상 등 생산비 증가가 원인이다.
㉣ 경기 침체로 고용은 감소(실업 증가)하고, 물가는 상승한다.

> **오답풀이**

㉢ 디플레이션은 물가가 하락하고 경제활동이 침체되는 현상이다.
㉤ 긴축 재정 정책을 시행하면 물가는 하락하나 경기는 더욱 침체되어 국민소득, 국내총생산은 줄어든다.

※ 스태그플레이션 현상

의미	경기 침체(불황)에도 불구하고 물가가 지속적으로 오르는 현상
원인	생산비 증가(석유가격과 원자재가격의 상승, 생산성을 초과하는 임금인상 등)
대책	• 전통적인 총수요관리정책으로 스태그플레이션을 해결하기 곤란 : 인플레이션을 낮추기 위하여 긴축재정 · 금융정책을 사용하면 이미 높은 실업률이 더욱 높아지고, 또한 실업률을 낮추기 위한 전통적인 방법인 확대재정 · 금융정책을 사용하면 이미 높은 인플레이션이 더욱 높아지기 때문이다. → 경제 정책의 한계(실패) 초래 • 해결 방안 : 생산성 향상, 원가절감을 위해 기술 개발, 경영 합리화 등

29 ④

[실업의 유형]

> **핵심풀이**

• 구조적 실업 : 산업 구조의 고도화, 기술 혁신, 상품에 대한 수요 변화 등으로 종래의 기술이 경쟁력을 상실하거나 어떤 산업이 장기적으로 사양화됨에 따라 그 산업 부문에서 일자리를 잃는 것
• 경기적 실업 : 경기침체로 인하여 노동 수요(일자리)의 부족으로 발생
• 마찰적 실업 : 취업 정보의 불충분으로 직장 이동시 일시적으로 발생
㉮ 구조적 실업, ㉯ 경기적 실업, ㉰ 마찰적 실업

> **오답풀이**

계절적 실업 : 계절적 요인(비수기, 기후의 변화)으로 발생하는 실업 → 건설업, 농업
예 장마철에 목수의 일자리가 없는 경우. 농한기에 일거리가 없는 경우. 수상 스키 강사는 수상레저 시즌이 아니면 일자리가 없는 경우.

30 ②

[실업률 계산]

> **핵심풀이**

• 15세 이상 인구 = 총인구 − 15세 미만 인구 = 경제 활동 인구 + 비경제 활동 인구
→ 15세 이상 인구 = $5,000 - 1,000 = 4,000$ = 경제 활동 인구 + 800
∴ 경제 활동 인구 = 3,200
• 경제활동 인구(노동공급) = 취업자 + 실업자
→ $3,200 = 3,000$ + 실업자
∴ 실업자 = 200
• 실업률(%) = 실업자 수/경제활동 인구 × 100
$= 200/3,200 \times 100 = 6.25(\%)$

31 ③

[실업률, 고용률, 경제 활동 참가율]

> **핵심풀이**

• 경제활동 인구(노동공급) = 취업자 + 실업자 = 600만 + 200만 = 800만(명)
• 15세 이상의 인구(노동 가능 인구) = 경제 활동 인구 비경제 활동 인구 = 800만 + 200만 = 1,000만(명)
• 실업률(%) = 실업자 수/경제활동 인구 × 100
$= 200$만$/800$만 $\times 100 = 25(\%)$
• 고용률(%) = 취업자 수 / 노동 가능 인구 × 100
$= 600$만$/1,000$만명 $\times 100 = 60(\%)$
• 경제 활동 참가율(%) = 경제활동 인구/노동 가능 인구 × 100 = 800만$/1,000$만 $\times 100 = 80(\%)$

32 ④

[인플레이션 영향]

> **핵심풀이**

㉡ 급속한 인플레이션 하에서는 근로의욕과 투자의욕을 저해하여 지속적인 경제 성장을 어렵게 한다. 그러나 완만한 인플레이션이 예상될 경우에는 기업기의 낙관적인 기대 심리를 갖게 함으로써 투자가 증가하여 경제 성장을 촉진시킨다.

© 국내 상품의 가격 상승으로 수출은 감소하고, 외국상품가격의 상대적 하락으로 수입이 증가한다.
© 부와 소득의 불공평한 재분배가 이루어진다.

㉠ 채권자는 불리하고, 채무자는 유리하게 된다.
㉣ 연금 등 고정소득 생활자는 불리해진다.

※ 인플레이션하에서 유리한 자와 불리한 자

유리한 자	채무자, 실물자산 (부동산, 상품재고)보유자, 생산자, 기업, 수입업자
불리한 자	채권자, 금융자산 (현금, 은행예금)보유자, 정액소득자(봉급 생활자, 임금 근로자, 연금 생활자), 소비자, 수출업자

33 ④

[인플레이션의 종류와 대책]

④ 수입 인플레이션 – 환율인하

인플레이션의 원인과 대책

구분	원인	대책
수요 견인 인플레이션	초과 수요의 발생(총수요〉총공급), 과잉 통화	총수요 억제 • 흑자재정정책(조세징수 증대, 정부지출 축소) • 긴축통화정책(금리 인상 등 통화량 감축) • 경제주체의 절약(과소비와 낭비 자제)
비용 인상 인플레이션	생산비의 상승	생산비 증가 억제 • 신기술 개발, 경영혁신을 통한 생산성향상으로 비용 절감 • 임금의 과도한 상승 억제 (소득정책)
관리 가격 인플레이션	독과점 가격 인상	경쟁 유지(촉진) 정책 • 독과점 규제 정책
구조적 인플레이션	특정 산업의 저생산성, 유통 구조 모순	• 유통 구조 개선 등 산업 합리화 촉진 • 생산성 낮은 부문에 대한 투자·융자 증대
수입 인플레이션	수입품의 가격상승	• 수입촉진 정책(무역자유화, 관세 인하 등) • 환율인하 등 외환 정책

34 ②

[인플레이션 대책]

㉠ 총수요가 증가하여 나타나는 인플레이션에 대한 대책에는 통화 긴축정책이 있다.
㉺ 비용 인상 인플레이션에 대한 대책에는 신기술 개발, 경영혁신을 통한 생산성향상으로 비용절감, 소득 정책 등이 있다.

㉡ 통화 긴축정책은 물가상승률을 낮추지만 실업율이 높아질 수 있다.
㉢ 통화 확장정책은 경기가 회복될 수 있으나 물가는 높아질 수 있다.
㉣ 비용 인상 인플레이션의 경우에는 스태그플레이션이 발생하기 때문에 긴축 정책으로 물가 상승률을 낮추는데 어려움이 있다.

35 ②

[실질 GNP의 변화]

• 2013년도 실질 GNP = 명목GNP/물가지수 × 100 = 360억/120 × 100 = 300억
• 2014년도 실질 GNP = 명목GNP/물가지수 × 100 = 500억/125 × 100 = 400억
• 400억 – 300억 = 100억

36 ③

[실질 소득 계산]

• 물가가 50% 상승했다면 물가지수 150
• 실질 GNP = 명목 GNP/물가지수 × 100 = 60만/150 × 100 = 40만(원)

37 ④

[GDP디플레이터]

• 2010년도 명목GDP = A재의 당해 연도(2010년) 생산량 × A재의 당해 연도(2010년) 시장 가격 + B재의 당해 연도(2010년) 생산량 × B재의 당해 연도(2010년) 시장 가격

= 20(개) × 30(달러) + 40(개) × 50(달러) = 2,600(달러)
- 2010년도 실질GDP = A재의 당해 연도(2010년) 생산량 × A재의 기준 연도(2009년) 시장 가격 + B재의 당해 연도(2010년) 생산량 × B재의 기준 연도(2009년) 시장 가격
= 20(개) × 20(달러) + 40(개) × 40(달러) = 2,000 (달러)

④ ㉠ 2010년 GDP디플레이터 = (2010년 명목GDP / 2010년 실질GDP) × 100에서,
= 2,600 / 2,000 × 100 = 130

오답풀이

① 기준연도에서는 GDP 디플레이터가 100이다. 따라서 2009년이 기준연도이다.
② 2010년도 명목GDP = 2,600(달러)
③ 2010년도 실질GDP = 2,000(달러)

38 ④

[GDP 그래프]

핵심풀이

④ 2008년에 물가가 하락했다면 2008년도 물가 지수는 100보다 작다.

오답풀이

① 실질GDP산출의 기준 연도에서는 명목GDP와 실질GDP가 같다. 명목GDP와 실질GDP가 같은 해는 2007년이다.
② 2007년과 2008년에 물가가 하락했다면 실질GDP가 명목GDP보다 더 크게 된다. (가)는 명목GDP, (나)는 실질GDP이다.
③ 2008년도의 실질 경제 성장률(%) = (2008년도의 실질 GDP − 2007년도의 실질 GDP)/2007년도의 실질 GDP×100=(105−100)/100 ×100= 5%이다.

39 ①

[경기 순환 국면]

핵심풀이

㉠ 호경기 ㉡ 후퇴기 ㉢ 불경기 ㉣ 회복기
① ㉠ 경기 과열, 물가상승이 우려되는 시점에서 경기 안정을 위하여 흑자 예산을 편성하여 긴축 정책을 펴는 것은 바람직하다.

오답풀이

㉡ ㉢ 성기 침체, 불황일 때는 경기 활·성회를 위히어 적자 예산을 편성하여 조세 수입을 줄이고 정부 지출을 늘린다.

③ 정부의 공공 투자 확대는 경기 과열, 물가상승이 우려되는 ㉠시점에서 적절치 못하다.
④ ㉢시점에서 정부는 사회 복지 지출을 늘린다.

※ 경기 침체시 정책

재정 정책	확대재정정책(= 적자재정정책 = 적극재정정책)	조세감소, 정부지출증가(조세〈정부지출)
금융 정책	확대금융정책 (=금융완화정책)	중앙은행의 통화량 축소(또는 이자율 인상)을 통하여 총수요를 줄이는 정책→재할인율 인상, 지급 준비율 인상, 국·공채 매각

※ 경기 과열(물가 상승)시 정책

재정 정책	긴축재정정책 (=흑자재정 정책)	조세증가, 정부지출감소(조세)정부지출)
금융 정책	긴축금융정책 (=통화긴축정책)	중앙은행의 통화량 축소(또는 이자율 인상)을 통하여 총수요를 줄이는 정책→재할인율 인상, 지급 준비율 인상, 국·공채 매각

40 ③

[금융완화 정책]

핵심풀이

중앙은행의 금융완화 정책은 중앙은행의 통화량 확대(또는 이자율 인하)를 통하여 총수요를 늘리는 정책으로 재할인율 인하, 지급 준비율 인하, 국·공채 매입이 있다.

오답풀이

㉣ ㉤은 정부 정책이다.

41 ②

[경제정책의 목표]

핵심풀이

경기과열시 경기를 진정시키고 물가의 안정을 목표로 한다.

※ 경기 과열(물가 상승)시 정책

	방법	목표
긴축재정정책 (=흑자재정 정책)	조세증가, 정부지출감소	경기 진정, 물가 안정
긴축금융정책 (=통화긴축정책)	재할인율 인상, 지급 준비율 인상, 국·공채 매각	

42 ①

[경제 성장과 물가 안정]

경제 성장과 물가 안정은 오늘날 모든 국가에서 달성하고자 하는 일반적인 경제 목표이다. 그러나 현실적으로 이들 목표간에 어느 정도 상충 관계가 존재하기 때문에 동시에 달성하기는 어렵다. 그러므로 경제 성장과 물가 안정은 두 마리 토끼에 비유되기도 한다. 이러한 물가상승률과 실업률의 반비례 관계를 나타낸 것이 필립스 곡선이다.

- 실업을 줄이기 위해 확장 정책 시행→물가상승률 증가
- 인플레이션을 진정 시키기 위해 긴축 정책 시행→실업률 증가
- 확장 정책→생산 증가, 고용증가, 실업율 감소, 물가상승
- 긴축 정책 – 생산 감소(성장 둔화), 고용 감소, 실업율 증가, 물가 안정
- ㉠ 인플레이션을 진정 시키기 위해 긴축 정책을 시행하면 실업률은 증가한다.
- ㉣ 인플레이션과 실업률은 반비례 관계에 있다.

- ㉡ 긴축 정책으로 경제 성장이 둔화되나 물가는 안정될 수 있다.
- ㉢ 확장 정책으로 물가가 상승할 때 고용은 증가하고, 긴축 정책으로 물가가 하락할 때 고용은 감소한다. 즉 물가 상승과 고용은 정(正)의 관계에 있다.
- ㉤ 확장 정책으로 생산, 고용을 늘리고 실업을 줄이기 위해서는 어느 정도의 물가 상승을 감수해야 한다.

43 ②

[소득 분배의 측정]

- 십분위분배율 = 최하위 40% 소득 계층의 소득점유율/최상위 20% 소득 계층의 소득점유율
- 갑국의 십분위분배율 = (4+6)/50 = 0.2
- 을국의 십분위분배율 = (6+14)/40 = 0.5
- 소득 분배가 평등할수록 10분위 분배율은 커진다.
- 소득 분배가 평등할수록 지니 계수는 작아진다.
- ② 갑국이 을국보다 소득 분배가 더 불평등하므로, 갑국이 을국보다 사회보장제도를 더 강화할 필요가 있다.

- ① 십분위분배율은 갑국보다 을국이 더 작으므로, 갑국이 을국보다 소득 분배가 더 불평등하다.

③ 갑국이 을국보다 소득 분배가 더 불평등하므로, 지니계수는 갑국이 을국보다 더 크다.

④ 위 표는 분위별 소득 점유율(%)을 나타내는 것으로 소득 액수를 나타내는 것이 아니다. 따라서 위 자료만 가지고는 소득 액수는 알 수 없다.

※ 소득 분배의 측정

로렌츠 곡선	각 소득 계층의 소득 비율을 누적한 것(빗금 친 부분은 불평등 면적)→<u>값이 클수록 분배가 불평등함</u>
지니 계수	불평등 면적(완전평등선과 로렌츠곡선으로 둘러싸인 면적) /완전평등선과 가로·세로축이 이루는 삼각형의 면적→<u>값이 클수록 분배가 불평등함</u>(0과 1사이의 값을 가짐)
10분위 분배율	최하위 40% 소득 계층의 소득 점유율 / 최상위 20% 소득 계층의 소득 점유율→<u>값이 클수록 소득 분배가 평등함</u>(0과 2사이의 값을 가짐)
소득 5분위 배율	최상위 20% 소득 계층의 소득 점유율 / 최하위 20% 소득 계층의 소득 점유율→<u>값이 클수록 소득 분배가 불평등함</u>

● 5. 세계시장과 한국경제

1 ②

- ㉡ 금융계정 지급 항목에 해당한다.
- ㉢ 본원 소득 수지 중 수취 항목에 해당한다.

2 ③

미국 달러에 대한 원화 환율이 하락하는 것은 달러의 가치가 하락하고 원화의 가치가 평가절상되는 것을 의미한다.
㉠㉢㉺은 손해를 본다.

3 ②

- ㉡ (나)는 원/달러 환율이 하락하고 원/유로 환율은 상승하고 있으므로 미국 부품을 수입하여 완제품을 EU에 수출하는 한국 기업들은 유리해진다.
- ㉣ (라)는 원/달러 환율과 원/유로 환율이 모두 하락하고 있으므로 미국 회사나 EU 회사의 주식에 대한 배당금의 원화 환산 금액이 감소한다.

4 ②

② 국내 금리가 인상되면 외화의 공급이 증가하여 환율이 하락하게 되고 달러화 차입기업의 이자부담은 감소하게 된다.

5 ②

① 증권 투자는 금융 계정에 포함된다.
③④ 경상수지 및 자본·금융 계정은 계속 흑자이다.

6 ②

② 외국계 금융회사의 한국 금융시장 진출의 증가는 금융계정에서 외화수취에 해당한다.

7 ③

③ 정부의 관세 수입은 $(P_1 - P_0) \times (Q_3 - Q_2)$이다.

8 ③

A는 환율상승을 나타내는 것으로 보기 중에서 환율 상승의 영향으로 옳은 것을 고르면 된다.
③ 환율이 상승하면 그만큼 많은 원화를 필요로 하기 때문에 해외에 있는 자녀에게 송금하는 부모 입장에서는 당연히 불리해진다.

9 ③

주어진 내용은 환율에 하락에 대한 기사이다.
① 내국인의 해외 여행이 증가한다.
② 수입품의 가격 하락으로 수입 물가가 하락한다.
④ 원화 가치의 상승으로 기업의 외채 상환 부담이 감소한다.
⑤ 총수요는 감소하고 총공급은 증가하므로 국내 경기는 위축된다. 국민소득의 변동은 알 수 없다.

10 ③

[비교 생산비설]

핵심풀이

③ 甲국은 라디오만을 생산하고 乙국은 옷감만을 생산한다.

구분	甲국	乙국
라디오(1단위)	100원	90원
옷감(1단위)	120원	80원
라디오 1단위 기회비용	옷감100/120 (10/12)	옷감90/80 (9/8)
옷감 1단위 기회비용	라디오120/100 (12/10)	라디오80/90 (8/9)

• 乙국은 라디오, 옷감 생산에 모두 절대 우위이다.
• 甲국은 라디오 생산에 비교우위가 있다.(∵옷감 10/12<옷감9/8)
• 乙국은 옷감 생산에 비교우위가 있다.(∵라디오 12/10>라디오8/9)

오답풀이

① 乙국이 라디오, 옷감 생산에 모두 절대 우위이다.
② 甲국은 라디오 생산에 비교 우위에 있고 乙국은 옷감 생산에 비교 우위에 있다.
④ 양국이 비교우위에 따라 교역을 할 때 甲국은 100원의 비용으로 비교우위에 있는 라디오 1단위를 생산하고, 乙국에서 생산한 옷감 1단위와 교환한다. 결국 甲국이 옷감 1단위를 얻는데 드는 비용은 100원이다.

11 ③

[우위 상품, 무역이익]

핵심풀이

③ 의류 1단위의 기회비용은 A국이 B국보다 더 작다.

오답풀이

• 절대우위 : B국이 의류, 기계 모두 A국보다 생산비가 적게 드므로, B국이 의류, 기계 모두 절대우위에 있다.
• 비교우위 : 의류는 어디서 생산할까? 의류 1단위 기회비용이 작은 나라에서 생산한다. 즉 A국(기계 10/12)이 B국(기계 9/5)보다 작으므로 A국에서 생산하는 것이 유리하다. 따라서 의류 생산은 A국이 비교우위이다.
기계는 어디서 생산할까? 기계 1단위 기회비용이 작은 나라에서 생산한다. 즉 B국(의류 5/9)이 A국(의류 12/10)보다 작으므로 乙국에서 생산하는 것이 유리하다. 따라서 기계 생산은 B국이 비교우위이다.
① A국은 의류 생산에 비교 우위가 있다.
② B국은 의류 생산에 절대 우위가 있다.
④ A국이 특화된 상품(의류)을 2단위 생산하여 그 중 1단위를 상대국이 특화한 상품(기계)과 교환할 경우 甲국은 특화된 상품(의류)을 0.2단위를 더 생산할 수 있다.
• A국의 무역이익
–무역 이전 : 노동 22명으로 의류와 기계를 각각 1단위씩 생산함
–무역 이후 : 노동 20명으로 의류 2단위 생산하여, 1단위는 기계 1단위와 교환함(교역조건 1:1) → 결국 노동 20명으로 의류와 기계를 각각 1단위씩 얻을 수 있어, 무역 이전 노동 22명에비해 노동 2명을 절감할 수 있음. A국이 의류 1단위 생산에 노동 10명이 필요하므로 절감된 노동 2명으로 의류 0.2단위(1/5단위)를 더 생산할 수 있음.→A국의 무역이익은 노동 2명 절감 또는 의류 0.2단위 생산임
• B국의 무역이익
–무역 이전 : 노동 14명으로 의류와 기계를 각각 1단위씩 생산함
–무역 이후 : 노동 10명으로 기계 2단위 생산하여, 1단위는 의류 1단위와 교환함(교역조건 1:1) → 결국 노동 10명으로 기계와 기계를 각각 1단위씩 얻을 수 있어, 무역 이전 노동 14명에비해 노동 4명을

절감할 수 있음. B국이 기계 1단위 생산에 노동 5명이 필요하므로 절감된 노동 4명으로 기계 0.8단위(4/5단위)를 더 생산할 수 있음. →B국의 무역이익은 노동 4명 절감 또는 의류 0.8단위 생산임

※ **무역의 이익을 쉽게 구하는 방법**(교역조건 1:1일 때)
- 의류 생산에 비교 우위인 A국의 무역이익 : 기계(1단위)생산에 필요한 노동 12명-의류(1단위)생산에 필요한 노동 10명=노동 2명(또는 의류 0.2단위) → B국은 생각하지 말고 큰 수치(12명)에서 작은 수치(10명)을 뺀 노동 2명이 A국의 무역이익이 된다.
- 기계 생산에 비교 우위인 B국의 무역이익 : 의류(1단위)생산에 필요한 노동 9명-기계(1단위)생산에 필요한 노동 5명=노동 4명(또는 기계 0.8단위) → A국은 생각하지 말고 큰 수치(9명)에서 작은 수치(5명)을 뺀 노동 4명이 B국의 무역이익이 된다.

12   ②

[비교 우위 개념]

핵심풀이

변호사는 변론에 비교우위에 있고, 한국은 자동차 생산에 비교우위에 있다.

오답풀이

한 경제주체가 어떤 활동을 다른 경제주체에 비해 적은 비용으로 할 수 있을 때 절대우위에 있다고 한다. 반면 한 경제 주체가 수행하는 어떤 활동의 기회비용이 다른 경제주체에 비해 낮을 때 비교우위에 있다고 한다.
예컨대 비서보다 변론과 타이핑을 모두 잘하는 변호사가 있다. 이 경우 변호사가 타이핑을 하는 것은 비효율적이다. 변호사는 타이핑보다 변론에 비교우위에 있고 타이핑에 비교열위에 있으며, 반대로 비서는 변호사보다 둘다 못하지만 타이핑에 비교우위에 있고 변론에 비교열위에 있다. 따라서 변호사는 타이핑을 비서에게 맡기고 자신은 변론을 하는 것이 효율적이다.

13   ①

[보호 무역의 영향]

핵심풀이

보호 무역주의는 국내 산업이 국제 경쟁력을 가질 때까지 국가가 그 산업을 보호·육성하면서 대외 무역(수입)을 통제해야 한다고 주장한다.
㉠ 보호 무역 정책의 실시 근거로는 자국민의 실업 방지, 유치산업 보호, 불공정 무역에 대응, 국가 안전 보장 등이 있다.
㉣ 수입상품에 대하여 관세가 부과되면 수입상품의 가격은 국제시장가격보다 관세의 크기만큼 높아지기 때문에 수요량이 줄어들고 국내생산품은 그만큼 경쟁에서 유리하다.

오답풀이

㉡ 관세로 인하여 가격이 상승하면 생산자 잉여는 증가하고 소비자잉여는 감소하게 된다.
㉢ 수입량 제한하는 수입 할당제는 국내 시장에 공급이 감소하기 때문에 수입상품의 국내가격은 상승하게 된다. 수입 상품의 국내 소비는 감소하고, 국내 기업의 생산은 증가한다.
㉤ 복잡한 통관 절차나 통관 기준을 강화하는 것은 행정적 규제로서, 비관세 정책이다.

14   ②

[환율 인상의 영향]

핵심풀이

② 원화가 평가 절하(환율 인상)되면 수입품의 국내 가격(원화 표시 가격) 상승으로 수입이 감소한다. 수입품의 외화 표시 가격은 변화하지 않는다.

오답풀이

① 수출품의 국제가격(외화 표시 가격)하락으로 수출이 증가한다. 수출품의 원화 표시 가격은 변화하지 않는다.
③ 원화 가치의 하락으로 원화 표시 외채는 증가하여 외채의 상환 부담은 증가한다. 외화 표시 외채는 변화하지 않는다.
④ 자국민의 해외 여행 경비 증가로 해외 여행은 감소한다.

※ **원화의 평가 절하(환율 인상)의 영향**

환율 상승(예 1달러당 환율이 1,000원에서 1,200원으로 오르는 것)
외화의 총수요 감소, 외화의 총공급 증가 - 국제 수지 개선(수출 증가, 수입 감소), 통화량 증가, 국내 물가 상승, 수입 원자재 가격 상승, 해외 여행 감소, 외채의 상환 부담 증가
• 수출품의 국제가격(달러 표시 가격)하락→수출 증가 • 수입품의 국내가격(원화 표시 가격)상승→수입 감소 • 국제 수지(경상수지) 개선→외환보유고 증가→통화량 증가(물가 상승 요인) • 수입 원자재 가격 상승→국내 물가 상승 • 원화 가치의 하락→원화 표시 외채 증가→외채의 상환 부담 증가 • 자국민의 해외 여행 경비 증가→해외 여행 감소

15 ③

[환율 하락의 영향]

환율이 1달러당 1,300원에서 1,200원으로 하락하였다면 환율 하락(=원화가치의 평가 절상)이 된다.

※ **환율 하락(=원화가치의 평가 절상)의 영향**: 국제 수지 악화(수입 증가, 수출 감소, 외환 보유고의 감소), 통화량 감소, 국내 물가 하락, 수입 원자재 가격 하락, 해외 여행 증가(자국민의 해외 여행 경비 감소), 외채의 상환 부담 감소

㉠ 수입품의 국내가격(원화 표시 가격)은 하락한다.
㉢ 수입 원자재 가격 하락으로 수입의존도가 높은 기업의 이윤은 증가한다.
㉣ 유학간 자녀의 해외 송금 비용은 감소한다.

※ **환율하락**(= 원화의 가치 상승 = 원화 평가 절상 = 원화 강세)의 영향

환율 하락(예 1달러당 환율이 1,000원에서 800원으로 내리는 것)
외화의 총수요 증가, 외화의 총공급 감소 - 국제 수지 악화(수입 증가, 수출 감소), 통화량 감소, 국내 물가 하락, 수입 원자재 가격 하락, 해외 여행 증가, 외채의 상환 부담 감소
• 수출품의 국제가격(달러 표시 가격)상승→수출 감소 • 수입품의 국내가격(원화 표시 가격)하락→수입 증가 • 국제 수지(경상수지) 악화→외환보유고 감소→통화량 감소(물가 안정 요인) • 수입 원자재 가격 하락→국내 물가 안정 • 원화 가치의 상승→원화 표시 외채 감소→외채의 상환 부담 감소 • 자국민의 해외 여행 경비 감소→해외 여행 증가

16 ①

[국내 물가 상승과 환율]

국내 물가 상승⇒환율상승
• 공급 측면: 수출 상품의 가격 상승→수출 감소→외화의 공급 감소
• 수요 측면: 수입 상품 가격의 상대적 하락→수입 증가→외화의 수요 증가
※ 환율과 수출입
• 환율 인상→수출 증가
• 환율 인하→수출 감소
• 수출 증가→환율 하락
• 수입 증가→환율 상승

17 ①

[환율 인상과 국내 물가]

환율 인상→수출 증가, 수입 감소→국제 수지(경상 수지) 개선→외환보유고 증가→통화량 증가→물가 상승

※ 환율과 국내 물가
• 국내 물가 상승→환율상승
• 환율상승→국내 물가 상승

18 ④

[외화의 수요 요인]

외화의 수요원인(외화가 해외로 나가는 경우) - ㉢㉤

외화의 공급원인(외화가 국내로 들어오는 경우) - ㉠ ㉡㉣

외화의 수요 원인 (외화가 해외로 나가는 경우)	상품의 수입, 자국민의 해외 투자, 자국민의 해외 여행, 차관제공, 외채 상환, 유학, 외국으로 송금 등
외화의 공급 원인 (외화가 국내로 들어오는 경우)	상품의 수출, 외국인의 국내 투자, 외국인의 국내관광, 외자도입(=외채도입=차관도입=해외저축) 등

19 ②

[변동 환율제도]

㉡ 수시로 변동하는 환율을 예측하기 어려우므로 수출입 계획 수립이 어렵다.

㉠ 한 나라의 환율을 정부가 고정하여 운영하는 것은 고정환율제도이다. 변동 환율 제도는 정부가 외환시장에 개입을 하지 않고 외화의 수요와 공급에 의하여 환율이 자유롭게 결정된다.
㉢ 불확실성이 증가하여 국내 경제가 불안정해질 수 있다.
㉣ 투기성 단기 자본의 이동이 있을 수 있다.
㉤ 환율의 변동에 의해 국제수지불균형의 문제가 자동으로 조절될 수 있다.

	고정 환율제도	변동 환율제도
의미	한 나라의 환율을 정부가 고정하여 운영하는 제도	정부가 외환시장에 개입을 하지 않고 외화의 수요와 공급에 의하여 환율이 자유롭게 결정되는 제도
장점	• 수출입 계획 수립의 용이 • 국제거래 촉진 : 환율 안정	국제수지불균형의 자동조절
단점	• 국제수지불균형 조절 곤란 • 인위적인 환율 조정 : 무역분쟁 우려	• 수출입 계획 수립의 곤란 • 환위험 • 국내 경제 불안정 • 환 투기 가능성

20 ②

[외화의 수요 곡선 이동]

핵심풀이

② 해외 여행의 증가→외화 수요 증가(외화의 수요 곡선 오른쪽 이동)→균형 환율 상승

오답풀이

① 상품 수출 증가→외화 공급 증가(외화의 공급 곡선 오른쪽 이동)→균형 환율 하락
③ 해외 투자의 감소→외화 수요 감소(외화의 수요 곡선 왼쪽 이동)→균형 환율 하락
④ 국내 물가의 하락→외화 공급 증가(외화의 공급 곡선 오른쪽 이동), 외화 수요 감소(외화의 수요 곡선 왼쪽 이동)→균형 환율 하락

21 ③

[외화의 초과 공급]

핵심풀이

환율이 OP_1일 때 외화의 초과 공급(국제 수지 흑자)이 발생하여 환율은 하락하게 된다.
• 초과 공급 : 외화 공급량(외화수취액) 〉외화 수요량((외화지급액)→국제 수지 흑자→외화의 가치 하락(환율 하락)

오답풀이

• 초과 수요 : 외화 공급량(외화수취액) 〈 외화 수요량(외화지급액)→국제 수지 적자→외화의 가치 상승(환율 상승)
• 외화 공급량(외화수취액) = 외화 수요량(외화지급액) : 균형 환율의 결정

22 ③

[환율 변동의 영향]

핵심풀이

일본과 미국 모두에 대하여 한국의 수출은 유리한 입장이고, 일본은 한국과 미국에 대하여 불리한 입장이다.
③ 우리 상품은 미국 시장에서 일본보다 가격 경쟁력 면에서 유리하므로, 미국에 대한 수출도 일본보다 유리해진다.

오답풀이

① 미국으로 수출되는 일본 상품의 달러 표시 가격이 상승하므로 일본의 대미 수출은 감소할 것이다.
② 우리 나라가 일본에서 수입하는 물품의 원화 표시 가격이 상승하므로 수입이 감소할 것이다.
④ 수출 증가로 우리 나라의 무역 수지는 개선되지만 물가 상승이라 부작용과 무역수지 불균형에 따른 통상 마찰의 가능성은 증대될 것이다.

23 ③

[환율 변동 추이]

핵심풀이

그래프에서의 환율 변동 추이
• 원/달러 환율은 상승하고 있다 =원화의 가치는 달러에 대해 하락하고 있다 =달러의 가치는 원화에 대해 상승하고 있다
• 엔/달러 환율은 하락하고 있다=엔화의 가치는 달러화에 대해 상승하고 있다 =달러화의 가치는 엔화에 대해 하락하고 있다

ⓒ 달러화 대비 원화의 가치는 하락할 것이 예상되므로, 우리 나라 기업의 주식에 투자한 미국인은 주식을 팔고 달러화를 소지하려고 할 것이다.
ⓔ 원/달러 환율은 상승할 것이 예상되므로, 우리 기업은 달러화 표시 외채를 빨리 갚으려고 할 것이다.

오답풀이

㉠ 달러화의 가치는 원화에 대해 상승할 것이 예상되므로, 미국인이 한국 여행을 계획했다면 그 출발일을 늦추려고 할 것이다.
㉡ 달러화 대비 엔화의 가치는 상승할 것이 예상되므로, 일본인이 미국 여행을 계획했다면 그 출발일을 늦추려고 할 것이다.
㉢ 원/달러 환율은 상승할 것이 예상되므로, 우리 기업은 미국에서 수입한 물품 대금 결제를 서두를 것이다.

24 ④

[환율 변동]

④ 엔화 대비 원화의 가치가 상승하였다.

① 원/달러 환율은 하락 = 원화의 가치는 달러에 대해 상승 (달러화 대비 원화의 가치는 상승) = 달러의 가치는 원화에 대해 하락
② 원/엔 환율은 하락 = 원화의 가치는 엔화에 대해 상승(엔화 대비 원화의 가치는 상승) = 엔화의 가치는 원화에 대해 하락
③ 엔/달러 환율은 상승 = 엔화의 가치는 달러화에 대해 하락(달러화 대비 엔화의 가치는 상승) = 달러화의 가치는 엔화에 대해 상승

25 ①

[환율 변동 추세]

㉠ 원화의 가치가 달러에 대해 상승하였으므로, 한국인의 미국 여행 경비 부담이 줄어들어 한국인의 미국 여행은 늘어날 것이다.
㉡ 원화의 가치는 엔화에 대해 상승하였으므로, 일본인의 한국 여행 경비 부담이 늘어나서 일본인의 한국 여행은 줄어들 것이다.
㉣ 엔화의 가치가 달러에 대해 하락하였으므로, 미국 시장에서 일본 상품의 가격(달러 표시 가격)이 하락할 것이다.

㉢ 엔화의 가치가 달러에 대해 하락하였으므로, 일본인의 미국 여행 경비 부담이 늘어나서 일본인의 미국 여행은 줄어들 것이다.
㉤ 원화의 가치가 달러나 엔화에 비해 상승하였으므로, 일본과 미국 시장에서 우리나라 상품의 가격이 상승할 것이다.

26 ④

[국제 수지 불균형]

일반적으로 국제 수지가 적자이면 외자도입의 문제가 생기고, 흑자이면 통화량 증가로 물가 상승이라는 문제가 발생한다.

국제수지 적자 (외화의 수취<외화의 지급)	지급한 외화가 벌어들인 외화보다 많은 경우→외채도입 등 문제
국제수지 흑자 (외화의 수취>외화의 지급)	벌어들인 외화보다 지급한 외화가 많은 경우→물가 상승 등 문제
국제수지 균형 (외화의 수취=외화의 지급)	벌어들인 외화와 지급한 외화가 같은 경우→국제수지는 중·장기적으로 균형을 이루는 것이 바람직함

더 알고가기

- 외자도입 = 외채도입 = 차관도입 = 해외저축
- 수출 증가→ 국제수지 흑자→기업의 외화매출액 증가(원화 매입액 증가) →정부의 외화매입액 증가, 외화보유액 증가→통화량 증가→물가 상승
- 수입 증가→기업의 외환매입(자국화폐를 외화로 교환) 증가→ 정부의 외화매출액 증가, 외화보유액 감소→통화량 감소→물가 하락

27 ②

[국제 수지 계산]

국제 수지는 크게 경상수지와 자본·금융 계정으로 구성된다.
- 경상수지 : 거주자들 간에 경상적으로 발생하는 재화·서비스·생산요소의 거래와 아무런 대가없이 돈을 주고받는 이전거래를 기록한 것 - 상품 수지, 서비스 수지, 본원 소득 수지, 이전 소득 수지로 구성
- 자본·금융계정 : 투자 등 자본 거래를 통하여 외화가 들어오거나 나가는 것을 기록한 것

구분	금액 (억 달러)
자동차 수출(상품 수지)	+700
원유 수입(상품 수지)	-500
해외 여행 경비(서비스 수지)	-50
특허권 사용료 해외 지불(서비스 수지)	-20
해외에서 일하는 근로자 임금소득(본원소득 수지)	+50
해외에 배당금 지급(본원소득 수지)	-10
외국기업의 국내 투자(자본·금융 계정)	+100
해외 유학생에 학비 송금(이전소득 수지)	-20
해외 차관 제공(자본·금융 계정)	100

※ 경상수지 계산

경상수지 구분	금액(억 달러)
상품 수지	+700−500
서비스 수지	−50−20
본원소득 수지	+50−10
이전소득 수지	−20
계	+150

※ 자본·금융계정

구분	금액(억 달러)
외국기업의 국내 투자	+100
해외 차관 제공	−100
계	0

※ 국제수지표

구분		내용
경상수지	상품 수지	상품의 수출입에 따른 외화의 수지와 지급의 차액 〈사례〉 • 외화 수취 : 재화의 수출 등 • 외화 지급 : 재화의 수입 등
	서비스 수지	서비스의 수출입을 통한 외화의 수지와 지급의 차액 〈사례〉 • 외화 수취 : 외국인 관광객의 국내 여행비, 선박·항공기 운임의 수취, 기술사용료의 수취 등 • 외화 지급 : 자민의 해외 여행비, 선박·항공기 운임의 해외 지급, 기술사용료의 지급 등
	본원 소득 수지	임금 및 투자 소득 등과 관련된 외화의 수지와 지급의 차액 〈사례〉 • 외화 수취 : 해외 취업 내국인 근로자가 수취하는 임금, 차관 이자의 수입, 대외 금융자산에서 발생하는 배당 및 이자수입, 해외 투자 수익 등 • 외화 지급 : 국내 거주 외국인 근로자에게 지급한 임금, 차관 이자의 지급, 대외 금융부채에 대한 이자, 외국인이 국내에 보유하고 있는 금융 자산에서 발생하는 배당금 지급 등
	이전 소득 수지	아무런 대가 없이 주고 받는 외화의 수지와 지급의 차액 〈사례〉 해외의 유학생 및 교포 송금, 구호 물자, 식량·의약품 등 무상원조, 기부금, 증여, 국제기구 출연금 등

자본·금융 계정	자본수지 (계정)	자본 이전(이민에 따른 해외이주비 등), 특허권, 저작권, 상표권 등의 매매
	금융계정	직접투자, 증권투자, 파생금융상품, 기타 투자(차관 도입 및 제공)로 구성되어 있다. • 직접 투자 : 투자가들이 외국에 회사를 설립하거나 외국회사를 인수하여 생산활동을 함으로써 이윤을 얻는 활동 • 증권투자 : 외국의 주식·채권과 같은 금융자산에 투자하여 배당이나 이자수익을 올리려는 목적으로 하는 투자 • 파생금융상품 : 파생상품거래 • 기타 투자 : 직접투자와 증권 투자를 제외한 나머지 모든 금융거래 • 준비 자산 증감 : 외환시장의 불균형을 보전하기 위해 통화당국(한국은행)이 보유하고 있는 외환보유고의 증감
오차 및 누락		통계과정에서 발생하는 잘못이나 누락으로 인해 발생하는 불일치를 조정하기 위한 항목

28 ④

[국제 수지표의 변동]

핵심풀이

㉠ 특허권 거래는 자본 수지(계정)에 해당된다. 국내 기업이 외국 기업에 매각했으므로 자본 수지(+)이며, 외국 기업이 국내 기업에 매각했다면 자본 수지(−)가 된다.

㉡ 외국에서 차관에 대한 이자를 받은 것은 본원소득 수지(+)이다.

㉢ 비거주자가 국내에서 원화증권을 발행했다면 증권 발행은 금융계정에 해당되므로 금융 계정(−)가 된다.

오답풀이

㉣ 국제수지표에서 국가 간 거래의 기준은 거주자이므로, 비거주자(예컨대 미국에 거주하는 한국인)가 우리나라 상품을 수입해갈 경우 우리나라의 국제수지표에는 상품의 수출로 기록되고, 비거주자가 국내에서 원화증권을 발행했다면 금융 계정(−)가 된다.

29 ①

[경상 수지와 자본·금융 계정]

핵심풀이

경상수지 – 상품 수지, 서비스 수지, 본원 소득 수지, 이전 소득 수지

ⓐ 외국 모델이 국내 광고에 출연한 것은 본원 소득 수지 – (경상수지 1억 달러 지급)
ⓑ 외국 펀드가 국내 빌딩을 구입한 것은 금융계정 + (자본·금융 계정 2억 달러 수취)
ⓒ 재외 동포 2세들이 국내 대학에 입학한 것은 서비스 수지 + (경상수지 1억 달러 수취)
ⓓ 국내 전자회사가 중국에 휴대폰을 수출한 것은 상품 수지 + (경상수지 1억 달러 수취)
ⓔ 외국 회사가 한국에 공장을 설립한 것은 금융계정 + (자본·금융 계정 2억 달러 수취)

※ 경상수지 계산

경상수지 구분	금액(억 달러)
상품 수지	+1억 달러
서비스 수지	+1억 달러
본원소득 수지	–1억 달러
계	+1억 달러 (1억 달러 흑자)

※ 자본·금융계정

구분	금액(억 달러)	
금융계정	+2억 달러	+2억 달러
계	+4억 달러 (4억 달러 흑자)	

30 ④

[준비 자산 증감]

핵심풀이

④ 준비 자산의 증가는 음(–)으로 나타내고, 준비 자산의 감소는 양(+)으로 나타낸다.
• 준비 자산 증감 : 외환시장의 불균형을 조정하기 위해 통화당국(한국은행)이 보유하고 있는 외환보유고의 증감. 국제수지가 적자(외환의 수취<지급이면 준비자산이 양(+)으로 기록된다. 즉 한국은행의 준비자산의 감소는 양(+)으로, 준비자산의 증가는 음(–)으로 나타낸다. 우리나라는 IMF 경제위기 때와 서브프라임 모기지 사태 등이 원인이 된 2008년 경제위기 때 양(+)으로 기록된 예가 있다.

오답풀이

① 국제수지 불균형을 조정하기 위하여 사용할 수 있는 외환보유고의 증감을 나타내는 항목이다.
② 국제수지가 흑자이면 대외준비자산은 증가하게 되고 음(–)으로 나타낸다.
③ 국제수지가 적자이면 이를 메꾸는 외환이 준비자산이므로 대외준비자산은 감소하게 되고 양(+)으로 나타낸다.

31 ③

[세계화·정보화 시대의 과제]

핵심풀이

③ 경쟁력이 약한 국내 산업에 대해서는 보호보다는 국제 사회가 인정하는 범위 내에서 경쟁력 확보를 위한 적극적 지원이 필요하다.

오답풀이

① 창의적인 인력을 양성하고, 과학 기술과 연구개발 투자를 활성화시키며, 지식집약적인 산업을 중심으로 산업 구조를 재편한다.
② 여러 나라와 다각적인 자유 무역 협정(FTA)을 체결하여 안정적인 수입 및 제품 수출 여건을 마련해야 한다.
④ 특정 지역에서 발생한 경제적 충격이 국내 산업에 미치는 영향력이 크므로 교역 상대국을 다변화할 필요가 있다.

32 ①

[세계화의 영향]

핵심풀이

세계화에 관한 설명이다.
㉠ 자유 무역으로 국제 분업의 이익이 증대하고 효율성 및 생산성이 극대화된다〈세계화의 긍정적인 측면〉.
㉡ 자유경쟁에 따라 국가 및 계층간 소득의 불평등이 심화될 수 있다〈세계화의 부정적인 측면〉.
㉢ 경쟁력을 갖추지 못한 기업은 도태될 수 밖에 없고 해당 산업 노동자들의 실업을 초래한다〈세계화의 부정적인 측면〉.

오답풀이

㉣ 국제거래가 확대되어 경제의 대외의존도를 심화시킨다〈세계화의 부정적인 측면〉.
㉤ 문화의 다양성은 오히려 훼손되어 문화의 획일화 우려가 있다〈세계화의 부정적인 측면〉.

33 ①

[세계화, 지역주의]

핵심풀이

㉮ 세계화, ㉯ 지역주의
① ㉮-국가간에 재화와 서비스, 자본, 노동, 지식이 자유롭게 이동하면서 세계가 거대한 단일 시장으로 통합되어 가고 있다.

② 지역주의 경제 협력기구의 협력 방식에는 경제 통합 정도에 따라 자유 무역 협정, 관세 동맹, 공동 시장, 단일 시장 등으로 나뉜다. (내)에 대한 설명이다.

③ (내)-지역주의는 세계화와 함께 전개되는 세계 경제의 흐름이다. 세계화에 대한 반발로 등장한 것이 아님.

④ OECD(경제협력 개발기구)는 (내)의 예가 아니라 (가)에 해당된다. OECD는 지역주의 경제 협력기구가 아니라 범(전) 세계적인 국제 경제 기구로, 세계화를 추구한다.

34 ①

[경제 통합의 과정]

경제통합의 정도(과정) : (약) ← 자유 무역 협정 – 관세동맹 – 공동시장 – 경제통합 → (강)

※ 경제 통합

역내 관세철폐	역외 공동 관세	역내 생산요소 자유이동	역내 공동경제 정책	초국가적 기구 설치운영
자유무역협정 (EFTA, NAFTA) – (약)				
관세동맹(Mercosur)				
공동시장(EC)				
완전경제통합(EU) – (강)				

35 ①

[세계 무역 기구(WTO)]

㉠ GATT의 제8차 회담인 우루과이 라운드(UR)에서 GATT체제를 대체하여, 자유무역협상을 관리하고 분쟁을 조정하는 역할을 담당하는 다자간 무역기구인 세계무역기구(WTO)를 출범시켰다.

㉡ 국가 간 경제분쟁에 대한 판결권과 그 판결의 강제집행권이 있으며 국가 간 분쟁이나 마찰을 조정한다. 준사법적 권한과 구속력이 있다.

㉢ 무역 자유화의 범위를 공산품뿐만 아니라 농산물, 서비스 및 금융, 지적 재산권 등으로 확대되었다.

㉣ 자유무역을 방해하는 덤핑, 정부의 보조금 지급 등 다양한 불공정 무역 행위를 규제한다.

㉤ WTO은 특정 국가가 아닌 회원국 모두가 참여하는 다자간 무역 협상이다. 특정 국가들끼리 상호 무역 장벽을 완화하기 위한 특혜 무역 협정은 자유 무역 협정(FTA)이다.

36 ④

[지역주의]

(A) 지역주의
④ 비회원국에 대한 보호무역주의로 무역마찰을 일으키기도 한다.

① 회원국 간의 관세 인하나 무역 제한의 철폐를 목표로 한다. 회원국 간에는 관세 인하나 무역 제한의 철폐로 자유무역을 추구하기 때문에 역내 국가 간에는 무역이 증진된다.

② 회원국들만의 자유무역을 추구하고, 비회원국에 대해서는 보호무역을 한다.

③ 약소국들이 세계 경제 질서에 자신의 목소리를 반영할 수 있는 기회가 된다. 선진국 중심으로 경제 협력을 추구하는 것이 아니다.

37 ②

[신보호주의]

신보호주의는 1970년대 중반 이후 선진국들의 비관세 수단을 이용한 무역 제한 조치이다.
② 석유 파동 이후 세계 경기가 침체하여 선진국의 실업률 증가 등이 원인이 된다.

① 선진국들의 사양산업 보호를 목적으로 한다. 후진국들의 유치산업 보호를 목적으로 하는 것은 보호무역주의이다.

③ 수입 억제 조치 → 자국에서의 외국 상품 가격 상승, 국내소비 억제 → 자국 소비자의 이익 감소

④ 비관세 수단을 이용한다. 수입할당제, 수출보조금 등 비관세장벽을 통하여 이루어진다.

※ 신보호주의

의미	1970년대 중반 이후 선진국들의 비관세 수단을 이용한 무역 제한 조치 → 선진국들의 사양산업 보호 목적
원인	• 석유 파동 이후 세계 경기가 침체하여 선진국의 실업률 증가 • 신흥 공업국들의 급속한 공업화로 인해 선진국들이 일부 산업에서 경쟁력 상실 • 선진국 간의 무역 수지 불균형으로 인해 무역 마찰의 심화
특징	• 국가와 상품에 따라 선별적 규제 • 신흥 공업국들의 수출품에 대한 수입 규제가 두드러지게 나타난다. • 선진국의 제조업에 대한 보호주의의 강화는 비관세장벽(수입할당제, 수출보조금 등)을 통하여 이루어진다.

38 ④

[FTA]

▣ 핵심풀이

④ FTA로 인한 지역주의가 세계적으로 경제 블록화와 보호주의를 강화시킨다는 관점도 있으나, FTA는 궁극적으로 WTO가 지향하는 자유 무역을 확대시키는 결과를 가져온다고 볼 수 있다.

▣ 오답풀이

① FTA는 주로 양자 간 협상을 통해서 무역자유화를 추구한다. 다자간 무역 협상을 통하여 무역 자유화를 촉진하는 것은 WTO이다.
② WTO의 회원국 수가 증가하면서 다자간 무역 자유화 협상이 복잡하고 장기화됨에 따라, 경제적 이해관계를 같이 하는 특정 국가끼리(양자 간) FTA를 추진하는 사례가 늘어나고 있다. WTO에 대한 반발이 아니다.
③ 회원국 간 노동과 자본이 자유롭게 이동하고 동일한 화폐를 사용하는 것은 유럽 연합(EU)에만 해당되는 내용이다.

● 6. 경제생활과 금융

1 ②

② 채권은 정부, 지방자치단체, 특수법인, 금융기관, 주식회사 등이 발행할 수 있으며 발행 주체에 따라 국채, 지방채, 특수채, 금융채, 회사채로 구분한다.

2 ②

[위험을 줄이기 위한 투자 방법]

▣ 핵심풀이

제시문은 포트폴리오 투자에 대한 설명이다.
② 포트폴리오 투자는 일반적으로는 주식 투자에서 여러 종목에 분산 투자함으로써 한 곳에 투자할 경우 생길 수 있는 위험을 피하고 투자수익을 극대화하기 위한 방법을 말한다.

▣ 오답풀이

① 타인 자본을 지렛대로 삼아 자기자본 이익률을 높이는 것은 레버리지 투자이다.
▶ 부채를 활용한 투자(레버리지 투자) : 타인자본(부채)을 지렛대로 삼아 자기자본 이익률을 높이는 것으로 '지렛대(leverage) 효과'라고도 한다. 돈을 빌릴 때 부담하는 이자보다 높은 투자 수익률이 기대될 때는 타인자본을 활용하는 게 유리하다. 그러나 이익이 아니라 손해를 볼 경우 손실률은 훨씬 커진다.
③④ 포트폴리오 투자는 다양한 대상에 '분산 투자'한다.

3 ③

[위험이 큰 자산]

▣ 핵심풀이

③ 유동성의 위험이 가장 높은 것은 부동산이다.

※ 위험의 유형

유형	내용	위험이 큰 자산
채무불이행의 위험	거래상대방이나 채무자가 계약상 지급해야 할 책임의 전부 또는 일부를 이행하지 않을 위험	주식, 채권
시장가격변동의 위험	금융 상품의 가격이 하락할 위험	주식, 채권, 외환
유동성(환금성)의 위험	자산을 현금으로 전환(현금화)하기 어려운 위험	부동산
인플레이션 위험	물가가 상승할 때 보유하고 있는 자산의 가치가 하락할 위험	현금, 예금 상품

4 ②

[자산 관리의 3대 기본 원칙]

▣ 핵심풀이

자산 관리의 3대 기본 원칙 : 안정성의 원칙, 수익성의 원칙, 유동성의 원칙

※ 자산 관리의 원칙

기본 원칙	내용
안정성의 원칙	주식투자보다 은행예금이, 회사채보다 국채가 안정적이며, 인플레이션일 때는 금융자산보다 실물자산이 안전하다.
수익성의 원칙	대체로 수익성이 높은 상품은 위험을 감수해야 한다. 예컨대 주식, 펀드는 채권보다 더 높은 수익을 올릴 수 있으나, 그만큼 위험성도 높다. - 수익성과 안전성은 '고수익 고위험' '저수익 저위험'이라는 일반적 관계 성립 (트레이드 오프 관계)
유동성의 원칙	• 보유자산을 현금으로 얼마나 쉽게 바꿀 수 있는지를 나타내는 것 • 유동성이 가장 높은 자산은 현금이다. 부동산은 은행 예금보다 유동성이 더 낮다.

5 ①

[자산 관리의 원칙]

핵심풀이

① 주식투자보다 은행예금이, 회사채보다 국채가 안정적이며, 인플레이션일 때는 금융자산보다 실물자산이 안전하다.

오답풀이

② '고수익 고위험' : 대체로 수익성이 높은 상품은 위험을 감수해야 한다. →주식, 펀드
③ 수익성과 안전성이라는 두 개의 목표 가운데 하나를 달성하려고 하면 다른 목표의 달성이 늦어지거나 희생되는 경우의 관계 즉 '고수익 고위험' '저수익 저위험'이라는 일반적 관계를 트레이드 오프(trade off)관계라 한다.
④ 유동성이 가장 높은 자산은 현금이고, '현금〉은행예금〉부동산' 순이다.

6 ④

[금융 상품의 수익성, 위험성]

핵심풀이

(가) 고수익, 고위험성 자산 – 주식, 펀드
(나) 저수익, 저위험성 자산 – 채권, 정기예금

7 ②

[가계의 지출 항목]

핵심풀이

㉠ 생계 및 생활비는 (A)에 해당한다.
㉢ (B)는 법 또는 제도에 의한 의무적 지출이다.

오답풀이

㉡ 가계소득에서 (B)비소비지출을 뺀 것이 처분가능소득이다.
㉣ 저축은 (C)기타 지출에 해당한다.
㉤ 건강보험료는 (B)비소비지출에 해당한다.

※ 가계의 지출 항목

소비 지출	생계 및 생활을 위해 필요한 재화와 서비스를 구입하는 대가로 지출 예 식료품비, 의류 및 신발 구입비, 교통비, 교육비 등
비소비지출	법 또는 제도에 의한 의무적 지출 예 소득세 등 조세, 사회보장기여금, 건강보험료, 국민연금 보험료, 대출 이자 등
기타 지출	자산 변동으로 말미암은 지출과 부채 감소를 위한 지출 예 저축, 부동산 구입, 대출 상환 등

※ 가계 지출 = 소비지출(생계,생활비) + 비소비 지출(세금, 연금, 사회보장비, 이자, 기부금, 부조금 등)

8 ④

[비소비지출]

핵심풀이

㉡㉢㉣은 비소비지출이다. 비소비지출은 법 또는 제도에 의한 의무적 지출로서, 소득세 등 조세, 사회보장기여금, 건강 보험료, 국민연금 보험료, 대출 이자 등이 그 예이다.

오답풀이

㉠ 교통비는 소비 지출이다.
㉤ 부동산 구입은 기타 지출이다.

9 ④

[가계 소득의 종류]

핵심풀이

④ 연금, 실업 급여, 재해보상금 등 생산에 직접 참여하지 않고 얻은 소득은 D에 해당한다.

① 복권당첨금은 비경상소득이다.
② 주식배당금은 C에 해당한다.
③ 회사에서 매달 받는 월급은 A에 해당한다.

※ 가계 소득
• 경상 소득 : 정기적으로 얻어지는 소득

근로 소득	봉급이나 임금
사업 소득	이윤
재산 소득	이자, 배당금, 지대, 임대료 등
이전 소득	연금, 실업 급여, 재해보상금 등 생산에 직접 참여하지 않고 얻은 소득

• 비경상 소득 : 일시적 발생하는 소득 – 퇴직금, 복권 당첨금, 상속재산, 연금 일시금, 경조금 등
• 기타 수입 : 자산변동(예금 인출, 곗돈 수령, 채권 매각 대금 등), 부채증가(차입금)

10 ③

[소비에 영향을 주는 요인]

③ 부동산, 주식 등 자산가치가 상승하면 부유해진 기분이 들어 소비를 증가시키는 경향이 있다.

① 일반적으로 소득이 높을수록 소비도 많아진다.
② 소비에 영향을 미치는 소득은 현재의 소득뿐만 아니라 미래에 예상되는 소득까지 고려한 평균적인 소득이다.
④ 이자율이 올라가면 가계의 소비는 줄어들고 저축이 늘어난다.

사회 · 문화

● 1. 사회 · 문화 현상의 탐구

1 ③

A 질문지법, B 실험법, C 참여관찰법, D 면접법
③ 시간과 공간의 제약을 적게 받으면서 폭넓은 연구가 가능한 것은 문헌연구법이다.

2 ④

④ 제시된 연구는 실증적 연구방법을 활용하였다. 자료의 분석 과정에서 감정이입과 직관적 통찰을 통한 이해를 중시하는 것은 해석적 연구방법이다.

3 ①

(개) 실증적 연구, (내) 해석적 연구
② (개)는 양적 연구, (내)는 질적 연구에 해당한다.
③ 계량화를 바탕으로 한 통계적 분석이 가능한 것은 (내)보다 (개)이다.
④ (개)는 방법적 일원론, (내)는 방법적 이원론을 주장한다.

4 ①

① 양적 연구에 대한 보기로 위 주장에 부합한 사회 탐구 방법의 일반적 특징에 해당한다고 보기 어렵다.
②③④ 질적 연구의 일반적 특징이라 할 수 있다.

5 ①

① 제시된 연구과정은 실증적 연구과정으로 문제를 제기하고 가설을 설정하는 과정에서 조작적 정의가 필요하다.

6 ②

㉠㉡은 자연현상, ㉢은 사회 · 문화 현상이다.
② ㉡은 자연현상으로 존재법칙의 지배를 받는다.

7 ①

(개) – 양적연구방법, (내) – 질적연구방법
※ **양적연구방법과 질적연구방법**
　㉠ **양적연구방법** : 사회 현상이 경험적으로 증명될 때 사회적 실재가 된다고 보는 것으로 이를 위해 먼저 연구자가 구체적 질문에 대한 가설을 정하고 이 가설을 증명하기 위해 사회 현상을 실험 가능한 현상으로 전환한다. 그리고 실제 경험적 자료를 구하기 위해 연구 설계를 하고 이에 따라 자료를 수집, 분석한 후 결과가 가설과 일치하면 가설을 선택하고 일치하지 않으면 가설을 기각하여 버린다.
　㉡ **질적연구방법** : 연구할 질문에 따라 연구 주제를 정하지만 이는 양적연구방법에서 가설을 설정하는 것처럼 자세히 하는 것이 아니라 단지 사회현상의 문제 자체를 가지고 연구를 시작한다. 물론 연구를 시작하기 전에 자신의 연구 대상, 특히 자세히 관찰해야 할 대상을 설정하고 어떻게 접촉할 것인지를 사전에 설계한다. 그 후 참여관찰이나 면접을 통해 연구 대상과 비교적 오랫동안 관계를 유지하면서 연구가 진행된다. 질적연구방법은 양적연구방법과는 다르게 연구를 진행하는 과정에서 새로운 것을 발견하면 처음 의도했던 내용과 다른 연구로 변경되기도 한다. 그리고 이렇게 해서 얻어진 자료를 바탕으로 자료를 해석하고 의미를 파악하여 연구결과를 발견하는 것이다.

8 ③

제시문은 마르크스주의의 근거가 되는 사적유물론에 대한 설명이다.
① 사회변동의 요인은 그 사회의 내재적 요인으로부터 나타난다.
② 사적 유물론에서는 인간의 존재에 필요 불가결한 물질적 생활의 생산이 사회적 삶 전반을 발달시킨 기초라고 생각한다.
④ 경제적 요소에 의해 사회의 가치체계가 변화될 가능성을 강조하고 있다.

9 ①

제시문은 사회명목론과 관련된 주장이다.
② 뒤르켐의 사회실재론에 대한 설명이다.
③ 사회실재론의 관점이다.
④ 사회유기체설은 사회실재론의 이론적 기반이다.

10 ④

[사회 현상을 탐구하는 방법]

제시문의 내용은 양적 연구 과정이다.
④ 가설이 채택되면 이론, 법칙(일반화)이 도출된다.
곧 검증된 가설이 이론이다.

① 연역적 연구과정을 거친다.
② 방법론적 일원론과 관계가 있다.
③ 일기, 낙서, 편지 등의 비공식적 문서를 중시하는
것은 질적 연구 방법이다.

11 ④

[사회·문화 현상을 이해하는 관점]

(가)는 기능론적 관점, (나)는 갈등론적 관점

구분	기능론	갈등론
기본 입장	• 사회는 서로 유기적, 상호 의존적 관계 • 사회의 구성 요소들은 사회 유지와 통합에 기여	• 사회는 사회적 희소가치를 둘러싼 갈등과 대립관계 • 사회의 구성 요소들의 가치관·규범들은 지배집단(기득권자)의 이익을 위해서 만들어진 것
특징	• 사회의 안정, 질서, 균형, 조화를 강조 • 갈등→병리현상, 사회 구성 요소가 기능을 다하지 못할 때 발생 • 사회 질서와 통합→합의에 의한 것 • 보수주의적 관점	• 사회의 대립, 갈등, 변화를 강조 • 갈등→보편적 현상, 사회 발전의 원동력 • 사회 질서와 통합→강제와 억압에 의한 것 • 진보주의적 관점
한계	• 혁명과 같은 급격한 사회변동을 설명 곤란 • 기득권 유지에 기여	• 사회 존속과 통합 경시 • 협동과 조화 측면 경시

① 기능론적 관점으로는 혁명과 같은 급격한 사회변
동을 설명하지 못한다.

① (가), (나) 모두 사회·문화 현상을 사회 전체적인 차
원에서 탐구하고자 하는 거시적 관점이다.
② (나)는 인간 사회에는 사회적 희소가치를 둘러싸고
지배집단과 피지배집단 간에 항상 갈등과 대립관
계가 존재한다.
③ (가)는 사회 변동을 부정적으로 보는 보수주의적 관
점이다.

12 ④

[자료 수집 방법의 장단점]

(가) 참여 관찰법, (나) 질문지법.
④ (나)에서 인터넷 설문 조사를 하였으므로, 인터넷을
사용하지 않는 사람들은 조사 대상에서 배제되었
다. 따라서 표본의 대표성이 확보되지 않았다.

① (가)는 예상치 못한 돌발상황(변수)이 발생하는 것
을 통제하기 어렵다.
② (가)는 현장에서 직접 보고, 듣고, 느끼면서 생생한
자료를 직접 수집할 수 있고, 인위적인 조작을 가
하지 않고 현실 그대로를 관찰하므로 자료의 실제
성을 보장받을 수 있다.
③ (나)는 계량화된 자료를 얻을 수 있다.

※ 자료 수집 방법의 장단점

구분	장점	단점
질문지법	• 시간과 비용 절약 • 자료 분석이 쉽고, 분석 기준이 명백함	• 문맹자 실시 곤란, 잘못 이해 가능 • 낮은 회수율, 무성의한 응답
면접법	• 문맹자에게도 적용 가능 • 솔직하고 심층있는 답변, 보충 질문 가능	• 시간과 비용이 많이 듦 • 조사자의 주관(편견) 개입 가능성
참여 관찰법	• 의사소통이 곤란한 사람들에게도 적용 가능 • 자료의 실제성 보장	• 예상치 못한 변수의 통제 곤란 • 원하는 정보가 나타날 때까지 기다려야 함 • 조사자의 주관(편견) 개입 가능성
실험법	• 인과 관계의 확실성 보장 • 법칙 발견과 가설 검증에 효과적	• 외부 변인 개입 통제 곤란 • 대상이 인간이므로 윤리적 문제 발생
문헌 연구법	• 시간과 비용 절약 • 시간적·공간적 제약 있는 대상 연구 가능 • 기존의 연구 동향의 파악	• 문헌에 대한 신뢰도 문제 발생 • 문헌 해석 시 조사자의 주관(편견) 개입 가능성

13 ③

[자료 수집 방법의 특징]

핵심풀이

③ (가), (나)는 심층있는 자료 수집에는 한계가 있으나, 계량화·객관성 정도가 높아서 주로 실증적 연구에 쓰인다.

오답풀이

① 조사자의 편견 개입 가능성이 높은 것은 면접법, 참여 관찰법, 문헌 연구법이고, 낮은 것은 질문지법, 실험법이다.
② 질문지법, 문헌 연구법은 시간과 비용이 절약된다는 장점이 있고, 면접법, 참여 관찰법, 실험법은 시간과 비용이 많이 든다는 단점이 있다.
④ 면접법, 참여 관찰법은 계량화·객관성 정도 낮아 일반화가 곤란하나, 심층있는 자료 수집이 가능하다는 장점이 있어서 주로 해석적 연구에 쓰인다. 문헌연구법은 실증적 연구, 해석적 연구 둘 다 쓰일 수 있다.

※ **표본의 대표성** : 모집단을 잘 대표할 수 있는 표본 즉 모집단의 특성을 잘 파악(반영)할 수 있는 표본을 선택해야 한다. 이를 표본의 대표성이라 한다.
• 표본의 대표성에 문제가 있는 경우
– 미국 대통령 선거 결과를 예측하기 위하여 한 잡지사가 전화번호부와 자동차 등록부에서 뽑은 표본을 대상으로 여론 조사를 하였다. 그 결과 민주당의 루스벨트 대통령 후보의 낙선을 예측하였으나, 선거 결과는 그 반대였다. 그 이유는 잡지사가 선정한 표본의 대표성에 문제가 있었다. 즉 그 당시 전화번호부와 자동차 등록부에서 뽑은 표본은 상당히 부유한 계층으로서 전체 유권자를 대표하지 못했기 때문이다.
– 한국 중학생의 한 달 용돈을 조사하면서 비교적 소득 수준이 높은 도시의 중학생만을 대상으로 조사하거나 소수의 인원만 조사하였다.

● 2. 개인과 사회 구조

1 ③

A 공동사회(2차 집단), B 이익사회(2차 집단), C 공동사회(1차 집단), D 이익사회(1차 집단)
㉠ 형식화된 규약에 의한 공식적 통제가 잘 이루어지는 것은 이익사회이다.
㉡ 가족, 친족, 민족은 공동사회에 해당한다.

2 ③

① 사원이라는 성취 지위는 찾을 수 있지만 역할 갈등은 나타나지 않았다.
② 성과급은 역할이 아니라 역할 행동에 대한 보상 수단에 해당한다.
④ 특별교육이수센터는 공식 조직이고 자발적 결사체에 해당하지 않는다.

3 ①

낙인 이론은 일탈 행위가 행위자의 심리적 성향이나 환경적 조건에서 기인하는 것이기보다는 특정행동에 대한 사회문화적 평가와 소외의 결과로 규정된다고 보는 관점이다.
② **아노미 이론** : 자본주의가 급격히 발달하는 과정에서 사회 해체가 일어나고 사회 규칙이 붕괴되는 무규범 상태인 아노미가 발생한다.
③ **사회 해체론** : 기존의 사회 조직이 해체되면서 사회 문제가 발생한다는 입장이다.
④ **차별적 교제론** : 일탈자들과의 지속적인 상호작용을 반복하면서 일탈을 당연하게 여기는 부정적인 사회화가 일어난다.

4 ②

㉡ 1차적이고 비공식적인 사회화 기관에 속한다.
㉢ 2차적이고 공식적인 사회화 기관에 속한다.

5 ④

위 지문에서 말하는 사회학적 개념은 '사회구조'이다.
㉠ 사회구조는 거시적 관점에서 주요한 분석의 대상이 된다.
㉡ 사회구조는 구성원들의 능동적인 의지에 따라 쉽게 변하지 않는다.

6 ③

제시된 내용은 사회 계약설에 입각한 사회 명목론의 관점이다.
①②④ 사회 실재론에 대한 설명이다.

7 ②

A는 관료제이다.
① 관료제는 절차와 형식을 중시하여 업무환경 변화에 대응하는 유연성이 떨어진다.
③ 관료제는 의사결정권이 상위직급에 집중되어 현장 실무자의 의견이 신속하게 반영되기 어렵다.
④ 탈관료제의 장점이다.

8 ①

(가)는 뒤르켐의 아노미이론, (나)는 머튼의 아노미이론이다.
① 뒤르켐과 머튼은 기능론적 관점에서 일탈의 원인을 분석한다.
② 갈등론적 관점에 대한 설명이다.
③ 차별적 교제이론에 대한 설명이다.
④ (가)와 (나) 모두 일탈의 원인을 아노미로 본다.

9 ③

③ 준거집단은 개인의 신념, 태도, 행동 판단의 기준이 되는 집단으로 지우의 준거집단은 ㉠과 ㉢이다.
① 내집단은 자기 자신이 소속해 있으면서 그 집단의 구성으로 동일시하는 집단을 말한다. 지우는 ㉠에 소속해 있지 않으므로 내집단이 아니다.
② ㉡은 이익 사회이자 2차 집단이다.
④ ㉣은 결합의지에 따른 구분에 의하면 선택적 의지에 의한 이익 사회 집단이다.

10 ②

② 관료제의 역기능 중 목적전치 현상에 관한 설명이다. 어떤 목적을 효율적으로 달성하기 위하여 정해 놓은 절차와 방식이, 나중에는 목적은 잊혀진 채 절차와 방식을 갖추는 일에만 주력하게 되는 현상을 말한다.

11 ②

② 차별적 교제 이론에 관한 설명이다.

12 ④

(가) 사회명목론, (나) 사회실재론
①② 사회실재론에 관한 설명이다.
③ 사회명목론에 관한 설명이다.

※ 사회실재론과 사회명목론

	사회실재론	사회명목론
개 념	• 사회는 실재한다. • 사회는 개인의 합 이상이다.	• 사회는 없고, 개인이 있을 뿐이다. • 사회는 개인의 합이다.
사 회	• 사회는 견고한 실체다. • 사회는 사회를 구성하는 개인과 관계없는 나름대로의 성질을 가진다. • 사회는 개개인의 밖에 존재한다.	• 개인이 모인 것이 사회다. • 개인을 떠난 사회란 있을 수 없다. • 좋은 사회를 만들기 위해서는 개인을 교육시키면 된다.
개 인	• 개인은 사회의 그림자일 뿐이다. • 개인의 특징은 사회에서 영향을 받아서 만들어진 것일 뿐이다. • 개인은 사회에 종속되며 의존한다. • 개인은 사회(정당, 국가)의 지배를 받고 영향을 받는다.	• 사회의 핵심은 개인이다. • 사람 그 자체가 독립 변수다. • 역사를 움직이고 사회를 바꾸는 것은 개인들의 힘이다. • 개인이 사회라는 감옥에 갇혀 있는 것처럼 보이지만 그 사회를 만드는 것은 바로 개인이다.
한 계	• 인간을 꼭두각시로 비하시킨다. • 인간의 타율성과 수동성을 너무 강조한다. • 사회를 변화시키는 것은 지극히 어려운 일로 생각해 버린다.	• 인간의 힘을 너무 믿고 강조한다. • 모든 사회 문제를 개인의 문제로 보기 때문에 사회 문제를 해결하기 어렵다. • 부정부패 문제의 경우 개인적인 노력뿐만 아니라, 사회의 관습이나 제도를 개선해야만 고쳐질 수 있는 것이다.

13 ②

갑은 사회명목론을 을은 사회실재론의 관점에서 개인과 사회의 관계를 설명하고 있다.
② 사회명목론에 대한 설명으로 을의 관점과는 반대되는 것이다.
※ 사회명목론과 사회실재론
  ㉠ 사회명목론 : 사회는 개인의 단순한 합이며 오로지 이름으로만 존재한다고 주장하는 관점으로 집단은 그 구성원인 개인들이 가진 특징의 단순한 합에서 벗어나지 않으며 집단의 영향력은 개인에 의해 결정된다고 본다. 따라서 이들은 사회를 연구할 때 개인의 행위에 초점을 두며 문제를 잘 해결하기 위해서도 개인의 의식을 개선하는 것이 중요하다고 보기 때문에 당연히 개인의 권리를 더 중요시 여기고 사회 질서를 유지하기 위해 개인의 이익이 침해당하는 것은 용납하지 않는다. 이러한 관점은 사회계약설과 통한다고 볼 수 있다.
  ㉡ 사회실재론 : 개인들과 별개로 사회는 실제로 존재한다고 믿으며 사회를 구성하는 개인들의 합 이외에 'α'가 존재하기 때문에 사회는 단순히 개인의 합이라 할 수 없다고 주장하는 관점이다. 따라서 사회실재론에서는 사회를 연구하기 위해 그 구조나 제도에 초점을 두어야 하며 문제 해결을 위해서는 구조와 제도의 개선이 중요하다고 본다. 또한 사회질서나 공익은 개인의 이익보다 우선하기에 개인의 권리가 어느 정도 제한될 수도 있다고 본다. 이는 사회유기체설과 맥락을 같이 한다.

14 ⑤

⑤ 준거집단은 한 개인이 자신의 신념·태도 및 행동방향을 결정하는 데 준거기준으로 삼고 있는 사회집단이다.
① 내집단은 한 개인이 그 집단에 소속한다는 느낌을 가지며, 구성원 간에 우리라는 공동체 의식이 강한 집단을 말한다.
② 외집단은 내집단에 반하여 이질감이나 적대 의식을 가지는 집단을 말한다.
③ 공동 사회는 일반적으로 긴밀한 인격적 관계가 주축을 이루고, 사회의 모든 부면(部面)이 공동체 의식의 지배를 받는 사회를 말한다.
④ 이익 사회는 결합의 동기가 이해관계에 있고, 성원들의 선택의지에 의하여 이루어지는 사회를 말한다.

15 ①

[1차 집단과 2차 집단]

핵심풀이

(가)는 1차집단, (나)는 2차집단이다.
① 1차집단은 개인의 인성형성과 자아형성에 근원적인 영향을 준다.
※ 1차 집단과 2차 집단 : 구성원들 간의 접촉방식과 친밀도에 따른 구분〈쿨리(Cooley, C. H.)〉

	1차 집단	2차 집단
접촉방식 (친밀도)	직접적 대면접촉(친밀감, 강한 연대감)	간접적 접촉(형식적, 사무적 관계)
집단의 목적	관계(구성원간의 인간관계) 자체	특수 목적 달성
집단의 형성	대부분 자연적으로 형성(자연발생적)	대부분 인위적(의도적)으로 형성
집단의 크기	소규모	비교적 규모가 큼
인간관계 (다른 사람에 대한 지식과 관계)	포괄적, 인격적 인간관계 • 개인 고유의 사적인 관계 • 관계의 지속성	부분적, 공식적, 합리적 인간관계 • 편의적, 피상적, 계약적, 비인격적인 관계 • 특수한 이해관계를 바탕으로 한 수단적 만남
사회통제	도덕, 관습 등에 의한 비공식적 통제	법규, 규칙 등에 의한 공식적 통제
특성	1차 집단(원초집단)이라는 이유 • 개인의 인성형성에 근원적인 영향을 주고, 사회유지에 중요한 기능을 담당한다.	2차 집단이라는 이유 • 집단의 사회적 효과가 2차적이고, 1차 집단보다 나중에 발달된 인위적인 집단이다.
예	가족, 친족, 또래 집단, 놀이 집단, 촌락, 문중	학교, 회사, 정당, 시민단체, 노동조합, 군대, 국가

오답풀이

② 회사, 학교는 2차 집단의 예이다.
③ 현대사회에는 사회 관계가 복잡해지고 전문화됨에 따라 사회 집단의 비중과 기능이 1차 집단보다 2차 집단이 높아지고 있다.
④ 어떤 사회집단이든지 정도의 차이는 있으나 1차 집단과 2차 집단의 구분이 명료하지 않고, 회사에서 동료애, 군대에서 전우애 등과 같이 두 집단의 요소를 모두 가지고 있는 경우가 많다.

16 ①

[역할 갈등]

핵심풀이

역할 갈등의 종류에는 역할 긴장과 역할 모순이 있다.
• 역할 긴장 : 한 사람이 가지고 있는 하나의 지위에서 서로 상반되는 역할이 동시에 요구되는 경우에 발생하는 갈등 상태이다.
• 역할 모순 : 한 사람이 가지고 있는 두 가지 이상의 지위에 따라 여러 역할들이 서로 충돌하는 경우에 발생하는 갈등 상태이다.

오답풀이

(가) A는 친구의 지위에 따른 역할과 교통 경찰관의 지위에 따른 역할, 곧 두 가지의 지위에 따른 역할들이 동시에 요구됨으로써 발생하는 갈등상태이므로, 역할 모순이 된다.
(나) 교사는 교사라는 하나의 지위에서 학생들을 올바로 지도하기 위하여 엄격해야 한다는 역할과 학생들과 친구처럼 다정해야 한다는 역할을 동시에 요구받는 상황이므로, 역할 긴장이 된다.

17 ①

[사회화 기관]

핵심풀이

(A) 공식적 사회화 기관 : 학교, 직업훈련소
(B) 비공식적 사회화 기관 + 1차적 사회화 기관 : 가족, 또래집단
(C) 비공식적 사회화 기관 + 2차적 사회화 기관 : 대중매체, 동아리

※ 기관의 목적(형성목적)에 따른 구분

공식적 사회화 기관	• 사회화 자체를 주 목적으로 하는 기관 • 사회화를 체계적·계획적으로 수행	학교, 학원, 유치원, 직업훈련소, 교도소
비공식적 사회화 기관	다른 주된 기능(목적)을 수행하면서 보수적으로 사회화가 이루어지는 기관	가족, 회사(직장), 대중매체, 정당, 동아리

18 ④

[탈관료제 조직]

제시문은 탈관료제 조직이다. ④는 관료제 조직의 특징이다.

탈관료제 조직의 특징
• 급격한 환경 변화에 빠르게 적응하며 조직의 구성과 해체가 자유로움
• 수평적 관계로 자유롭고 효율적인 의사 소통 및 빠른 업무 처리 가능
• 개인과 조직의 경쟁력 강화
• 창의력 증진
• 구성원의 능력과 업적에 따른 보상

※ 관료제와 탈관료제 조직의 비교

구분	관료제	탈관료제
의사결정 방식	수직적, 상의하달식 의사소통	수평적, 하의상달식 의사소통
인간관계	수직적 관계	수평적 관계
조직형태	피라미드형(중간관리층 많음)	네트워크형(중간관리층 적거나 없음)
보상	연공서열(경력)에 따른 보상	(개인별, 팀별) 실적과 능력에 따른 보상
근무형태	획일적이고 엄격한 근무환경, 개인별 분화된 업무	비교적 자유로운 근무환경, 개인의 창의성과 자율성 중시

19 ③

[일탈 행동 이론]

(가) 아노미 이론 (나) 차별적 교제 이론
③ (가)는 기능론적 관점의 이론이다.

구분	관점	이론	일탈의 원인	대책
거시적 측면	기능론	아노미 이론	아노미 : 가치혼란·무규범(뒤르켐), 목표와 수단의 괴리(머튼)	사회적 합의에 바탕을 둔 규범정립
		사회병리론	집단·제도가 역할을 못함 (병리현상)	도덕교육의 강화와 올바른 사회화
		사회해체론	기존의 사회구조 해체	원래 기능의 회복
	갈등론	집단갈등론	지배집단이 정해 놓은 법과 규범과 상충되는 행동	사회구조 개혁
		가치갈등론	지배집단의는 가치에 벗어난 행동	
미시적 측면	상징적 상호작용론	차별적 교제 이론	일탈 집단과 접촉을 통해 일탈 행위를 학습	일탈 집단과의 교류 차단
		낙인 이론	사회적 낙인	낙인을 줄이고 신중하게 규정

① (가)아노미 이론은 아노미 현상(가치혼란·무규범, 목표와 수단의 괴리)을 일탈행동의 발생 원인으로 보고 있다.
②④ (나)차별적 교제 이론은 일탈행동의 발생 원인을 미시적 관점, 상호작용론적 시각에서 접근하고 있다.

20 ③

[사회문제의 원인]

사회문제의 원인을 사회 구조의 틀에서 찾는 이론 즉 거시적 관점에는 기능론과 갈등론이 있다.
A : 갈등론   B : 기능론   D : 갈등론
※ 거시적 관점 : 일탈의 원인을 사회구조의 틀에서 찾음 - 기능론과 갈등론

구분	기능론	갈등론
일탈 원인	• 사회적 규범이나 기준이 약화되거나 규범이나 기준에 대한 사회화가 실패한 경우 • 개인이나 집단의 욕구를 충족시킬 수단이 부족한 경우 • 사회 구성 요소들이 각각 주어진 기능을 수행하지 못한 경우	• 사회적 규범이나 법은 지배층의 이해가 반영되어 만들어지는 데. 이러한 법·규범에 상충되는 행위를 한 경우 • 지배 집단의 가치와 피지배 집단의 가치가 충돌했을 때, 지배 집단의 가치에서 벗어난 행동을 한 경우
해결 방안	• 사회 구성 요소들의 조화와 균형을 다시 회복 • 사회화, 재사회화	불평등한 사회 구조 및 제도를 개혁
관련 이론	아노미 이론, 사회해체론, 사회 병리론	집단 갈등론, 가치 갈등론

오답풀이

※ 미시적 관점 : 일탈의 원인을 개인들 간의 상호작용에서 찾음 – 상징적 상호 작용론

일탈 원인	일탈 행동의 본질은 그 자체의 특별한 속성에 있는 것이 아니라 그와 상호 작용하는 타자(타인)들에게 어떻게 보여지는가에 달려 있음→사람들이 일탈 행동이라고 규정. 타고난 비행 행위 유형은 존재하지 않음
해결 방안	재사회화, 신중한 규정, 부정적 낙인의 최소화
관련 이론	차별적 교제 이론, 낙인 이론

C : 낙인 이론, E : 상징적 상호 작용 이론

21 ③

[자발적 결합체]

핵심풀이

㉠ 자발적 결합체의 발생 배경
㉡ 자발적 결합체의 특징

※ 자발적 결사체

의미	공통의 이해관계와 관심이 있는 사람들이 공통의 목표를 위하여 자발적으로 만든 조직
등장 배경	현대 사회의 다원화와 이해관계의 복잡화 등으로 기존의 사회 조직이 해결하기 어려운 사회 문제가 발생 ☞ 자발적 결사체는 공동의 이해관계나 목표를 추구하기 위해서 선택의지에 의해 형성된 것이므로 이익사회에 해당한다(예 시민단체→공식조직, 이익사회).

종류	㉠ 친목 집단 : 구성원 간 친목을 다지거나 취미 활동을 함께 하기 위해 모인 집단 – 동창회, 향우회, 동호회, 팬클럽 ㉡ 이익 집단 : 직업별로 자기 집단의 이익을 지키기 위하여 모인 직업 집단 – 대한 변호사회, 의사회, 약사회, 노동조합, 전국경제인연합(전경련) ㉢ 시민 단체(공익 집단) : 각종 사회문제 해결이나 사회정의, 사회봉사 등에 관심을 갖는 집단 – 환경단체, 소비자 단체, ∞시민연대, YMCA, 그린피스(Green peace) 등 비정부기구(NGO)
특징	• 가입과 탈퇴가 자유롭다. • 구성원 각자의 자발적 참여를 통해 조직이 민주적으로 운영된다. • 조직 구성원들은 조직의 목표에 대한 신념이 뚜렷하고, 조직 활동에도 열성적으로 참여한다. • 대부분의 구성원들은 각자의 직장 및 학교생활 등을 하고 남은 시간을 이용하여 단체활동에 참여한다.
기능	1차적 인간관계와 2차적 인간관계가 공존 • 긴장 해소와 정서적 만족 • 개인적 관심과 이해 충족 • 사회의 다원화·민주화에 기여
문제점	• 배타적 특권 집단화 우려 • 집단이기주의 • 관료제적 폐단 • 소수 간부에 의한 운영

22 ③

[사회 구조를 보는 관점]

핵심풀이

갑의 관점은 기능론적 관점, 을의 관점은 갈등론적 관점이다.
㉡㉣ 갈등론적 관점

구분	기능론적 관점	갈등론적 관점
특징	• 사회는 서로 유기적, 상호 의존적 관계, 사회 유지와 통합에 기여 • 합의에 바탕을 둔 균형과 협동 강조 • 안정과 질서, 균형이 정상의 상태 • 사회 제도는 사회 체제의 유지 및 존속에 긍정적인 역할 • 사회 변동이나 개혁의 중요성 경시 • 급격한 사회 변동 설명 곤란 – 보수주의적 관점	• 사회는 갈등 관계, 사회 변동에 기여 • 갈등과 강제에 바탕을 둔 변동 강조 • 사회문제는 불가피한 현상 • 사회는 항상 의견대립과 긴장, 마찰, 갈등 상태 • 사회 제도는 지배 집단의 이해관계를 반영 • 사회의 존속과 통합을 간과, 협동과 조화 경시 • 사회의 안정적인 상황 설명곤란 – 진보주의적 관점

㉠㉢ 기능론적 관점

23 ③

[예기사회화]

핵심풀이

㉡㉣은 예기(예비) 사회화에 해당하는 사례이다. 만약 '한국에 시집와서 생활하고 있는 다문화 가정주부는 한국 사회에 적응하기 위하여 한국어와 한국문화를 배우고 있다.'라고 한다면 재사회화에 해당한다.
• **예기(예비) 사회화** : 앞으로 속하게 될 사회나 맡게 될 지위에 필요한 기술, 지식, 사회 규범 등을 미리 학습하는 과정. (예) 신입생을 위한 예비교육(OT), 이민 전에 그 나라의 언어·문화를 미리 익히는 경우, 결혼에 대비한 신부 수업

오답풀이

재사회화 : 사회의 변화나 새로운 환경에 적응하고자 새로운 지식, 기술, 규범, 가치 등을 배우는 과정 (예) 직장에서의 직업 훈련 (OJT : on the job training), 각종 사회교육단체에서의 평생교육, 대중매체를 통한 사회교육, 정보화 사회에 적응하기 위한 컴퓨터학습, 교도소에서의 재소자교육, 한국에 이민 온 외국인이 한국에 적응하기 위한 한국어 공부 – ㉠㉡㉣

24 ③

[개인과 사회를 보는 관점]

핵심풀이

갑은 사회를 사회실재론의 관점, 을은 사회명목론의 관점에서 보고 있다.
• **사회 실재론(社會 實在論)** : 개인은 사회를 구성하는 부분에 불과하며, 실제로 존재하는 것은 사회라고 보는 관점 – ㉠㉣
• **사회 명목론** : 사회는 개인들의 집합체에 붙여진 이름에 불과하고, 실제로 존재하는 것은 개인뿐이라고 보는 관점

	사회 실재론	사회 명목론
내용	• 사회는 독립적인 실체로서 독특한 특성을 가지고 있다. • 사회는 개인들의 삶을 좌우하고 규제하는 구속력을 가지고 있다. • 사회가 없으면 개인은 존재할 수 없고, 개인은 사회를 위해서 존재한다.	• 사회는 개인의 목표를 실현시켜주는 도구일뿐이며 명목상으로만 존재한다. • 사회에 대한 개인의 우월성을 강조한다. • 개인의 자율성 중시

특징	• 개인을 단지 사회를 구성하는 하나의 단위로 봄 • 사회는 개인의 합보다 크다.(사회)개인 + 개인 + 개인 + 개인) • 사회문제 원인을 사회 구조 탓으로 본다.	• 사회는 단지 개인의 총합에 불과하다. • 사회는 개인의 합과 같다.(사회 = 개인 + 개인 + 개인 + 개인) • 사회문제 원인을 개인 탓으로 본다.
관점	• 사회 유기체설 • 전체주의 사상의 이론적 토대	• 사회 계약설 • 개인주의, 자유주의적 사상의 이론적 토대
장점	사회통합에 기여	개인의 인권을 보장하고 민주주의 발전에 기여

오답풀이

사회명목론 ㉡㉢
※ **사회 실재론**
• 결혼시 상대방의 집안 내력을 잘 살펴봐야 한다.
• 선거시 입후보자의 소속 정당을 보고 투표한다.
• 청소년의 비행은 청소년에 유해한 환경 때문이다.
• 가족은 가정구성원의 사고와 행동을 지배하는 독립된 존재이다.
• 학습분위기는 그 학교의 전통에 달려있다.
• 사회문제를 해결하기 위해서는 사회구조와 제도의 개선을 주장한다.
• 도덕적인 사람들의 모임이라고 해서 꼭 도덕적인 것은 아니다.
※ **사회 명목론**
• 결혼 상대방의 인물 됨됨이가 중요하다.
• 선거시 입후보자 개인의 자질이나 능력을 보고 투표한다.
• 청소년의 비행은 청소년들의 잘못된 행동이나 의식 때문이다.
• 가족은 가족 구성원의 집합체에 불과하다.
• 학습분위기는 학생들의 자세와 태도에 달려있다.
• 사회문제를 해결하기 위해서는 구성원의 의식 개혁을 주장한다.
• 모임이 도덕적이기 위해서는 구성원 개개인이 도덕적이어야 한다.

25 ①

[소속 집단과 준거 집단]

핵심풀이

• **소속집단** : 자기가 실제로 소속된 집단
• **준거집단** : 개인의 판단이나 행동의 기준으로 삼는 집단. 준거집단은 소속집단일 수도 있고 아닐 수도 있으며, 준거 집단을 어디에 두느냐에 따라 일상생활에서 보여지는 태도나 행동이 다르게 나타날 수 있다.
㉠ 국내 프로팀(소속집단) 축구선수가 영국 명문팀(준거집단)과의 입단 계약을 앞두고 있다.

ⓛ 진급율이 높은 부대(소속집단)에 근무하는 장병들은 진급이 빠른 동료들(준거집단)과 비교하여 불만을 갖지만, 진급율이 낮은 부대(소속집단)에 근무하는 장병들은 진급이 늦은 동료들(준거집단)과 비교하여 불만이 적었다.

• 내집단(in-group ; 우리 집단) : 자신이 소속해 있으면서 자기가 그 집단의 일부라고 동일시하는 집단
• 외집단(out-group ; 그들 집단) : 자신이 소속되어 있지 않고 자신을 그 집단의 일부로서 동일시하지 않는 집단

26 ④

[사회적 상호 작용]

④ (다) 갈등 : 전쟁

구분	의미	특징	사례
협동	공동의 목표를 위해 업무를 분담하거나 서로 돕는 것	목표 달성에 따른 고른 분배, 평등한 참여 기회의 보장	두레, 품앗이, 근로자의 생산활동, 단체스포츠(축구)경기시 팀원 간의 활동
경쟁	동일한 목표를 먼저 달성하고자 하는 것	공정한 경쟁 규칙의 적용이 전제(fair play)	스포츠(축구)경기, 취직시험, 입시경쟁
갈등	목표나 이해관계가 상충되어 서로를 적대시하거나 싸우는 것	갈등 해결은 사회 발전을 가져올 수 있음	전쟁, 노사갈등

①② (가) 협동 : 두레, 품앗이
③ (나) 경쟁 : 축구경기, 취직시험

27 ④

[집단의 종류]

제시문은 (가) 비공식 조직, (나) 시민 단체이다.
④ (나) 조직의 규모가 확대됨에 따라 관료제화되어 관료제적 폐단이 나타날 수 있다.

① (가) 비공식 조직, (나) 시민 단체 모두 이익 사회에 해당된다.
② (가)는 구성원들에게 소속감 및 정서적 안정감, 만족감과 사기를 높여 공식 조직의 업무 수행에 효율성을 증진시킬 수 있다.
③ (나)는 공식 조직, 비공식적 사회화기관, 2차 집단에 해당한다.

28 ④

[사회 조직]

(가) 공식 조직이면서 공익을 추구하는 사회조직
(나) 공식 조직이면서 사익을 추구하는 사회조직
(다) 비공식 조직이면서 공익을 추구하는 사회조직
(라) 비공식 조직이면서 사익을 추구하는 사회조직
④ (라)의 활성화를 통해 (나)의 효율성을 도모하기도 한다. 예컨대 (라)사내 동호회같은 비공식 조직을 활성화하여 (나)회사 업무의 효율성을 도모하기도 한다.

① 시민 단체, 정부는 공식 조직이면서 공익을 추구한다.
② 영리를 목적으로 하는 회사는 공식 조직이면서 사익을 추구한다.
③ 자발적 결합체가 아닌 보통의 공식 조직은 비공식 조직보다 가입과 탈퇴가 자유롭지 못하다.

29 ④

[관료제 조직의 순기능]

관료제는 현대의 대규모 조직을 합리적으로 관리하는 방식으로서, 현대사회의 조직 중에서 가장 발달된 형태의 조직을 말한다.
(라) 관료제의 규칙과 절차는 개인의 창의성, 자율성을 허용하지 않는다.
(마) 환경 변화에 능동적으로 대처하기 어렵다.

관료제는 대규모화된 조직의 업무를 가장 효율적이고 합리적으로 처리할 수 있는 조직으로, 규정과 절차에 따라 업무가 이루어지므로 업무의 안정성과 지속성이 유지되며 고용 안정에 따른 구성원의 심리적 안정을 가져다 준다.

30 ①

[목적 전치 현상]

목적 달성을 위해 만들어진 업무절차나 규약에 치중하기 때문에 목적 전치 현상이 나타나고 있다.
• 목적 전치 현상 : 관료제의 특성인 과업의 전문화, 위계서열화, 규정과 절차 중시 등은 목표달성을 위한 수단에 불과한데도 그것들을 지나치게 강조한 나머지 본래의 목표보다는 수단들을 지키는데 주력하게 되는 경우

② 인간 소외 현상 : 관료제의 규칙과 절차는 개인의 창의성, 융통성, 자율성을 허용하지 않고, 구성원은 주어진 업무만을 획일적으로 반복하여 수행하는 수동적인 존재(객체, 조직의 부속품)으로 전락시키는 현상
③ 레드 테이프(red tape) 현상 : 행정 관료들이 형식과 절차만을 중시하여 일의 처리를 지연시키는 비능률적인 현상
④ 무사안일주의 : 창의적·능동적 업무 수행을 피하고 피동적·소극적으로 현상을 유지하여 책임을 지지 않으려는 경향

● **3. 문화와 사회**

1 ②

ⓒ 인터넷 해외 직접구매를 통해 새롭고 다양한 상품을 소비할 수 있게 된 것은 문화의 간접전파로 인한 문화변동에 해당한다.
ⓒ 법이나 제도가 문화변동의 속도를 따라가지 못해 문제점이 발생하는 문화지체 문제를 해결하려는 노력이 필요하다.
ⓐ 인터넷이 발달하면서 자발적 문화접변 현상이 증가하고 있다.
ⓔ 문화복고 현상은 제시된 상황과 관계없다.

2 ②

(가) 문화 동화, (나) 문화 융합
ⓒ (가), (나)에서는 문화의 반동과 복고 현상에 해당하지 않는다.
ⓔ (가), (나)는 외재적 요인에 의해서 발생한 문화 접변 사례에 해당된다.

3 ②

제시된 내용에 나타나는 문화 접변은 '문화 융합'이다.
① 새로운 문화가 탄생한 것이므로 융합에 해당한다.
③ 한국에 한의학 이외에 서양 의학이 들어와 있는 사례는 문화 공존이다.
④ 브라질 원주민들이 과거 주술적인 방식을 버리고 서양 의학에 의존하는 경우는 문화 동화의 사례이다.

4 ②

② (가)는 문화공존에 대한 도식으로 기존 문화와 새로 유입된 문화가 서로 공존하고 있는 경우 발생한다.

5 ③

㉠ 문화상대주의적 관점 ㉡ 자문화 중심주의적 관점
① ㉠과 같은 시각은 다양한 생활양식에 대한 관용적인 인식을 바탕으로 한다.
② ㉡과 관련 없는 보기이다.
④ ㉡은 오히려 자문화의 정체성이나 주체성을 강조할 우려가 있다.

6 ②

• 세계 각국에서 온 주방장들이 자국의 음식 맛을 그대로 살린 식당을 엶→㉠ 직접 전파
• 이주민→㉡ 자발적 문화 접변
• 한국 음식 문화와 외국 음식 문화의 공존→㉢ 문화 공존

7 ②

A는 문화 사대주의, B는 자문화 중심주의, C는 문화 상대주의이다.
㉠ 문화 사대주의는 자신의 문화를 무시하거나 낮게 평가하고 다른 문화만을 동경하거나 숭상하는 태도로 선진 문물의 수용에 기여할 수 있고, 자기문화의 낙후성을 개선할 수 있다.
㉡ 자문화 중심주의는 자신의 문화를 우월하게 생각하여 자기 기준으로 다른 문화를 평가하는 태도로 19세기 서구 열강들의 서구 중심적 가치관으로 다른 문화와의 마찰 가능성, 문화제국주의로 전락 가능성 등이 단점이다.
㉢ 문화 상대주의는 각 사회의 문화는 독특한 의미가 있기 때문에 문화 간 열등하거나 우월한 것을 평가할 수 없다는 태도로 타문화를 올바로 이해함으로써 문화 다양성을 보존할 수 있다.
㉣ 문화 이해 태도로 A관점과 B관점을 가진 사람에게는 부정적으로 인식되는 문화가 존재한다.

8 ③

[문화의 의미]

핵심풀이

③ 넓은 의미의 문화는 한 사회 구성원들의 생활양식 그 자체를 의미하므로 넓은 의미의 문화는 미개사회에도 존재한다.

오답풀이

① '개화된 것' '발전된 것'은 문화의 좁은 의미이다.
② 넓은 의미의 문화는 한 사회 구성원들의 생활양식 그 자체를 의미하지만, 문명은 그 지식과 기술의 발전단계를 뜻한다.
④ 넓은 의미의 문화에서는 문화는 평가의 대상이 아니며 수준의 우열을 가릴 수 없다.

9 ④

[문화의 속성]

핵심풀이

전체성(총체성) : 문화의 각 부분은 상호 유기적 관계를 가지고 있어서 문화의 어느 한 부분에 변동이 생기면 연쇄적으로 다른 부분에도 영향을 끼친다.

오답풀이

① 공유성 : 문화는 한 사회 구성원들이 공통적으로 가지고 있는 생활양식이다. 이것을 문화의 공유성이라 한다. 공유성 때문에 구성원은 특정한 상황에서 상대방이 어떻게 행동할 것인지, 또 서로에게 무엇을 기대할 수 있는지를 예측할 수 있으며 이를 통해 원활한 사회생활이 가능해진다.
② 학습성 : 문화는 유전적으로 물려받은 것이 아니라 사회화 과정을 거치면서 후천적으로 학습된 것이다. 인간의 문화적 특성은 출생후 성장과정에서 학습에 의해 얻어진다.
③ 축적성 : 한 세대에서 만들어진 문화는 다음 세대로 계승·전달되면서 축적이 된다. 인간의 학습 능력과 상징체계가 있기 때문에 축적이 가능하다.

10 ④

[문화의 축적성]

핵심풀이

㉠ 공유성   ㉡ 공유성   ㉢ 전체성(총체성)
• 축적성 : 한 세대에서 만들어진 문화는 다음 세대로 계승·전달되면서 축적이 된다. 인간에게 학습 능력과 상징체계(언어, 문자 등의 의사전달 수단)를 가지고 있기 때문에 지식 축적이 가능하다. - ㉣

오답풀이

• 공유성 : 문화는 한 사회 구성원들이 공통적으로 가지고 있는 생활양식이다. 이것을 문화의 공유성이라 한다. 공유성 때문에 사회 구성원들 간에 행동을 예측 가능하게 하여해 원활한 사회생활이 가능해진다. - ㉠㉡
• 학습성 : 문화는 유전적으로 물려받은 것이 아니라 사회화 과정을 거치면서 후천적으로 학습된 것이다.
• 전체성(총체성, 체계성) : 문화의 각 부분은 상호 유기적 관계를 가지고 있어서 문화의 어느 한 부분에 변동이 생기면 연쇄적으로 다른 부분에도 영향을 끼친다. 전체로서의 문화는 단순한 부분 문화의 합이 아니라 별도의 통일체로서 존재한다. 전체는 단순한 부분의 합이 아니라, 전체는 부분의 합보다 크다(시너지효과). - ㉢
• 변동성 : 문화는 시간을 통해서 보면 결코 고정 불변이 아니다. 우리 생활에 새로운 문화요소가 추가되기도 하고 또는 기존의 문화요소가 사라지면서 변화가 일어난다.

11 ④

[문화의 변동성]

핵심풀이

제시문은 문화는 고정 불변이 아니라 변동한다는 문화의 변동성에 대한 예이다.

오답풀이

① 공유성 : 공통적인 생활양식
② 학습성 : 후천적으로 학습된 것
③ 전체성 : 전체적으로 하나의 체계

12 ③

[문화 인식 태도]

핵심풀이

③ (나)에서 신부의 태도는 자신의 문화가 우수하다고 여기고 다른 문화를 업신여기는 자문화중심주의에 해당한다.

오답풀이

① 전체와의 연관 속에서 다른 문화 요소와의 상호 관련성을 파악하는 총체론적 관점에서 이해해야 한다.
② 그 사회의 역사와 환경을 이해하고, 그 사회의 특수한 맥락에서 이해하려는 문화 상대주의적인 태도를 가져야 한다.

④ (나)에서 신부들은 문화의 상대성을 인정하지 않고, 문화를 총체적으로 파악하지 못하였기 때문에 서유럽식 복식을 강요하였다.

13 ④

[극단적 문화 상대주의]

핵심풀이

제시문은 극단적 문화 상대주의의 예이다. 극단적 문화 상대주의는 각 문화의 상대성(특수성)을 지나치게 강조하여 인류의 보편적 가치마저 부정하는 문화현상에 대해서도 그 의미와 가치를 인정하려는 태도이다.
④ 인류의 보편적 가치를 해치는 이러한 비인간적인 행위에 대해서도 문화상대주의라는 이름으로 이해하고 넘어 갈 수는 없는 것이다.

오답풀이

올바른 문화상대주의는 인류의 보편적 가치를 침해하지 않는 범위 내에서 특수성을 인정하는 태도라고 할 수 있다.

14 ④

[발명, 발견]

핵심풀이

(A) 1차적 발명 : 활, 증기기관, 전화, 바퀴
(B) 2차적 발명 : 활을 이용한 현악기, 증기기관을 이용한 기차, 전화기를 컴퓨터와 조합한 스마트폰, 바퀴를 이용한 자동차
(C) 발견 : 만유인력법칙, 불, 비타민, 태양의 흑점, 퀴리 부인의 라듐

오답풀이

발명은 새로운 문화 요소를 만들어 내는 것이나, 발견은 알려지지 않았던 새로운 문화요소의 등장을 의미한다.

15 ②

[문화 변동의 원인]

핵심풀이

㉠ 문화 변동의 원인은 한 사회의 문화 체계 내부에서 문화 변동을 일으키는 요인이 발생하는 경우(내부적 요인-발명가 발견)와 한 사회의 문화 요소가 다른 사회로 전해져서 그 사회에 정착되는 경우(외부적 요인-문화 전파)가 있다.

㉣ 새로이 등장한 문화요소는 같은 문화 체계 안에서 한 지역에서 다른 지역으로 전파되어 나가기도 한다.

오답풀이

㉡ 외재적 요인에는 전파가 있다.
㉢ 이미 존재하고 있었지만 아직 세상에 알려지지 않은 문화 요소를 찾아내거나 알아내는 것은 발견이다.
㉤ 사회적 수용이 안될 때는 문화의 변동을 가져다 주지 못하고, 사회적 수용과 활용이 이루어질 때 문화를 변동시키게 된다.

16 ③

[문화 전파]

핵심풀이

㉠ 직접 전파 : 이웃하고 있는 두 문화 간의 직접적 접촉에 의한 전파
㉡ 자극 전파 : 다른 사회의 문화 요소로부터 자극을 받아, 아이디어(idea)를 얻어서 새로운 문화 요소를 발명
㉢ 간접 전파 : 대중 매체 등 매개체를 통한 전파
※ 문화 전파 : 한 사회의 문화 요소가 다른 사회로 전해져서 그 사회에 정착되는 현상

구분	내용	사례
직접 전파	이웃하고 있는 두 문화 간의 직접적 접촉에 의한 전파→이민, 전쟁, 교역 등을 통한 사람들 간의 왕래 등 인간에 의해서 이루어지는 전파	• 중국으로부터 한자나 유교가 우리나라에 전파된 것 • 백제인에 의한 우리 문화의 일본 전파 • 일제에 의해 식민통치를 받는 동안 일본말 교육이 이루어지고 창씨개명이 강요되는 등 일본문화가 직접적으로 전파된 것 • 우리나라 태권도 사범들이 직접 해외에 나가 태권도를 해외에 전파시킴 • 고종은 러시아 공사관을 통해 들어온 커피를 즐겨 마셨다고 한다. • 문익점은 원나라에서 귀국할 때 목화씨를 붓대 속에 숨겨 가져와서, 이를 재배시켰다.
간접 전파	대중 매체 등 매개체를 통한 전파→인쇄물, 라디오, TV 등을 통한 정보·사상 등의 전파	• TV드라마를 통한 아시아 지역의 한류 열풍 • 외국 청소년들이 인터넷으로 케이팝(K-POP) 뮤직비디오를 발견하고 유튜브, 트위터, 페이스북 등을 통해 음악을 접하는 것

자극 전파	다른 사회의 문화 요소로부터 자극을 받아, 아이디어(idea)를 얻어서 새로운 문화 요소를 발명 →전파와 발명의 결합	• 일본이 중국의 한자를 도입하여 만들어 낸 '가나' 문자 • 중국 한자의 영향을 받아 신라에서 만들어 낸 '이두문자' • 체로키 인디언이 알파벳을 본떠 만들어 낸 '세쿼야' 문자 • 서양에서 전파된 관현악을 우리의 전통음악에 접목시켜 새롭게 발명한 국악 관현악 • 서양에서 전파된 냉장고를 우리의 김치문화에 접목시켜 새롭게 발명한 김치냉장고 • 외래 종교(유불선)를 취합하여 만들어진 천도교
문화 융합	두 문화의 접촉으로 새로운 제3의 문화가 탄생하는 경우(A+B=C) ⑩ • 우리나라의 결혼식은 서양의 결혼식과 전통 혼례가 결합되어 서양식 예식이 끝난 후에는 한복을 입고 폐백을 드리는 전혀 새로운 형태의 예식 문화가 탄생. • 그리스문화가 오리엔트문화와 융합하여 새로운 범세계적 문화인 헬레니즘 문화가 탄생되었다. • 산신각과 칠성각(산신, 칠성신을 모시는 집)이 절에 세워짐→불교와 민간신앙의 결합 • 퓨전 음식(피자 만두, 떡볶이 스파게티, 불고기 버거, 김치 스파게티)→한식과 서양음식의 결합	

17 ③

[문화 변동의 결과]

핵심풀이

ⓒ **문화 융합** : 산신각과 칠성각(산신, 칠성신을 모시는 집)이 절에 세워진 것은 불교와 민간신앙의 결합이다.

오답풀이

① 일제 강점기 때 조선어학회 사건은 ② 문화 저항(복고운동)에 해당한다.
② 한국에 사는 중국인들이 차이나 타운에서 그들 고유의 문화를 유지하며 생활하고 있는 것은 ⑤ 문화 공존에 해당한다.
④ 미국의 인디언들은 고유의 문화를 잃어버리고 백인 문화에 흡수되어 오늘날 미국에서 인디언 문화를 찾아보기 어려운 현실은 ⓒ 문화 동화에 해당한다.

※ **문화 변동의 결과**

문화 공존 (병존)	서로 다른 사회의 문화가 한 사회의 문화 체계 내에서 함께 존재하는 경우(A+B=A, B) ⑩ 요를 깔고 생활하는 문화가 침대 문화와 함께 나타나는 것 • 한국이나 미국에 사는 중국인들이 인천 차이나타운이나, 워싱턴 차이나타운에서 그들 고유의 문화를 유지하며 생활하는 것 • 우리 나라에서 한의학과 서양의학이 별도로 존재하는 것
문화 동화 (흡수)	문화 접변으로 인해 한 사회의 문화가 다른 문화에 합쳐져서 해체되거나 소멸되는 경우(A+B=A) - 한 문화가 다른 문화에 완전히 흡수, 대치되는 현상(기존 문화 고유의 성격, 정체성은 상실) ⑩ • 미국의 인디언들은 고유의 문화를 잃어버리고 백인 문화에 흡수되어 오늘날 미국에서 인디언 문화를 찾아보기 어렵다. • 서구의 식습관(햄버거와 피자)에 동화

18 ③

[직접 전파]

핵심풀이

제시문의 문화 변동
• 외부적 요인에 의한 변동→전파
• 직접 접촉함으로써 발생→직접 전파, 자극 전파
• 새로운 문화 요소를 만들어 내지 않음→자극 전파가 아님

오답풀이

① 발명 ② 발견 ④ 자극 전파

19 ③

[문화의 접촉적 변동=문화접변]

핵심풀이

제시문에 나타난 문화변동은 성격이 다른 두 문화 체계가 장기간 전면적인 접촉을 함으로써 일어나는 문화의 외재적 변동(=문화의 접촉적 변동 = 문화접변) 중에서 강제적 문화접변에 대한 설명이다.
③ 수용하는 쪽의 문화 통합 정도가 강할 때, 자문화에 대한 문화정체성이 확고한 사회에서 문화저항(복고운동 · 거부운동)이 나타난다.

※ **강제적 문화접변**
③ 강제성을 띤 외부 압력에 의하여 일어나는 문화접변
ⓒ 전통 문화의 복고 운동이나, 문화를 거부하는 저항운동이 발생하기도 함
⑩ • 일제 강점기에 우리 민족 문화를 말살하기 위해 한국어 사용을 금지하고, 창씨개명(일본식 성과 이름으로 고치는 것)을 강요한 행위
• 미국 정부는 인디언을 보호구역(Indian Reservation) 내에 수용하고 이들의 풍속과 원래 말을 무시하고 영어를 배우도록 강요하였다.

① 지배 문화를 거부하거나, 전통 문화의 복고 운동
이 발생하기도 한다.
② 일제 강점기에 우리 민족 문화를 말살하기 위해
한국어 사용을 금지하고, 창씨개명을 강요한 행위
가 그 예이다.
④ 수용하는 쪽의 문화 통합 정도가 약할 때, 자문화
에 대한 문화정체성이 약한 사회에서 문화동화가
나타난다.

※ 문화저항과 문화동화

	수용하는 쪽의 문화 통합 정도, 자문화에 대한 문화정체성	
	강함	약함
강제적 문화접변	문화저항 (복고운동 · 거부운동)	문화동화

20 ②

[자발적 문화접변]

㉠ 문화 접변 : 중국 문화와 한국 문화가 오랜 시간 동안
전면적인 접촉을 통해서 이루어진 문화 변동이다.
㉢ 외재적 변동 : 두 문화체계(중국 문화와 한국 문화)
간의 접촉과 전파를 통한 문화 변동이다.
㉣ 문화 공존 : 교포 사회에서 중국 문화와 한국 문화
가 서로 공존하고 있다.

※ 자발적 문화접변 : 오랜 기간 동안 지속적인 접촉
(직접적인 접촉 또는 매개체를 통한 간접적 수단)
을 통해서 자연스럽게 일어나는 문화접변
• 새로운 문화에 적응하기 위해 스스로의 필요에 따
라 다른 사회의 문화 요소를 자기 사회의 문화 체
계 속으로 받아들여 나타나는 문화 변동
• 새로이 접하게 된 문화요소가 기존방식보다 더 효
과적이라고 판단될 때 사람들은 그런 문화요소를
자발적으로 수용하게 된다.
예 • 유학생, 이민자들이 거주할 나라의 문화를 수용
하는 경우
• 6.25전쟁 때 미군기지에서 대량의 인스턴트 커
피가 흘러나오면서 우리 나라 사람들이 커피를
애호하게 되었다.
• 중국과 러시아의 우리 동포 사회가 오랫동안 현
지의 요소들이 많이 추가되면서 점차 민족 문화
의 양식들이 변해가고 있는 것

㉡ 내재적 변동 : 한 문화 체계 내에서 발명, 발견을
통해서 이루어지는 문화 변동으로, 제시문에는
나타나 있지 않다.

㉺ 문화제국주의 : 지배적인 위치에 있는 한나라가 종
속적인 위치에 있는 다른 나라에게 자신들의 삶의
방식이나 자신들의 문화를 강제적을 수용하도록
함으로서 그 나라의 문화를 변화 시키는 것을 의
미. 선진국들이 영화나 음반, 식품 등 문화상품
(예 맥도날드 햄버거, 스타벅스 커피, 할리우드
영화 등)을 가지고 제3세계로 진출하는 것 등이
그 예이다. 제시문에는 나타나 있지 않다.

21 ①

[문화 변동과 그 양상]

① 발명에는 물질적 발명뿐만 아니라 종교, 신화, 이념
(이데올로기), 한글 창제 등 비물질적 발명도 있다.

② 전파는 외부적 요인에 의한 변동이다.
③ 장기간에 걸친 완만한 변동을 문화의 진화라 하고,
단기간에 걸쳐 급속히 확산된 문화 변동을 문화의
개혁이라 한다.
④ 종교, 가치관, 사회제도 등 비물질 문화(제도 문화)
는 도구, 주택 등의 물질문화보다 변동 속도가 느
리다.

22 ②

[대중문화의 순기능]

대중문화의 기능

순기능 (긍정적 기능)	• 일상에서 오락 및 여가문화로서의 기능 제공 • 지식과 정보의 대량 전달 가능 • 고급문화의 대중화에 기여 • 사회의 민주화에 기여, 대중 민주주의 정착
역기능 (부정적 기능)	• 문화의 상업성으로 선정적이고 폭력적인 문화 생산, 문화의 질적 저하 야기, 사회의 퇴폐화와 저속화, 배금주의적 가치 양산 • 문화의 획일성, 몰개성(개성 상실) • 대중의 주체성 상실 • 대중 조작 가능성 증대, 정치적 무관심 초래

㉡㉢ 대중문화의 순기능(긍정적 기능)

㉠㉣㉺㉻ 대중문화의 역기능(부정적 기능)

23 ④

[하위문화의 기능]

※ 하위문화의 기능

개인적 기능	• 전체 문화에서 누릴 수 없는 하위 집단 나름의 욕구 해결 • 하위 집단에 대한 소속감 형성 → 다른 집단과의 차별성 부여 • 하위 집단들의 정신적 지향점 제시
사회적 기능	• 전체 문화의 획일성 방지 → 문화의 역동성과 다양성 제공 • 전체 문화 내용의 일부를 차지하면서 전체 문화의 유지와 존속에 기여

② 하위 문화는 하위 집단에 대한 소속감을 형성하고 다른 집단과의 차별성을 갖게 해준다.
⑪ 하위 문화는 전체 문화의 획일성을 방지하여 문화의 역동성과 다양성을 제공한다.

㉠ 사회가 복잡해지면서 하위문화는 증가하고 다양해지고 있다.
㉡ 전체문화와는 다른 이질적이고 새로운 문화로, 그 사회 내의 소집단이 지닌 문화이다.
㉢ 전체 문화의 유지와 존속에 기여한다.

24 ②

[지역문화]

제시문은 지역문화에 대한 설명이다. 지역문화는 일정한 지역에 거주하고 있는 주민들이 공유하고 있는 문화이다.
㉡ 지역 주민의 정체성 확립과 유대감을 길러주는 역할을 하고, 다양한 지역문화로 한 국가의 문화 다양성을 지닐 수 있는 바탕을 제공한다.
㉢ 강릉 단오제, 이천 도자기 축제, 부산 국제 영화제, 보령의 머드 축제 등 강릉 단오제, 부산 국제 영화제 등 지역별로 그 지역적 특성을 반영한 다양한 문화축제나 문화행사를 갖는다.

㉠ 지역문화는 전체문화와는 구별되는 지역만의 특성을 갖고 있다.
② 지방자치제도가 정착되면서 지역문화에 대한 관심 증가하였다.

25 ③

[하위문화]

한 사회 내의 특정 집단 구성원들만이 공유하고 있는 문화를 하위문화 또는 부분문화라 한다. 하위문화는 지배적이고 다수적인 문화와는 다른 이질적이고 새로운 문화로, 그 사회 내의 소집단이 지닌 문화이다. 하위문화에는 지역문화, 세대문화(예 청소년 문화), 반문화(反文化; 예 범죄문화, 급진적인 종교문화, 히피집단의 문화 등), 계층문화 등이 있다.
• 하위문화(부분문화) – ㉡㉢㉤

한 사회 구성원이 대부분 공유하고 있는 문화를 전체문화 또는 주류문화라 한다. 전체문화에는 대중문화, 민족문화가 대표적인 예이다.
• 전체문화(주류문화) – ㉠②

4. 사회 계층과 불평등

1 ④

① 중위소득은 소득에 따라 가구의 순위를 매겼을 때 가운데 위치하는 가구의 소득이다.
② 절대적 빈곤율과 상대적 빈곤율이 동일할 경우 최저생계비와 중위소득의 50% 금액은 같을 수도, 다를 수도 있다.
③ 절대적 빈곤율은 감소하지만, 절대적 빈곤가구 수가 감소하는지는 알 수 없다.

2 ①

갑은 갈등론, 을은 기능론적 관점이다.
② 개인의 능력보다 가정의 배경을 중시하는 입장은 갈등론에 해당한다.
③ 교육을 통해 사회 구성원이 적재적소에 재배치된다고 보는 것은 기능론에 해당한다.
④ 갈등론과 기능론은 모두 거시적 관점에서 교육 제도를 바라보는 것이다.

3 ②

제시된 내용은 구성원들의 능력과 노력에 따라 다르게 분배된 사회적 희소자원으로 인해 사회계층화 현상이 불가피하다고 보는 기능론적 관점이다.
①③④ 갈등론적 관점에 대한 설명이다.

4 ②

② 문제의 조건에서 남성의 정규직 평균 임금은 지속적으로 상승하였다고 나와 있다. 그런데 정규직 평균 임금 대비 비정규직 평균 임금 또한 2012년에 비해 2013년에 상승하였다. 따라서 남성의 경우 전년대비 2013년의 평균 임금상승률은 비정규직이 정규직보다 더 높다고 할 수 있다.
① 여성의 정규직 평균임금의 상승폭을 알 수 없으므로 정규직과 비정규직의 평균 임금 차이를 알 수 없다.
③④ 표는 정규직 평균 임금 대비 비정규직 평균 임금만을 나타내고 있으므로 평균 임금을 수치를 비교할 수 없다.

5 ①

① 갑국의 대물림 인구는 2+25+10=37명으로 나머지 63명은 세대 간 이동을 하였다. 따라서 갑국의 세대 간 계층 이동 인구가 대물림 인구보다 많다.
② 부모와 같은 계층인 자녀의 수는 중층(25명)에서 가장 높게 나타난다.
③ 세대 간 상승 이동은 3+5+35=43명이고, 세대 간 하강 이동은 10+3+7=20명이므로 세대 간 이동은 상승 이동이 더 많다.
④ 부모계층은 피라미드형이고, 자녀계층은 다이아몬드형이므로 자녀계층이 더 안정적인 계층구조가 나타난다.

6 ④

제시된 글은 입시경쟁이 사회불평등을 더욱 심화시키고 지배질서의 재생산에 기여한다고 봄으로 갈등론적 관점에 해당한다.
㉠㉣ 기능론적 관점
㉡㉢ 갈등론적 관점

※ 기능론적 관점과 갈등론적 관점

기능론적 관점	갈등론적 관점
• 사회 구성요소들은 상호의존, 상호보완 관계에 있다. • 모든 구성원들은 사회 전체의 유지와 존속에 필요한 일들을 합의에 따라 분담한다.	• 사회 구성요소들은 서로 대립되거나 불일치한 상태의 상호모순적 관계에 있다. • 투쟁과 갈등은 사회 변혁의 원동력이다.
• 안정과 질서, 균형상태 강조 • 협동과 조화, 상호의존 관계 중시 • 제도와 규범의 준수 강조	• 개인, 집단 간의 갈등 현상에 주목 • 자본주의 계급착취, 갈등 관계 강조 • 변동과 발전, 개혁과 혁명에 관심

7 ①

갑은 '기능론'의 관점에서 사회 계층 현상을 바라보았고 을은 '갈등론'의 관점에서 사회 계층 현상을 바라보았다.
※ **사회 계층 현상** … 사회계층현상은 기능론과 갈등론으로 크게 나뉘는데 기능론에서는 사회 계층이 개인의 자질과 능력을 바탕으로 사회적 희소가치의 차등분배에 따라 합법적인 절차를 거쳐 발생하는 필연적이고 보편적인 현상으로 보는 반면, 갈등론에서는 권력이나 가정의 배경을 바탕으로 지배집단의 기득권 유지를 위한 노력을 통해 존속되는 것으로 보고 있다.
따라서 이러한 사회 계층화의 기능에 있어서도 기능론자들은 사회 계층화가 개인과 사회가 최선의 기능을 다하도록 함으로써 개인과 사회 양자를 유지 발전시킨다고 보는 반면, 갈등론자들은 사회계층화가 사회적 박탈감을 초래하여 집단 간의 대립과 갈등이 유발되고 이로인해 사회 발전이 저해된다고 보고 있다.

8 ②

㈎ 계층 체계 내에서의 개인의 위치 변화→개인적 이동
㈏ 사회 변동으로 기존의 계층구조가 변화됨으로써 나타나는 위치 변화→구조적 이동

9 ①

[계층과 계급 이론]

▶ 핵심풀이

① 베버의 다원론적 관점에서의 경제적 지위(계급)는 마르크스와 동일한 기준이다.

계급	계층
• 경제적 요소에 따라 서열화된 위치의 집단 • 일원론적 관점(마르크스) : 생산 수단의 소유 여부(경제적 계급) • 부르주아(자본가, 유산)계급와 프롤레타리아(노동자, 무산)계급〈비연속적·이분법적 개념〉→지배와 피지배 관계 형성 • 갈등과 대립 관계, 계급의식, 소속감, 적대감이 있음	• 비슷한 사회적 지위의 사람들끼리 묶은 집합 • 다원론적 관점(베버) : ① 계급(재산 ; 경제적 지위-마르크스와 동일한 기준) ②위신(명예 ; 사회적 지위) ③권력(정치적 지위) • 상층, 중층, 하층 〈범주화한 개념〉→ 각 계층들은 하나의 연속선상에 배열됨 • 대립이나 적대감 약함

▶ 오답풀이

② 계급보다 계층이 현대 사회의 다양한 불평등 현상을 설명하는 데 용이하다.

③ 계급은 생산수단을 소유한 사람, 소유하지 못한 사람 둘로 나눈 이분법적(비연속적) 개념이고, 계층은 높고 낮은 계층들을 수직으로 하나의 연속선상에 배열하고 있다.

④ 사회적 가치는 희소성 때문에 개인과 집단에 따라 다르게 분배될 수 밖에 없기 때문에, 사회가 아무리 발달해도 사회 계층화 현상은 사라지지 않는다.

10 ②

[사회적 소수자]

핵심풀이

사회적 소수자란 신체적 또는 문화적 특징 때문에 다수의 사회 성원들에게 차별을 받으며, 차별 받는 집단에 속해 있다는 의식을 가진 사람들이다.
㉠㉡㉢㉣㉤ 사회적 소수자 조건

오답풀이

㉢ 소수자 집단은 구성원의 수가 적다는 의미는 아니다.

㉥ 경제 수준이 낮은 것은 사회적 소수자 분류 조건이 아니다. 부유한 사람도 특정 인종, 민족, 지역, 종교 등의 이유로 사회적 차별의 대상이 될 수 있다.

11 ②

[사회 계층화 현상]

핵심풀이

제시문에서 어느 사회나 명예로운 위치와 그러지 못한 위치가 있기 마련인데, 그 각각의 위치에는 적절한 자질과 능력을 가진 사람들로 채워지게 되고 이에 따라 사회적 희소가치가 차등 분배되어 어느 사회에서나 불가피하게 계층화 현상이 나타난다는 주장은 기능론적 관점의 기본입장이다.

㉠ '차등적 보상은 개인의 자질과 능력 차이에서만 발생하지 않는다. 가정 배경, 출신 지역과 같은 요소에 대한 고려가 부족하다. 현재의 불평등한 상황을 합리화시켜 기득권층의 권익을 대변하는 보수적 시각이다.'는 주장은 기능론적 관점에 대한 비판이다.

㉡ 직업의 중요도에는 차이가 없으며, 어떤 사회집단이나 조직에 필요한 일이라면 그 중요성은 모두 같다고 본다. 예컨대 의사가 하는 일이 청소부가 하는 일보다 더 중요하다는 합리적 기준은 없으며, 의사가 하는 일이 더 중요하다는 것은 순전히 기득권 층이 그렇게 판단했기 때문이다. 사람들의 건강을 지켜주고 있는 점에서 사회에 똑같이 중요한 기능을 수행하고 있다. 즉 '직업에는 귀천이 없다'는 속담은 갈등론적 관점을 반영, 기능론적 관점을 비판한 말이다.

㉣ 개인의 자질과 능력보다는 권력이나 사회·경제적 배경 요인에 의해 차등하게 분배되고 있고, 강압적이고 불공정한 방식으로 이루어진다. 즉 '개천에서 용 나는 것은 어렵다'는 주장은 갈등론적 관점을 반영, 기능론적 관점을 비판한 말이다.

오답풀이

㉢ 사회 계층화는 개인과 사회가 최선의 기능을 하도록 하는 사회적 장치가 된다. 차등적 보상은 개인으로 하여금 더 많은 보상을 받기 위해 노력하려는 동기를 부여하게 되고, 이에 따라 개인의 능력이 향상하게 되며 개인과 사회 발전에 기여한다. 또한 뛰어난 인재들을 적재적소에 배치시킬 수 있게 한다. 예컨대 올림픽에서 금메달을 획득한 선수에게는 상금, 명성 등이 주어지기 때문에 혹독한 훈련을 견디어 낸다. 즉 '개천에서 용 난다'개천에서 용 날 수 있다'는 속담은 기능론적 관점을 반영한 말이다.

12 ③

[사회 이동]

핵심풀이

③ 사회 이동 방향에 따라 수직 이동(상승 이동과 하강 이동)과 수평 이동으로 구분한다.

오답풀이

① 부모, 자녀 간에 나타나는 계층적 지위 변화는 세대 간 이동이다.

② 구조적 이동과 개인적 이동은 이동 원인에 따른 구분이다.

④ 전쟁, 혁명, 산업화 또는 그 밖의 사회 변동에 따라 기존의 계층구조가 변함으로써 나타나는 계층적 위치 변화는 구조적 이동이다.

분류 기준	유형	내용
이동 방향	수평 이동	동일한 계층 내에서의 위치 변화
	수직 이동	계층적 위치가 상승하거나 하강하는 위치 변화(상승 이동과 하강 이동)
이동 기간	세대 내 이동	개인의 일생 동안에 계층적 위치가 변화하는 것
	세대 간 이동	부모에서 자녀로 이어지는 동안 계층적 위치가 변화하는 것
이동 원인	개인적 이동	주어진 계층구조 내에서 개인적 요인(능력, 노력)에 의하여 계층적 위치가 변화하는 것
	구조적 이동	전쟁, 혁명, 산업화 또는 그 밖의 사회 변동에 따라 기존의 계층구조가 변함으로써 나타나는 계층적 위치 변화

13 ③

[빈곤에 대한 관점]

핵심풀이

제시문은 기능론적 관점이다. 갈등론적 관점은 빈곤
문제의 원인을 사회구조에서 찾는 데 대해, 갈등론적
관점에서는 빈곤을 개인의 문제로 보고 있다.
ⓒ 빈곤 문제는 개인의 문제로 본다. – 기능론적 관점
ⓒ 빈곤층은 가난한 사람들이 갖는 공통의 가치, 태
도 및 행동, 즉 빈곤 문화를 형성한다고 본다. –
기능론적 관점
ⓜ 빈곤문제 해결을 위해서는 빈곤층의 재사회화, 자
활 의식 고취 등이 필요하다. – 기능론적 관점

오답풀이

㉠㉣ 빈곤 문제를 사회의 불공정한 분배 구조 때문
에 발생한다고 본다. – 갈등론적 관점

14 ④

[복지 국가]

핵심풀이

④ 오늘날 복지국가에서는 국가가 의료, 교육, 주택 등
사회보장 제도를 마련하여 인간다운 삶을 보장한다.

오답풀이

① 국가가 모든 시민에게 복지를 제공하는 보편적
복지는 사회 민주주의 국가에서 실현된다.
② 극빈자 층에게만 복지가 제공되는 것은 자유주의
사회이다.
③ 자유주의 사회에서는 복지 서비스가 시장 원리에
따라 시장에서 판매된다.

15 ①

[계층 구조]

핵심풀이

① ㉠ 피라미드형 계층 구조와 ㉡ 다이아몬드형 계
층 구조는 계층 구성원의 비율에 따른 구분이다.
피라미드형 계층 구조는 소수의 상층이 다수의
하층(계층 비율 구성 : 하층〉중층〉상층)의 형태이
고, 다이아몬드형 계층 구조는 중층의 구성원 비
율이 상·하층의 합보다 높은 경우(계층 비율 구
성 : 중층〉상층, 하층)이다.

오답풀이

② 중간 계층의 비율이 높아짐에 따라 사회가 안정
적인 것은 ㉡ 다이아몬드형 계층 구조이다.
③ 현대 복지 사회의 계층 구조는 다이아몬드형 계층
구조로, 하류 계층의 비율이 낮다는 것은 국민의
복지 수준이 높다는 것을 의미한다. ㉢과 ㉣은 현
실적으로 존재하지 않는다.
④ ㉢은 완전 불평등형이고, 부분 불평등형은 ㉠ 피
라미드형 계층 구조이다.

※ **계층구조의 유형**

수직적 계층 구조 (완전 불평등형)	모든 사회 구성원이 서로 다른 계층에 속해 일직선상에 상하로 배열되는 형태 – 현실적으로 존재하지 않음
피라미드형 계층 구조 (부분 불평등형)	• 계층 비율 구성 : 하층〉중층〉상층 • 소수의 상층이 다수의 하층을 지배하고 통제함 – 하층의 상대적 박탈감이 심하여 사회 통합이 어렵고 사회구조가 불안정함 • 근대 이전 사회의 계층 구조
다이아몬드형 계층 구조 (부분 평등형)	• 계층 비율 구성 : 중층〉상층, 하층(중층의 비중이 가장 높음) – 중층의 구성원 비율이 상·하층의 합보다 높은 경우(일반적으로 중층이 50% 이상의 비율을 차지하는 경우) • 중간 계층의 비율이 높음→사회가 안정적이고, 민주주의가 발전할 수 있는 여건 조성됨 • 하류 계층의 비율이 낮음→국민의 복지 수준이 높다는 것을 의미 • 현대 복지 사회의 계층 구조
수평적 계층 구조 (완전 평등형)	모든 사회 구성원이 같은 계층을 이루고 있어 가로로 배열되는 형태 – 현실적으로 존재하지 않음

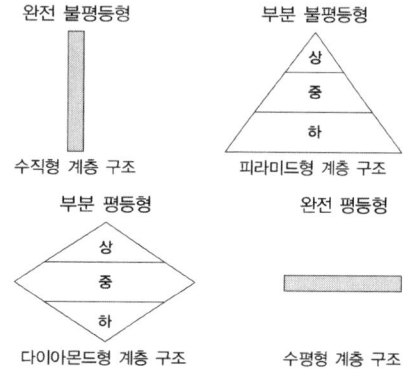

완전 불평등형   부분 불평등형
수직형 계층 구조   피라미드형 계층 구조
부분 평등형   완전 평등형
다이아몬드형 계층 구조   수평형 계층 구조

16 ④

[계층 구성 비율 변화]

A시기 : 타원형 계층 구조, B시기 : 표주박형(모래시계형) 계층 구조
④ 정보화의 부정적 효과와 복지정책이 미비할 경우 나타나는 것은 표주박형(모래시계형) 구조이다.

① 타원형 계층 구조는 다이아몬드형 계층 구조에서 중상층과 중하층의 인구비율이 증가한 형태이다. 즉 상층과 하층의 비율이 감소하고 중층이 상당히 두터운 구조이다.
② 중간 계층의 비율이 가장 높아서(중층이 80%이상) 가장 사회적 안정도가 높은 것은 A시기(타원형 계층 구조)이다. 안정적인 A시기 사회와 달리 B시기의 사회는 가장 불안정하다.
③ B시기의 계층 구조는 사회 양극화가 심화되어 중산층이 몰락할 때 나타난다.

※ 새롭게 등장한 계층 구조

타원형 계층 구조	• 다이아몬드형 계층 구조에서 중상층과 중하층의 인구비율이 증가한 형태 • 중간 계층의 비율이 가장 높음(중층이 80% 이상)→가장 안정적인 사회(복지사회가 지향하는 계층구조)
표주박형(모래시계형) 계층 구조	• 중간 계층의 비율이 가장 낮음: 중간 계층의 규모가 상층과 같은 수준이거나 더 작음, 사회 구성원 대다수가 하층을 차지함 • 가장 불안정한 사회 : 사회양극화(빈익빈 부익부 현상)가 극도로 심함

• 정보화와 복지정책이 긍정적 효과를 나타낼 경우 : 다이아몬드형에서 타원형구조로 변함
• 정보화의 부정적 효과(계층별 정보 격차), 복지정책이 미비할 경우 : 사회 양극화(빈익빈부익부) 심화, 중산층 몰락→표주박형(모래시계형) 구조가 나타나게 됨

타원형 계층 구조

표주박형 계층 구조

17 ③

③ 제시된 사례에서 사회적 지위(위신)는 높으나, 정치적·경제적 지위(권력, 계급)는 낮은 것처럼 개인이 차지하고 있는 경제적 지위(계급), 사회적 지위(위신), 정치적 지위(권력)가 일치하지 않는 현상을 지위 불일치 현상이라 한다.

※ **지위불일치 현상** : 개인이 동시에 몇 가지의 지위를 갖고 있을 때 지위들이 동등하게 평가되지 못하여 지위간에 균형을 유지할 수 없는 상태. 지위 불균형이라고도 한다. 돈은 많은데 권력이나 지위가 높지 않은 경우나 권력을 가진 자가 재산·소득 면에서는 높지 않은 경우 등이다.
㉎ • 시장에서 떡볶이 장사로 어렵게 평생 모은 돈 전부를 장학 재단에 기부한 경우〈경제적 지위 : 하층, 사회적 지위 : 상층〉
 • 주위에서의 평판도 좋지 않으며 교육수준도 낮은 사람이 갑자기 땅값이 오르는 바람에 졸부(벼락부자)가 되었다. 〈경제적 지위 : 상층, 사회적 지위 : 하층〉

① 개인이 차지하고 있는 정치적, 사회적, 경제적 지위가 일치하지 않고 있다.
② 갑돌이의 사회적 지위는 높으나, 정치적·경제적 지위는 낮다.
④ 지위 불일치 현상에 대해서는 계층 이론에서 설명이 가능하다.

18 ④

[사회 계층 현상을 보는 관점]

제시문은 갈등론적 관점이다. 계층이란 것이 지배집단의 기득권을 유지하기 위해서 불평등한 현상을 정당화하기 위한 인위적 현상이다. 예컨대 조선시대 양반, 중인, 상민, 천민 등의 계층구조가 형성되어 각 신분층의 권리와 의무를 차별하고 규제했는데, 이는 특권층인 양반의 기득권을 다른 계층 성원으로부터 지키기 위한 수단이었다고 주장한다.
④는 기능론적 관점이다. 자원배분은 사회구성원들의 합의와 동의에 의하여 이루어지며, 개인의 자질과 능력에 따라 사회적 합의를 거쳐 공정하고 합법적으로 이루어진다. 예컨대 의사나 교사가 되기 위해서는 일정한 자격과 임용절차를 거쳐야 하며, 그들의 자질과 능력에 따라 보상의 크기도 달라진다고 본다.

① 사회 지배집단이 기득권을 유지하기 위해서 만들어 낸 것이며, 다른 집단의 지위 향상의 기회를 차단함으로써 발생하는 것이라는 것은 갈등론적 관점이다.
② 사회적 희소가치의 분배는 자질과 능력보다는 권력이나 가정의 배경과 같은 요인에 따라 차등 분배되고 있다고 보는 것은 갈등론적 관점이다.
③ 사회 계층화는 희소가치가 불균등하게 배분되기 때문에 상대적 박탈감, 위화감 조성하고 구성원들 간에 대립과 갈등을 유발시키며, 궁극적으로 사회

변동의 원인이 되고, 사회 통합을 저해하여 오히려 사회발전에 장애가 되고 있다고 보는 것은 갈등론적 관점이다.

19 ①

[다이아몬드형 계층구조]

■ 핵심풀이

피라미드형에서 다이아몬드형 계층 구조로 바뀐 것은 신분제도의 철폐, 산업화로 인한 중산층(전문직, 관료, 사무직 등)의 확대, 의무교육의 확대, 사회 복지 제도의 확대 등이 계기가 되었다.

■ 오답풀이

ⓜ 신자유주의 정책은 경쟁을 강조함으로써 빈부 격차는 더 심해지고 복지혜택은 줄어든다.
ⓗ 경쟁위주의 교육은 경쟁력이 있는 사람과 그렇지 못한 사람 간의 격차가 심해진다.

20 ①

[사회 계층화 현상에 대한 관점]

■ 핵심풀이

①은 갈등론적 관점에 대한 설명이다.

■ 오답풀이

구분	기능론적 관점	갈등론적 관점
발생원인	사회적 희소가치의 차등분배에 의한 필연적 결과(보편적이고 불가피한 현상)	지배 집단의 기득권과 지배적 위치 유지 결과
가치 배분 기준	합의된 기준(자질과 능력), 구성원의 합의된 가치 반영	권력이나 가정 배경, 지배 집단의 가치 반영
가치 배분 절차	합법적 절차	권력과 강제
사회적 기능	차별적인 분배 체계는 개인과 사회의 최선 기능 유도→동기 부여, 개인 능력 향상, 사회 발전	계층은 상대적 박탈감, 집단 간 대립과 갈등 유발→사회 발전의 장애 요소
관련 속담	'개천에서 용 난다'	'직업에는 귀천이 없다' 갈등론적 관점을 반영

21 ②

[세대 간 계층 구조]

■ 핵심풀이

계층별 구성 비율이 부모 세대는 상층 17%, 중층 37%, 하층 46%이고, 자녀 세대는 상층 19%, 중층 51%, 하층 30%이다. 부모 세대는 피라미드형 계층 구조이고, 자녀 세대는 다이아몬드형 계층 구조이다.
② 자녀 세대에서 하층 비율이 줄어든 것으로 보아 복지 제도가 강화되었을 것이다.

■ 오답풀이

① 자녀 세대에서 중간층 비율이 늘었으므로(중층 37%→51%), 부모 세대보다 자녀 세대에서 사회적 안정도는 더 높다.
③ 수직 이동(상승 이동, 하강 이동)이 가능한 것으로 보아 개방적 계층구조에 해당한다.
④ 세대 간 이동 중 상승 이동(중층에서 상층 이동 2% + 하층에서 상층 이동 7% + 하층에서 중층 이동 20% = 29%)이 하강 이동(중층에서 하층 이동 8% + 상층에서 하층 이동 3% + 상층에서 중층 이동 4% = 15%)보다 비중이 높다.

22 ②

[사회보장제도]

■ 핵심풀이

② (가)와 (나)는 금전적, 물질적 지원을 통한 복지정책이다.

■ 오답풀이

① 사회보장의 이념 구현을 위해서 사회적 기본권이 강조된다.
③ 직장을 잃은 사람에게 실업 급여를 주는 것은 (가)에 해당한다.
④ 장애인 의무 고용제도는 (다)에 해당한다.

23 ④

[사회 보험]

■ 핵심풀이

대개 '~보험' '~연금'에 해당하는 것을 사회 보험으로 고르면 된다.

사회 보험	공공 부조	사회복지서비스
일정 수준 소득이나 재산이 있는 자(보험료 부담능력이 있는 자) → 납세자= 수혜자	생활 무능력자(보험료 부담능력이 없는 자) → 납세자≠수혜자	특별한 보호가 필요한 취약계층
사회적 위험에 대비	최저 생활 보장	정상적인 사회생활 가능하게 지원
• 강제 가입의 원칙 • 능력 부담의 원칙 • 공동 부담의 원칙 • 상호부조적 성격 • 근로의욕 고취	• 대상자의 자산 상황 등을 조사하여 대상자 결정 • 공비(公費)의 원칙 • 소득재분배 효과 • 근로의욕 상실	• 상담, 재활, 직업 소개 및 지도, 사회 복지 시설 이용 • 전문적인 지식과 방법 등을 활용
개인·기업·국가가 분담	전액 국가부담	공공부문 부담 + 민간 지원
금전적, 물질적	금전적, 물질적	비금전적, 비물질적 (원칙)
국민 건강 보험, 산업재해 보상보험, 고용 보험, 국민연금, 공무원 연금, 사학 연금, 군인 연금 등	의료 급여, 국민 기초 생활 보장 제도	장애인 복지, 아동 복지, 노인 복지, 여성 복지 등

24 ③

[사회 보장 제도의 유형]

A : 공공부조, B : 사회복지서비스, C : 사회보험
ⓒ 사회복지서비스는 사회보험 또는 공공부조와 동시에 이루어질 때만 효과를 볼 수 있어 보조적 사회 보장에 그친다.
ⓒ A와 B는 전 국민이 아니라 빈곤층에 한정되므로, C보다 수혜자 범위가 좁다.

㉠ 상호 부조 효과를 기대할 수 있는 것은 C이다.
㉢ C는 A에 비해 소득 재분배 효과가 크다. 공공부조는 고소득층의 세금으로 비용이 충당되므로 사회보험에 비해 소득 재분배 효과가 크다. 사회보험도 소득재분배 기능을 가지나, 공공부조에 비해서 소득 재분배 효과를 기대하기 어렵다.

25 ②

[사회 보험]

㉠ 일정한 조건에 해당하는 사람은 법에 의해 강제로 가입하도록 하고 있다.
㉤ 미래 위험에 대비함으로써 근로의욕을 고취한다.

ⓒ 국민 전체를 대상으로 하나, 모든 국민이 가입하는 것은 아니다. 보험료 부담 능력이 있는 일정한 조건에 해당하는 사람은 가입을 해야 한다.
ⓒ 보험료는 수혜자 개인과 기업 또는 국가가 공동으로 부담한다.
㉣ 상호부조적 성격의 비영리 보험이다.

● 5. 일상생활과 사회 제도

1 ①

(가)는 기초 연금으로 공공부조에 해당한다.
(나)는 노인 장기 요양 보험으로 사회 보험에 해당한다.
② 사회 보험은 가입과 탈퇴가 제한된다.
③ 기초 연금은 공공부조의 성격을 가진 제도이다.
④ 공공부조는 정부의 재정 부담 심화 및 근로 의욕 저하 등 복지병을 유발할 수 있다.

2 ③

①② 제시된 자료만으로는 알 수 없다.
④ A지역의 1세대 가구 비율은 40%이고, B지역의 1세대 가구 비율은 50%이므로, A지역보다 B지역이 더 높다.

3 ④

[확대가족과 핵가족]

① A지역의 확대가족 비율은 8.1%, 5.0%보다 더 크다.
② B지역의 핵가족 비율은 62.4%, 43.4%보다 더 크다.
③ 1990년 A지역의 확대 가족 수는 핵가족 수보다 적다.

4 ①

[사회 제도의 기능]

핵심풀이

① 종교제도 : 개인에게 삶의 의미나 방향 제시, 잘못된 행위의 규제
㉠ '삶의 수단 제공' 또는 '의미있는 삶의 수단적 기반 제공'이라고 했을 때는 교육제도의 기능이고, '삶의 의미나 방향 제시'라고 했을 때는 종교제도의 기능이다.

오답풀이

① 교육제도 : 지식과 가치 세대간 전달, 인재 육성, 사회구성원에게 삶의 수단 제공
② 가족제도 : 사회 구성원의 재생산(출생), 양육과 보호, 정서적 안정, 사회화 기능
③ 정치제도 : 사회 통합과 질서 유지, 사회 구성원의 안전 보호와 복지 증진
④ 경제제도 : 희소한 자원을 생산 · 분배

5 ③

[가족의 필수적 기능]

핵심풀이

③ 자녀의 출산을 통하여 사회 구성원을 지속적으로 충원함으로써 사회의 영속성을 보장하는 기능인 재생산기능과 개인의 사회생활에 필요한 기본적 생활양식과 사회적 규범 등을 학습시켜 사회에 적응시키는 기능인 기초 사회화(1차적 사회화 = 가정교육) 기능은 다른 기관에 모두 넘길 수 없는 가족의 필수적(핵심적) 기능이다.

※ 가족의 기능
• 사회 성원의 재생산 기능→가장 본질적 기능, 가장 중요한 기능
• 1차적 사회화 기능 (가정교육)→개인의 인성형성에 큰 영향
• 양육과 보호의 기능 (사회 보장 기능)
• 정서적 안정의 기능→인간소외가 심각한 문제가 되는 현대사회의 중요한 기능
• 성적 욕구의 충족과 규제 기능
• 경제적 기능
• 여가 및 오락적 기능
• 종교적 기능

6 ④

[가족의 기능]

핵심풀이

④ (라) : 사회 보장의 책임 주체가 가족에서 국가로 이전되어, 사회복지기관에서 담당한다.

오답풀이

① (가) : 사회의 영속성을 유지시키는 재생산 기능은 외부 기관에 분산될 수 없는 가족의 본질적 기능이다.
② (나) : 사회의 가치와 규범 등을 내면화시켜 사회에 적응시키는 사회화 기능은 학교와 대중 매체 등 대체 기관의 등장으로 약화된 기능이다.
③ (다) : 오늘날 생산은 기업이 담당하고 가족의 생산 기능은 거의 상실하였다.

※ 가족 기능의 변화
• 가치관 변화 및 대체 기관의 등장으로 약화된 기능 : 사회화 기능, 경제적 기능, 양육과 보호의 기능(사회 보장 기능)
• 현대 사회에서 강조되는 가족의 기능 : 사회 구성원의 재생산 기능, 정서적 유대 및 안정감 제공의 기능, 여가 및 오락적 기능
• 현대 사회에서 새롭게 강조된 가족의 기능 : 정서적 유대 및 안정감 제공의 기능, 여가 및 오락적 기능

7 ③

[핵가족 중심의 현대 가족]

핵심풀이

현대 가족(핵가족 중심) – ㉢㉣

오답풀이

전통 가족(확대 가족 중심) – ㉠㉡㉤

※ 전통 가족과 현대 가족

구분	현대 가족 (핵가족 중심)	전통 가족 (확대 가족 중심)
특징	• 산업화(공업화 · 도시화) 이후 보편화 • 부부간의 유대 중시, 횡적 관계	• 전통 농업사회에서 많이 나타남 • 가부장적 가족 구조, 종적 관계 • 가족의 결속과 유대 중시, 집단 중심
인간 관계	• 애정과 이해 • 상호간 개성 · 인격 존중 • 남녀 평등 • 횡적 관계 중시 • 자유주의, 개인주의 지배적	• 지배와 복종 • 가부장권 절대시 • 남존 여비 • 종적 관계 중시 • 권위주의, 희생주의 지배적 • 집단주의

장점	• 가족 구성원 간의 평등, 민주적 관계 • 개성과 창의성 중시, 여성의 지위 향상	• 가풍 계승 • 가족 구성원의 정서적 안정에 유리(심리적 안정감 부여)
문제점	자녀 양육문제, 노인 문제, 이혼 문제 발생	구성원의 개성과 창의성 발휘 곤란, 여성의 희생

8 ④

[가족 문제에 대한 관점]

핵심풀이

(갑)은 기능론적 관점, (을)은 갈등론적 관점이다.
④ 가족의 기능 회복을 위한 복지제도의 확충이 가족 문제의 해결 방안이라고 보는 것은 (갑)이다. 틀림

※ 가족 문제를 보는 관점

구분	원인	해결 방안
기능론	• 가족 구성원 사이의 역할 기대와 역할 수행 사이의 부조화 (가족의 기능이 원활치 못함) • 가족 구성원의 가치관이나 태도의 결함 • 일시적인 병리현상 예 부모의 실직으로 빈곤문제 발생, 가족에 대한 애정 부족으로 이혼문제 발생	• (의식개혁)올바른 가치관 및 태도에 대한 교육 • (제도개선)가족의 기능 회복을 위한 복지제도의 확충
갈등론	• 가족 구성원 간의 불평등 관계(갈등) • 남성 지배적인 가부장제	• (제도개선)가부장제 개선 • (의식개혁)남녀 평등 의식, 가족 내 민주적 의사 소통
상징적 상호작용론	특정 문제에 의미를 부여하는 과정에서 갈등이나 문제 발생 (전통적인 가족의 기능에서 벗어날 때, 비정상적인 것으로 낙인 찍음으로써 문제가 발생)	• 다양성을 존중하는 태도 • 변화하는 가족의 형태와 가족 구성원의 특성을 이해하는 태도
교환 이론	가족 생활을 통해 기대할 수 있는 보상이 자신의 기대에 미치지 못하는 경우 문제 발생	• 사회적으로 바람직한 선택에 대한 보상을 높임 • 부정적인 선택에 대한 제재를 강화함

9 ①

[대중매체]

핵심풀이

(가) 인쇄 매체, (나) 영상 매체, (다) 뉴미디어
① (가)는 자세한 심층 보도에 유리하다.

오답풀이

② (나)는 빠른 속도로 실제와 같은 현장감 있는 정보를 즉시 제공한다.
④ (가)와 (나)는 일방향 매체이고, (다)는 쌍방향 매체로서 대중(정보 수용자)이 정보 생산자로서 참여한다.
⑤ (다)는 (가)와 (나)에 비해 대중 조작, 여론의 왜곡 가능성이 낮다. 일방향적 매체에서 대중 조작 가능성이 높다.

※ 대중 매체의 유형

구분	특징	예
인쇄 매체	• 자세한 정보 전달 가능, 반복 활용 가능 • 정보 전달의 속도가 상대적으로 느림	신문, 잡지, 책
음성 매체	• 비교적 적은 비용으로 정보 제공 • 시각 정보의 처리가 어려움	라디오, 음반, 녹음기 등
영상 매체	• 빠른 속도, 실제와 같은 현장감 있는 정보 제공 • 영향력이 가장 높은 매체, 오락 기능이 뛰어남 • 인쇄 매체에 비해 자세한 정보 전달에는 한계	공중파 텔레비전, 유선 방송 등
뉴미디어	• 복합적인 기능을 갖춘 매체 • 정보의 상호작용성, 쌍방향 매체→대중 조작 가능성이 낮다. • 대중(정보 수용자)이 정보 생산자로서의 참여	인터넷, 소셜네트워크 서비스(SNS), 스마트 폰 등

10 ③

[학교 교육을 보는 관점]

핵심풀이

(가)는 기능론적 관점 (나)는 갈등론적 관점이다
③ 부조리한 사회 구조의 유지 수단으로 보는 것은 갈등론적 관점이다.

오답풀이

① 기능론은 성취적 요인을 갈등론은 귀속적 요인을 강조한다.
② 비용과 보상에 대한 개인의 합리적인 판단을 강조하는 것은 교환이론이다.
④ 기능론은 수직이동이 가능하다고 보는 입장이다.

1 ①

네트워크형 조직이 발달한 사회는 정보사회이므로, A는 정보사회, B는 산업사회이다.
① 중간 관리층의 역할은 관료제 조직에서 중시된다. 관료제는 산업사회의 조직형태이다.

2 ④

㉠ 정보 전달 과정에서 시간과 공간의 제약이 줄어든다.

3 ②

빈칸에 들어갈 이론은 '종속 이론'이다.
㉡ 종속 이론은 중남미의 경험을 바탕으로 한 것으로, 신흥 공업 국가들의 경제 발전을 합리적으로 설명할 수 없다.
㉢ 종속 이론은 후진국의 경제적 문제에 영향을 미치는 국제적 요인에 주목한다.

4 ②

[사회 변동]

■ 핵심풀이

② 순환론은 사회 변동이 특정 방향으로만 움직이는 것으로 보지 않고, 사회 변동은 생성, 성장, 쇠퇴를 반복한다고 본다. 진화론은 사회 변동이 일정한 방향으로 이루어진다고 본다.

■ 오답풀이

① 진화론과 순환론은 사회 변동의 방향에 대한 관점이다.
③ 기술 결정론과 문화 결정론은 사회 변동의 요인에 대한 관점이다.
④ 기술 결정론은 기술 발달이 정치·경제·사회 영역 및 인간의 의식 변화를 가져온다고 보고, 문화 결정론은 정신, 윤리, 가치관 등 비물질 문화가 정치·경제·사회의 변화를 가져온다고 본다.

5 ②

[사회 변동에 관한 관점]

■ 핵심풀이

제시문은 기능론(균형론)적 관점이다.

② 기능론(균형론)적 관점.

구분	특징	한계
기능론 (균형론)	• 사회가 균형을 유지하려고 조정되는 과정에서 사회 변동 • 사회는 각 부분이 원활히 기능을 수행할 때 균형과 안정을 이룸 • 사회는 질서와 안정성을 구조적 측면에서 설명하는데 유용	• 갈등과 변동을 설명하기에는 적합하지 않음 • 변화보다는 현상태의 유지를 중시하는 보수적 성향의 이론
갈등론	• 사회의 여러 부분이 대립하는 과정에서 사회 변동 • 사회 변동의 구조적 측면을 설명하는데 유용 • 기득권층이 다른 구성원을 지배함으로써 사회 질서를 유지하려고 함	• 사회 변동을 대립과 갈등으로만 설명 • 안정적인 사회 변동을 설명하지 못함

■ 오답풀이

①③④ 갈등론적 관점

6 ④

[진화론적 관점]

■ 핵심풀이

제시문은 진화론적 관점이다.

진화론	• 사회 변동은 일정한 방향→발전과 진보 • 사회는 단순한 것, 미신적인 것, 낡은 것→복잡하고 분화된 것, 합리적인 것, 새로운 것으로 변화 • 사회 변동→바람직한 것	모든 사회가 같은 방향으로 변화하지는 않음
순환론	• 사회가 특정 방향으로 움직이는 것은 아님 • 사회 변동→생성, 성장, 쇠퇴 반복 • 사회는 진보하기만 아니라 퇴보, 붕괴하기도 함 • 현대 사회가 전통 사회보다 모든 면에서 우월한 사회는 아님	• 사회 변동을 다소 비관적으로 봄 • 미래 사회 변동에 대해 예측, 대응하기에 적합하지 않음

④는 순환론적 관점이다.

■ 오답풀이

①②③ 진화론적 관점

7 ②

[인구 변천 양상]

② 제2단계 : 근대화 초기 유럽. 출생률은 높지만 의학 발달 등으로 사망률이 낮아 인구가 급증하는 단계

① 제1단계 : 산업 혁명 이전 사회
③ 제3단계 : 여성의 사회진출, 가족계획 등으로 출생률이 낮아져 인구 증가율이 둔화되는 단계
④ 제4단계 : 고도의 산업화가 이루어진 선진국

8 ④

[근대화 이론]

④ 수렴 이론은 공산권 국가들도 서구의 산업화 과정을 따라가 보면 궁극적으로 다원주의를 수용하게 되고 동서 진영 사회가 동질화되어 평화를 실현시킬 수 있다는 이론으로, 근대화 이론과 같이 서구 사회를 발전 모델로 제시한 이론이다. 근대화 이론에 대한 비판으로 등장한 것은 종속이론이다.
※ 근대화 이론과 수렴 이론〈서구사회를 발전 모델로 제시한 이론 : 진화론적 시각〉

		서구의 발전과정을 표준화된 근대화과정으로 보고, 후진국이 그 과정을 그대로 따라 갈 것이라 전제한다(근대화 = 서구화).
근대화 이론	특징	• 근대화를 진보적인 사회변동으로 이해한다. • 후진국은 선진국의 산업화 과정을 거치면 자연스럽게 민주적 정치제도, 합리주의적 생활양식 등의 확산을 통해 삶의 질을 향상시킬 수 있다고 본다.
	한계	• 개발도상국의 문화적 주체성 등 다양한 사회적 조건 무시 • 진화론적 관점을 전제로 하여 식민 지배를 정당화하는 논리로 이용됨
수렴 이론		공산권 국가들도 서구의 산업화 과정을 따라가 보면 궁극적으로 다원주의를 수용하게 되고 동서 진영 사회가 동질화되어 평화를 실현시킬 수 있다는 이론

① ㉠㉡ 모두 서구사회를 발전 모델로 제시한 이론으로, 진화론적 관점을 전제로 하고 있다.
② 근대화 이론은 서구의 발전과정을 표준화된 근대화과정으로 보고, 후진국이 그 과정을 그대로 따라 갈 것이라 전제한다.

③ ㉠은 문화제국주의를 합리화하기 위한 수단, 식민 지배를 정당화하는 논리가 될 수 있다.

9 ③

[정보 사회의 특징]

제시문은 정보 사회에 대한 설명이다.
※ **정보 사회** : 지식과 정보가 경제 활동을 비롯한 다양한 사회적 활동에서 중심적인 역할을 하는 사회로서, 정보와 지식이 가치 창출의 원천, 정보 산업 발달, 다품종소량생산방식 확대, 탈권위 탈중앙화 경향, 정보의 생산, 유통, 소비의 주체 불명확, 쌍방향적 특징, 의사결정의 분권화 경향, 사이버공간이나 통신매체를 통해 새로운 관계 증가 등을 특징으로 한다.
㉢ 노동 시간 단축으로 여가 시간이 증가한다.
㉣ 제품에 대한 요구의 증가로 다품종 소량 생산 방식이 발달한다. 소품종 대량 생산은 산업사회의 특징이다.
㉾ 정보사회에서 유연한 조직이 필요하게 되고, 탈관료제 형태가 등장하면서 중간관리층의 역할이 축소된다. 예 팀제

정보 사회

구분	내용
정치 분야	• 대의 민주주의의 단점을 극복한 전자 민주주의(직접 민주주의)의 실현 가능성 • 법률의 제정이나 정책 결정 과정에 국민의 적극적 참여 가능 • 권위주의적 관계가 수평적 관계로 전환→사회 전체의 민주화에 기여
경제 분야	• 재택근무 및 전자 상거래 활성화 • 소비자가 생산을 주도하며, 정보 관련 서비스업 증가 • 과학자, 연구원, 전문직, 고급 기술직 등 지식과 창의력이 요구되는 직업의 중요성 확대 • 제품에 대한 요구의 증가로 다품종 소량 생산 방식 발달

사회·문화 분야	• 온라인 상의 사회 집단 및 인간관계 발달 • 노동 시간 단축으로 여가 시간 증가 • 다양해진 사회 집단을 통해 자신의 의견 적극 표출 가능→사회의 다원화 • 개성과 창의성의 존중으로 네트워크형 조직 발달 및 중간 관리 층의 역할 축소

10 ④

[정보 사회의 문제점]

핵심풀이

ㄹ 대면적 관계 감소로 인하여 피상적 인간관계가 보편화되고 인간 소외 현상이 나타날 수 있다.
ㅁ 정보 기술의 발전과 사용자의 의식 수준의 격차로 인해 문제(문화 지체 현상)가 발생할 수 있다. 예, 인터넷의 익명성 악용한 비방, 사이버 사기, 해킹, 타인의 창작물 무단 복제, 유포 등

※ **정보 사회의 문제점**

구분	내용
정보 격차	• 희소하고 중요한 정보에 접근할 수 있는 사람은 제한 • 정보 소유, 활용능력 차이로 빈부 격차 발생
정보 유출	개인의 인적 사항, 비밀번호 등과 같은 정보가 유출→사생활 침해, 인권침해, 범죄에 악용
정보의 오·남용	대량의 정보 홍수로 양질의 지식과 정보를 판단하기 어려우며, 인간의 사고와 행동이 특정 정보에 의해 좌우될 수 있음
정보 윤리 문제	• 정보 기술의 발전과 사용자의 의식 수준의 격차로 인해 문제 발생→문화 지체 현상 • 인터넷의 익명성 악용한 비방, 사이버 사기, 해킹, 사이버 테러 • 타인의 창작물 무단 복제, 유포 등 지식 재산권 침해 문제
인간 소외 현상	인터넷을 통한 게임, 쇼핑 등으로 인해 대면적 관계 감소→건강한 사회적 관계 형성에 장애 요인, 피상적 인간관계 보편화

11 ②

[종속이론, 신근대화 이론]

핵심풀이

㉠ 종속이론, ㉡ 신근대화 이론
② 종속이론은 제3세계 국가들이 '미발전 상태'(발전 이전의 상태, 발전을 시작하지 않은 상태)가 아니라 '저발전 상태'(발전의 한계상황, 더 이상 발전이 불가능한 상태)에 있다고 주장한다.

오답풀이

① 종속이론은 제3세계 국가들이 발전하지 못하는 것은 선진 자본주의 국가에 종속되어 잉여 생산물을 착취당하기 때문이라고 본다.
③ 종속이론은 특정 지역 국가(중남미)의 사례에만 국한된 이론으로 한국 등 신흥 공업국에는 잘 적용되지 않는다.
④ 종속이론, 신근대화 이론 모두 근대화론에 대한 비판과 수정이론이다.

※ **종속이론과 신근대화 이론**〈서구사회를 발전 모델로 제시한 이론에 대한 비판과 수정이론〉

종속이론	서구식 근대화 모델(근대화 이론)을 저개발국에 적용하는 것을 비판한다.	
	특징	• 중남미(라틴아메리카) 국가들이 서구의 경제발전 방식을 도입했지만 '저발전 상태'에 머물고 있는 점을 설명 • 저개발국가가 선진국에 종속이 되어 착취당하기 때문에 저발전의 상태에 머무르고 있으며, 자국산업을 중심으로 독자적인 발전을 도모해야 한다고 주장 • 제3세계는 '미발전 상태'가 아니라 '저발전 상태'에 있음
	한계	• 서구식 근대화를 통하여 경제성장에 성공한 동아시아 국가(한국 등 신흥 공업국)에 대해서는 설명하지 못함 • 특정 지역 국가(중남미)의 사례에만 국한된 이론
신근대화 이론	• 근대화 이론의 한계를 극복하기 위해 등장하였다. • 전통과 근대성의 조화 : 전통사회와 근대사회를 대립적인 것으로만 보지 않고 전통와 근대의 공존 및 보완관계를 강조한다. • 근대화의 모델은 서구적인 것 이외에도 다양하게 존재할 수 있음을 인정	

12 ③

[정보 사회]

핵심풀이

③ 소품종 대량생산에서 다품종 소량생산으로 생산 방식이 전환되고 있다.

오답풀이

① 정보사회는 부가 가치의 창출 원천을 지식과 정보로 본다.
② 전자 민주주의의 발달로 국민이 직접 정치에 참여할 수 있게 된다.
④ 직접적 대면적 접촉이 감소하고 사이버 공간을 통한 접촉이 이루어진다.

PART
03

최근기출문제
분석

2017. 3. 18 제1회 서울특별시 시행

1 국제법의 법원 A, B에 대한 설명으로 옳은 것은?

> A : 서로에게 일정한 행위를 하거나, 혹은 하지 않을 것을 내용으로 하는 국제법 주체 간의 문서 형식의 합의
> B : 국제 사회의 반복적인 관행이 국제 사회에서 법 규범으로 승인되어 효력을 가지게 되는 관습 법규

① 우리나라의 경우 A의 체결권은 대통령, 비준권은 국회에 있다.
② 우리나라가 체결한 모든 A는 국회의 동의가 있어야 국내법과 같은 효력이 인정된다.
③ B는 원칙적으로 이를 승인한 국가에만 법적 구속력이 발생한다.
④ 국내 문제 불간섭, 외교관의 면책 특권은 B로 분류된다.

> **TIP** A 조약, B 국제관습법
> ① 우리나라의 경우 조약의 체결권과 비준권은 대통령에 있다. 국회는 조약의 체결 및 비준에 관한 동의권을 가진다.
> ② 헌법 제6조 제1항에 따르면 헌법에 의하여 체결 · 공포된 조약과 일반적으로 승인된 국제법규는 국내법과 같은 효력을 가진다. 따라서 모든 조약이 국회의 동의가 있어야 효력이 인정되는 것은 아니다.
> ③ 국제관습법은 국제사회의 모든 국가에 대하여 법적 구속력이 발생한다.

Answer
1.④

2 표는 대표 선출 방식 A~C를 나타낸 것이다. 이에 대한 설명으로 옳은 것은? (단, A~C는 각각 다수 대표제, 소수 대표제, 비례 대표제 중 하나이다.)

대표 선출 방식 질문	A	B	C
각 정당의 유효 득표 비율에 따라 의석을 배분하는가?	예	아니오	아니오
소수당의 의회 진출 가능성을 높을 수 있는가?	예	아니오	예

① A는 B에 비해 선거 절차와 방법이 복잡하다.
② B는 A에 비해 정당 득표율과 의석률 간의 차이가 적다.
③ B는 C와 달리 다당제를 촉진한다.
④ C는 B에 비해 사표가 많이 발생한다.

> **TIP** A 비례 대표제, B 다수 대표제, C 소수 대표제
> ① 비례 대표제는 다수 대표제에 비해 선거 절차와 방법이 복잡하다.
> ② 다수 대표제는 최다 득표자 한 명만 당선되기 때문에 정당 득표율과 의석률 간의 차이가 크다.
> ③ 다수 대표제는 양당제를, 소수 대표제는 다당제를 촉진한다.
> ④ 다수 대표제는 최다 득표자 이외의 후보에게 투표한 유권자의 표는 모두 사표가 된다. 소수 대표제는 한 선거구에서 여러 후보가 당선되므로 사표가 상대적으로 적게 발생한다.

3 다음에 제시된 자료와 관련된 설명으로 가장 옳은 것은?

> 【제1조】 라이히 법률은 라이히 헌법이 규정하고 있는 절차에 의하는 외에, 라이히 정부에 의해서도 의결될 수 있다.
> 【제2조】 라이히 정부가 의결하는 법률에는 라이히 헌법과는 다른 규정을 둘 수 있다.
> – 1933년 3월 24일 「국민 및 국가의 위기 극복에 관한 법률」

① 실질적 법치주의에 대한 설명이다.
② 국민의 자유와 권리 보장이 목적이었다.
③ 사법권의 독립, 탄핵 심판 제도 등은 위 법률과 관계 깊은 제도이다.
④ 통치의 합법성만을 강조하였고, 독재자의 전제를 견제할 수 없었다.

> **TIP** 제시된 자료는 독일의 수권법에 대한 내용이다. 히틀러와 나치는 이 법을 통과시켜 실질적으로 국가의 모든 권력을 장악하였다.
> ① 수권법은 형식적 법치주의이다.
> ② 수권법은 독재 체제를 정당화시켜준 것으로 국민의 자유와 권리를 보장하는 것은 목적이 아니었다.
> ③ 사법권의 독립, 탄핵 심판 제도 등은 실질적 법치주의와 관계 깊다.

4 다음 사례에 대한 법적 판단으로 옳은 것은?

> • 갑이 운영하는 커피 전문점에서 아르바이트를 하던 을은 실수로 뜨거운 음료를 쏟아 손님에게 화상을 입혔다.
> • 병 소유의 상가를 빌려 피자 가게를 운영하던 정의 가게 간판이 떨어져 행인이 크게 다쳤다.

① 을의 행위에 고의가 없었으므로 불법 행위가 성립하지 않는다.

② 갑의 불법 행위 책임이 인정되더라도 을은 불법 행위 책임을 진다.

③ 병과 정은 공동 불법 행위 책임을 진다.

④ 을과 정의 불법 행위에 대하여 갑과 병은 과실 책임을 진다.

> **TIP** ① 과실에 의한 경우도 불법 행위가 성립한다.
> ③ 공작물의 설치·보존에 하자가 있어 그것으로 인하여 타인에게 손해를 가했을 때에는 1차적으로 공작물의 점유자인 정에게 책임이 있다. 다만, 점유자가 손해의 발생에 충분한 주의를 했음이 인정될 경우 2차적으로 공작물 소유자가 책임을 지게 된다.
> ④ 사용자 배상 책임은 기본적으로 사용자의 과실을 전제로 하는 과실 책임이다. 반면 공작물의 소유자 책임은 무과실 책임이다.

5 헌법 기관 A에 대한 설명으로 옳은 것은?

> 과거에는 '개인의 성과 본관이 같은 사람끼리 결혼을 할 수 없다.'는 민법 조항으로 인해 동성동본(同姓同本) 사이에 혼인을 할 수 없었다. 이에 대해 A 은/는 동성동본 혼인을 일괄적으로 금지하는 민법 조항에 대해 '인간으로서의 존엄과 가치 및 행복추구권'을 정한 헌법의 이념과 평등의 원칙에 어긋난다며 헌법에 합치하지 않는다는 결정을 내렸다.

① 사법부의 최고 기관이다.

② 위헌 법률 심판 제청권을 가진다.

③ 국가기관 상호 간의 권한에 대한 다툼을 심판한다.

④ 법률이 정한 공무원에 대한 탄핵 소추를 의결한다.

> **TIP** A는 헌법재판소이다.
> ① 사법부의 최고 기관은 대법원이다.
> ② 위헌 법률 심판 제청권은 법원(대법원, 고등법원, 지방법원)의 권한이다.
> ④ 탄핵 소추 의결권은 국회의 권한이다. 헌법재판소는 탄핵 심판권을 가진다.

**Answer**

2.① 3.④ 4.② 5.③

6 다음 법률 조항에서 강조되는 우리나라 헌법의 기본 원리에 대한 설명으로 옳은 것은?

> • 이 법은 환경보전에 관한 국민의 권리 · 의무와 국가의 책무를 명확히 하고 환경정책의 기본
> 사항을 정하여 환경오염과 환경훼손을 예방하고 환경을 적정하고 지속가능하게 관리 · 보전함
> 으로써 모든 국민이 건강하고 쾌적한 삶을 누릴 수 있도록 함을 목적으로 한다.
> – 「환경정책기본법」제1조
> • 이 법은 헌법에 의한 근로자의 단결권 · 단체교섭권 및 단체행동권을 보장하여 근로조건의 유
> 지 · 개선과 근로자의 경제적 · 사회적 지위의 향상을 도모하고, 노동관계를 공정하게 조정하여
> 노동 쟁의를 예방 · 해결함으로써 산업평화의 유지와 국민경제의 발전에 이바지함을 목적으로
> 한다.
> – 「노동조합 및 노동관계 조정법」제1조

① '국가로부터의 자유'를 실현하기 위한 원리이다.
② 실질적 평등보다 형식적 평등을 실현하기 위한 것이다.
③ 국가가 문화 활동의 자유를 보장해야 한다는 원리이다.
④ 모든 국민의 인간다운 생활을 보장하기 위한 국가의 적극적인 역할을 강조한다.

> **TIP** 제시된 법률 조항은 사회적 기본권에 해당한다.
> ① 사회적 기본권은 국가에 의한 자유이다. 국가로부터의 자유는 자유권과 연결된다.
> ② 사회권적 기본권은 복지 국가의 실현과 관련 있다. 이는 실질적인 평등을 위한 것이다.
> ③ 국가가 문화 활동의 자유를 보장해야 한다는 것은 문화 국가의 원리이다.

7 다음 민간 경제의 순환에 대한 설명으로 옳은 것은?

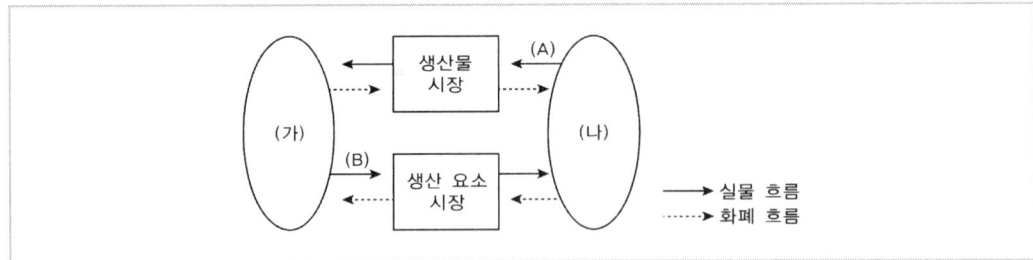

① (가)는 생산 활동의 주체이다.
② (나)는 효용의 극대화를 목적으로 한다.
③ 재화와 서비스는 (A)에 해당된다.
④ (B)에는 국방, 치안, 기상 정보 등이 해당된다.

TIP (가) 가계, (나) 기업, (A) 생산물, (B) 생산 요소
① 가계는 소비 활동의 주체이다. 생산 활동의 주체는 기업이다.
② 효용의 극대화를 목적으로 하는 것은 가계이다. 기업은 이윤의 극대화를 추구한다.
④ 국방, 치안, 기상 정보는 국가에서 제공하는 서비스로 (A), (B) 둘 다 아니다.

8 다음 사례에 대한 법적 판단으로 옳은 것은?

> A씨는 온라인에서 온수매트를 구입하였고 사용 설명서에 기재된 내용에 따라 정상적으로 온수 매트를 사용하고 있었다. 그런데 온수 조절 밸브의 고장으로 인하여 물이 새어나와 거실의 원목 마루가 들뜨고 뒤틀리는 피해를 입게 되었다. 그는 제조사를 상대로 손해 배상을 요구했지만 제조사는 사용상의 잘못이 있었을 것이라며 손해 배상을 거부하고 있다.

> ㉠ 제조사가 당시 기술적 수준으로 결함의 존재를 발견할 수 없었어도 제조사에게 책임을 물을 수 있다.
> ㉡ 제조물 책임법에 의하면 소비자가 제조업자의 과실을 입증하지 않고도 피해를 보상받을 수 있다.
> ㉢ 손해를 배상받기 위해 피해자는 피해 사실 및 손해 배상 책임자를 알게 된 때로부터 3년 이내에 청구해야 한다.
> ㉣ 제조사에게 있어 배상 의무의 범위에는 제조물 자체 및 피해자의 손해가 해당된다.

① ㉠, ㉡   ② ㉠, ㉢
③ ㉡, ㉢   ④ ㉡, ㉣

TIP ㉠ 제조물 책임법에 따르면 제조사의 제조물 책임은 무과실 책임이다. 다만 제조사가 제조물을 공급한 당시 기술적 수준으로 결함의 존재를 발견할 수 없었다는 사실을 입증하면 면책사유가 된다.
㉣ 제조업자는 제조물의 결함으로 생명·신체 또는 재산에 손해(그 제조물에 대하여만 발생한 손해는 제외)를 입은 자에게 그 손해를 배상하여야 한다.
※ **면책사유**〈제조물 책임법 제4조 제1항〉… 손해배상책임을 지는 자가 다음 각 호의 어느 하나에 해당하는 사실을 입증한 경우에는 이 법에 따른 손해배상책임을 면한다.
㉠ 제조업자가 해당 제조물을 공급하지 아니하였다는 사실
㉡ 제조업자가 해당 제조물을 공급한 당시의 과학·기술 수준으로는 결함의 존재를 발견할 수 없었다는 사실
㉢ 제조물의 결함이 제조업자가 해당 제조물을 공급한 당시의 법령에서 정하는 기준을 준수함으로써 발생하였다는 사실
㉣ 원재료나 부품의 경우에는 그 원재료나 부품을 사용한 제조물 제조업자의 설계 또는 제작에 관한 지시로 인하여 결함이 발생하였다는 사실

 **A**nswer
6.④ 7.③ 8.③

9 우리나라 대통령과 행정부에 대한 설명으로 옳은 것끼리 묶인 것은?

> ㉠ 행정 각 부의 장은 국무 위원 중에서 국무총리의 제청으로 대통령이 임명한다.
> ㉡ 감사원장은 국회의 동의를 얻어 대통령이 임명하고 그 임기는 4년이다.
> ㉢ 대통령은 긴급 재정·경제 처분 및 명령을 발포 후 국회에 보고하여 동의를 얻어야 한다.
> ㉣ 국무 회의는 정부의 권한에 속하는 중요한 정책을 의결한다.

① ㉠, ㉡
③ ㉡, ㉢

② ㉠, ㉡
④ ㉡, ㉣

> **TIP** ㉢ 대통령은 긴급 재정·경제 처분 및 명령을 발포 후 국회에 보고하여 <u>승인</u>을 얻어야 한다.
> ㉣ 국무 회의는 정부의 권한에 속하는 중요한 정책을 <u>심의</u>한다.

10 다음 그림은 부동산 매매 절차를 나타낸 것이다. ㈎~㈐에 대한 설명으로 옳은 것은?

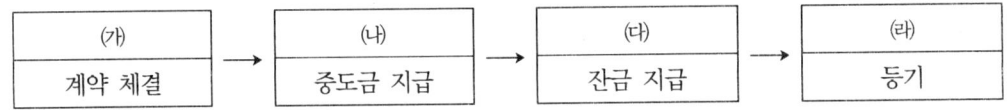

㈎	㈏	㈐	㈑
계약 체결	중도금 지급	잔금 지급	등기

① ㈎ 단계에서 계약금을 지급해야만 계약이 성립한다.
② ㈎ 단계 이후 ㈏ 단계 이전까지 매수인은 계약금만 포기하면 계약을 일방적으로 해제할 수 있다.
③ ㈐ 단계에서 매수인은 잔금 지급과 동시에 부동산 및 관련 서류를 매도인으로부터 인수하면 소유권이 이전된다.
④ ㈑를 통해 등기부 을구의 내용이 변경된다.

> **TIP** ① 부동산 매매의 계약 체결은 매도인과 매수인의 의사 합치로 성립한다.
> ③ 소유권 이전은 등기를 마쳐야 완료된다.
> ④ 소유권 이전 등기를 하게 되면 등기부 갑구의 내용이 변경된다.

11 다음은 A국의 의회 선거 결과에 따른 각 정당의 의석 점유율을 가상한 결과이다. 이에 대한 분석 및 추론으로 가장 옳은 것은? (단, A국은 전형적인 의원 내각제 국가이다.)

시기	갑당	을당	병당	정담
t대	55%	30%	10%	5%
t+1대	35%	30%	25%	10%

① t대 의회보다 t+1대 의회에서 소수의 이익을 보호할 가능성이 높다.

② t대 의회에서는 갑당과 타 정당 간의 연립을 통해 내각을 구성해야 한다.

③ t+1대 의회에서는 정국이 안정되고 정치적 책임 소재가 분명할 것이다.

④ t+1대 의회에서는 갑당만이 수상을 배출한다.

> **TIP** ② t대 의회에서 갑당이 55%의 의석을 확보하였으므로 단독으로 내각을 구성할 수 있다.
> ③ t+1대 의회에서는 과반의석을 확보한 정당이 없으므로 연립 내각을 구성해야 한다. 이 경우 정치적 책임 소재가 불분명하고 정국이 불안해질 가능성이 있다.
> ④ 연립 내각을 구성해야 하는 상황이므로 갑당만이 수상을 배출할 수 있는 것은 아니다.

12 다음은 우리나라 사회 보장 제도 (가)~(다)의 사례를 구분한 것이다. 이에 대한 설명으로 옳은 것은?

> (가) 70세인 A씨는 소득 인정액이 기준 금액 이하로 판정되어 매월 일정 금액을 정부로부터 받고 있다.
> (나) 장애인 B씨는 지방자치단체에서 운영하는 장애인 콜택시를 이용하여 이동한다.
> (다) 해고를 당한 C씨는 실업 급여를 신청하여 지급받았다.

① (가)는 (나), (다)보다 수혜 대상자 범위는 작고, 소득 재분배 효과는 크다.

② (가)는 (다)와 달리 상호 부조의 원칙이 적용된다.

③ (나)는 사전 예방, (다)는 사후 처방의 성격이 강하다.

④ (다)는 대상자의 수혜 정도에 따라 비용을 부담하게 한다.

> **TIP** (가) 기초연금, (나) 사회서비스, (다) 사회보험
> ② 상호 부조의 원칙이 적용되는 것은 사회보험이다.
> ③ 사회서비스는 사전 예방과 사후 처방의 성격을 모두 가지며 사회보험은 사전 예방의 성격을 가진다.
> ④ 사회보험의 대상자는 부담능력에 따라 비용을 부담하게 된다.

Answer 9.① 10.② 11.① 12.①

13 다음은 문화 이해의 태도에 대한 판서 내용이다. ㉠~㉣에 대한 설명으로 옳은 설명을 〈보기〉에서 고른 것은?

> (1) (㉠) : 문화 간의 우열을 인정하는 태도
> –(㉡) : 자기 문화의 우수성을 내세워 타 문화를 평가절하 하려는 태도
> –(㉢) : 다른 사회의 문화만을 동경하거나 숭상하는 태도
> (2) 문화 상대주의 : 문화 간의 우열을 인정하지 않고, 문화의 가치를 그 사회의 환경과 역사적 맥락에서 이해하려는 태도, (㉣)의 태도로 치우칠 경우 많은 문제점이 발생한다.

> 〈보기〉
> ㉠ ㉠은 문화 절대주의, ㉡은 문화 사대주의, ㉢은 자문화 중심주의이다.
> ㉡ ㉡은 그 집단 내에 일체감을 높여주는 등 사회 통합에 기여하기도 한다.
> ㉢ ㉢의 대표적인 예로 '중국의 중화사상'이 있다.
> ㉣ ㉣은 극단적인 상대주의이며, 문제점으로는 '인류 보편적 가치 훼손'이 있다.

① ㉠, ㉡ ② ㉡, ㉢

③ ㉡, ㉣ ④ ㉢, ㉣

> **TIP** ㉠ ㉠은 문화 절대주의, ㉡은 자문화 중심주의, ㉢은 문화 사대주의이다.
> ㉢ 중국의 중화사상은 자문화 중심주의의 예이다.

14 밑줄 친 ㉠~㉤에 대한 설명으로 옳은 것은?

> 갑은 ㉠아버지의 권유로 ㉡경영대학에 진학하였다. 평소 연극을 좋아하여 ㉢연극 동아리에 가입하였고, 동아리 활동을 하면서 연기에 소질이 있다는 평가를 받아 ㉣동아리 부장을 하게 되었다. 그래서 '대학 연극 축제'에 참가하여 심사위원들로부터 최고 점수를 받아 ㉤'대상'을 수상하였다.

① ㉠은 귀속 지위이고, ㉣은 성취 지위이다.

② ㉡은 1차적 사회화 기관이면서 공식적 사회화 기관이다.

③ ㉢은 이익 사회이며, 가입과 탈퇴가 자유로운 집단이다.

④ ㉤은 갑의 역할에 대한 보상이다.

> **TIP** ① 아버지와 동아리 부장 모두 성취 지위이다.
> ② 경영대학은 2차적 사회화 기관이면서 공식적 사회화 기관이다.
> ④ 보상은 역할 행동에 대한 보상이다.

15 A극장에서 동일한 액수로 징수하던 영화 관람료를 요일 및 시간대별로 차등 징수한 결과 다음 과 같은 변화가 나타났다. 영화 관람료 변화에 따른 수요의 가격 탄력성에 대한 설명으로 바른 것은? (단, 판매수입 변화에서 '+'는 증가, '−'는 감소, '0'은 변화 없음을 의미한다.)

구분	평일 심야	평일	주말
가격 상승률(%)	+10	+5	+10
판매수입 변화	−	0	+

① 평일 심야 − 수요의 가격 탄력성은 비탄력적이다.
② 평일 − 수요의 가격 탄력성은 단위 탄력적이다.
③ 주말 − 수요의 가격 탄력성은 탄력적이다.
④ A극장의 수요의 가격 탄력성 크기는 주말>평일 심야>평일순이다.

TIP 수요의 가격 탄력성 $= \dfrac{\text{수요량의 변화율(\%)}}{\text{가격의 변화율(\%)}}$, 판매수입=가격×판매량(수요량)

① 평일 심야에는 가격의 변화율에 비해 수요량의 변화율이 더 크므로(∵ 판매수입이 감소함) 수요의 가격 탄력성은 1보다 크며 탄력적이다.
③ 주말에는 가격의 변화율에 비해 수요량의 변화율이 작게 나타나고 있으므로(∵ 판매수입이 증가함) 수요의 가격 탄력성은 1보다 작으며 비탄력적이다.
④ A극장의 수요의 가격 탄력성 크기는 평일 심야>평일>주말 순이다.

16 표는 자료 수집 방법 A~D의 일반적인 특징을 구분한 것이다. 이에 대한 설명으로 옳은 것은? (단, A~D는 각각 질문지법, 면접법, 참여관찰법, 실험법 중 하나이다.)

* ○: 예, ×: 아니오

구분	A	B	C	D
주로 질적 연구에서 사용되는가?	×	○	○	×
언어적 상호 작용이 필수적인가	○	×	○	×

① A는 B에 비해 다수의 많은 자료를 한 번에 수집할 수 있다.
② B는 C에 비해 조사 대상자의 깊이 있는 답변을 유도하기에 용이하다.
③ C는 D와 달리 연구 변수에 대한 인위적인 처치와 조작을 강조한다.
④ B, C는 A, D와 달리 일반적인 법칙 발견에 유리한 자료 수집방법이다.

> **TIP** A 질문지법, B 참여 관찰법, C 면접법, D 실험법
> ② 조사 대상자의 깊이 있는 답변을 유도하기에 용이한 것은 면접법이다.
> ③ 연구 변수에 대한 인위적인 처치와 조작을 강조하는 것은 실험법이다.
> ④ 일반적인 법칙 발견에 유리한 자료 수집 방법은 질문지법과 실험법이다.

17 밑줄 친 ㉠~㉣과 같은 현상의 일반적인 특징에 대한 옳은 설명을 〈보기〉에서 고른 것은?

㉠외계 항성계와 행성을 탐험할 수 있는 새로운 길이 열렸다. 최근 하와이에 있는 W.M. 켁 천문대(Keck Observatory)에서 관측된 자료를 근거로 두 개의 새로운 논문이 천문학 저널(Astronomical Journal)에 발표됐다. 이들 논문은 주항성에 가깝게 있는 ㉡갈색왜성과 행성계 시스템에 대한 내용을 담고 있어 눈길을 끌고 있다. ㉢갈색왜성은 행성보다는 큰데 항성보다는 질량이 작고 가시광선 영역의 빛을 내지 못하는 천체이다. 온도가 대단히 낮고 크기가 작기 때문에 직접 관측되지 않았다. 하지만 켁 천문대에 설치한 '보텍스 코로나그래프(Vortex Coronagraph)'를 통해 갈색왜성을 찍는 데 성공했다. 코로나그래프는 개기일식이 아닌 평상시에 태양의 빛을 가려 코로나 방출을 파악하는 장비인데, 이를 ㉣켁 천문대에 설치해 외계행성을 찾는 데 응용한 것이다.

〈보기〉

㉠ ㉠과 같은 현상은 특수성을 지닌다.
㉡ ㉡과 같은 현상은 ㉠과 같은 현상과 달리 개연성을 갖는다.
㉢ ㉢과 같은 현상은 ㉣과 같은 현상과 달리 확실성의 원리를 따른다.
㉣ ㉡과 같은 현상은 당위 법칙, ㉣과 같은 현상은 존재 법칙이 적용된다.

① ㉠, ㉡   ② ㉠, ㉢
③ ㉡, ㉣   ④ ㉢, ㉣

> **TIP** ㉠㉣ 사회·문화 현상, ㉡㉢ 자연 현상
> ㉡ 개연성은 사회·문화 현상의 특징이다.
> ㉣ 사회·문화 현상은 당위 법칙, 자연 현상은 존재 법칙이 적용된다.

18 다음 자료를 바탕으로 내년도에 나타날 환율 변동의 효과에 대한 추론으로 옳은 것은? (단, A 점은 금년도 평균 환율이며, B점은 내년도 예측치이다.)

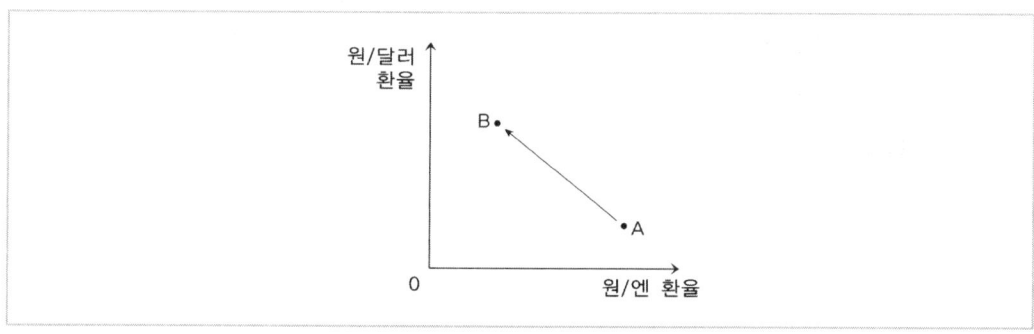

① 한국 시장에서 미국 제품의 가격 경쟁력은 높아질 것이다.
② 미국산 원재료를 사용하는 한국 기업의 생산비는 감소할 것이다.
③ 일본산 부품을 사용하여 미국에 수출하는 한국 기업의 이익은 증가할 것이다.
④ 한국 시장에서 일본 제품의 가격 경쟁력은 미국 제품보다 낮아질 것이다.

> **TIP** 점 A에서 B로 이동하면 원/달러 환율은 상승하고 원/엔 환율은 하락한다. 따라서 내년도에 나타날 세 화폐의 가치는 달러>원>엔 순이다.
> ① 한국 시장에서 미국 제품의 가격 경쟁력은 낮아질 것이다.
> ② 미국산 원재료를 사용하는 한국 기업의 생산비는 증가할 것이다.
> ④ 한국 시장에서 일본 제품의 가격 경쟁력은 미국 제품보다 높아질 것이다.

19 표는 ○○국 경제에서 부존 자원과 생산 기술을 이용하여 생산할 수 있는 자전거와 오토바이의 최대 생산량 조합을 나타낸 것이다. 이에 대한 설명으로 가장 옳은 것은?

(단위 : 대)

최대 생산량 조합	A	B	C	D	E
자전거	100	80	60	35	10
오토바이	1	2	3	4	5

① 오토바이 3대와 자전거 50대 생산은 불가능하다.
② B에서 C로 이동할 때, 오토바이 1대의 추가 생산에 따른 기회비용은 자전거 60대이다.
③ 자전거의 생산량을 늘려감에 따라, 자전거 생산의 기회비용은 점차 감소한다.
④ 생산량 조합이 B에서 C보다 C에서 D로 변할 때, 오토바이 생산의 기회비용은 증가한다.

TIP 주어진 표를 생산가능곡선으로 나타내면 아래와 같다.

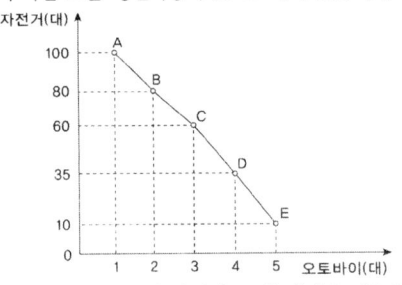

① 오토바이 3대와 자전거 50대 생산은 가능하다.
② B에서 C로 이동할 때, 오토바이 1대당 추가 생산에 따른 기회비용은 자전거 20대이다.
③ 자전거의 생산량을 늘려감에 따라, 자전거 생산의 기회비용은 점차 증가한다.

20 다음은 기획재정부와 농림축산식품부가 추진하는 가격 규제정책에 대한 설명이다. 자료에 대한 설명으로 가장 옳지 않은 것은?

> 최근 물가의 급등으로 인해 서민 경제가 어려워지자 기획재정부는 쌀값 안정을 위한 가격 규제를 추진하고 있다. 반면 농림축산 식품부는 쌀 재배에 따른 생산비 상승에 비해, 쌀의 시장 가격이 낮게 형성되고 있어 적절한 쌀 가격 보전을 위한 가격 규제의 필요성을 요구하고 있다.
>
> 조건 1. 각 정부 부처는 (가) 또는 (나) 중 어느 하나를 가격 규제 정책으로 추진하고 있다.
> 조건 2. (가)는 P1에서, (나)는 P2에서 가격 규제가 이루어지고 있다.

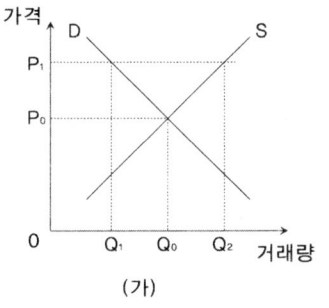

(가)

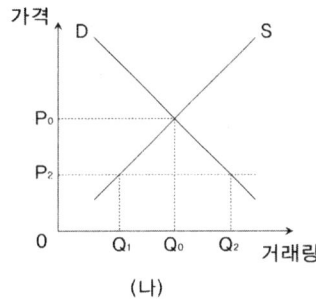

(나)

① 농림축산식품부는 (가)의 가격 규제 정책을, 기획재정부는 (나)의 가격 규제 정책의 실시를 요구하고 있다.
② 가격 규제 이후 시장에서 판매되는 쌀의 거래량은 (가)와 (나)가 같다.
③ 가격 규제 이후 시장에서 판매되는 쌀의 총 거래액은 (가)가 (나)보다 더 크다.
④ (나)는 (가)와 달리 암시장이 형성될 수 있다.

> **TIP** (가) 최저 가격제, (나) 최고 가격제
> ④ (가)와 (나)에서는 모두 정부의 규제를 피해 암시장이 형성될 수 있다.

1 국제 사회의 변천 과정에 대한 설명으로 옳지 않은 것은?

① 30년 전쟁을 종결하기 위해 체결된 베스트팔렌 조약으로 민족 단위의 주권 국가가 국제 사회의 주체로 떠올랐다.

② 제1차 세계 대전 이후 국제 평화와 안전 및 협력 증진을 위해 국제 연맹이 창설되었으나 실질적인 효과를 거두지 못하였다.

③ 트루먼 독트린은 제국주의와 식민주의의 확산 방지를 위해 미국이 동맹국에 군사·경제 원조를 약속한 것으로, 냉전체제 성립의 계기가 되었다.

④ 지중해의 몰타에서 미·소 정상이 만나 동서 대결의 종식을 선언한 후 탈냉전 시기가 도래하였다.

> **TIP** ③ 트루먼 독트린은 1947년 3월 미국 대통령 H. S. 트루먼이 의회에서 선언한 미국외교정책에 관한 원칙으로, 공산주의 세력의 확대를 저지하기 위하여 자유와 독립의 유지에 노력하며, 소수자의 정부지배를 거부하는 의사를 가진 여러 나라에 대하여 군사적·경제적 원조를 제공한다는 것이었다.

2 밑줄 친 ㉠, ㉡에 대한 설명으로 옳은 것은?

> 자유는 소극적 자유와 적극적 자유로 나뉜다. 소극적 자유는 국가 권력으로부터 구속이나 강제를 받지 않는 '국가로부터의 자유'를 의미한다. 이와 달리 적극적 자유는 국가 운영에 참여할 수 있는 ㉠'국가에의 자유'와 인간다운 삶을 누릴 자유인 ㉡'국가에 의한 자유'로 구분된다.

① ㉠에는 환경권과 보건권이 포함된다.

② 우리 헌법에 규정된 국민의 공무 담임권은 ㉠을 보장하기 위한 것이다.

③ ㉡은 역사가 가장 오래된 핵심적 권리이다.

④ 자본주의가 발달한 현대 사회에서는 ㉡의 필요성이 점차 줄어들고 있다.

> **TIP** ㉠ 참정권, ㉡ 사회권
> ① 환경권과 보건권은 사회권에 포함된다.
> ③ 사회권은 현대적 기본권이다. 가장 오래된 핵심적 권리는 자유권이다.
> ④ 자본주의가 발달한 현대 사회에서는 사회권의 필요성이 점차 늘어나고 있다.

3 국제 사회를 바라보는 관점 (가)와 (나)에 대한 설명으로 옳지 않은 것은?

(가)	(나)
• 국제 사회는 이성과 보편적인 선(善)이 작동하는 사회로 국가 간 협력과 평화 건설이 가능하다. • 국제법과 국제기구를 통한 협력이 국제 평화 방안이다.	• 국제 사회는 힘의 논리가 지배하는 사회로 무정부성이 존재한다. • 국제법과 국제기구만으로는 국제 평화 건설이 어렵다.

① (가)는 국제 사회에서 상호 의존성을 중시한다.
② (나)는 국제 사회를 홉스의 인간관에서 이해한다.
③ (가)는 (나)와 달리 국가 안보를 가장 중시한다.
④ (나)는 (가)와 달리 국제 평화 방안으로 동맹과 세력 균형을 강조한다.

> **TIP** (가) 이상주의, (나) 현실주의
> ③ 국가 안보를 가장 중시하는 것은 현실주의적 관점이다.

4 다음 문서에 대한 설명으로 옳은 것은?

> • 국왕은 의회의 동의를 받지 않고 왕권으로 법의 효력을 정지하거나 법의 집행을 정지할 수 있는 권력이 있다는 주장은 위법이다.
> • 국왕에게 청원을 하는 것은 국민의 권리이므로 청원을 했다고 해서 구금하거나 박해를 가하는 것은 위법이다.
> • 의원 선거는 자유롭게 이루어져야 한다.

① 프랑스 인권선언의 영향을 받았다.
② 봉건제의 모순을 극복하고 신분제 타파의 계기가 되었다.
③ 전제 군주제에서 입헌 군주제로 변화하는 기틀을 마련하였다.
④ 보통 선거와 평등 선거의 원칙을 제시하였다.

> **TIP** 제시된 문서는 영국에서 명예혁명 이후에 채택된 권리장전이다.
> ① 영국의 명예혁명은 1688년, 프랑스 대혁명은 1789년에 발생하였다.
> ② 프랑스 대혁명 이후 채택된 인권선언문과 관련된 설명이다.
> ④ 보통선거는 20세기의 일이다.

Answer
1.③ 2.② 3.③ 4.③

5 양당제와 다당제의 일반적인 특징에 대한 비교 설명으로 옳은 것만을 모두 고른 것은?

> ㉠ 양당제는 다당제보다 소수집단의 의사가 더 잘 반영된다.
> ㉡ 양당제는 다당제보다 강력한 정책 추진이 가능하다.
> ㉢ 다당제는 양당제보다 다수당의 횡포 가능성이 높다.
> ㉣ 다당제는 양당제보다 정치적 책임소재가 불분명해질 수 있다.

① ㉠, ㉢　　　　　　　　　　　　　② ㉠, ㉣
③ ㉡, ㉢　　　　　　　　　　　　　④ ㉡, ㉣

TIP ㉠ 다당제는 양당제보다 소수집단의 의사가 더 잘 반영된다.
㉢ 양당제는 다당제보다 다수당의 횡포 가능성이 높다.

6 다음 그림은 도시와 농촌의 일반적 특성을 도식화한 것이다. 이에 대한 설명으로 옳은 것은?

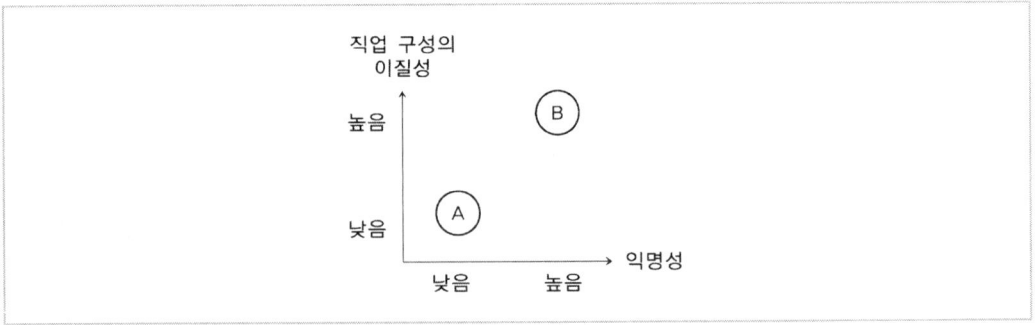

① A에 비해 B에서는 고령화에 따른 노동력 부족 현상이 더 심각하다.
② A에 비해 B에서는 주로 비공식적 수단에 의해 사회 통제가 이루어진다.
③ B에 비해 A에서는 가정과 직장의 분리 정도가 낮다.
④ B에 비해 A에서는 2차적 인간관계가 지배적으로 나타난다.

TIP A 농촌, B 도시
③ 도시에 비해 농촌에서는 가정과 직장의 분리 정도가 낮다.
① 도시에 비해 농촌에서는 고령화에 따른 노동력 부족 현상이 더 심각하다.
② 도시에 비해 농촌에서는 비공식적 수단에 의해 사회 통제가 이루어진다.
④ 농촌에서는 1차적 인간관계가 지배적으로 나타난다.

7 (가), (나)에 나타난 일탈 이론에 대한 설명으로 옳은 것은?

> (가) 비행 청소년들을 상담한 결과, 주변에 이들의 비행과 일탈을 부추기는 사람들이 존재하였다는 점이 발견되었다. 이런 사람들과의 잦은 접촉으로 인해 비행 청소년들은 자신의 일탈 행위를 쉽게 정당화하며 일탈 행위에 대한 죄의식도 낮아지게 되었다.
>
> (나) 인터넷 공간은 매우 빠른 속도로 진화하고 있기 때문에 이를 규율하는 사회적 규범이 제대로 마련되지 않아 각종 사이버범죄가 발생하고 있다. 인터넷 공간에는 현실 세계의 규범이 적용되기 어려우며 새로운 규범이 미처 확립되지 않아 이른바 규범의 진공 상태가 발생하게 된다.

① (가)는 목표와 수단 간의 괴리를 일탈 행위의 원인으로 파악한다.

② (가)는 인간의 상호 작용을 통한 문화와 행동의 학습을 강조한다.

③ (나)는 특정 행위를 일탈 행위로 규정하는 사회적 반응에 주목한다.

④ (나)는 일탈 행위의 원인으로 정보 사회의 불평등 구조를 강조한다.

> **TIP** (가) 차별적 교제이론, (나) 아노미 이론
> ② 차별적 교제이론에서는 인간의 상호 작용을 통한 문화와 행동의 학습을 강조한다.
> ① 목표와 수단 간의 괴리를 일탈 행위의 원인으로 파악하는 것은 아노미 이론이다.
> ③ 특정 행위를 일탈 행위로 규정하는 사회적 반응에 주목하는 것은 낙인이론이다.
> ④ 일탈 행위의 원인으로 정보 사회의 불평등 구조를 강조하는 것은 갈등론이다.

8 밑줄 친 ⊙~⊜에 대한 설명으로 옳은 것은?

> 甲은 현재 ⊙A회사 해외 지사에 근무하고 있다. 처음에는 해외 생활에 적응하기 위해 회사 내 ⓒ자원봉사 동아리에도 가입하여 적극 활동하였으나, 오랫동안 ⓒ승진도 안 되고 ⓔ가족과 떨어져 외로워하고 있다.

① ⊙은 이익 사회이다.

② ⓒ은 공동 사회이다.

③ ⓒ은 甲의 역할에 대한 평가 결과이다.

④ ⓔ은 현재 외집단이다.

> **TIP** ⊙ⓒ 이익 사회
> ⓒ 역할 수행에 대한 평가 결과
> ⓔ 가족은 내집단이다.

9 다음 표는 질문 (가), (나)를 활용하여 사회 변동을 바라보는 관점 A, B를 구분한 것이다. 이에 대한 설명으로 옳은 것은? (단, A, B는 각각 진화론과 순환론 중 하나이다)

관점＼질문	(가)	(나)
A	아니요	예
B	예	아니요

① A가 순환론이면 (가)에는 "서구 중심적 사고라고 비판을 받는가?"가 적절하다.
② B가 진화론이면 (나)에는 "사회 변동은 특정한 방향성을 가지고 있는가?"가 적절하다.
③ (가)가 "제국주의를 정당화하는 근거로 사용되는가?"이면 A는 진화론이다.
④ (나)가 "사회 변동 과정에서 문명이 퇴보할 수 있는가?"이면 B는 순환론이다.

> **TIP** ① 순환론은 운명론적 관점으로 "서구 중심적 사고라는 비판을 받는가?"라는 질문에 대한 대답으로 '아니요'가 적절하다.
> ② 순환론과 진화론은 모두 사회 변동이 특정한 방향성을 가지고 있다고 본다.
> ③ 제국주의를 정당화하는 근거로 사용된 것은 진화론이다.
> ④ 진화론은 단선적 방향성으로 사회 변동 과정에서 문명이 퇴보할 수 없다고 본다. 순환론은 사회 변동 과정에서 문명이 퇴보할 수 있다고 본다.

10 법률의 제정 및 개정 과정에 관한 설명으로 옳지 않은 것은?

① 법률안 제출은 정부도 할 수 있다.
② 헌법 또는 법률에 특별한 규정이 없는 한 법률안은 국회 재적의원 과반수의 출석과 출석의원 과반수의 찬성으로 의결된다.
③ 국회에서 의결된 법률안에 대해 이의가 있을 때, 대통령은 법률안이 정부로 이송된 날부터 15일 이내에 환부거부할 수 있다.
④ 환부거부된 법률안이 국회에서 재의결된 경우 대통령이 공포하는 즉시 법률로서 확정된다.

> **TIP** ④ 환부거부된 법률안이 국회에서 재의결된 경우 대통령의 공포와 상관없이 법률로서 확정되고 공포 후 20일이 지나면 효력이 발생한다.

11 교사 甲은 (개)의 연구를 일반적인 실험 설계 형태인 (내로 재구성하였다. 이에 대한 설명으로 옳은 것만을 〈보기〉에서 모두 고른 것은?

> (개) 교사 甲은 "㉠교사의 학생에 대한 기대가 학생들의 학업 성취에 긍정적인 영향을 미친다"라는 가설을 세웠다. 이를 검증하기 위해 甲이 근무하는 ○○고등학교 1학년 학생을 대상으로 1학기 초에 학업 성취도 평가를 시행한 후, 1학년 모든 반에서 무작위로 20 %의 학생을 선정하였다. 그 명단을 각 반 담임교사에게 주면서 성적 하위 20 % 학생들의 명단이라고 말하였고, 담임교사는 이들을 지속적으로 격려하였다. 한 학기가 지난 후 동일한 학생을 대상으로 동일한 난이도의 학업 성취도 평가를 실시하였다.
>
> (내)
>
> | A | 사전 검사
평균 값 a1 | → | 실험 처치(X) | → | 사후 검사
평균 값 b1 |
> |---|---|---|---|---|---|
> | B | 사전 검사
평균 값 a2 | → | 실험 처치(X) 안 함 | → | 사후 검사
평균 값 b2 |
>
> ※ X 이외 다른 변수의 효과는 모두 통제된 것으로 간주함.

〈보기〉
㉠ ㉠은 독립 변수이며 (내)에서는 X에 해당된다.
㉡ A는 통제 집단, B는 실험 집단이다.
㉢ (내)에서 만약 a1, a2, b2가 같고, b1이 통계학적으로 의미 있는 수준에서 b2보다 크면 가설은 채택된다.
㉣ (개)의 연구 결과는 표본의 대표성을 확보하였으므로 일반화가 가능하다.

① ㉠, ㉢
② ㉡, ㉢
③ ㉡, ㉣
④ ㉢, ㉣

TIP ㉡ A는 실험 집단, B는 통제 집단이다.
㉣ (개)의 연구 결과는 甲이 근무하는 ○○고등학교 1학년 학생의 20%만을 대상으로 연구하였으므로 표본의 대표성을 확보하지 못하여 일반화가 불가능하다.

12 다음 甲의 사례에 관련된 구체적인 위법성 조각 사유로 볼 수 있는 것은?

> 현행 범인으로서의 요건을 갖추었다고 인정되지 않는 상황에서 경찰관이 동행을 거부하는 자를 강제연행하는 것은 적법한 공무집행으로 볼 수 없다. 甲은 그러한 이유에서 경찰관의 강제연행에 저항하다가 경찰관에게 상해를 가했으나 위법성이 조각되어 범죄 성립이 인정되지 않았다.

① 피해자의 승낙
② 긴급피난
③ 자구행위
④ 정당방위

> **TIP** 현행 범인으로서의 요건을 갖추었다고 인정되지 않는 부당한 상황에서 경찰관의 강제연행에 저항하다가 상해를 가했으므로 이는 정당방위에 해당한다.
>
> ※ 위법성 조각 사유
> ㉠ **정당행위** : 법령에 의한 행위 또는 업무로 인한 행위 기타 사회상규에 위배되지 아니하는 행위는 벌하지 아니한다.
> ㉡ **정당방위** : 자기 또는 타인의 법익에 대한 현재의 부당한 침해를 방위하기 위한 행위는 상당한 이유가 있는 때에는 벌하지 아니한다.
> ㉢ **긴급피난** : 자기 또는 타인의 법익에 대한 현재의 위난을 피하기 위한 행위는 상당한 이유가 있는 때에는 벌하지 아니한다.
> ㉣ **자구행위** : 법정절차에 의하여 청구권을 보전하기 불능한 경우에 그 청구권의 실행불능 또는 현저한 실행곤란을 피하기 위한 행위는 상당한 이유가 있는 때에는 벌하지 아니한다.
> ㉤ **피해자의 승낙** : 처분할 수 있는 자의 승낙에 의하여 그 법익을 훼손한 행위는 법률에 특별한 규정이 없는 한 벌하지 아니한다.

13 사법절차에 관한 설명으로 옳은 것은?

① 국회의원의 당선효력에 관한 소송은 단심제가 적용되지만 도지사의 경우 2심제가 적용된다.
② 행정소송은 행정심판이 1심의 역할을 하므로 2심제가 적용된다.
③ 특허법원의 판결에 대한 상고를 제외한 각급 법원의 모든 상고는 대법원이 심판한다.
④ 각급 법원은 명령·규칙이 법률에 위반되는 여부가 재판의 전제가 된 경우 심사권을 갖지만 최종심사권은 대법원에 있다.

> **TIP** ① 대통령, 국회의원, 광역자치단체장, 비례대표 광역의회의원의 선거 소송은 단심제가 적용된다.
> ② 행정소송은 행정법원, 고등법원, 대법원의 3심제가 적용된다.
> ③ 특허법원의 판결에 대한 상고도 대법원이 심판한다.

14 대통령과 행정부에 관한 설명으로 옳지 않은 것은?

① 대통령이 일반사면을 명하려면 국회의 동의를 얻어야 한다.

② 행정각부의 장은 국무위원 중에서 국회의장의 제청으로 대통령이 임명한다.

③ 국무회의는 대통령, 국무총리 및 15인 이상 30인 이하의 국무위원으로 구성된다.

④ 감사원은 세입·세출의 결산을 매년 검사하여 대통령과 차년도 국회에 그 결과를 보고하여야 한다.

> **TIP** ② 행정부의 장은 국무위원 중에서 국무총리의 제청으로 대통령이 임명한다.

15 다음 사례에서 甲에 관련된 설명으로 옳은 것은?

> 장래 희망이 대통령인 甲은 현재 만 18세이다. 甲은 양가 부모의 동의를 얻어 동갑내기와 결혼하고 혼인신고를 하였으나 결혼 6개월 만에 이혼하였다. 이혼한 甲은 결혼할 때 甲의 부모가 甲 명의로 사준 주택에 살면서 乙이 운영하는 편의점에서 아르바이트를 하며 지내고 있다. 甲은 지난달에 길에서 어깨를 부딪친 행인을 폭행하여 재판을 받을 처지에 있다. 甲은 급히 합의금을 마련하려고 甲의 부모의 동의 없이 甲 명의의 주택을 처분하려고 한다.

① 甲은 차기 대통령선거에서 피선거권을 가질 수 있다.

② 甲은 乙에게 독자적으로 임금을 청구할 수 있다.

③ 甲은 형사미성년자이기 때문에 가정법원 소년부에서 재판을 받을 수 있다.

④ 甲이 甲의 부모의 동의 없이 甲 명의의 주택을 처분한다면 甲의 부모는 이를 취소할 수 있다.

> **TIP** ① 대통령선거의 피선거권은 선거일 현재 5년 이상 국내에 거주하고 있는 40세 이상의 국민에게 있다.
> ③ 형사미성년자는 만 14세 미만이다.
> ④ 甲은 만 18세이고 혼인신고를 하였으므로 민법상 성년의제에 해당한다. 이는 이혼으로 사라지는 효력이 아니므로 甲의 부모는 이를 취소할 수 없다.

16 채권과 주식에 대한 설명으로 옳지 않은 것은? (단, 희석증권은 제외한다)

① 주식보유자는 이익배당청구권을 갖지만, 채권보유자는 이익배당청구권을 갖지 못한다.
② 채권보유자와 주식보유자는 원칙적으로 경영참가권을 가진다.
③ 정부와 지방자치단체는 주식을 발행할 수 없다.
④ 채권보유자는 이자소득을 받지만, 주식보유자는 이자소득을 받을 수 없다.

> **TIP** ② 채권보유자는 원칙적으로 경영참가권을 가지지 않는다.

17 다음 그림은 가격 변화에 따른 A재와 B재의 판매 수입을 나타낸 것이다. 이에 대한 설명으로 옳은 것은? (단, A재와 B재는 수요의 법칙을 따른다)

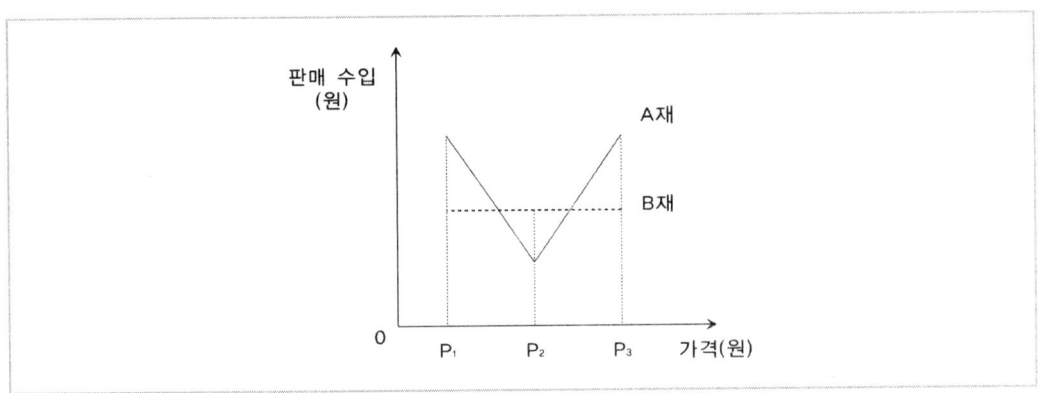

① B재 수요의 가격 탄력성은 0이다.
② 가격이 P₂일 때의 판매량은 A재가 B재보다 많다.
③ 가격이 P₂에서 P₃로 상승할 때 A재의 판매량은 증가한다.
④ 가격이 P₂에서 P₁으로 하락할 때 가격 변화에 대해 A재의 수요는 탄력적이다.

> **TIP** ④ 가격이 P_2에서 P_1로 하락할 때 판매 수입이 증가하므로 A재의 수요은 탄력적이다.
> ① B재 수요의 가격 탄력성은 가격이 변해도 판매 수입이 변하지 않는다.
> ② 가격이 P_2일 때의 판매량은 B재가 더 많다.
> ③ 수요의 법칙을 따르므로 가격이 P_2에서 P_3으로 상승할 때 A재의 판매량은 감소한다.

18 다음 그림은 정상재인 X재의 시장 균형 상태를 나타낸 것이다. X재 수요와 공급의 변화로 균형 가격은 변하지 않고 균형 거래량만 증가했다면, 이러한 결과를 초래할 수 있는 변화 요인으로 적절한 것은?

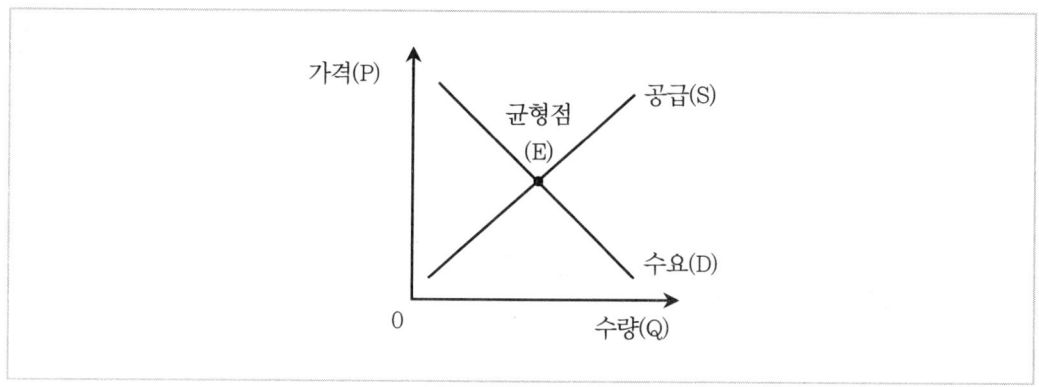

① 대체재의 가격 상승과 생산 요소 가격의 상승
② 보완재의 가격 하락과 생산 기술의 발전
③ 소득의 감소와 공급자 수의 증가
④ X재에 대한 선호 감소와 노동자의 임금 상승

> **TIP** 수요와 공급의 변화로 균형 가격은 변하지 않고 균형 거래량만 증가하려면 공급과 수요가 같은 폭으로 증가해야 한다.
> ② 보완재 가격 하락→수요 증가, 생산 기술의 발전→공급 증가
> ① 대체제 가격 상승→수요 증가, 생산 요소 가격 상승→공급 감소
> ③ 소득 감소→수요 감소, 공급자 수 증가→공급 증가
> ④ 선호도 감소→수요 감소, 노동자 임금 상승→공급 감소

19 다음 표에서 기준연도인 T년 대비 (T + 1)년의 GDP 디플레이터 변화에 대한 설명으로 옳은 것은? (단, A국은 X와 Y 두 상품만 생산한다)

상품	T년		(T + 1)년	
	생산량(개)	시장가격(원)	생산량(개)	시장가격(원)
X	50	200	60	250
Y	70	100	80	90

① 11.0 % 상승　　　　　　　　② 11.0 % 하락

③ 9.9 % 상승　　　　　　　　④ 9.9 % 하락

TIP 기준연도인 T년의 GDP 디플레이터는 100이다.
- T+1년의 명목 GDP : $250 \times 60 + 90 \times 80 = 22,200$
- T+1년의 실질 GDP : $200 \times 60 + 100 \times 80 = 20,000$

→ T+1년의 GDP 디플레이터는 $\frac{22,200}{20,000} \times 100 = 111$ 이다. 따라서 11% 상승하였다.

20 다음 그림은 A, B, C 3국의 경제 성장률을 나타낸 것이다. 이에 대한 설명으로 옳은 것만을 〈보기〉에서 모두 고른 것은? (단, 경제 성장률은 전년 대비 실질 GDP의 증가율을 의미한다)

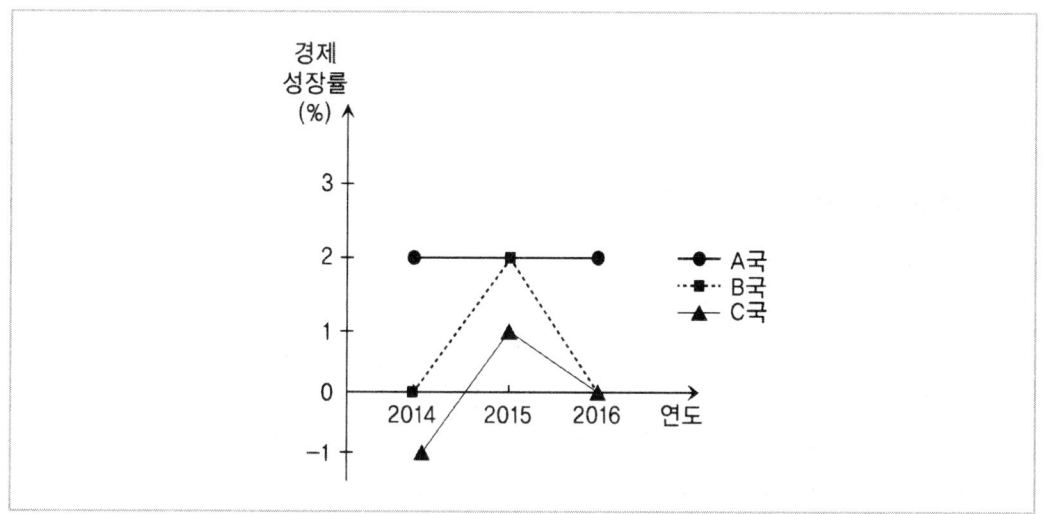

〈보기〉
㉠ A국의 실질 GDP는 2015년과 2016년이 같다.
㉡ B국의 실질 GDP는 2013년이 2016년보다 많다.
㉢ B국의 실질 GDP는 2015년과 2016년이 같다.
㉣ C국의 실질 GDP는 2013년이 2015년보다 많다.

① ㉠, ㉡
② ㉠, ㉢
③ ㉡, ㉣
④ ㉢, ㉣

TIP ㉠ 경제 성장률이 전년 대비 실질 GDP의 증가율이므로 A국의 실질 GDP는 2016년에 2% 증가하였다.
㉡ B국의 경제 성장률은 2014년에 0이므로 2013년과 2014년의 실질 GDP는 동일하다. 2015년의 경제 성장률은 2%이므로 2015년의 실질 GDP가 전년대비 2% 증가한 것이고, 2016년에는 2015년과 동일하다. 따라서 B국의 실질 GDP는 2013=2014<2015=2016이 성립하므로 2016년이 2013년보다 많다.

2017. 6. 17 제1회 지방직 시행

1 오늘날 국제문제에 대한 설명으로 옳은 것은?

① 탈냉전기 이후 국제사회의 주요 문제로 환경, 보건, 인권문제 등이 부각되었으나, 안보 문제는 주요 문제로 인식되지 않고 있다.

② 환경, 보건, 인권 등 국제문제의 해결은 문제의 원인을 제공하는 국가가 책임지고 독자 적으로 해결해야 한다는 원칙이 오늘날 국제사회에 적용되고 있다.

③ 온실가스 배출량 감축을 위한 '교토 의정서'에 대해 미국은 비준을 거부하였다.

④ 국가 간 경제 격차로 동서문제가 심화되면서 세계 평화가 위협받고 있다.

> **TIP** ③ 2001년 3월 전세계 이산화탄소 배출량의 28%를 차지하고 있는 미국이 자국의 산업보호를 위해 탈 퇴하였다.
> ① 탈냉전기 이후 국제사회의 주요 문제로 환경, 보건, 인권문제 등이 부각되었고, 안보 문제 역시 여 전히 주요 문제로 인식되고 있다.
> ② 국제문제는 국경을 초월하여 발생하므로 세계 각국의 적극적인 협력을 통해 해결해야 한다.
> ④ 동서문제는 과거 냉전체제에서 소련과 미국의 군사적 대립문제를 말한다. 경제 격차에 따른 문제는 북반구와 남반구의 남북문제이다.

2 우리나라의 정당 제도에 대한 설명으로 옳지 않은 것은?

① 정당의 설립은 자유이고 복수 정당제는 헌법에서도 보장된다.

② 정당은 법률이 정하는 바에 의하여 그 운영에 필요한 자금을 국가로부터 보조받을 수 있다.

③ 정당의 목적이나 활동이 민주적 기본 질서에 위배될 때에는 국회는 헌법재판소에 정당의 해산을 제소할 수 있다.

④ 정당은 공직 선거에 참여하거나 여론을 형성하고 주도하는 등 국민의 정치적 의사 형성 에 참여할 수 있다.

> **TIP** ③ 정당의 목적이나 활동이 민주적 기본 질서에 위배될 때에는 정부는 국무회의의 심의를 거쳐 헌법재 판소에 정당의 해산을 제소할 수 있다.

3 다음은 대표적인 근대 정치 사상가들의 주장을 정리한 것이다. 갑~병에 대한 설명으로 옳은 것은?

> 갑 : 인간은 자연 상태에서는 자유롭고 평등하며 타인에 대한 연민을 지니고 있지만, 사유재산 제로 인해 경제적 · 정치적 불평등이 조성되었다.
>
> 을 : 자연 상태에서 사적 소유권을 항상적으로 확보하기 어렵기 때문에 개인들은 사회계약에 동 의하고 정부를 구성하였다. 하지만 정부가 계약을 제대로 수행하지 못하는 경우 개인들은 정부를 다시 구성할 수 있다.
>
> 병 : 개인들은 자신들이 갖는 자연권을 제3의 주권자에게 양도하면, 그에게 절대 복종하여야 한다.

① 개인들이 국가에 권리를 양도한 정도는 병이 가장 크다.
② 갑과 을은 군주제의 필요성을 강조하였다.
③ 을과 병은 개인들이 자연 상태에서 평화롭다고 인식하였다.
④ 갑, 을, 병 모두 국민주권론을 주장하였다.

TIP 갑 : 루소, 을 : 로크, 병 : 홉스
① 홉스는 개인이 갖는 자연권 전부를 제3의 주권자인 군주에게 양도한다고 하였으므로, 개인들이 국 가에 권리를 영도한 정도가 가장 크다.
② 루소는 직접 민주주의, 로크는 입헌군주제, 홉스는 절대군주제를 주장하였다.
③ 개인들이 자연 상태에서 평화롭다고 인식한 것은 루소와 로크이다.
④ 홉스는 군주주권론을 주장하였다.

4 다음 표는 시대별 민주 정치의 일반적인 특징을 나타낸 것이다. (개)~(대)에 대한 설명으로 옳은 것은? (단, (개)~(대)는 각각 고대 아테네, 근대, 현대 민주 정치 중 하나이다)

질문	답변		
	(개)	(나)	(대)
보통선거권이 보장되는가?	아니요	아니요	예
대의제를 바탕으로 정치가 이루어지는가?	예	아니요	예

① (개)에서는 공직자를 추첨이나 윤번제 등으로 충원하였다.
② (나)에서는 입헌주의와 직접 민주주의가 시행되었다.
③ 영국의 차티스트 운동은 (나)에서 (개)로 발전하는 데 기여하였다.
④ (대)에서는 (개)에서와 달리 여성의 참정권을 인정하였다.

> **TIP** (개) 근대 민주 정치, (나) 고대 아테네 정치, (대) 현대 민주 정치
> ① 공직자를 추첨이나 윤번제 등으로 충원한 것은 (나) 고대 아테네 정치이다.
> ② 고대 아테네 정치에서는 직접 민주주의가 시행되었으나, 입헌주의는 근대 시민혁명 이후이다.
> ③ 영국의 차티스트 운동은 근대 민주 정치에서 현대 민주 정치로 발전하는 데 기여하였다.

5 다음 표는 1인 2표제를 시행하고 있는 A국의 의원 선거 결과이다. A국의 선거 및 정당 제도에 대한 일반적인 추론으로 옳은 것은? (단, 지역구는 단순 다수 대표제에 의해, 비례 대표는 정당의 총 득표수에 비례해서 당선자가 결정된다)

구분	지역구		비례 대표	
	선거구 수	의원 정수	선거구 수	의원 정수
전국	500	500	1	50

① 지역구 의원은 결선 투표로 선출된다.
② 다당제보다 양당제일 가능성이 더 높다.
③ 정당별 총 의석수가 정당 득표율만으로 결정된다.
④ 지역구 선거에서는 현직 의원보다 정치 신인의 당선 가능성이 더 높다.

> **TIP** ② 단순 다수 대표제의 경우 거대정당에게 유리하여 양당제 성립이 용이하다. A국 총 의원 550명 중 500명이 단순 다수 대표제에 의해 당선되므로 양당제일 가능성이 더 높다.
> ① 결선 투표는 절대 다수 대표제에서 이뤄진다.
> ③ 비례 대표 의원 정수 50명만 정당 득표율만으로 결정된다.
> ④ 단순 다수 대표제에서는 정치 신인의 당선 가능성이 낮다.

6 사회·문화 현상의 연구 방법 A, B의 일반적인 특징에 대한 설명으로 옳은 것을 〈보기〉에서 고른 것은?

> • A는 계량화된 경험적 자료에 대한 분석을 통해 변수들 간의 관계를 설명한다.
> • B는 인간의 사회적 행위 속에 담긴 주관적 동기와 의미를 심층적으로 이해한다.

> 〈보기〉
> ㉠ A는 측정이나 실험을 통한 구체적 가설 검증을 중시한다.
> ㉡ A는 실증적 방법에 입각한 연구를 통한 결론 도출에 적합하다.
> ㉢ B는 해석적 연구를 통한 보편적 법칙 발견에 적합하다.
> ㉣ B는 직관적 이해보다는 통계화된 자료의 수집을 더 중시한다.

① ㉠, ㉡   ② ㉠, ㉢
③ ㉡, ㉣   ④ ㉢, ㉣

TIP A 양적연구, B 질적연구
㉢ 질적연구는 해석적 연구를 통해 사회·문화 현상을 이해하지만, 보편적 법칙 발견에는 적합하지 않다. 보편적 법칙 발견은 양적연구가 적합하다.
㉣ 질적연구는 직관적 이해를 중시한다. 통계화된 자료이 수집을 중시하는 것은 양적연구이다.

7 다음은 갑국의 고용 관련 상황이다. 갑국 정부의 정책시행 결과 고용 지표 관련 인구 중 감소한 것은?

> 갑국의 실업률은 매우 양호하지만, 고용률은 상대적으로 좋지 않았다. 갑국 정부는 고용률을 높이기 위한 여러 정책을 강도 높게 추진하였다. 그 결과 고용률은 상승했지만, 취업률은 오히려 하락한 상황이 되었다. 다만, 15세 이상 인구는 변함이 없었다.

① 취업자 수   ② 실업자 수
③ 경제활동인구   ④ 비경제활동인구

TIP 15세 이상 인구는 변화 없는 상황에서 고용률이 상승하였다는 것은 취업자가 증가한 것이다. 취업자가 증가하였는데 취업률이 하락하였으므로 경제활동인구의 증가가 취업자 증가보다 컸음을 의미한다. 따라서 감소한 것은 비경제활동인구이다.

8 사회 집단과 조직에 대한 설명으로 옳은 것은?

① 대학교는 2차 집단이며 이익 사회에 해당한다.
② 시민 단체는 이익 사회이며 비공식 조직에 해당한다.
③ 종친회는 1차 집단이며 공동 사회에 해당한다.
④ 대기업은 공식 조직이며 자발적 결사체이다.

> **TIP** ② 시민 단체는 이익 사회이며 공식 조직에 해당한다.
> ③ 종친회는 이익 사회에 해당한다.
> ④ 자발적 결사체는 공통의 목표를 지닌 사람들이 자발적으로 만든 집단으로, 동창회와 같은 친목 집단, 의사회나 변호사회 같은 이익 집단, 환경 단체나 경제 정의 실현 등을 목표로 하는 사회 봉사 집단 등이 있다. 대기업은 공식 조직이지만 자발적 결사체는 아니다.
> ※ 1차 집단과 2차 집단
>   ㉠ 1차 집단 : 구성원 간의 대면적 접촉과 친밀감을 바탕으로 결합되어 구성원들이 전인격적인 관계를 이루는 집단을 1차 집단 또는 원초적 집단이라고 한다.
>   ㉡ 2차 집단 : 집단 구성원 간의 간접적 접촉과 특정한 목적 달성을 위한 수단적인 만남을 바탕으로 하여 인위적으로 결합되고, 구성원들이 극히 부분적 관계로 이루어진 집단을 2차 집단이라고 한다.

9 밑줄 친 ㉠~㉣에 대한 설명으로 옳은 것은?

> 한국인은 ㉠햄버거의 등장이라고 하면 흔히 미국을 떠올린다. 그 이유는 ㉡햄버거가 미국에서 유입되었기 때문이다. 햄버거의 기원을 몽골의 유라시아 원정 때부터로 보는 일부 시각도 있다. 몽골의 고기를 갈아 먹는 문화가 러시아로 전해진 후, 러시아인은 생고기를 갈아 다진 양파와 날달걀을 넣어 타르타르 스테이크를 만들었다. 그것이 독일의 함부르크에 전해진 후, ㉢함부르크 스테이크의 형태로 미국에 전해졌다. 햄버거가 미국에 전해진 초기에는 일반인 대다수가 즐겨 먹는 음식이 아니었다. 하지만 맛과 간편성에 주목한 ㉣청소년과 하층민들이 햄버거를 즐겨 먹게 되었고, 이후 여러 햄버거 체인들의 발전과 함께 세계적인 음식이 되었다.

① ㉠은 문화 변동의 내재적 요인 중 발견에 해당한다.
② ㉡은 문화 지체의 사례이다.
③ ㉢은 강제적 문화 접변에 해당한다.
④ ㉣은 문화의 다양성에 기여하는 하위 문화이다.

> **TIP** ④ 햄버거가 미국에 전해진 초기에는 대다수가 즐겨 먹는 음식이 아닌, 청소년과 하층민들이 즐겨 먹었으므로 하위 문화에 해당한다.
> ① 발견은 이미 존재하였으나 알려지지 않은 문화 요소를 찾아내는 것이다. ㉠은 문화 변동의 외재적 요인 중 전파에 해당한다.
> ② 문화 지체는 물질 문화의 급속한 변동에 비해 비물질 문화의 완만한 변화가 상대적으로 뒤처지는 현상으로 ㉡은 문화 지체 사례는 아니다.
> ③ 강제적 문화 접변은 정복이나 식민지 지배 등 강제성을 띤 외부의 압력에 의해 일어나는 것이다.

10 다음 표는 우리나라의 사회보험과 공공부조의 특징을 비교한 것이다. 이에 대한 설명으로 옳은 것은?

질문	사회보험	공공부조
(가)	아니요	예
(나)	예	예
(다)	A	B
(라)	C	D

① (가)는 "소득 재분배 효과가 있는가?"라는 질문이 해당할 수 있다.
② (나)는 "수급자 선정 과정에서 낙인 문제가 발생하는가?"라는 질문이 해당할 수 있다.
③ (다)의 질문이 "기초연금제도가 해당되는가?"라면 A는 '아니요', B는 '예'이다.
④ (라)의 질문이 "강제가입을 원칙으로 하는가?"라면 C는 '아니요', D는 '예'이다.

> **TIP** ③ 65세 이상의 전체 노인 중 가구의 소득인정액이 선정기준액 이하인 노인에게 매달 일정액의 연금을 지급하는 제도인 기초연금제도는 공공부조이다.
> ① 사회보험과 공공부조 모두 소득 재분배 효과가 있다.
> ② 수급자 선정 과정에서 낙인 문제가 발생하는 것은 공공부조이다.
> ④ 강제가입을 원칙으로 하는 것은 사회보험이다.

11 밑줄 친 ㉠~㉣에 대한 설명으로 옳지 않은 것은?

> 노동조합 전임자에 대한 근로시간의 면제 종료를 일방적으로 통보한 ㉠A회사의 행위가 노동조합의 기본적인 활동을 방해하는 행위라는 ㉡판정이 ㉢재심에서 내려졌다. 이 판정은 ㉣초심인 ○○지방노동위원회의 판정을 취소하고 A회사의 노동조합의 주장을 받아들인 것이다.

① ㉢은 ㉣의 판정에 불복하는 경우에 중앙노동위원회에서 담당한다.
② ㉠은 ㉢에서 부당노동행위로 인정되었다.
③ ㉢은 A회사의 노동조합이 신청하였다.
④ A회사는 ㉡의 취소를 구하는 민사소송을 제기할 수 있다.

> **TIP** ④ 중앙노동위원회의 재심 판정에 불복하는 경우 사용자나 근로자 또는 노동조합은 15일 이내에 중앙노동위원장을 대상으로 취소를 구하는 행정소송을 제기할 수 있다.

12 다음 표는 갑, 을, 병 세 나라의 자녀와 부모 계층의 일치 여부에 대한 것이다. 이에 대한 해석으로 옳은 것은?

〈자녀와 부모 계층의 일치 및 불일치 비율〉

(단위 : %)

자녀의 계층	갑국		을국		병국	
	부모와 일치	부모와 불일치	부모와 일치	부모와 불일치	부모와 일치	부모와 불일치
상층	7	3	18	2	12	8
중층	24	6	4	6	42	18
하층	54	6	56	14	16	4
합	100		100		100	

① 갑국의 자녀 세대는 다이아몬드형 계층 구조이다.

② 을국에서 세대 간 상승 이동한 자녀의 수는 세대 간 하강 이동한 자녀의 수보다 적다.

③ 병국에서 부모와 계층이 일치하는 자녀의 수는 상층과 하층을 합하면 중층보다 많다.

④ 세 나라 모두 세대 간 계층 대물림은 부모가 상층일 때 가장 많다.

TIP ② 을국의 자녀 수를 100이라고 할 때, 중층 '부모와 불일치' 6명이 모두 상승 이동이라고 하더라도 상승 이동한 자녀의 수는 2+6=8명이고 하강 이동한 자녀의 수는 14명으로, 을국에서 세대 간 상승 이동한 자녀의 수는 세대 간 하강 이동한 자녀의 수보다 적다.
① 갑국의 자녀 세대는 상층 10, 중층 30, 하층 60의 피라미드형 계층 구조이다.
③ 병국에서 상층과 하층에서 부모와 계층이 일치하는 자녀의 수는 12+16=28명으로, 중층에서 부모와 계층이 일치하는 자녀의 수 42명보다 적다.
④ 갑국과 을국은 하층일 때, 병국은 중층일 때 세대 간 댐물림이 가장 많다.

13 다음 표는 재화 A~D의 가격이 현재 수준에서 10 % 인상될 경우 판매 수입의 변화율을 나타낸 것이다. 이에 대한 설명으로 옳은 것을 〈보기〉에서 고른 것은?

(단위 : %)

구분	A	B	C	D
판매 수입 변화율	−10	0	6	10

〈보기〉
㉠ 수요의 가격 탄력성이 가장 큰 재화는 A이다.
㉡ D는 수요의 법칙을 따르지 않는 재화이다.
㉢ A와 D의 수요량 변동률은 동일하다.
㉣ B는 C보다 수요의 가격 탄력성이 작다.

① ㉠, ㉡
② ㉠, ㉣
③ ㉡, ㉢
④ ㉢, ㉣

TIP A : 수요량의 변동율이 가격 변동율보다 큰 탄력적 재화이다. → 탄력성>1
B : 가격이 상승해도 판매 수입의 변화가 없었으므로 가격 변동율과 수요량의 변동율이 같은 단위탄력적 재화이다. → 탄력성=1
C : 수요량의 변동율이 가격 변동율보다 작은 비탄력적 재화이다. → 탄력성<1
D : 가격 변동율과 판매 수입 변동율이 일치하므로 가격이 변화해도 수요량은 변화하지 않는 완전비탄력적 재화이다. → 탄력성=0
㉢ A의 수요량 변동률은 가격 변동율보다 크고, D의 수요량 변동율은 0이다.
㉣ B는 C보다 수요의 가격 탄력성이 크다.

14 다음 표는 A국의 경상 수지를 나타낸 것이다. 이에 대한 설명으로 가장 적절한 것은?

(단위 : 억 달러)

	2015년	2016년
상품 수지	100	110
서비스 수지	200	210
(가)	10	−20
이전 소득 수지	−20	10

① 2016년 A국의 상품 수출액 증가율이 상품 수입액 증가율보다 크다.

② A국은 상품의 수출입 규모보다 외국과의 서비스 거래 규모가 더 크다.

③ A국의 정부가 외국에서 채권을 발행하고 지급한 이자는 (가)에 포함된다.

④ A국은 외국의 원조를 받는 나라에서 외국에 원조를 해 주는 나라가 되었다.

> **TIP** (가)는 본원 소득 수지이다. 본원 소득 수지는 경상 수지 구성요소 중 하나로, 우리나라 국민이 해외에서
> 받은 급료, 임금 및 투자소득과 외국인이 국내에서 받은 급료, 임금 및 투자소득의 차액을 말한다.
> ③ 정부가 외국에서 채권을 발행하고 지급한 이자는 본원 소득 수지에 포함된다.
> ① 상품 수지는 상품의 거래 결과로 들어온 외화의 수요와 공급의 차액으로 수출액과 수입액의 차이만
> 알 수 있을 뿐 증가율은 알 수 없다.
> ② 서비스 수지로는 서비스 거래의 차액만 알 수 있을 뿐 서비스 거래 규모는 알 수 없다.
> ④ 이전 소득 수지는 대가 없이 주고받은 외화의 수요와 공급의 차액으로, 이전 소득 수지가 증가한
> 것은 무상거래를 통한 외화의 유입이 유출보다 많아졌다는 을 보여준다.

15 다음 그림은 한국의 외환시장에서 미국 달러의 공급곡선을 나타낸 것이다. 외환시장의 균형점
을 E에서 A로 이동시키는 요인으로 옳은 것은? (단, 외환시장은 수요와 공급의 법칙을 따른다)

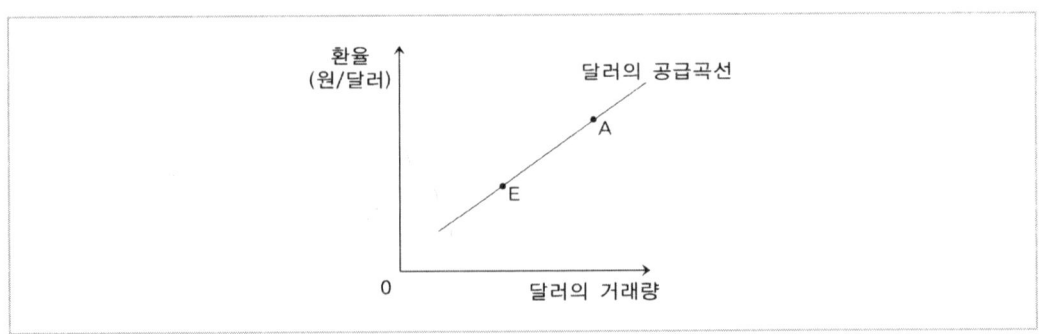

① 한국의 이자율 상승
② 미국 상품에 대한 한국의 수입 증가
③ 미국의 경기 침체로 미국 소비자의 소비 심리 위축
④ 한국 상품에 대한 미국 소비자의 선호도 증가

> **TIP** 균형점 E보다 달러의 거래량과 환율이 모두 상승하였으므로 외환시장의 수요 증가 원인을 찾아야 한다. 미국 상품에 대한 한국의 수입이 증가하면 외화가 유출이 증가하여 외화의 수요가 증가하게 된다.

16 다음 자료에 대한 설명으로 옳은 것은?

> 갑은 ⊙연봉 6천만 원을 받으며 회사에 근무하고 있다. 그런데 갑은 평소 한식 요리에 관심이 있어 요리학원에 ⓒ수강료 1백만 원을 내고 요리를 배워서 한식 조리사 자격증을 취득하였다. 이에 갑은 회사를 사직하고 한식 전문 요리점을 차리려고 한다. 갑이 알아본 결과 1년 간 한식 전문 요리점을 운영할 경우, 매출 1억 5천만 원, 인건비 3천만 원, 시설 보수비 1천만 원, 재료비 7천만 원이 발생한다.

① ⊙은 갑이 한식 전문 요리점을 운영하는 데 들어가는 명시적 비용이다.
② ⓒ은 갑이 경제적으로 합리적 선택을 하기 위해 고려해야 하는 매몰비용이다.
③ 갑이 한식 전문 요리점을 운영하는 것에 대한 기회비용은 1억 1천만 원이다.
④ 갑이 한식 전문 요리점을 운영하지 않는 것이 경제적으로 합리적인 선택이다.

> **TIP** ③④ 갑이 한식 전문 요리점을 운영하는데 발생하는 기회비용은 연봉 6천만 원+인건비 3천만 원+시설 보수비 1천만 원+재료비 7천만 원으로 총 1억 7천만원으로 매출 1억 5천만원보다 크다. 따라서 운영하지 않는 것이 경제적으로 합리적인 선택이다.
> ① ⊙은 묵시적 비용이다.
> ② 합리적 선택을 하기 위해서는 매몰비용을 고려하지 않는다.

17 다음은 「민법」상의 제한 능력자 중 하나를 나타낸 것이다. 갑의 법률행위에 대한 설명으로 옳은 것은?

원칙적으로 법정대리인의 동의 없이 단독으로 법률행위를 할 수 있습니까?	⇒ 아니요	
		갑
「민법」상의 제한 능력자 인정에 법원의 심판을 필요로 합니까?	⇒ 아니요	

① 갑이 단독으로 한 행위는 처음부터 무효이다.

② 갑이 속임수로써 법정대리인의 동의가 있었던 것처럼 꾸며서 계약을 한 때에는, 법정대리인이 그 계약을 취소할 수 있다.

③ 권리만 얻는 행위는 갑이 법정대리인의 동의 없이 단독으로 할 수 있지만, 의무만 면하는 행위는 할 수 없다.

④ 갑이 단독으로 거래한 상대방은 갑의 법정대리인에게 그 거래행위를 추인할 것인지 여부의 확답을 촉구할 권리가 있다.

> **TIP** 갑은 제한 능력자 중 미성년자에 해당한다.
> ④ 미성년자와 단독으로 거래한 상대방은 1개월 이상의 기간을 정하여 갑의 법정대리인에게 그 거래행위를 추인할 것인지 여부의 확답을 촉구할 권리가 있다.
> ① 미성년자가 단독으로 한 행위는 취소할 수 있다. 취소 이전까지는 유효하고 취소되면 소급하여 효력이 상실된다.
> ② 제한 능력자가 속임수로써 계약을 한 때에는 그 계약을 취소할 수 없다.
> ③ 권리만 얻거나 의무만 면하는 행위, 처분이 허락된 재산의 처분, 허락된 영업에 관한 법률행위, 임금 청구 등은 법정대리인의 동의 없이 단독으로 할 수 있다.

18 다음은 우리나라 재판제도 중 하나의 절차이다. 이에 대한 설명으로 옳은 것은?

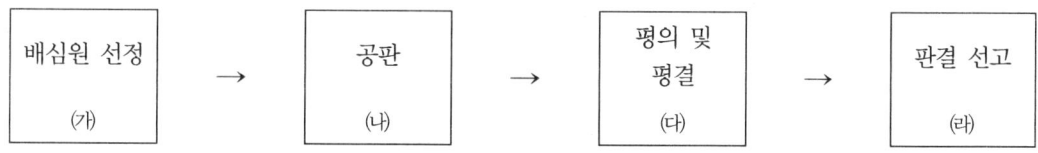

① 피고인이 이 재판 절차를 희망하지 않으면 진행될 수 없다.
② (가)의 배심원은 만 20세 이상의 국민이면 누구나 선정될 수 있다.
③ (나)는 지방법원 본원 단독판사에 의해 이루어진다.
④ (다)의 평결은 (라)에서 법원을 기속한다.

> **TIP** 국민참여재판의 절차이다.
> ① 피고인의 신청이 없는 경우 국민참여재판을 진행할 수 없다.
> ② 배심원은 만 20세 이상의 국민이면 신청할 수 있지만, 전과자나 변호사, 경찰관 등은 선정에서 제외된다.
> ③ 국민참여재판의 대상은 지방법원 합의부가 관할하는 사건이다.
> ④ 배심원의 평결은 재판부에 권고의 효력만 있을 뿐 법적 구속력은 없다.

19 다음의 범죄 성립요건에 대한 설명으로 옳지 않은 것은?

> 범죄의 성립 요건에는 A, B, C가 있다. 우선, A를 충족하는지 여부를 검토한 후 B가 조각되는지를 확인한다. 만약, B가 조각되지 않으면 마지막 단계로서 C가 조각되는지를 확인하고, C가 조각되지 않을 경우에 범죄가 성립된다.

① A는 구성 요건 해당성, B는 위법성, C는 책임이다.
② A를 충족하면 B가 있다고 추정된다.
③ 경찰관이 영장 없이 현행범을 체포하는 행위는 B가 조각된다.
④ 강요된 행위와 정당방위는 모두 C가 조각되어 범죄가 성립되지 않는다.

> **TIP** A : 구성 요건 해당성, B : 위법성, C : 책임성이다.
> ④ 강요된 행위는 책임성이 조각되고, 정당방위는 위법성이 조각되어 범죄가 성립되지 않는다.

20 다음의 헌법 조항에 나타난 헌법의 기본 원리를 실현하기 위한 방안에 해당하는 것만을 〈보기〉에서 모두 고른 것은?

> 제1조 ① 대한민국은 민주 공화국이다.
> ② 대한민국의 주권은 국민에게 있고, 모든 권력은 국민으로부터 나온다.

> ㉠ 선거권과 공무 담임권의 보장
> ㉡ 언론 · 출판 · 집회 · 결사의 자유 보장
> ㉢ 대의제의 채택
> ㉣ 최저임금제의 실시

① ㉠, ㉡
② ㉢, ㉣
③ ㉠, ㉡, ㉢
④ ㉡, ㉢, ㉣

> **TIP** 헌법 제1조는 국민 주권의 원리에 대한 것이다.
> ㉣ 최저임금제는 복지국가의 원리에 해당한다.

2017. 6. 24 제2회 서울특별시 시행

1 (개)와 (내)는 서로 다른 유형의 법치주의이다. 이에 대한 설명으로 옳은 것은?

> (개) 법을 통치자의 의사를 실현하는 도구나 수단으로 사용할 수 있다는 점에서 진정한 의미의 법치주의라고 볼 수 없다. 절대 왕정 시대의 법은 곧 왕의 의지를 의미하였고 중국의 법가 사상은 법을 전제 군주의 통치 수단으로 보았다.
>
> (내) 누구도 법과 동등한 권위를 지닐 수 없고, 통치자를 비롯한 모든 사람이 법에 종속된다는 의미를 지니므로 진정한 의미의 법치주의에 해당한다. 여기서 법은 국민의 대표 기관인 의회를 통해 법률로 구체화되므로, 법은 곧 국민의 뜻으로 보았다.

① (개)의 논리는 독재 정부의 지배를 정당화할 수 있다.

② (내)의 논리는 '악법도 법이다.'라는 주장을 지지한다.

③ (개)는 자연법사상, (내)는 실정법사상에 입각한 것이다.

④ (개)와 (내)는 모두 정치 권력의 합법성과 정당성을 강조한다.

> **TIP** (개) 형식적 법치주의(법에 의한 지배), (내) 실질적 법치주의(법의 지배)
> ① 형식적 법치주의는 '법에 의한 지배'로 독재를 합리화하는 수단으로 악용되기도 한다.
> ② '악법도 법이다.'라는 주장을 지지하는 것은 형식적 법치주의이다.
> ③ 실질적 법치주의는 자연법사상, 형식적 법치주의는 실정법사상에 입각한 것이다.
> ④ 형식적 법치주의는 법의 형식적 합법성을, 실질적 법치주의는 법의 실질적 정당성을 강조한다.

Answer ....
20.③ / 1.①

2 다음은 우리나라 헌법 조항이다. 이에 대한 분석으로 옳은 것은?

> 제52조 국회의원과 정부는 법률안을 제출할 수 있다.
> 제53조② 법률안에 이의가 있을 때에는 대통령은 제1항의 기간 내에 이의서를 붙여 국회로 환부하고, 그 재의를 요구 할 수 있다. 국회의 폐회 중에도 또한 같다.
> 제62조① ㉠ <u>국무총리</u> · ㉡ <u>국무위원</u> 또는 정부위원은 국회나 그 위원회에 출석하여 국정 처리 상황을 보고하거나 의견을 진술하고 질문에 응답할 수 있다.
> 제66조① ㉢ <u>대통령은</u> 국가의 원수이며, 외국에 대하여 국가를 대표한다.

① ㉠은 국회 내 과반수 의석을 차지한 정당의 대표가 맡는다.
② 국회는 ㉠ 또는 ㉡의 해임을 대통령에게 건의할 수 있다.
③ ㉢은 국가적 위기 상황에서 비상 조치권과 국회 해산권을 갖는다.
④ 헌법 제52조, 제53조②, 제62조①은 의원내각제 요소에 해당한다.

TIP ② 국회는 국무총리 또는 국무위원의 해임을 대통령에게 건의할 수 있다〈헌법 제63조 제1항〉.
① 국무총리는 국회의 동의를 얻어 대통령이 임명한다.
③ 현행 헌법은 지난 1980년 헌법에 규정됐던 국회해산권과 비상조치권 등 대통령의 '대권적 권한'들을 삭제했다.
④ 제52조의 정부도 법률안을 제출할 수 있는 점과 제62조① 국무총리 · 국무위원 또는 정부위원은 국회나 그 위원회에 출석하여 국정처리상황을 보고하거나 의견을 진술하고 질문에 응답할 수 있다는 점은 의원내각적 요소에 해당한다. 제53조② 대통령의 법률안 거부권은 대통령제적 요소이다.

3 다음은 소선거구제를 채택하고 있는 갑국의 선거 결과이다. 이에 대한 분석으로 가장 옳지 않은 것은?

(단위 : 명)

지역	인구	국회의원 수
A시	89만 3,950	3
B시	29만 2,849	2

① 갑국의 선거구제는 입후보자의 인물 파악이 쉽다.
② 투표 가치를 동등하게 부여하는 평등 선거의 원칙에 부합하지 않는다.
③ B시 유권자 1표는 A시 유권자 1표의 1/2의 가치가 있다.
④ 선거구를 공정하게 획정하기 위해서는 선거구 법정주의, 인구 대표성, 지역 대표성을 고려해야 한다.

TIP ②③ A시의 인구를 약 90만, B시의 인구를 약 30만으로 볼 때, 국회의원 수가 3명인 A시 유권자 1표의 가치는 $\frac{1}{30만}$ 이고 국회의원 수가 2명인 B시의 유권자 1표의 가치는 $\frac{1}{15만}$ 이므로 B시 유권자 1표는 A시 유권자 1표의 2배의 가치가 있다.

① 소선거구제는 중·대선거구제에 비해 후보자가 난립할 가능성이 낮아 입후보자의 인물 파악이 쉽다.

④ 선거구를 공정하게 획정하기 위해서는 법에 의해 선거구를 획정하는 선거구 법정주의에 따라야 하며 인구 대표성과 지역 대표성을 고려해야 한다.

4 표는 현재 우리나라 정치에서 발생할 수 있는 정치적 쟁점에 대한 A, B 정당의 입장을 정리한 것이다. 이에 대한 설명으로 옳은 것은?

쟁점	A당 입장	B당 입장
헌법 개정 논의	시기상조이므로 반대	㉠ 개헌안 발의
㉡ ○○정책에 대한 국민 투표	찬성	반대
㉢ ○○법 개정안 재의	㉣ 본회의 표결 처리	국민적 합의 필요

① ㉠은 국회 재적의원 10명 이상이 동의하면 가능하다.

② ㉡은 국회 재적의원 2/3 이상의 찬성으로 실시 가능하다.

③ ㉢은 국회에서 부결된 법안을 대상으로 한다.

④ ㉢이 ㉣을 통과하여 이송되면 대통령은 지체 없이 공포해야 한다.

TIP ④ 재의의 요구가 있을 때에는 국회는 재의에 붙이고, 재적의원과반수의 출석과 출석의원 3분의 2 이상의 찬성으로 전과 같은 의결을 하면 그 법률안은 법률로서 확정된다. 확정된 법률을 지체없이 공포하여야 한다. 확정법률이 정부에 이송된 후 5일 이내에 대통령이 공포하지 아니할 때에는 국회의장이 이를 공포한다.

① 헌법개정은 국회재적의원 과반수 또는 대통령의 발의로 제안된다.

② 대통령은 필요하다고 인정할 때에는 외교·국방·통일 기타 국가안위에 관한 중요정책을 국민투표에 붙일 수 있다. 즉, 국민투표는 대통령의 전속적인 권한이다.

③ 국회에서 부결된 법안은 동일 회기 중에 다시 발의하거나 심의하지 못한다. 재의는 법률안에 이의가 있을 때 대통령이 요구할 수 있다.

5 그림은 형사절차를 나타낸 것이다. 이에 대한 설명으로 가장 옳은 것은?

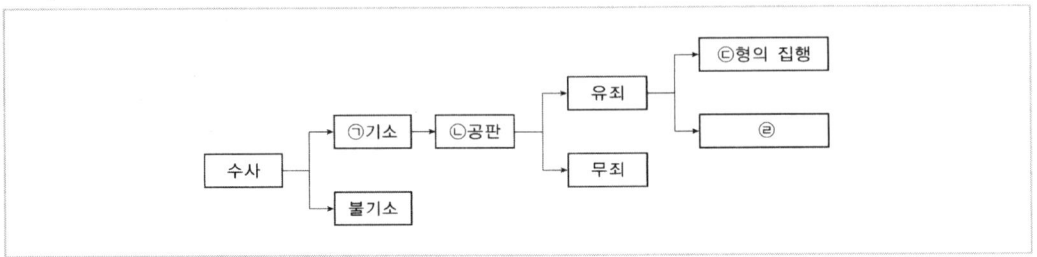

① ㉠은 수사관이 할 수 있다.

② ㉡부터 변호인의 도움을 받을 권리를 갖기 시작한다.

③ ㉢단계에서의 지휘권은 판사가 갖는다.

④ ㉣에 해당하는 제도로는 집행 유예가 있다.

> **TIP** ④ ㉣에 해당하는 제도로는 집행 유예와 선고 유예가 있다.
> ① 기소는 검사만 할 수 있다.
> ② 변호인의 도움을 받을 권리는 수사 과정에서부터 인정된다.
> ③ 형의 집행 단계에서의 지휘권은 검사가 갖는다.

6 다음의 자료 수집 방법 A~D에 대한 설명으로 가장 옳은 것은? (단, A~D는 질문지법, 실험법, 참여관찰법, 문헌연구법 중 하나이다.)

항목	자료 수집 방법
질적 자료를 수집할 목적으로 사용된다.	A
실험집단과 통제집단을 필요로 한다.	B
낮은 수거율과 무성의한 응답이 나타날 수 있다.	C
양적 연구와 질적 연구에서 모두 활용 가능하다.	D

① A는 통제의 정도가 가장 높아 신뢰도가 높은 연구 방법이다.

② B는 방법론적 이원론에 기초한 연구 방법으로 활용도가 높다.

③ C는 문맹자에게도 실시하기 용이한 자료 수집법이다.

④ D는 연구자의 주관적 가치가 자료 해석 과정에서 개입될 우려가 있다.

> **TIP** A : 참여관찰법, B : 실험법, C : 질문지법, D : 문헌연구법
> ④ 문헌연구법은 연구자의 주관적 가치가 자료 해석 과정에서 개입될 우려가 있다.
> ① 통제의 정도가 가장 높아 신뢰도가 높은 연구 방법은 실험법이다.
> ② 방법론적 이원론에 기초한 연구 방법은 해석적(질적) 연구방법이다. 실험법은 실증적(양적) 연구방법에 적합하다.
> ③ 질문지법은 문맹자에게도 실시하기 어렵다.

7 다음 글에 대한 설명으로 가장 옳지 않은 것은?

> 내일이면 수능이다. 종례시간에 ㉠ 내일 치르는 수능 시험 유의 사항을 알려 주며 격려해 주시는 ㉡ 담임선생님의 말씀에 눈물이 났다. ㉢ 고사장 확인까지 하니 이제야 실감이 났다. 이 시간이 지나면 이 친구들 모두 서로 다른 ㉣ 대학, ㉤ 직장에서 각자의 인생을 살게 되겠지. ㉥ 막냇동생은 응원 선물을 내밀었고, ㉦ 아버지는 말없이 안아 주셨다. 전국의 모든 ㉧ 수험생이여 힘내자!

① ㉠은 예기 사회화를 위한 담임선생님의 역할 행동이다.
② ㉡, ㉧은 성취지위이고 ㉥, ㉦은 귀속지위이다.
③ ㉢은 수험생으로서의 역할 행동이다.
④ ㉣은 공식적 사회화 기관, ㉤은 비공식적 사회화 기관이다.

TIP ② ㉡ 담임선생님, ㉦ 아버지, ㉧ 수험생은 성취지위이고 ㉥ 막냇동생은 귀속지위이다.

8 갑국과 을국이 교류한 이후 각국에서 나타난 문화 접변의 결과를 나타내고 있다. 이 결과에 대한 설명으로 옳지 않은 것은?

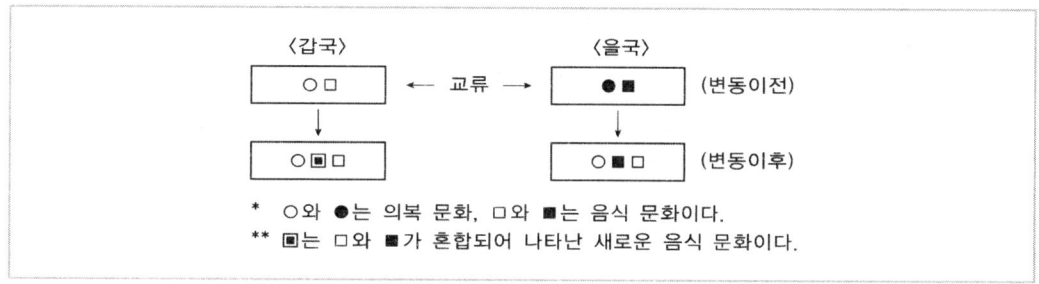

* ○와 ●는 의복 문화, □와 ■는 음식 문화이다.
** ▣는 □와 ■가 혼합되어 나타난 새로운 음식 문화이다.

① 갑국의 의복 문화에서 문화 동화가 나타난다.
② 갑국의 음식 문화에서 문화 융합이 나타난다.
③ 갑국은 자문화의 요소들을 접변 이후에도 그대로 간직하고 있다.
④ 을국의 음식 문화에서 문화 병존이 나타난다.

TIP ① 문화 동화는 외부로부터 유입된 문화에 의해서 수용하는 측의 문화가 상당한 정도로 변질된 결과 수용자의 문화가 제공자의 문화를 닮아 가는 현상을 말한다. 을국의 의복 문화에서 갑국의 의복 문화로의 문화 동화가 나타난다.

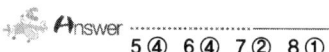

9 표는 연도별 한부모 가구 수와 한부모 가구가 전체 가구에서 차지하는 비율을 나타낸 것이다. 표에 대한 옳은 분석은? (단, 전체 가구는 매년 증가하고 있으며, 한부모 가구는 표에 나타난 두 가지 유형만 있다.)

(단위 : 1,000가구, %)

	200년		2005년		2010년	
	가구 수	비율	가구 수	비율	가구 수	비율
한부모 가구	871	6.09	1,042	6.56	1,181	6.81
부+미혼자녀	162	1.13	233	1.40	253	1.46
모+미혼자녀	709	4.96	819	5.16	928	5.35

* 비율은 전체 가구 수에서 차지하는 %를 의미함

① 한부모 가구에 속한 총인구는 계속 증가하고 있다.
② 2000년과 2010년을 비교했을 때, 전체 가구 수보다 한부모 가구 수가 더 큰 비율로 증가하였다.
③ 표의 모든 연도에서 '모+미혼자녀' 가구 수는 '부+미혼자녀' 가구 수의 4배 이상이다.
④ 2000년의 한부모 가구는 모두 2010년의 한부모 가구에 포함된다.

> **TIP** ② 전체 가구는 매년 증가하고 있는 상황에서 2000년과 2010년을 비교했을 때 한부모 가구가 차지하는 비율이 증가하였으므로 전체 가구 수보다 한부모 가구 수가 더 큰 비율로 증가하였다.
> ① 한부모 가구의 가구 수는 증가하였지만, 가구당 구성원 수를 알 수 없으므로 총인구의 증가 여부는 알 수 없다.
> ③ 모+미혼자녀 가구 수가 부+미혼자녀 가구 수의 4배 이상인 것은 2000년도뿐이다.
> ④ 2000년의 한부모 가구가 모두 2010년의 한부모 가구에 포함되는지는 알 수 없다.

10 밑줄 친 ㉠~㉣에 대한 설명으로 옳은 것은?

> 갑과 을은 결혼을 하였으나 ㉠ 갑이 딸 A를 출산한 뒤 이혼을 하였고 A는 갑이 양육하기로 하였다. 이후 갑은 병과 재혼을 한 뒤 병과의 사이에서 아들 B를 출산하였고 ㉡ 병은 A를 친양자로 입양하였다. 병의 어머니 C는 시골에 홀로 살고 계신다. 어느 날 ㉢ 병은 교통사고로 사망하게 되었고, 자신의 재산 절반을 장학재단에 기부하겠다는 ㉣ 병의 유언장이 발견되었다. 사망 당시 병의 재산은 채무 없이 부동산과 예금 7억이 있었다.

① ㉠에 의해 A는 행위 능력을 취득하였다.

② ㉡으로 인해 갑과 A와의 법률관계는 소멸된다.

③ ㉢으로 인해 법정상속이 이루어진다면 상속인은 갑, A, B, C가 된다.

④ ㉣이 유효하다면 갑은 1억 5천만 원을 상속받는다.

> **TIP** ④ ㉣이 유효하다면 병의 재산 7억 중 절반안 3억 5천만원은 장학 재단에 기부하게 된다. 나머지 3억 5천만원 중 배우자 갑과 직계 비속인 A, B가 1.5 : 1 : 1로 상속받는다. 따라서, 갑은 1억 5천만 원을 상속받는다.
> ① ㉠에 의해 A는 권리 능력을 취득하였다.
> ② 친양자의 입양 전 친족관계는 친양자 입양이 확정된 시점에 종료된다. 그러나 부부의 일방이 그 배우자의 친생자를 단독으로 입양한 경우에는 배우자와 친생자 간의 친족관계가 소멸되지 않는다.
> ③ 직계 존속인 C는 2순위 상속인으로 1순위 상속인인 배우자와 직계 비속이 있을 경우 상속을 받을 수 없다.

11 A~C는 우리나라 사회 보장 제도의 세 가지 유형을 분류한 것이다. 이에 대한 설명으로 옳은 것은? (단, A~C는 사회보험, 공공부조, 사회복지서비스 중 하나이다.)

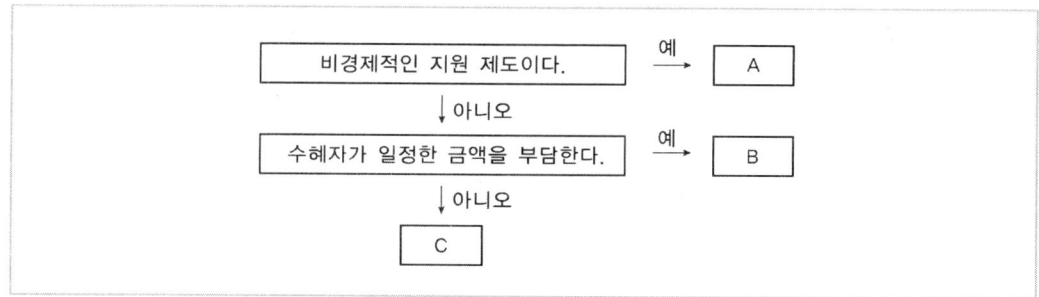

① A는 강제 가입의 원칙이 적용된다.

② B는 보험 급여 수준에 따라 보험료 부담 수준이 결정된다.

③ C는 B보다 소득 재분배 효과가 크다.

④ C의 사례로 상담, 재활, 직업 소개 등을 들 수 있다.

> **TIP** A : 사회복지서비스, B : 사회보험, C : 공공부조
> ③ 세금을 재원으로 하는 공공부조는 수혜자 부담의 원칙이 적용되는 사회보험에 비해 소득 재분배 효과가 크다.
> ① 강제 가입의 원칙이 적용되는 것은 사회보험이다.
> ② 사회보험의 보험료 부담 수준은 소득이나 재산 같은 부담 능력에 따라 결정된다.
> ④ 상담, 재활, 직업 소개 등은 사회복지서비스의 사례이다.

12 표는 A국의 최저생계비 및 빈곤율 추이를 나타낸 것이다. 표에 대한 분석으로 가장 옳은 것은?

연도 항목	2012년	2013년	2014년	2015년
최저 생계비(천원/월)	1,363	1,439	1,495	1,546
절대적 빈곤율(%)	6.4	6.4	6.0	5.9
상대적 빈곤율(%)	12.5	12.3	12.0	11.7

※ A국의 모든 가구는 4인으로 구성되어 있다.
※ 절대적 빈곤율 : 전체 가구 중 소득이 최저생계비 미만인 가구의 비율
※ 상대적 빈곤율 : 전체 가구 중 소득이 중위소득의 50% 미만인 가구의 비율

① A국의 계층 간 소득 격차는 점점 커지고 있다.
② 2013년은 2012년보다 절대적 빈곤 가구 수가 감소하였다.
③ 2014년은 중위 소득의 25%와 최저생계비가 일치한다.
④ 2015년은 최저생계비가 중위소득의 50%보다 작다.

TIP ④ 최저생계비는 절대적 빈곤율의, 중위소득의 50%는 상대적 빈곤율의 기준이 된다. 2015년은 절대적 빈곤율이 5.9%, 상대적 빈곤율인 11.7%이므로 최저생계비가 중위소득의 50%보다 작다.
① 상대적 빈곤율이 감소하고 있으므로 A국의 계층 간 소득 격차는 점점 작아지고 있다.
② 전체 가구 수를 알지 못하므로 절대적 빈곤 가구 수를 비교할 수 없다.
③ 2014년의 절대적 빈곤율은 6%이고 상대적 빈곤율은 12%이므로, 전체 가구 중 소득이 중위소득의 50% 미만인 가구의 수가 소득이 최저생계비 미만인 가구 수의 2배이다. 하지만 그렇다고 중위 소득의 25%와 최저생계비가 일치하는 것은 아니다.

13 다음 커피 시장의 수요 · 공급표에 대한 〈보기〉의 진술 중 옳은 설명만을 고른 것은? (단, 시장에서 소비자는 갑, 을 2명뿐이다.)

가격(원)	갑의 수요량(개)	을의 수요량(개)	시장 공급량(개)
2,500	5	4	17
2,000	6	6	16
1,500	7	8	15
1,000	8	10	14

〈보기〉

㉠ 균형 거래량은 17개이다.
㉡ 균형 가격은 1,500원이다.
㉢ 가격이 1,000원일 때 초과 수요량은 3개이다.
㉣ 가격이 2,000원일 때 초과 공급량은 4개이다.

① ㉠, ㉡
② ㉡, ㉢
③ ㉡, ㉣
④ ㉢, ㉣

TIP 주어진 자료에 따라 시장 수요량을 구하면 다음과 같다.

가격(원)	갑의 수요량(개)	을의 수요량(개)	시장 공급량(개)	시장 수요량(개)
2,500	5	4	17	5+4=9
2,000	6	6	16	6=6+12
1,500	7	8	15	7=8+15
1,000	8	10	14	8=10+18

㉠ 시장 수요량과 시장 공급량이 일치할 때 균형을 이루므로 균형 거래량은 15개이다.
㉢ 가격이 1,000원일 때 시장 공급량은 14개, 시장 수요량 18개이므로 초과 수요량은 4개이다.

14 (가), (나) 사례에 대한 〈보기〉의 진술 중 옳은 설명만을 고른 것은?

(가) 태평양의 어느 섬에서는 망고보다 바나나가 더 많이 생산된다. 하지만 바나나가 망고보다 훨씬 높은 가격에 거래된다.

(나) 물은 생존을 위해 반드시 필요한 재화이다. 하지만 물의 가격은 다이아몬드 가격보다 훨씬 낮다.

〈보기〉

㉠ (가)의 사례에서 바나나는 망고보다 희소성이 큰 재화이다.

㉡ (가)와 (나)의 사례에서 가격을 결정한 요인은 유용성보다는 존재량이다.

㉢ (나)에서 다이아몬드가 비싼 이유는 인간에게 더 유용한 재화이기 때문이다.

㉣ 희소성은 재화의 존재량과 인간의 욕구와의 관계에서 상대적으로 결정된다.

---

① ㉠, ㉡

② ㉠, ㉣

③ ㉡, ㉢

④ ㉢, ㉣

> **TIP** ㉠㉣ 희소성이 큰 재화일수록 높은 가격에 거래된다. 따라서 망고보다 바나나가 더 희소성이 크다. 희소성은 재화의 존재량과 인간의 욕구와의 관계에서 상대적으로 결정된다.
> ㉡ (가)와 (나) 사례에서 가격을 결정한 요인은 교환가치와 희소성이다.
> ㉢ (나)에서 다이아몬드가 비싼 이유는 교환가치가 더 높기 때문이다.

15 표는 한 기업의 X재 생산량 증가에 따른 추가 수입과 추가 비용을 나타낸 것이다. 이에 대한 분석으로 옳은 것은?

(단위 : 만원)

생산량	1개	2개	3개	4개	5개	6개
추가 수입	10	10	10	10	10	10
추가 비용	7	6	6	7	11	13

① 총이윤은 생산량이 2개일 때와 3개일 때 같다.

② 생산량이 1개씩 증가할 때마다 평균 비용은 증가한다.

③ 평균 비용이 가장 작을 때 이윤은 최대가 된다.

④ 위의 사례에서 최대로 얻을 수 있는 총이윤은 14만 원이다.

16 다음 표는 갑국과 을국이 동일한 생산 요소를 투입하여 한 달간 최대로 생산할 수 있는 곡물과 육류의 양을 나타낸 것이다. 양국이 비교우위의 원리에 따라 교역을 할 경우 표에 대한 옳은 설명은? (단, 생산 요소는 노동 하나뿐이고, 양국에서 투입 가능한 노동의 양은 동일하다고 가정한다.)

(단위 : 톤)

	갑국	을국
곡물	10	20
육류	20	50

① 갑국은 육류 생산에 비교우위를 갖고 있다.
② 곡물 생산의 기회비용은 갑국이 을국보다 작다.
③ 을국의 육류 1톤 생산의 기회비용은 곡물 2.5톤이다.
④ 곡물과 육류를 1:1의 비율로 교환하면 양국 모두 이익이 발생한다.

TIP 비교우위란 다른 생산자보다 더 작은 기회비용으로 생산할 수 있는 능력을 말한다. 갑국과 을국의 기회비용을 구하면 다음과 같다.

1톤 생산의 기회비용	갑국	을국
곡물	20/10=육류 2	50/20=육류 2.5
육류	10/20=곡물 0.5	20/50=곡물 0.4

① 갑국은 곡물 생산에, 을국은 육류 생산에 비교우위를 갖고 있다.
③ 을국의 육류 1톤 생산의 기회비용은 곡물 0.4톤이다.
④ 교환을 통해 이익을 얻기 위해서는 재화 1단위＞재화 1단위의 기회비용이 성립해야 한다. 곡물과 육류를 1:1의 비율로 교환하면 양국 모두 이익을 얻을 수 없다.

17 그림은 어느 제품의 가격을 P_2에서 P_1로 올렸을 경우의 판매 수입 변화를 보여준다. 설명으로 옳은 것은?

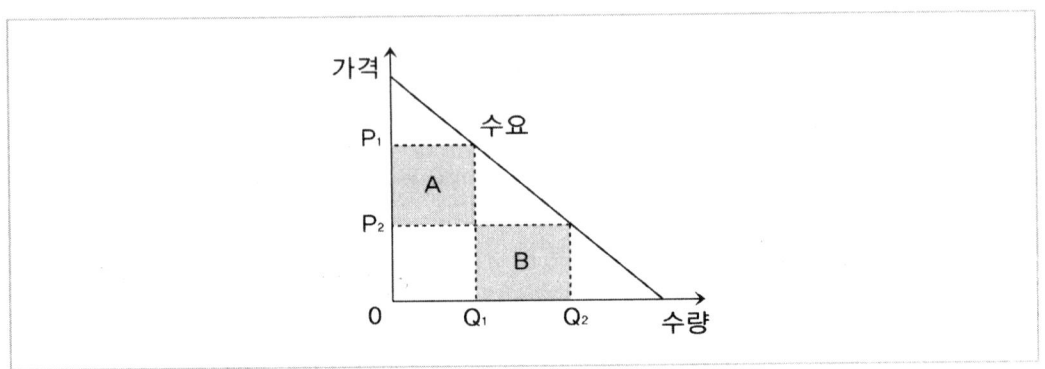

① A>B라면 수요의 가격 탄력성은 1보다 작다.
② B는 판매 수입의 증가를 의미한다.
③ A+B는 제품 판매 총수입이다.
④ A는 가격 인상의 기회비용이다.

TIP

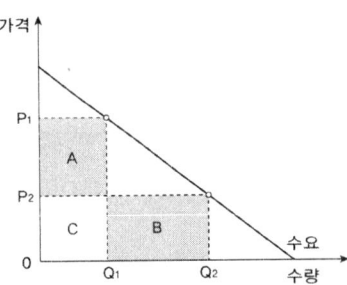

가격이 P_1일 때 판매수입은 A+C, P_2일 때 판매수입은 B+C가 된다. 따라서 A는 판매 수입 증가분, B는 판매 수입 감소분을 의미한다.
① A>B라면 판매 수입 증가분이 판매 수입 감소분보다 큰 것으로, 가격이 상승하는데 판매 수입이 증가하는 수요의 가격 탄력성이 1보다 작고 비탄력적인 경우이다.
② B는 판매 수입의 감소를 의미한다.
③ 가격이 P_1일 때 판매수입은 A+C, P_2일 때 판매수입은 B+C가 된다.
④ A는 판매 수입 증가분으로 가격 인상의 편익이다. 가격 인상의 기회비용은 B이다.

18 표는 우리나라의 최근 4년간 경상 수지를 나타낸 것이다. 표에 대한 추론으로 가장 옳은 것은?

(단위 : 백만 달러)

	2012	2013	2014	2015
경상수지	50,835	81,149	84,372	105,939
상품수지	49,406	82,781	88,885	122,269
서비스수지	−5,214	−6,499	−3,679	−14,917
본원소득수지	12,117	9,056	4,151	3,572
이전소득수지	−5,474	−4,189	−4,985	−4,985

① 2013년 이후로 매년 수출이 전년도보다 증가하고 있다.

② 2014년은 2013년보다 해외여행이 감소하였다.

③ 표의 결과는 외환보유고 증가 요인으로 작용한다.

④ 표의 결과는 원-달러 환율 상승을 압박하는 요인이 된다.

> **TIP** ③ 경상수지가 매년 흑자로 이 결과는 외환보유고 증가 요인으로 작용한다.
> ① 경상수지만으로 수출 규모를 파악하기는 어렵다.
> ② 2014년은 2013년보다 서비스수지의 적자가 줄어들었지만 이를 해외여행 감소 때문이라고 추론하기는 어렵다.
> ④ 지속적인 경상수지의 흑자 발생은 원-달러 환율 하락 압박하는 요인이 된다.

19 그래프는 양배추 시장의 균형점 변동을 나타낸 것이다. 이러한 변동을 초래할 수 있는 조합을 〈보기〉에서 고르면? (단, 양배추는 모든 사람에게 열등재이고, 수요·공급 법칙을 따르며, 양배추 시장은 완전경쟁시장이다.)

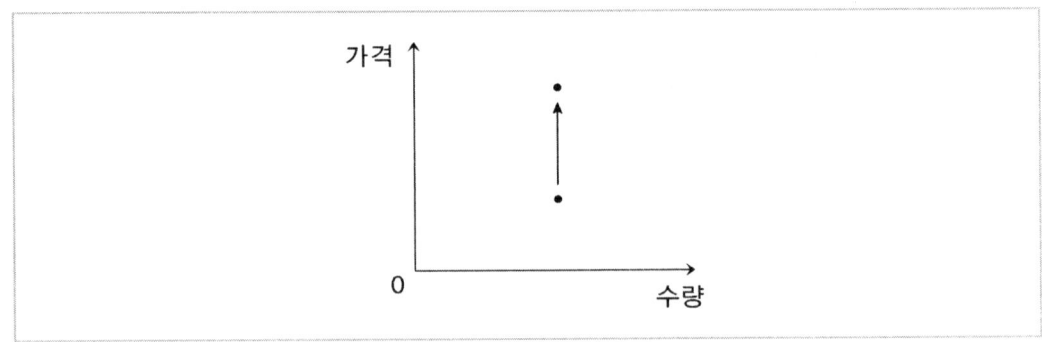

〈보기〉
㉠ 이상 고온 현상으로 양배추 수확이 급감하였다.
㉡ 사람들의 실질 소득이 증가하였다.
㉢ 채식 붐이 일어나 양배추를 끓는 물에 데쳐 쌈으로 먹는 사람이 늘었다.
㉣ 양배추가 갑상선 질환을 유발한다는 뉴스가 대대적으로 보도되었다.

① ㉠, ㉢   ② ㉠, ㉣
③ ㉡, ㉢   ㉡, ㉣

TIP 주어진 이동이 일어나기 위해서는 수요가 증가하고 공급은 감소해야 한다.
　　㉠ 공급 감소
　　㉡ 열등재이므로 소득이 증가할 때 소비가 감소한다. → 수요 감소
　　㉢ 수요 증가
　　㉣ 수요 감소

20 표는 쌀과 닭고기 두 가지 재화만 생산하는 어느 국가의 경제활동 결과를 나타낸 것이다. 표에 대한 설명으로 옳은 것은? (단, 기준년도는 2013년이며, 물가지수는 GDP디플레이터로, 경제성장률은 실질GDP 증가율로 각각 측정한다.)

구분	연도	2013	2014	2015
쌀	kg당 가격($)	10	15	17
	생산량(kg)	100	80	100
닭고기	kg당 가격($)	5	10	15
	생산량(kg)	40	40	60

* GDP디플레이터=(명목 GDP/실질 GDP)×100

① 2014년의 물가지수는 150이다.　　　② 2014년의 경제성장률은 −20%이다.

③ 2015년의 물가지수는 200이다.　　　④ 2015년의 경제성장률은 20%이다.

TIP 주어진 자료를 바탕으로 명목 GDP, 실질 GDP, GDP디플레이터를 구하면 다음과 같다.

연도	명목 GDP, 실질 GDP, GDP디플레이터
2013	• 명목 GDP $= (10 \times 100) + (5 \times 40) = 1,200$ • 실질 GDP $= (10 \times 100) + (5 \times 40) = 1,200$ • GDP디플레이터 $= \dfrac{1,200}{1,200} \times 100 = 100$
2014	• 명목 GDP $= (15 \times 80) + (10 \times 40) = 1,600$ • 실질 GDP $= (10 \times 80) + (5 \times 40) = 1,000$ • GDP디플레이터 $= \dfrac{1,600}{1,000} \times 100 = 160$
2015	• 명목 GDP $= (17 \times 100) + (15 \times 60) = 2,600$ • 실질 GDP $= (10 \times 100) + (5 \times 60) = 1,300$ • GDP디플레이터 $= \dfrac{2,600}{1,300} \times 100 = 200$

① 2014년의 물가지수는 160이다.

② 2014년의 경제성장률은 $\dfrac{1,000 - 1,200}{1,200} \times 100 =$ 약 -16.67%이다.

④ 2015년의 경제성장률은 $\dfrac{1,300 - 1,000}{1,000} \times 100 = 30\%$이다.

공무원시험/자격시험/독학사/검정고시/취업대비 동영상강좌 전문 사이트

공무원	9급 공무원	서울시 기능직 일반직 전환	각 시·도 기능직 일반직 전환	교육청 기능직 일반직 전환
	관리운영직 일반직 전환	사회복지직 공무원	우정사업본부 계리직	서울시 기술계고 경력경쟁
기술직 공무원	물리	화학	생물	
	기술계 고졸자 물리/화학/생물			
경찰·소방공무원	소방특채 생활영어	소방학개론		
군 장교, 부사관	육군부사관	공군부사관	해군부사관	부사관 국사(근현대사)
	공군 학사사관후보생	공군 조종장학생	공군 예비장교후보생	공군 국사 및 핵심가치
NCS, 공기업, 기업체	공기업 NCS	공기업 고졸 NCS	코레일(한국철도공사)	한국수력원자력
	국민건강보험공단	국민연금공단	LH한국토지주택공사	한국전력공사
자격증	임상심리사 2급	건강운동관리사	사회조사분석사	한국사능력검정시험
	국어능력인증시험	청소년상담사 3급	관광통역안내사	국내여행안내사
	텔레마케팅관리사	사회복지사 1급	경비지도사	경호관리사
	신변보호사	전산회계	전산세무	
무료강의	국민건강보험공단	사회조사분석사 기출문제	독학사 1단계	대입수시적성검사
	사회복지직 기출문제	농협 인적성검사	지역농협 6급	기업체 취업 적성검사
	한국사능력검정시험 백발백중 실전 연습문제		한국사능력검정시험 실전 모의고사	

서원각 www.goseowon.co.kr
QR코드를 찍으면 동영상강의 홈페이지로 들어가실 수 있습니다.

서원각
자격시험 대비서

핵심이론 〉　출제예상문제 〉　온라인강의 제공

임상심리사 2급

건강운동관리사

사회조사분석사 종합본

사회조사분석사 기출문제집

국어능력인증시험

청소년상담사 3급

관광통역안내사 종합본

사회복지사 1급 기출문제 정복하기